INTRODUCTION
À LA PHILOSOPHIE DU LANGAGE

 *PHILOSOPHIE ET LANGAGE*

Daniel Laurier

introduction à la philosophie du langage

MARDAGA

© 1980, Pierre Mardaga, éditeur
Hayen, 11 - B-4140 Sprimont
D. 1996-0024-12

Avant-propos

Ce livre est destiné à des lecteurs qui n'ont aucune connaissance préalable ni de la linguistique, ni de la logique, ni de la philosophie. Il ne saurait évidemment remplacer ni une introduction à la linguistique, ni une introduction à la logique, ni une introduction à la philosophie, mais il voudrait accomplir un peu de ce que chacune d'elles devrait accomplir, avec peut-être un petit supplément difficile à caractériser. J'ai tenté de réduire les notions techniques au minimum, en expliquant, au moins en termes intuitifs, celles dont je n'ai pu éviter de faire usage, mais sans pour autant renoncer à une certaine rigueur, avec le dessein d'insister davantage sur la diversité des points de vue et la nature des problèmes que sur les ressources techniques, parfois passablement sophistiquées, mises en œuvre pour les traiter ; car il n'y a selon moi de philosophie que dialectique et polémique. Il est bien possible, malgré tout, que ce livre invite le lecteur à faire certains efforts, et je m'en excuse auprès de ceux qui croient que tout devrait être facile.

J'ai évidemment dû faire des choix, qui reflètent en partie mes intérêts et mes compétences, et en partie les contraintes de genre, de temps et d'espace de l'entreprise. Je laisse à ceux que cela intéresse le soin de dire si l'orientation résolument analytique de ce livre procède davantage d'un manque d'intérêt pour la « grande » philosophie ou d'un manque de compétence. Mais j'aimerais quand même dire que je regrette d'avoir dû exclure toute discussion de sujets plus périphériques tels que la signification non littérale ou la présupposition, tout exposé systématique de questions spécifiques d'analyse logique, telles que celles de la quantification, du discours indirect, des temps grammaticaux ou des termes vagues, et même toute discussion sérieuse de la théorie causale de la référence.

Quelques remarques à l'attention de ceux qui auraient la bonne idée d'utiliser ce livre dans leur enseignement. Selon mon expérience, les chapitres 1 à 5 contiennent suffisamment de matériaux pour un cours d'initiation de 45 heures étalées sur un trimestre. Ce sont aussi les plus faciles d'accès. Le chapitre 7, qui décrit les grandes lignes du programme de recherche de Chomsky, peut facilement être omis sans nuire à la compréhension du reste. Les chapitres 6, 8 et 9 comptent parmi les plus exigeants, mais sont indispensables pour aborder les suivants de manière fructueuse, dans la mesure où j'y introduis les grands principes des doctrines frégéenne et russellienne, qui définissent, pour ainsi dire, le cadre de référence de toutes les discussions ultérieures dans le domaine de la philosophie du langage. Les deux chapitres suivants insistent sur les conceptions de Quine et de Davidson concernant la forme et les limites d'une théorie de la signification, qui continuent d'exercer une influence prépondérante sur la philosophie récente.

À la fin de chaque chapitre, deux listes de lectures complémentaires sont proposées. La liste A mentionne un nombre très limité de textes dont le niveau de difficulté ne dépasse généralement pas celui du chapitre correspondant, et dont la lecture est fortement recommandée. La liste B mentionne un certain nombre de textes plus spécialisés susceptibles de permettre à ceux qui le souhaiteraient d'approfondir leurs connaissances.

J'aimerais enfin remercier Anne-Marie Boisvert, Diane Gendron, Anik Latour et Martin Montminy, qui ont travaillé à la préparation matérielle du manuscrit, à la composition de l'index et à la correction des épreuves, de même que mon collègue François Lepage, que j'ai consulté à plus d'une reprise, et tous les étudiants qui ont suivi les cours qui m'ont fourni la matière et l'idée de ce livre.

Chapitre 1
Introduction générale

1. LANGAGE ET PHILOSOPHIE

Dans le compte-rendu d'une introduction récente à la philosophie du langage (Martin 1987), on a cru bon, pour louer les mérites de l'auteur, de rappeler combien la philosophie du langage est une matière aride et austère. Il est vrai que la philosophie du langage est souvent perçue comme une discipline spécialisée qui n'a guère de pertinence pour les Grandes Questions Philosophiques Traditionnelles. C'est pourquoi il ne semble pas tout à fait inapproprié de commencer par une mise en garde contre certaines attentes ou certaines illusions que les non initiés ont généralement concernant la philosophie du langage.

Il est vrai que la philosophie du langage est une discipline abstraite, technique et spécialisée, mais il est aussi vrai que la philosophie en général est une discipline abstraite, technique et spécialisée, et qu'elle a presque toujours été perçue comme telle. Comme le rappelle judicieusement Putnam, déjà dans l'antiquité, Aristophane ridiculisait Socrate à cause du caractère «technique» de ses questions, et l'histoire de la philosophie ne manque pas d'exemples semblables; et il n'est pas rare qu'on se plaigne du manque d'implication des philosophes professionnels dans les «affaires publiques».

Le public semble généralement prêt à admettre l'utilité ou la légitimité de disciplines techniques comme la physique ou les mathématiques, même s'il n'a aucun intérêt spontané pour les phénomènes quantiques ou la topologie algébrique. Cependant, quand il s'agit de la philosophie, on perçoit les choses différemment, on s'imagine que cette discipline doit traiter de questions qui ont un intérêt immédiat et spontané. Par conséquent, aussitôt qu'un texte philosophique devient trop technique pour être compris par le premier venu, on a l'impression que ce n'est plus de la «vraie» philosophie.

La philosophie du langage est particulièrement victime de cette attitude parce qu'elle est effectivement un peu plus technique que les autres branches de la philosophie et parce qu'on ne voit pas de prime abord quel rapport il peut y avoir entre des questions de mots ou de significations de mots et les Grandes Questions Philosophiques Traditionnelles.

Pourtant, c'est un fait indéniable que depuis le début du siècle les philosophes ont accordé une place de plus en plus importante, et envahissante, à la réflexion sur le langage, et ce n'est pas parce qu'ils se sont désintéressés des questions philosophiques traditionnelles (la réalité, l'existence, la connaissance, le bien) mais parce qu'ils se sont convaincus qu'une analyse du langage pouvait contribuer à la solution, ou au moins à l'éclaircissement, de ces questions traditionnelles.

Je n'ai pas l'ambition de faire la preuve de ce que je viens de dire, parce que cela exigerait une étude approfondie de l'histoire de la philosophie contemporaine. Mais, d'une certaine manière, on peut dire que l'objectif global de cette introduction à la philosophie du langage est de rendre plus abordables quelques-uns des instruments et des concepts qui sont nécessaires pour aborder une très grande partie de la philosophie analytique contemporaine (et même, de la philosophie contemporaine *tout court*). Je dis bien «nécessaires», et non pas «suffisants», car il ne s'agit pas de prétendre que la philosophie analytique contemporaine se résume à la philosophie du langage, il s'en faut de beaucoup. Cependant, ce livre ne propose pas une introduction systématique aux méthodes formelles qui sont aujourd'hui si importantes dans les sciences du langage. C'est plutôt à une réflexion sur les concepts, les problèmes et les doctrines de la philosophie du langage que le lecteur est convié. Je me limiterai, dans cette introduction, à mentionner quelques-unes des raisons de l'intérêt d'une analyse du langage pour la philosophie.

On peut partir de l'idée (assez peu controversée) que la philosophie est une activité cognitive, c'est-à-dire, que la philosophie vise la connaissance, même si on ne sait pas bien de quel type de connaissance il s'agit. Or le langage est apparemment le véhicule habituel (ou obligé) de la connaissance (ce qui n'empêche pas qu'il puisse avoir aussi d'autres fonctions). Par conséquent, si le philosophe veut communiquer ses connaissances (sa doctrine), il doit utiliser un langage. De ce point de vue (celui du rapport entre le langage et la connaissance) les philosophes ont généralement deux types d'attitudes, à savoir, une attitude positive ou une attitude négative.

Ceux qui ont une attitude positive considèrent le langage comme un moyen adéquat d'expression et de communication de la connaissance ou même, dans certains cas, comme une source de connaissance privilégiée. Ceux qui ont une attitude négative considèrent le langage comme inapte à l'expression de la connaissance ou comme une source d'erreur et de confusion. On peut ainsi distinguer :

1) les mystiques (Lao Tseu, Plotin, Bergson), qui pensent que le philosophe devrait idéalement se passer du langage, que l'intuition philosophique est incommunicable

2) les réformateurs (Leibniz, Frege), qui sont en fait l'immense majorité, et qui pensent que lorsqu'il s'agit de formuler des connaissances précises et rigoureuses, on ne peut pas se contenter du langage ordinaire, mais on doit construire des langages artificiels qui sont gouvernés par des règles explicites qui nous prémunissent contre l'erreur.

3) les thérapeutes (Wittgenstein), pour qui la principale, sinon la seule tâche du philosophe est de montrer comment les problèmes philosophiques résultent d'une mauvaise appréciation du fonctionnement de notre langage.

Ce qui est important pour nous, c'est de remarquer que pour justifier une attitude quelconque, positive ou négative, quant à l'adéquation du langage en tant que véhicule de la connaissance, il faut s'appuyer sur une conception de la nature et du fonctionnement du langage, c'est-à-dire qu'il faut s'appuyer sur une philosophie du langage. Autrement dit, une première raison pour un philosophe de s'intéresser au langage pourrait être d'évaluer sa capacité à servir de véhicule ou d'instrument de connaissance : 1) de connaissance philosophique, dans la mesure où le philosophe prétend produire des connaissances, ou 2) de connaissance «en général», dans la mesure où le philosophe se donne pour tâche de réfléchir sur la nature de la connaissance et sur les différentes sortes de connaissance.

Cette manière purement «instrumentale» de considérer le langage, c'est-à-dire cette manière de considérer le langage uniquement sous l'angle de son adéquation à l'expression et à la communication de la connaissance, a toujours été présente dans l'histoire de la philosophie. Mais même en dehors de cette motivation générale, il existe plusieurs autres manières dont l'étude du langage se révèle être pertinente pour d'autres branches de la philosophie.

Quand le philosophe se demande, par exemple, « Qu'est-ce que la réalité ? » ou « Qu'est-ce que l'existence ? », il est clair que la réponse à sa question ne réside pas dans une description de la réalité ou dans une description de l'ensemble des choses qui existent, car on s'attend généralement à ce que ce soit la science qui décrive la réalité. Ce qui intéresse le philosophe c'est moins la réalité, ou l'existence, ou la pensée, que le concept de réalité, le concept d'existence, et le concept de pensée. Autrement dit, au moins une bonne partie de l'activité du philosophe consiste à analyser des concepts, et la connaissance philosophique est en bonne partie une connaissance « conceptuelle ».

Mais puisque selon plusieurs auteurs, les concepts sont les significations des mots, il est naturel que le philosophe ait un intérêt particulier pour les problèmes linguistiques. Dans la mesure où « qu'est-ce qu'exister ? » et « qu'est-ce que la vérité ? » sont à rapprocher de « que signifie « exister » ? » et « que signifie « être vrai » ? », il importe, pour être en mesure d'aborder de telles questions, d'avoir une conception de ce qu'est la signification, de ce que c'est que signifier quelque chose, ou signifier telle ou telle chose plutôt qu'une autre. Même la question de savoir ce qu'est un concept est à rapprocher de celle de savoir ce qu'est la signification. En effet, comprendre un mot, n'est-ce pas en connaître la signification, c'est-à-dire maîtriser le concept qu'il exprime ? Même si un tel point de vue doit ultimement être rejeté, il paraît important de clarifier le rôle exact de l'analyse du langage dans la recherche philosophique.

Il existe d'autre part une longue tradition qui considère l'analyse du langage comme une source de connaissance métaphysique (et une tradition plus récente qui considère que tous les problèmes philosophiques sont, ultimement, des problèmes linguistiques). On peut brièvement caractériser la métaphysique comme cette partie de la philosophie qui se propose de dégager la structure générale de la réalité et les catégories fondamentales auxquelles appartiennent les entités qui la composent.

Nombreux sont les philosophes qui ont attribué une portée métaphysique à certaines caractéristiques des langues naturelles, c'est-à-dire qui les ont interprétées comme des indices de certains traits fondamentaux de la réalité. Ainsi, le fait que nous puissions appliquer le même mot (dans le même sens) à des objets différents peut être interprété (comme dans la tradition platonicienne) comme l'indice que ces différents objets ont quelque chose en commun (une « forme idéale » ou une propriété commune) et conduire à l'idée qu'à côté des objets particuliers que nous percevons, il y a des formes intelligibles, des universaux.

Ce genre de raisonnement repose sur la conviction qu'il y a ou qu'il doit y avoir une correspondance étroite entre le langage et la réalité, une correspondance telle qu'il soit possible d'inférer la structure et/ou la composition de la réalité, à partir de celle du langage. Cette conviction peut concerner soit la relation entre le langage ordinaire et la réalité, soit la relation entre un langage «logiquement parfait» et la réalité. Aussi naïve qu'elle puisse paraître à première vue, cette idée d'une correspondance entre le langage et la réalité a séduit et continue de séduire de nombreux philosophes. En effet, dans la mesure où le langage est censé renvoyer à la réalité, il est naturel de penser qu'il doit y avoir une relation systématique entre les deux. L'analyse du langage constitue dans ce cas une sorte de «voie royale» de la connaissance métaphysique. Même si on ne partage pas cette conception naïve, il est clair qu'une élucidation de la relation entre le langage et la réalité doit permettre de déterminer dans quelle mesure l'analyse du langage peut conduire à des conclusions métaphysiques.

La logique, considérée comme «science» des raisonnements valides, est un autre lieu privilégié d'interaction entre la philosophie du langage et le reste de la philosophie. Cela découle directement du fait que toute connaissance, et en particulier la connaissance philosophique, fait usage de raisonnements, et donc de la logique. Or la plupart sinon tous les raisonnements sont exprimables verbalement, et les règles d'inférence logique font référence à la forme linguistique des énoncés.

En effet, la validité d'un raisonnement dépend essentiellement du type de termes qui sont utilisés dans les prémisses et la conclusion, et de la manière dont ces termes sont reliés. Considérons par exemple le schéma [X] ci-dessous, qui a toutes les apparences d'un schéma de raisonnement valide, comme le confirme apparemment le fait que le raisonnement [A], qui en est une application, est bel et bien valide, en ce sens que sa conclusion ne peut pas être fausse, si ses prémisses sont vraies :

[X] S est P
     S est Q
     Donc, S est Q et P

[A] Jos Blo a mangé une pomme
     Jos Blo est allé à Chicoutimi
     Donc, Jos Blo a mangé une pomme et est allé à Chicoutimi.

Mais dans ce cas, comment expliquer le fait que [B], ci-dessous, ne soit pas un raisonnement valide ?

[B] Quelqu'un a mangé une pomme
     Quelqu'un est allé à Chicoutimi
     Donc, Quelqu'un a mangé une pomme et est allé à Chicoutimi

Le fait que [B] soit non valide doit conduire à la conclusion soit que [X] n'est pas une forme valide, soit que [B] n'est pas de la forme [X]. Si on retient la deuxième option, alors, puisque [A] et [B] diffèrent uniquement par le fait que «Quelqu'un» est substitué à «Jos Blo», on sera amené à conclure que «Quelqu'un» n'est pas de la même catégorie que «Jos Blo». Ceci montre que pour caractériser la notion de raisonnement valide, c'est-à-dire pour formuler les règles de la logique, on doit s'appuyer sur une analyse de la structure des énoncés et sur une classification des termes qui apparaissent dans ces énoncés.

Une très grande partie de ce qu'on appelle aujourd'hui la philosophie du langage se préoccupe précisément de fournir de telles analyses et peut ainsi être considérée, à juste titre, comme une partie de la logique. Le fait que le volume 4 d'un récent *handbook* de logique philosophique soit entièrement consacré à la philosophie du langage en témoigne d'ailleurs de manière éclatante[1].

La philosophie du langage peut aussi apporter une contribution à la théorie de la connaissance où à l'analyse philosophique des phénomènes mentaux. Il est clair, par exemple, qu'une fois admis que le langage est le véhicule de la pensée et de la connaissance, il devient tentant de caractériser la différence entre les types de connaissance comme une différence entre différents types d'énoncés. Les philosophes ont particulièrement été tentés de le faire dans le cas de la connaissance a priori. Ainsi, le fait que nous puissions savoir avec certitude que 8+7=15, sans avoir à observer quoi que ce soit, ne doit-il pas être expliqué par le fait que certains énoncés sont vrais «par définition» ou «par convention» ou «en vertu de leur signification» ? Dans ce cas, une explication de la notion de connaissance a priori présuppose une élucidation de la notion de signification ou de convention linguistique. De la même manière, on pourra chercher à clarifier la distinction entre la connaissance pratique ou morale et la connaissance théorique en dégageant les caractéristiques respectives des énoncés descriptifs et des énoncés normatifs. De même, une analyse des conditions de justification des connaissances prendra naturellement la forme d'une analyse des conditions dans lesquelles tels ou tels types d'énoncés peuvent légitimement être affirmés ou tenus pour vrais. Peut-être même peut-on espérer caractériser ainsi la signification des énoncés, comme le soutiennent un grand nombre de philosophes.

D'autre part, le langage ne sert pas seulement à l'expression des connaissances, mais à celle des pensées en général et il est inévitable qu'on finisse par se demander si on peut conclure quoi que ce soit concernant la nature de la pensée à partir des caractéristiques du langage (ce qui présente l'avantage que le langage est directement accessible à l'observation intersubjective, ce qui n'est peut-être pas le cas des pensées). Il s'est même trouvé un certain nombre de philosophes pour soutenir qu'il ne peut y avoir de pensée véritable sans langage, et que les phénomènes mentaux doivent être expliqués à partir des phénomènes linguistiques, plutôt que le contraire.

Je viens d'indiquer 4 façons dont une réflexion sur le langage peut éventuellement promettre de nous éclairer sur autre chose, c'est-à-dire sur la philosophie elle-même, sur la nature de la réalité, du raisonnement, de la connaissance ou de la pensée, mais on peut aussi renverser la perspective et considérer le langage comme un aspect parmi d'autres de la réalité et/ou du comportement ou de la connaissance humaine. Dans cette perspective, on se demandera, par exemple :

1) Si les phénomènes linguistiques sont une catégorie «ultime» de la réalité, c'est-à-dire s'ils sont réductibles, par exemple, à des phénomènes physiques, biologiques ou psychologiques.

2) En quoi consiste la connaissance d'une langue ou du langage, s'apparente-t-elle à la connaissance mathématique, à la connaissance physique, à la connaissance morale ? A quelles conditions peut-on dire qu'une personne maîtrise une langue ? etc.

Autrement dit, on peut aussi chercher à tirer des conclusions sur le langage en s'appuyant sur des faits concernant la nature de la réalité ou la nature de la pensée, à la condition (considérable) que ces faits puissent être établis sans présupposer quoi que ce soit concernant le langage. Par exemple, un empiriste qui soutient que toute connaissance dérive de l'expérience sensible pourra être conduit à la conclusion qu'il n'y a pas d'énoncés a priori.

J'ai passé brièvement en revue quelques-uns des différents angles sous lesquels un philosophe peut aborder la question du langage. Je n'ai pas mentionné tous les points de vue possible, mais je pense en avoir dit assez pour qu'on puisse remarquer que dans tous les cas, c'est la relation entre le langage et quelque chose d'autre qui est le centre d'intérêt. Or cela n'a rien d'accidentel, puisqu'il semble bien qu'une des premières conclusions qui s'impose à la réflexion sur le langage, c'est que le langage est essentiellement relationnel. Notre concept de langage implique qu'il n'y a langage que s'il y a quelque chose qui est utilisé par des sujets pour représenter quelque chose (ce qui est d'ailleurs l'une des définitions du signe, selon le philosophe américain Charles S. Peirce). Autrement dit, l'étude du langage implique la prise en considération de 3 éléments, ou en d'autres termes, elle consiste en grande partie à tenter de clarifier les relations entre les sujets (locuteurs/auditeurs qui utilisent le langage), le langage et le monde. Le but de la philosophie du langage, c'est d'arriver à une compréhension satisfaisante des relations entre ces 3 éléments. La plupart des questions directrices de la philosophie du langage sont ainsi suggérées par ce(s) triangles(s) sémiotique(s) :

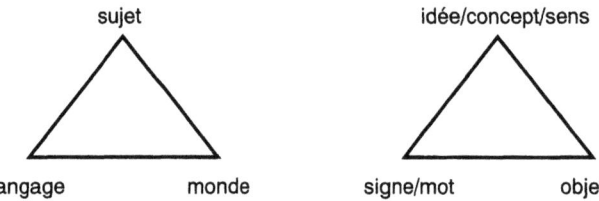

i) langage
Qu'est-ce qu'un signe? Un système de signes? Quelles sortes de signes y-a-t-il? Comment décrire la structure d'un langage, c'est-à-dire les relations entre les différentes catégories de signes? Qu'est-ce que la signification? Y-a-t-il plusieurs sortes de significations (par exemple, des significations littérales et des significations «figurées»), et comment les distingue-t-on? À quelles conditions peut-on dire que deux expressions ont la même signification?, ou qu'une expression est ambiguë?

ii) langage/sujets
a) Quelles relations doit-il y avoir entre une personne et un langage pour qu'on puisse dire qu'elle le comprend/connaît? Quelles sont les fonctions du langage et comment les remplit-il? A quelles conditions une personne est-elle justifiée de considérer un énoncé comme étant pourvu de sens? Vrai ou faux?
b) Quelles relations doit-il y avoir entre les membres d'une communauté pour qu'on puisse dire qu'ils utilisent le même langage, ou qu'ils peuvent communiquer entre eux au moyen du langage?

iii) langage/monde
Quelles relations doit-il y avoir entre le langage et le monde pour que les énoncés de ce langage soient pourvus de sens? Vrais ou faux? De

quelle manière et à quelles conditions les mots ou les énoncés renvoient-ils à la réalité ?

2. PHILOSOPHIE DU LANGAGE ET SCIENCES DU LANGAGE

Il est clair que toutes les questions que je viens d'évoquer ne pourront pas être abordées dans les pages qui suivent, mais il faut retenir que l'ensemble des questions qui seront abordées sont directement inspirées par cette structure minimale de la problématique de la philosophie du langage. J'aimerais conclure en ajoutant quelques remarques sur les relations entre la philosophie et les sciences, et en particulier entre la philosophie du langage et les sciences du langage. Ce sera très rapide, puisqu'il n'y a pas de consensus concernant ce que sont ou doivent être les rapports entre les sciences et la philosophie.

Il y a cependant une chose qui semble relativement claire pour tout le monde, c'est que, à supposer qu'une des tâches de la philosophie soit de produire des connaissances, ces connaissances ne sont pas du même ordre, ou de même nature que les connaissances scientifiques et ne peuvent pas être évaluées de la même façon. Certains pensent qu'il y a des méthodes « philosophiques » permettant d'obtenir des connaissances d'un genre absolument différent des connaissances scientifiques. D'autres pensent simplement que la philosophie est plus générale et plus abstraite que les sciences particulières. Ce qui est clair, c'est que la philosophie du langage ne peut pas et ne doit pas se substituer aux sciences du langage telles que la linguistique, la psycholinguistique, ou la logique (stricto sensu) En d'autres termes, ce n'est pas le rôle de la philosophie du langage de chercher à décrire :

– des langues ou des systèmes de signes particuliers (ex : l'anglais, le swahili, le code de la route),

– des processus mentaux ou les opérations cognitives nécessaires pour interpréter un discours (ni, a fortiori, les variations individuelles entre locuteurs d'une même langue),

– la stratification sociale des langues, ou les variations dialectales.

S'il est indéniable que le philosophe du langage aura naturellement un intérêt particulier pour la structure et l'évolution des théories linguistiques, il n'en reste pas moins que les faits empiriques concernant les langues et le langage n'ont pas tous le même intérêt philosophique. Il n'y a malheureusement pas de règle précise pour distinguer ce qui a un intérêt philosophique de ce qui n'en a pas, et comme toujours en pareil cas, il faudra se résoudre à une démarche pragmatique qui consiste à se tourner vers les textes pour déterminer quelle sorte d'intérêt les philosophes ont manifesté pour le langage.

Lectures complémentaires

A Hacking (1975).
B Burge (1992), Pelc (1981).

NOTE

[1] Il s'agit de Gabbay et Guenthner dir. (1983-1989).

Chapitre 2
Théories idéationnistes et théories behavioristes

1. LES THÉORIES IDÉATIONNISTES

Une théorie idéationniste, ou mentaliste, de la signification est une théorie qui se propose d'expliquer la signification en invoquant des phénomènes ou des processus mentaux, c'est-à-dire des phénomènes ou des processus qui se passent «dans la tête» ou «dans l'esprit» des utilisateurs du langage, et qui accompagnent l'utilisation du langage.

Une telle théorie a tendance à considérer le langage comme «un instrument de communication des pensées» ou «une représentation externe d'un état (psychologique) interne». On trouve des conceptions de ce genre à travers toute l'histoire de la philosophie : Aristote, Saint Augustin, Occam, Hobbes, Arnauld et Nicole, Locke, Russel, Fodor... sous des formes parfois très différentes.

On se contentera dans ce chapitre d'examiner une forme classique de théorie idéationniste qui remonte à Locke (1632-1704), mais qui était partagée, pour l'essentiel, par tous les empiristes anglais et qui continue d'influencer (parfois inconsciemment) de nombreux auteurs.

La conception de Locke est exposée aux chapitres 1 et 2 du livre 3 de son *Essai philosophique concernant l'entendement humain* (1690) :

Quoique l'Homme ait une grande diversité de pensées, qui sont telles que les autres hommes en peuvent recueillir aussi bien que lui, beaucoup de plaisir et d'utilité; elles sont pourtant toutes renfermées dans son esprit, invisibles et cachées aux autres, et ne sauraient paraître d'elles-mêmes. Comme on ne saurait jouir des avantages et des commodités de la société, sans une communication de pensées, il était nécessaire que l'Homme inventât quelques signes extérieurs et sensibles par lesquels ces Idées invisibles dont ses pensées sont composées, puissent être manifestées aux autres. Rien n'était plus propre pour cet effet, soit à l'égard de la fécondité ou de la promptitude, que ces sons articulés qu'il se trouve capable de former avec tant de facilité et de variété. Nous voyons par-là, comment les Mots qui étaient si bien adaptés à cette fin par la Nature, viennent à être employés par les hommes pour être signes de leurs Idées, et non par aucune liaison naturelle qu'il y ait entre certains sons articulés et certaines idées, (car en ce cas-là, il n'y aurait qu'une Langue parmi les hommes) mais par une institution arbitraire en vertu de laquelle un tel mot a été fait volontairement le signe d'une telle Idée. Ainsi, l'usage des Mots consiste à être des marques sensibles des Idées : et les Idées qu'on désigne par les Mots, sont ce qu'ils signifient proprement et immédiatement.

Ce qu'il y a de frappant dans les explications de Locke, c'est qu'elles nous apparaissent aujourd'hui comme des platitudes et des trivialités. En effet, il n'y a rien, semble-t-il, de plus évident que le fait que quand un locuteur utilise des mots, il les utilise pour représenter les idées qu'il a dans la tête. De même, il est naturel de dire que quand quelqu'un ne comprend pas un mot c'est parce qu'il est incapable de lui associer une idée, ou de lui associer l'idée qui lui correspond «réellement».

Mais si on se contente de dire que comprendre un mot c'est lui associer une idée, on ne dit rien de plus que si on disait que comprendre un mot c'est lui associer une signification. Pour qu'une théorie de ce genre ait une valeur explicative, il faut qu'elle s'appuie sur une conception bien déterminée et bien développée de ce que sont les idées et il faut qu'elle soit capable de caractériser les idées indépendamment du langage; c'est-à-dire autrement qu'en disant que ce sont les significations des mots.

Il est clair que Locke pense (avec presque tous les philosophes des XVIIe et XVIIIe siècles) que les idées et les processus mentaux existent indépendamment du langage et que nous sommes capables d'avoir des pensées et d'acquérir des connaissances sans utiliser le langage. Cela transparaît dans le fait que si le langage existe, selon Locke, c'est uniquement parce que l'homme est un animal social qui éprouve le besoin de communiquer ses pensées, et que sans cela, il ne pourrait pas «jouir des avantages et des commodités de la société».

Même si Locke ne s'exprime pas de cette manière, on peut dire que pour lui comprendre une expression linguistique c'est la traduire dans une sorte de «langage naturel de la pensée» (ou si on veut, en «mentalais»). Autrement dit, sa réponse à la question de savoir comment il se fait que les mots renvoient aux choses, consiste à dire qu'ils n'y renvoient qu'indirectement, en vertu du fait qu'ils représentent des idées, qui elles sont les signes naturels des choses (ou des qualités des choses). En d'autres termes, il réduit la question de la signification des mots à celle de la signification des idées.

Il faut donc se tourner vers la théorie empiriste des idées ou des représentations mentales et se demander si et comment elle est capable de remplir le rôle que Locke lui assigne. Mais on peut déjà remarquer que les idées ne peuvent pas être les signes des choses de la même manière que les mots sont les signes des idées. Le lien entre les mots et les idées est arbitraire et conventionnel, mais pas celui entre les idées et les choses, qui est indépendant de toute décision humaine, et relève en quelque sorte de la nature.

Il y aurait beaucoup à dire sur la notion d'idée dans la philosophie empiriste (ou même dans la philosophie classique en général) mais je vais me limiter à donner les quelques précisions nécessaires pour bien comprendre la nature de la conception empiriste du langage et les critiques qu'on lui a adressées. Il y a deux grands principes à retenir, à savoir, (1) que les idées sont privées (cartésianisme) et (2) que toutes les idées dérivent de l'expérience sensible (empirisme).

Le premier principe implique, en particulier, que deux esprits distincts ne peuvent pas contenir les mêmes idées, et que chaque esprit n'a directement accès qu'à ses propres idées, qu'il peut cependant connaître avec certitude. Cette caractéristique est l'indice d'une autre différence importante entre la relation des mots aux idées et la relation des idées aux objets. La première est une relation entre deux types de choses que nous connaissons directement (car les mots sont eux-mêmes des idées), tandis que la deuxième est une relation entre des choses que nous connaissons directement et des choses que nous ne connaissons qu'indirectement, par l'intermédiaire des premières.

Quant au principe de l'empirisme, il a pour corollaire qu'il ne saurait y avoir de différence de nature entre les sensations ou les impressions et les concepts ou les pensées. C'est pourquoi, dans le contexte de l'empirisme, il serait plus juste de parler d'images mentales ou de représentations que d'idées. Quand je suis en présence d'un objet physique, cet objet produit sur moi un certain nombre d'impressions sensibles, par exemple des sensations tactiles, visuelles, auditives, etc. L'ensemble de ces sensations constitue alors l'idée (complexe) que j'ai de cet objet et c'est sur la base de ces sensations que je peux l'identifier comme étant telle ou telle chose; c'est ainsi que l'esprit en vient, tout d'abord à avoir des idées.

Toutes les idées ne sont pas directement causées par des objets physiques (elles ne sont pas toutes des sensations), mais elles sont toutes, ultimement, dérivées de sensations. Par exemple, l'imagination a le pouvoir de produire des copies de sensations antérieures. Autrement dit, selon la doctrine empiriste, concevoir une pomme alors qu'aucune pomme n'est présente, c'est simplement produire une copie des sensations que procure une vraie pomme (ex. : le goût, la forme, la couleur d'une pomme). Les copies de sensations n'ont pas la même vivacité que les sensations elles-mêmes, mais elles sont fondamentalement de même nature. Il y a aussi ce que Locke appelle les idées de réflexion, qui sont des idées qui concernent les contenus et les opérations de l'entendement lui-même (comme par exemple, l'idée de perception, l'idée de croyance, l'idée de volonté, etc.). D'autre part, l'esprit a certains pouvoirs, dont celui de combiner différentes idées entre elles pour former des idées complexes et celui de décomposer des idées complexes en idées plus simples.

Cette conception peut paraître extravagante, dans la mesure où il semble sans doute plus naturel de considérer les phénomènes mentaux comme des entités abstraites, telles que des pensées ou des concepts. Mais il ne faut pas oublier qu'il s'agit de caractériser les phénomènes mentaux sans utiliser de concepts linguistiques, sans quoi l'explication de la signification linguistique qui est proposée serait circulaire. Or on n'a généralement aucune idée de la manière dont on pourrait caractériser une pensée ou un concept autrement qu'en faisant référence aux mots qui les signifient. Il semble bien, au contraire, qu'on puisse (au moins dans certains cas) avoir des images mentales sans savoir quels sont les mots qui leur correspondent, et c'est précisément cela dont une théorie idéationniste a besoin.

Étant donné une telle conception de la nature des idées, il était pratiquement inévitable que Locke en vienne à la conclusion que les mots sont signes de nos idées. En effet, il est clair que lorsque nous parlons nous savons avec certitude ce que nous voulons dire, c'est-à-dire, nous comprenons la signification de nos paroles. Mais d'autre part, les mots sont des choses que nous choisissons d'utiliser pour en représenter d'autres. Comme nous connaissons avec certitude la signification des mots que nous utilisons, nous n'aurions pas pu choisir d'utiliser les mots pour représenter quelque chose que nous ne pourrions pas connaître avec certitude. Et comme nos propres idées sont les seules choses que nous pouvons connaître avec certitude, il s'ensuit que les mots ne peuvent être les signes que de nos propres idées.

Si on revient au triangle sémiotique (introduit au chapitre précédent), on peut dire que pour Locke le «concept» ou le «sens» associé à un signe verbal est de nature mentale et n'existe que dans les esprits particuliers des utilisateurs :

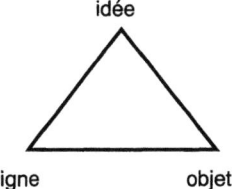

On voit tout de suite comment une théorie comme celle de Locke conduit à des difficultés considérables quand il s'agit d'expliquer la communication ou l'application du langage à la réalité extérieure. La difficulté la plus évidente concerne la communication. La communication des pensées est la principale fonction que Locke reconnaît au langage, et pourtant on ne voit pas comment sa conception peut expliquer comment le langage permet de communiquer. Si mes paroles signifient les images mentales que j'ai dans la tête, et si je suis seul à pouvoir savoir ce qui est dans ma tête, comment puis-je espérer communiquer mes pensées au moyen du langage ?

S'il arrive que mes paroles évoquent chez autrui les mêmes idées (c'est-à-dire, des idées semblables) que chez moi, cela ne peut être qu'un accident et cela exige, de plus, que celui à qui je m'adresse ait eu des expériences sensibles très semblables aux miennes. Selon Locke, les hommes ont «décidé» d'utiliser certains sons pour représenter leurs idées ; mais deux individus ne peuvent pas s'entendre pour associer les mêmes idées aux mêmes mots à moins d'être déjà en mesure de communiquer entre eux, c'est-à-dire à moins d'avoir déjà convenu d'associer les mêmes idées à certains mots. D'autre part, deux individus ne peuvent associer (même séparément) la même idée à un mot donné que s'ils sont tous les deux en possession de cette idée, mais comme toutes les idées dérivent ultimement de l'expérience sensible, ils ne peuvent être tous les deux en possession de cette idée que s'ils ont eu tous les deux les expériences sensibles nécessaires. Ainsi, la conception de Locke implique qu'un aveugle de naissance est incapable, en principe, de comprendre les termes de couleurs, puisqu'il n'a aucune sensation de couleur, ni par conséquent aucune idée qu'il puisse leur associer.

Non seulement nous ne pourrions nous faire comprendre que par accident, mais nous ne pourrions, en principe, jamais savoir si nous avons été compris (ou si nous comprenons), car il faudrait pour cela avoir un accès direct aux idées d'autrui. (Il n'est pas clair, dans ces conditions, que nous pourrions même avoir l'intention de nous faire comprendre, car comment peut-on avoir l'intention d'obtenir un résultat, s'il est impossible « en principe » de savoir si ce résultat est atteint?). On aura noté que cette difficulté n'est en fait qu'un cas particulier du problème de l'existence d'autrui et du monde qui mine toute l'épistémologie classique.

Une autre difficulté tient à ce qu'il n'est apparemment ni nécessaire ni suffisant d'associer le même mot à la même idée pour pouvoir communiquer au moyen de ce mot. Il semble tout à fait possible, par exemple, que le mot « rouge » évoque la sensation de rouge pour A et la sensation de vert pour B, alors que A et B appliquent le mot « rouge » aux mêmes choses. Dans ce cas, il semble que A et B pourraient se comprendre même si la théorie de Locke implique que le mot « rouge » n'a pas la même signification pour chacun d'eux. D'autre part, il n'est pas suffisant d'associer le même mot à la même idée pour pouvoir communiquer. Il semble en effet possible que A et B associent la sensation de rouge au mot « rouge » mais n'appliquent pas cette idée aux mêmes choses, et dans ce cas, on hésiterait à dire qu'ils se comprennent.

Pour comprendre (et admettre) cette objection, il faut bien réaliser que dans la conception empiriste, il n'y a pas de relation nécessaire (ou logique) entre les idées et les choses auxquelles elles s'appliquent, c'est-à-dire que les idées sont dans l'esprit comme des tableaux dans un musée, ou comme des objets dans un tiroir. Ainsi, A peut être constitué de telle manière que la présence d'objets rouges lui procure une sensation de rouge tandis que B est ainsi constitué que la présence d'objets verts lui procure une sensation de rouge. Dans ce cas, A et B pourraient tous les deux associer la même idée (l'idée de rouge) au mot « rouge », et cependant appliquer ce mot (et cette idée) à des objets différents.

Pour que la théorie de Locke marche, il faut que la nature même de l'idée/image mentale détermine ce à quoi elle est applicable. Mais si les images sont dans la tête comme les tableaux dans un musée, alors elles ne représentent rien en particulier à moins d'être interprétées comme représentant telle ou telle chose. En d'autres termes, le simple fait que quelqu'un ait une certaine image dans la tête ne suffit pas pour déterminer de quoi cette image est une image, c'est-à-dire, ce qu'elle représente pour lui. Il semble en effet que ni les propriétés causales ni les propriétés «intrinsèques» ou «iconiques» d'une représentation ne déterminent ce à quoi elle renvoie.

C'est Ludwig Wittgenstein (1889-1951) qui a développé cette objection de la manière la plus claire (notamment dans les premières pages du *cahier bleu*). Sa stratégie consiste à se demander comment nous apparaîtraient les choses si au lieu de supposer que les mots sont associés à des représentations mentales, nous supposions qu'ils sont associés à de véritables images. Imaginons par exemple que A, pour répondre à la question de savoir si une certaine chose est un lapin, procède de la manière suivante. Il choisit dans son répertoire le dessin (p. ex. le canard-lapin de Wittgenstein) qui apparaît sous le mot «lapin», compare la chose en question à ce dessin, puis rend son verdict. Il est clair que le même dessin pourrait, dans le répertoire de B, apparaître sous le mot «lapin», mais que lorsqu'il s'agit de déterminer si une chose donnée est représentée par ce dessin, il rende un verdict différent de celui de A. Autrement dit, une image ne représente quelque chose que dans la mesure où elle est utilisée pour la représenter, c'est-à-dire, dans la mesure où elle est interprétée comme représentant cette chose. Le simple fait que deux personnes associent la même image au même mot ne garantit nullement qu'elles comprennent ce mot de la même manière. Il semble par conséquent que la compréhension ne puisse pas être un processus «occulte» qui accompagne la perception ou la production d'une expression linguistique.

On arriverait à la même conclusion en supposant que les représentations mentales renvoient à ce qui les causent, plutôt qu'à ce à quoi elles ressemblent. Car en effet, le fait que, par exemple, la perception d'une pomme évoque pour A l'image de sa première institutrice, n'implique nullement que A interprète cette image comme étant l'image d'une pomme (qu'elle est pour lui le signe d'une pomme).

En résumé, la notion d'idée ou de représentation ne peut contribuer à expliquer en quoi consiste la signification des mots que si on suppose que les idées/représentations sont elles-mêmes des signes d'une certaine sorte. Mais pour qu'une telle explication soit valable, il faut être en mesure d'expliquer en quoi consiste la signification des idées/représentations. Il semble que cette explication ne puisse être ni que les représentations «ressemblent» à ce qu'elles représentent, ni qu'elles sont causées par ce qu'elles représentent. De plus, il semble bien que si on était capable d'expliquer directement en quoi consiste, pour une représentation, le fait d'avoir telle ou telle interprétation, rien ne nous empêcherait de proposer le même genre d'explication dans le cas de la signification des mots. En d'autres termes, on ne voit plus pourquoi il serait nécessaire de réduire la signification des mots à celle des idées.

Si chaque mot signifie une idée au sens de Locke, il faut que chaque fois que je prononce ou entend une phrase, j'aie conscience d'une suite d'idées/images qui traverse mon esprit. Et de plus, il faut que la même phrase évoque à chaque fois la même suite d'idées (si elle n'est pas ambiguë). Mais quand je dis «le chat est sur le paillasson», je n'ai pas conscience, successivement et séparément, d'une idée de «le», suivie d'une idée de «chat», suivie d'une idée de «est», etc. Il y plusieurs raisons pour cela :

a) d'une part, beaucoup de mots n'évoquent aucune image mentale. Par exemple : «le», «quand», «et», «quatre», «épilogue», «protéine», «structure», bien que nous les comprenions.

b) même si j'associe une image mentale à certains mots, rien ne garantit que je n'associerai pas la même image à deux mots qui ne sont pas synonymes. Par exemple : «animal» et «chien» peuvent tous les deux évoquer l'image d'un berger allemand. «Poison» et «mort» peuvent tous les deux évoquer l'image d'un crâne humain.

c) inversement, le même mot peut évoquer à chaque fois des images différentes, sans pour autant changer de signification. Par exemple : «chien» implique tantôt l'image d'un berger allemand, tantôt l'image d'un caniche, tantôt l'image d'un basset ou d'un boxer.

Si les mots signifient des idées, et si les phrases sont des suites de mots, cela suggère que les phrases signifient des suites d'idées. Mais il faut plus pour exprimer une pensée vraie ou fausse que mettre des mots les uns à la suite des autres ; en d'autres termes, la signification d'une phrase a un genre d'unité qui ne se réduit pas à la simple juxtaposition d'idées, comme en témoigne le fait qu'on peut avoir la suite d'idées associée à «le chat est sur le paillasson» sans pour autant *penser que* le chat est sur le paillasson. De même, il est bien possible que la compréhension des deux expressions «La mort de César» et «César est mort» implique la présence des mêmes idées (en l'occurrence l'idée de mort et l'idée de César), mais seule la deuxième expression est une phrase et permet d'exprimer la pensée *que* César est mort.

En résumé, une théorie idéationniste ou mentaliste suppose que comprendre une expression linguistique c'est lui associer une idée/représentation mentale. Mais pour que ce type d'explication ait une valeur quelconque, il faut que les représentations mentales postulées soient « intrinsèquement » reliées aux choses auxquelles elles renvoient. Sinon, on n'a fait que remplacer le problème de savoir comment le langage renvoie au monde par le double problème de savoir comment le langage renvoie à la pensée et comment la pensée renvoie au monde.

2. LES THÉORIES BEHAVIORISTES

Les théories behavioristes (ou causales) de la signification visent à définir la signification des expressions linguistiques en termes psychologiques, c'est-à-dire en termes des causes de leur production par les locuteurs et/ou des effets de leur perception sur les auditeurs. Certaines formes de théories idéationnistes peuvent aussi être considérées comme des théories causales, lorsqu'elles supposent que les expressions linguistiques causent ou sont causées par des idées dans l'esprit des locuteurs/auditeurs[1] ou mieux encore, lorsqu'elles soutiennent que la relation entre les idées et ce qu'elles représentent est une forme de relation causale. Mais en général on réserve le nom de « théorie causale » à des conceptions selon lesquelles les causes ou les effets des expressions linguistiques sont des choses ou des comportements observables ou des dispositions au comportement observable. Les deux types de théories ont aussi en commun d'insister sur la fonction communicative du langage, bien que cette fonction prenne des formes assez différentes dans chaque cas. L'idéationniste insiste sur la codification externe des pensées, tandis que le behavioriste voit plutôt le langage comme un instrument de modification du comportement.

Il convient d'abord de noter que malgré les analogies éventuelles auxquelles je viens de faire allusion, les théories behavioristes se présentent comme les antithèses des théories idéationnistes (ou plus généralement, mentalistes). Le behaviorisme, en effet, se caractérise par le refus d'admettre soit l'existence, soit (plus modestement) la valeur explicative des entités ou processus mentaux. Il conçoit la psychologie comme une science du comportement publiquement observable (et non comme la science « de l'esprit »), qu'il se propose d'expliquer en le reliant directement à ses causes extérieures (ou « environnementales »), plutôt qu'à ses causes « intérieures ». Il soutient donc que les comportements des êtres vivants, y compris les êtres humains, sont soumis à des lois rigoureuses, qui ne font référence qu'à des phénomènes physiques (dans un sens général du terme). Pour certaines formes de behaviorisme, les énoncés psychologiques sont en fait synonymes d'énoncés qui font exclusivement référence à des comportements observables. Le behaviorisme rompt radicalement avec toute la tradition antérieure en adoptant sur les phénomènes psychologiques une perspective « en troisième personne », c'est-à-dire en renonçant à l'idée selon laquelle chacun a une connaissance directe et privilégiée de son propre esprit. Il faut néanmoins noter que le behaviorisme reste fidèle, malgré tout, à la tradition empiriste, en maintenant qu'il n'y a pas de différence qualitative fondamentale entre l'intelligence humaine et l'intelligence animale. Toutes les capacités cognitives humaines résultent d'un processus d'apprentissage qui est fondamentalement le même pour toutes les espèces biologiques (nous reviendrons brièvement sur cet aspect de la doctrine behavioriste quand nous présenterons le point de vue opposé de Noam Chomsky).

Dans la mesure où l'utilisation du langage est une forme de comportement, et dans la mesure où au moins certains aspects du comportement sont explicables en termes de connexions régulières entre stimuli et réponses, il était inévitable qu'on tente d'appliquer les concepts de la psychologie behavioriste à l'analyse du comportement linguistique (ou plus généralement, communicatif). Il y a plusieurs manières dont on peut envisager de les appliquer. La plus simple (suggérée notamment par John Watson) consiste à supposer qu'une expression linguistique acquiert sa signification par un processus de conditionnement classique (pavlovien).

Tout le monde a au moins entendu parler des expériences de Pavlov : pendant une certaine période, un chien est régulièrement exposé simultanément à 2 stimuli : un stimulus inconditionné (en l'occurrence, de la nourriture) et un stimulus conditionné (en l'occurrence, le son d'une cloche ou le clignotement d'une ampoule électrique). Après un certain temps, la réponse associée au stimulus inconditionné (à savoir, la salivation) est transférée au stimulus conditionné, c'est-à-dire, le son de la cloche suffit à faire saliver le chien, alors qu'il ne déclenchait auparavant aucune réaction. Il est important de remarquer que la réponse qui est transférée du stimulus inconditionné au stimulus conditionné n'est pas la totalité de la réponse associée au stimulus inconditionné (sinon le chien mangerait la cloche !) mais seulement une partie de celle-ci.

Tout se passe donc comme si le son de la cloche devenait pour le chien comme un « signe » de la présence de nourriture, puisque le chien finit par réagir au son de la cloche approximativement de la même manière qu'il réagirait à de la nourriture, et donne ainsi l'impression d'anticiper la nourriture. En d'autres termes, le son de la cloche est devenu (sous certains rapports) une sorte de substitut de la nourriture. Ce genre de conditionnement n'est pas nécessairement le résultat d'une série d'expérimentations planifiées à l'avance. Il est tout à fait concevable que certaines formes (primitives) de communication animale résultent en fait d'un processus de conditionnement « spontané ». On peut facilement imaginer, par exemple, que les oiseaux d'une certaine espèce émettent spontanément un cri caractéristique lorsqu'ils sentent la présence de certains prédateurs. Il est assez plausible, dans ces conditions, que les oiseaux de cette espèce apprendront éventuellement à fuir lorsqu'ils entendront leurs congénères produire ce cri caractéristique, même s'ils n'ont eux-mêmes repéré aucun prédateur. Ce cri deviendrait alors une sorte de signal d'alarme.

Appliquer ce schéma aux phénomènes linguistiques revient donc en quelque sorte à prendre au sérieux l'idée traditionnelle selon laquelle les mots sont les substituts des choses auxquelles ils renvoient. Il est tentant, dans cette perspective, de considérer les expressions linguistiques comme des stimuli, et la signification d'une expression linguistique comme étant la réaction/réponse qu'elle suscite, au terme d'un processus d'apprentissage plus ou moins long. Cela semble être exactement ce que soutenait Watson (1924 : 162) :

> Les mots servent à entraîner des réponses, exactement comme le font les objets pour lesquels les mots servent de *substituts*. N'est-ce pas un des personnages de Swift qui avait la particularité de ne pas pouvoir ou ne pas vouloir parler, et qui transportait partout dans un sac tous les objets d'usage courant. Ainsi, au lieu d'utiliser des mots pour influencer le comportement d'autrui, il sortait l'objet lui-même de son sac et le montrait? Le monde serait encore dans cette situation aujourd'hui si nous n'avions cette *équivalence* de réaction entre les objets et les mots. (C'est moi qui souligne.)

Ainsi, selon cette conception, apprendre la signification de « il pleut »- c'est apprendre à réagir à ces mots comme on réagit à la pluie elle-même ; et de même, apprendre la signification de « pomme » c'est apprendre à réagir à ce mot comme on réagit à la présence d'une vraie pomme. Cette analyse, selon laquelle la signification d'une expression n'est rien d'autre que la réponse qu'elle suscite chez l'auditeur, qui n'est elle-même rien d'autre que la réponse que le référent (c'est-à-dire l'objet lui-même) suscite chez l'auditeur, est manifestement défectueuse, et cela pour plusieurs raisons assez évidentes, qui ne sont pas sans rappeler celles pour lesquelles les théories idéationnistes sont elles-mêmes défectueuses.

Il n'est ni nécessaire ni suffisant que les mêmes mots provoquent les mêmes réponses pour pouvoir communiquer à l'aide de ces mots. Deux personnes peuvent réagir différemment au même mot/énoncé sans pour autant le comprendre de manière différente. Par exemple, il se pourrait que le mot « pomme » fasse saliver A et donne la nausée à B, sans qu'on doive en conclure que ce mot a pour chacun d'eux une signification différente. De même, il est parfaitement concevable qu'un individu réagisse de manières différentes à deux expressions auxquelles il prête par ailleurs le même sens ; il est fort probable, par exemple, que le même individu réagisse de manières différentes aux deux énoncés suivants : « Dessinez-moi un carré rond ! » et « Dessinez-moi un parallélogramme équilatéral dont tous les points sont équidistants du centre ! ». Cela ne suffit pas, cependant, pour conclure qu'il ne leur assigne pas la même signification. Ceci montre (i) qu'il n'est pas nécessaire que la même expression provoque la même réponse chez différents individus pour qu'elle ait la même signification pour tous ces individus, et (ii) qu'il n'est pas nécessaire que deux expressions provoquent la même réponse (de la part de la même personne, ou de personnes différentes) pour qu'elles soient synonymes.

Inversement, deux mots ou expressions peuvent avoir des significations différentes même s'ils provoquent la même réponse, ce qui montre qu'il n'est pas suffisant que deux mots provoquent la même réponse pour conclure qu'ils sont synonymes. Par exemple, il se pourrait que A réagisse de la même manière à « pomme » et à « poire », sans pour autant leur associer la même signification. De la même manière, il serait possible que A réagisse à « pomme » comme B réagit à « poire » (et inversement), sans qu'on puisse pour autant conclure que « pomme » signifie pour A ce que « poire » signifie pour B.

D'autre part, chaque expression linguistique ne provoque pas, en fait, une réponse spécifique unique. Ceci est évident si on songe à une réponse manifeste, mais beaucoup de behavioristes ont été tentés de supposer que la réponse associée à une expression linguistique est une réponse implicite, comme par exemple des mouvements à peine perceptibles de certains muscles, ou des processus neurophysiologiques. La « réponse », alors, tend à se « dématérialiser », en ce sens qu'elle devient de moins en moins accessible à l'observation intersubjective directe. Ainsi, il est clair que beaucoup de mots ne provoquent aucune réponse spécifique (par exemple des mots comme « et », « où », « de », « quatre », « épilogue », etc.), et que le même mot peut provoquer des réponses différentes d'une fois à l'autre et d'un individu à l'autre, bien que sa signification reste constante.

Enfin, la même expression peut tantôt provoquer une réaction, tantôt ne pas en provoquer (de la part du même individu), ou provoquer des réactions différentes d'une occasion à l'autre. Il est clair par exemple que la même personne ne réagira pas de la même manière à l'énoncé « Vous pouvez vous verser une tasse de thé», selon qu'elle a soif ou non, qu'elle aime le thé ou non, ou qu'elle croit ou non que le thé a été empoisonné.

Une des principales difficultés des théories dont nous venons de parler vient de ce que la réponse provoquée par une expression peut soit être absente soit varier en fonction des circonstances et des personnes considérées, alors que sa signification reste constante. Certains auteurs (notamment Stevenson 1944 et Morris 1946) ont tenté de résoudre cette difficulté, sans abandonner le cadre behavioriste, en identifiant la signification non pas à une réponse ou un comportement spécifique mais à une disposition à produire certaines réponses ou comportements.

Une disposition n'est rien d'autre, en quelque sorte, qu'une capacité ou une tendance à faire certaines choses ou à réagir d'une certaine manière dans certaines circonstances. Autrement dit, le propre d'une disposition, c'est que quelqu'un ou quelque chose peut avoir une disposition à faire X dans les conditions C même quand les conditions C ne sont pas réalisées (et même si elles ne sont jamais réalisées). D'autre part, la même disposition peut conduire à des réponses différentes dans des conditions différentes.

La notion de disposition n'est pas spécifiquement psychologique. La plupart des substances ou des objets matériels ont des dispositions. Par exemple, le sel est soluble dans l'eau, le verre est fragile, le fer est malléable, etc. Dire que le sel est soluble dans l'eau revient à dire que le sel est disposé à se dissoudre lorsqu'il est plongé dans l'eau, ce qui revient aussi à dire que l'eau est disposée à dissoudre le sel qui y est plongé. Ainsi, chaque fois qu'on peut dire d'un x qu'il a une disposition à causer un certain effet sur un y, on peut aussi dire de cet y qu'il est disposé à subir cet effet de la part d'un x (la pertinence de cette remarque apparaîtra un peu plus loin). Il importe aussi de noter qu'une disposition à faire X dans certaines circonstances peut être en même temps une disposition à faire Y dans d'autres circonstances. En d'autres termes, la même disposition peut se manifester de manières différentes dans des circonstances différentes. Par exemple, l'alcool agit comme un stimulant ou comme un calmant selon les circonstances (c'est-à-dire selon la quantité absorbée, la condition physique du buveur, etc.).

Ces caractéristiques des dispositions en font des candidats intéressants pour jouer le rôle de significations des expressions linguistiques. Le philosophe américain Charles L. Stevenson fut un des premiers à exploiter cette idée et à suggérer que la signification d'une expression est une disposition de cette expression à provoquer certaines réponses chez certains individus, réponses qui peuvent varier selon les circonstances.

Comme Stevenson le note lui-même, il serait équivalent de dire que la signification qu'une personne attache à une expression linguistique est une disposition *de cette personne* à réagir de telle ou telle manière (selon les circonstances) à la perception de cette expression.

Chez Morris (1946 : 10) on trouve essentiellement la même idée formulée (approximativement) de la manière suivante : si Z est un stimulus qui produit chez un individu une disposition à se comporter, dans certaines circonstances d'une certaine manière T, et si X est un objet qui provoque naturellement un comportement de type T, alors Z est un signe de X pour cet individu. Ainsi, une énonciation de «Il pleut» peut avoir pour effet que A ouvre son parapluie; mais cela ne peut pas être la signification de «il pleut» parce que cet énoncé peut, en d'autres circonstances, amener A à se comporter autrement. Pour éviter cette difficulté, on suggère que «il pleut» a pour effet que A est disposé :

– à ouvrir son parapluie s'il est dehors et s'il a son parapluie,
– à courir se mettre à l'abri s'il est dehors et s'il n'a pas son parapluie,
– à fermer les fenêtres s'il est chez lui et si les fenêtres sont ouvertes,
– à ne pas réagir, s'il désire prendre une douche, ou s'il est dans l'incapacité d'ouvrir son parapluie,
– etc.

En d'autres termes,«il pleut» a pour effet, selon cette analyse, que A est disposé à se comporter comme s'il pleuvait, ce qui permet de dire, en vertu de la définition de Morris, que «il pleut» est (pour A) un signe de la pluie. On suggère donc que la propriété qu'a l'expression «il pleut» de provoquer (chez A) cette disposition est la signification (pour A) de «il pleut», ce qui revient à dire que la disposition de A à se comporter de cette manière lorsqu'il entend «il pleut» est la signification que cette expression a pour lui. Cette modification de l'analyse behavioriste permet ainsi apparemment de tenir compte du fait que la réponse associée à une expression linguistique varie selon les personnes et les circonstances. Il semble cependant que le point de vue behavioriste laisse encore à désirer.

Ce genre d'analyse ne permet pas de rendre compte de la spécificité de la signification linguistique (ou symbolique). En effet, n'importe quoi peut avoir une disposition à amener un individu à réagir de différentes manières selon les circonstances, sans pour autant «être un signe» ou «avoir une signification» dans le sens pertinent. Une drogue, par exemple, peut avoir pour effet de créer une disposition à réagir à la moindre remarque comme on réagirait à une agression physique violente, mais on ne peut pas dire pour autant que cette drogue est un signe, ni, a fortiori, le signe d'une agression violente, ou que la disposition qu'elle crée en est la signification.

On peut aussi formuler cette objection en disant que Stevenson et Morris négligent de préciser la classe des individus qui sont censés former une communauté linguistique, c'est-à-dire, être disposés à réagir de la même manière en présence des mêmes expressions linguistiques. Tous les humains ne sont manifestement pas disposés à réagir de la même manière aux mêmes expressions linguistiques, puisque tous ne comprennent pas les mêmes expressions. La conception behavioriste semble être incapable d'expliquer, sans circularité, en quoi consiste la différence entre une personne qui est disposée à réagir d'une certaine manière à une certaine expression et qui comprend cette expression, et une personne qui ne comprend pas cette expression, mais qui est disposée à y réagir de la même manière. Autrement dit, puisque tout objet est susceptible de provoquer une disposition comportementale quelconque (par exemple, toute personne, même si elle n'est pas francophone, a ou peut avoir une disposition à réagir d'une certaine manière aux mots « Il pleut ! »), comment distinguer entre les dispositions comportementales qui résultent des seules propriétés naturelles de cet objet, de celles qui correspondent réellement à des propriétés sémantiques (c'est-à-dire, comment évitera-t-on la conclusion que « il pleut ! » a une signification même pour le non francophone) ? De ce point de vue, le passage du behaviorisme classique au behaviorisme dispositionnel ne marque aucun progrès évident ; et de même qu'une expression peut provoquer une réponse particulière qui n'a intuitivement rien à voir avec sa signification, de même une expression peut provoquer une disposition comportementale qui n'a intuitivement rien à voir avec sa signification. Une personne pourrait par exemple être disposée à réagir à l'énonciation de « Échec et mat ! » de la même manière qu'elle réagirait à une averse, sans pour autant croire que « Échec et mat ! » signifie qu'il pleut.

Il faut admettre, en toute justice, que Stevenson (1944 : 57) semble être conscient de la difficulté, puisqu'il prend soin de préciser qu'une disposition à réagir d'une certaine manière n'est une signification que si elle résulte d'un processus de conditionnement qui a accompagné l'usage d'un signe dans la communication. Mais il ne suffit pas de nommer la difficulté pour l'avoir résolue, et il semble bien que l'approche behavioriste n'ait pas les ressources conceptuelles requises pour proposer une explication non circulaire de la communication.

Même en négligeant cette difficulté, il reste qu'il y a beaucoup d'énoncés pour lesquels on a du mal à imaginer quelle disposition comportementale spécifique ils peuvent provoquer. Par exemple, « Votre fils est malade » peut avoir pour effet que l'auditeur est disposé à se rendre au chevet de son fils s'il en a la possibilité et s'il se soucie de son sort, et à téléphoner à son fils s'il est incapable d'aller le voir, etc. mais quelle disposition comportementale peut résulter d'énoncés comme : « 15+8=23 », ou « Homère est l'auteur de l'Iliade », ou « Le soleil est à 97 millions de milles de la Terre » ?

Même dans les cas où il semble plausible de supposer qu'une expression donnée est associée à une disposition comportementale spécifique, on voit mal comment on pourrait effectivement spécifier cette disposition. Par exemple, même s'il est plausible de supposer que « Votre fils est malade » correspond chez l'auditeur à une disposition à se rendre au chevet de son fils s'il en a la possibilité et s'il se soucie du sort de celui-ci, cela n'est pas tout à fait exact, car pour que l'auditeur se rende au chevet de son fils, peut-être faut-il non seulement qu'il en ait la possibilité et qu'il se soucie de son sort, mais aussi :

- qu'il croie que le locuteur dit la vérité,
- qu'il croie que sa présence auprès de son fils n'aggravera pas sa maladie et qu'il désire ne pas aggraver son état (ou encore, qu'il désire lui donner le coup de grâce et qu'il croie que sa présence pourra y contribuer),
- qu'il ne soit pas déjà au chevet de sa fille mourante (ou si c'est le cas, qu'il juge plus important d'aller auprès de son fils que de rester au chevet de sa fille),
- que ses croyances religieuses ne l'empêchent pas de voyager ce jour-là, etc.

On voit facilement comment la liste des conditions supplémentaires qui devraient être satisfaites pour que le locuteur réagisse d'une manière déterminée plutôt que de toute autre manière pourrait être indéfiniment allongée, ce qui illustre clairement non seulement comment une disposition comportementale peut être trop complexe pour pouvoir être spécifiée entièrement, mais aussi la difficulté qu'il y aurait à spécifier, ne serait-ce que partiellement, la disposition associée à une expression linguistique sans faire usage du vocabulaire mentaliste dont le behaviorisme voudrait précisément faire l'économie. Du point de vue behavioriste, en effet, le fait que A croie ou désire quelque chose doit aussi consister dans le fait qu'il est disposé à se comporter de telle ou telle manière selon les circonstances, et il n'est certes pas plus facile de spécifier de telles dispositions que de spécifier celles qui sont censées correspondre aux significations linguistiques.

Il est toutefois intéressant de noter que c'est paradoxalement cette même complexité des dispositions comportementales des êtres humains qui semble mettre la conception behavioriste à l'abri d'une réfutation décisive. En effet, lorsque le behavioriste est confronté à un exemple de deux personnes qui, bien que se trouvant dans la même situation, ont réagi de manières différentes à une expression donnée, il a toujours la ressource de soutenir que ces deux personnes ont néanmoins une disposition à réagir de la même manière à cette expression et que si elles ont réagi différemment à cette expression dans un cas particulier, c'est parce qu'*en dépit des apparences*, elles n'étaient pas réellement dans les mêmes conditions. Il peut donc toujours s'appuyer sur le fait qu'il n'y a pas de définition claire de ce que c'est qu'être dans la même situation pour maintenir son point de vue.

Une dernière difficulté vient de ce qu'une théorie de ce genre traite toutes les expressions linguistiques de la même manière, sans distinguer, par exemple, entre les énoncés et les mots dont ils se composent. Mais comme un mot est toujours utilisé dans le contexte d'un énoncé, on voit mal comment isoler la disposition comportementale qu'il est censé provoquer de celle qui est associée aux énoncés où il apparaît. D'autre part, on ne voit pas comment le point de vue behavioriste pourrait permettre d'expliquer que deux énoncés qui se composent des mêmes mots (par exemple : «Le chat est sur le paillasson» et «Le paillasson est sur le chat») puissent avoir des significations différentes, c'est-à-dire correspondre à des dispositions comportementales différentes. Il faudrait pour cela introduire l'idée que la disposition comportementale associée à un énoncé ne dépend pas exclusivement des dispositions comportementales associées à chacun des mots dont il se compose, mais aussi d'autres facteurs. Le problème est qu'il est difficile de voir comment caractériser ces autres facteurs sans renoncer aux principes de base du behaviorisme.

L'échec au moins apparent des théories idéationnistes et des théories behavioristes de la signification *suggère* qu'il est sinon impossible, du moins extrêmement difficile, d'expliquer (comme elles semblent se le proposer) en quoi consiste la signification linguistique en invoquant exclusivement des concepts non-linguistiques (et qui ne présupposent aucun concept linguistique)[2]. Il est certes trop tôt pour tirer des conclusions catégoriques, puisque nous sommes loin d'avoir examiné toutes les options possibles. Mais ce n'est pas beaucoup exagérer que de dire que la théorie de la signification se trouve aujourd'hui (peut-être depuis toujours) devant le trilemme suivant : ou bien la signification est un phénomène entièrement naturel, ou bien c'est un phénomène non-naturel, ou bien c'est en quelque sorte une illusion.

Lectures complémentaires

A Locke (1690 : livre 3, chapitres 1, 2), Harrison (1979, chapitres 2, 3), Stevenson (1944, chapitre 3).
B Bennet (1971, chapitre 1), Price (1953), Morris (1946), Black (1949, chapitre 7), Chomsky (1958).

NOTES

[1] Nous avons vu que dans la conception de Locke, le lien entre les mots et les idées qu'ils signifient est conventionnel et résulte d'une décision arbitraire. Cependant, cela n'exclut pas nécessairement que les occurrences d'un mot causent des occurrences de l'idée qu'il signifie (par convention), dans l'esprit de ceux qui partagent une certaine convention linguistique. Si on n'admet pas cette possibilité, il faudra supposer que le locuteur, à chaque fois qu'il utilise un mot doit décider soit de l'utiliser pour représenter telle ou telle idée, soit de se conformer à une décision antérieure. On se rapprocherait alors passablement de la conception qui sera plus loin attribuée à Paul Grice.
[2] Bien qu'il soit indéniable que les théories idéationnistes (contrairement aux théories behavioristes) accordent une certaine place à la notion de convention linguistique, cela ne semble pas être une place centrale, et c'est presque exclusivement sur la relation entre les idées et le monde qu'elles font reposer le poids de l'explication.

Chapitre 3
Règles, universaux et usage

1. LA NOTION DE RÈGLE

C'est un lieu commun de dire que maîtriser une langue c'est maîtriser un système de règles, ou de dire que «parler, c'est adopter une forme de comportement gouverné par des règles» (Searle). Presque tous les linguistes et beaucoup de philosophes du langage conçoivent l'étude du langage comme une activité qui vise à formuler les «règles» de telle ou telle langue ou du langage en général, c'est le cas par exemple de Searle et de Chomsky. Mais cela ne veut pas dire pour autant que le concept de «règle» soit parfaitement clair ou que les différents théoriciens le comprennent de la même manière, en particulier lorsqu'il s'agit de «règles» linguistiques.

Une des choses que notre examen des théories idéationnistes a permis de mettre en évidence, c'est que le simple fait que la perception d'une expression linguistique soit accompagnée d'une représentation mentale ne peut pas expliquer en quoi consiste la compréhension de cette expression. Pour qu'une explication de ce genre soit complète, il faut encore expliquer en quoi consiste la signification d'une représentation mentale, c'est-à-dire, comment il se fait que telle représentation mentale soit interprétée de telle ou telle manière, comme un signe de telle ou telle chose. Or il est tout naturel de penser que l'interprétation d'un signe est déterminée par certaines règles d'interprétation; et lorsqu'on aborde le problème sous cet angle, on se rend compte assez rapidement qu'il est peut-être plus facile (et certainement pas plus difficile) de formuler les règles d'interprétation des expressions linguistiques que de formuler les règles d'interprétation des représentations mentales.

Mon objectif dans ce chapitre est moins d'expliquer les différentes formes que devraient ou pourraient prendre les règles linguistiques ou les concepts qu'elles devraient ou pourraient invoquer, que de mettre en évidence les caractéristiques fondamentales qui font à la fois l'intérêt et la difficulté du concept de règle lui-même. Pour le dire en un mot, la caractéristique essentielle de la notion de règle est qu'elle nous renvoie au domaine de l'action ou du comportement intentionnels, et en particulier de l'action ou du comportement humains. En d'autres termes, une règle est d'abord une règle d'action ou de comportement. Mais tous les types de comportements ne sont pas gouvernés par des règles, et il y a une distinction à faire entre les comportements réglés et les comportements réguliers (qui n'est d'ailleurs pas sans rappeler la distinction gricéenne, que nous examinerons plus loin, entre signification naturelle et signification non-naturelle).

Considérons les exemples suivants, qui nous aideront à clarifier cette distinction importante :

(1) Les chauffeurs de camion américains ont l'habitude d'appuyer leur avant-bras gauche sur la bord de la fenêtre de leur camion.

(2) Les objets physiques retombent par terre quand on les lance en l'air.

(3) Les plantes se tournent vers la lumière.

(4) Les gens disent «oui» quand on leur propose un million de dollars.

(5) Les chauffeurs de camion s'arrêtent aux feux rouges.

(6) Un joueur de hockey marque un point quand il pousse la rondelle (avec son bâton) dans le filet de l'équipe adverse.

(7) Les gens disent «merci» quand on leur donne un million de dollars.

(8) Les francophones ne disent jamais «plante» après «le».

(9) Les francophones qui prononcent les mots «il pleut» affirment qu'il pleut (dans certaines conditions).

Il semble, intuitivement, que les comportements mentionnés en (1)-(4) soient des comportements réguliers, tandis que ceux mentionnés en (5)-(9) sont des comportements réglés. Il convient de noter, d'entrée de jeu, que lorsqu'on parle de comportement réglé ou de comportement régulier, il s'agit toujours en réalité de types de comportements et non pas de comportements particuliers qu'ont pu avoir telles ou telles personnes à tel ou tel moment précis. Un comportement particulier ne peut être dit « réglé » ou « régulier » que dans la mesure où il appartient à un type de comportement qui tombe sous le coup d'une règle ou d'une régularité. Il s'agit maintenant de caractériser, aussi clairement que possible, le fondement de la différence intuitive que nous faisons entre les cas (1) à (4) et les cas (5) à (9).

Une des raisons pour lesquelles on admet immédiatement que le fait de s'arrêter aux feux rouges (cas (5)) est un comportement réglé, c'est apparemment que ce comportement est prescrit par le code de la route, code qui a force de loi et est imposé par une autorité juridique légitime. Autrement dit, c'est un comportement qui fait l'objet d'une législation ou d'une réglementation explicite, ce qui n'est le cas d'aucun des exemples donnés de comportement régulier. On pourrait donc envisager de suggérer que ce qui fait de ce comportement un comportement réglé, c'est le fait que nous pouvons identifier l'autorité qui est à l'origine de la règle qui le gouverne.

Mais il est assez évident qu'on ne peut pas utiliser cela comme un trait distinctif des comportements réglés parce que toutes les règles n'émanent pas d'une autorité « législative ». Par exemple, les règles d'étiquette, les règles pratiques telles que « pour attraper un saumon, utiliser tel type d'appât, etc. », les recettes de cuisine, etc. n'ont manifestement pas un caractère « législatif ». Il y a certes des « autorités » culinaires, mais elles n'ont pas le pouvoir de décréter quelle est la marche à suivre pour réaliser tel ou tel plat. Elles n'ont, en d'autres termes, qu'une autorité « morale ». Les règles qui émanent d'une autorité compétente sont généralement des règles explicites, en ce sens qu'il est toujours possible de les citer ou de renvoyer à leur formulation originale.

D'autre part, il y a des règles qui sont explicites et qui émanent en quelque sorte d'une autorité, mais qui sont apparemment très différentes des règlements du code de la route en ce qu'elles ne portent pas sur un type d'activité préexistant. Elles ont plutôt pour effet de créer, par *stipulation*, un nouveau genre d'activités qui n'existait pas auparavant et qui ne pourrait pas exister indépendamment de ces règles. Searle appelle de telles règles des règles *constitutives*, et les oppose aux règles *normatives* (comme les règlements du code de la route et les recettes de cuisine). Les règles constitutives ont à toutes fins pratiques le caractère de définitions : elles consistent à dire, par exemple que faire telle ou telle chose dans telles ou telles conditions *revient à* faire telle ou telle chose. Les énoncés suivants, par exemple, pourraient être des formulations de règles constitutives :

(10) Pousser la rondelle dans le filet revient à marquer un but (ou *compte comme* un but).

(11) Prononcer tels ou tels mots revient à affirmer telle ou telle chose (ou *compte comme* l'affirmation de telle ou telle chose). S'il semble que toutes les règles constitutives soient conventionnelles, rien n'empêche qu'une règle normative puisse aussi être conventionnelle (ce serait le cas, par exemple, des règles d'étiquette).

On a donc distingué jusqu'ici quatre types de règles (et donc de comportements réglés), sans cependant trouver de trait commun à toutes les règles (ou à tous les comportements réglés) :

Règles :	Édictées par une autorité :	Normatives : Constitutives :	Code de la route Jeux d'échecs
	Non édictées par une autorité :	Normatives : Constitutives :	Recettes de cuisine Règles du langage

Il vaut la peine de s'arrêter un moment sur la distinction entre règles constitutives et règles normatives, dans la mesure où Searle (1969) lui accorde une grande importance, et soutient que les règles linguistiques sont des règles constitutives plutôt que normatives. Plus exactement, sans nier que le comportement linguistique puisse être soumis à des règles normatives comme, par exemple, la règle qui commande de dire « merci » dans certaines circonstances, ou celle qui recommande d'utiliser des métaphores pour créer des effets poétiques (ou de manière générale, les « règles de l'éloquence »), il insiste (avec raison) sur le fait que la philosophie du langage s'intéresse principalement (sinon exclusivement) aux règles qu'il faut suivre pour parler une certaine langue (ou plus généralement, pour communiquer verbalement), et plutôt qu'à celles qu'il faut suivre pour *bien parler* cette langue, ou pour la parler avec élégance, ou pour convaincre son auditoire, etc.

Searle voudrait donc que le philosophe du langage soit celui qui se préoccupe de dégager les règles constitutives de l'utilisation du langage (nous verrons plus loin ce qu'il entend plus spécifiquement par là). Mais il n'est pas sûr que la distinction entre règles constitutives et règles normatives ait les reins assez solides pour jouer le rôle que Searle lui assigne.

Searle (1969 : 72-77) semble fonder cette distinction sur les critères suivants : (i) si une règle est normative alors on doit pouvoir décrire le comportement qu'elle gouverne indépendamment de l'existence de cette règle, tandis que (ii) si une règle est constitutive alors on doit pouvoir décrire le comportement qu'elle gouverne d'une manière dont il serait impossible de le décrire si la règle n'existait pas. Supposons par exemple que Pierre pousse la rondelle dans le filet de l'équipe adverse. On peut décrire ce que Pierre a fait en disant qu'il a marqué un but, et en faisant cela on le décrit d'une manière dont on ne pourrait pas le décrire si la règle du hockey selon laquelle pousser la rondelle dans le filet de l'équipe adverse revient à marquer un but n'existait pas. Le critère (ii) permet donc de conclure que la règle en question *peut* être constitutive (mais non qu'elle *est* constitutive, puisque le critère en question ne fait qu'énoncer une condition nécessaire, mais non suffisante, pour qu'une règle soit constitutive). Il est clair, d'autre part, qu'on peut aussi décrire le comportement de Pierre indépendamment de la règle, en disant par exemple qu'il a donné un coup de bâton sur une rondelle de caoutchouc. Cela veut dire que le fait de pouvoir décrire un comportement sans faire référence à une règle donnée ne montre pas que cette règle est normative, mais seulement qu'elle *peut* être normative. Notre exemple est donc compatible aussi bien avec l'hypothèse que la règle du hockey dont nous parlons est une règle normative qu'avec l'hypothèse qu'il s'agit au contraire d'une règle constitutive.

Supposons maintenant que Pierre dit « merci » à la dame qui vient de lui donner un million de dollars. On peut décrire le comportement de Pierre sans faire référence à la règle selon laquelle il faut dire « merci » pour être poli, mais cela ne montre pas que cette règle est normative, (seulement qu'elle peut être normative). Inversement, il semble qu'on puisse aussi décrire le comportement de Pierre d'une manière dont il serait impossible de le décrire si la règle selon laquelle il faut dire « merci » quand on nous donne quelque chose n'existait pas. Par exemple en disant que Pierre s'est montré poli. On ne peut donc pas conclure que cette règle n'est pas constitutive, puisque selon le critère de Searle, elle peut être constitutive. Pourtant Searle considère que cette règle est normative et non pas constitutive, parce que selon lui, en disant que Pierre a été poli, on ne décrit pas le comportement de Pierre, on l'*évalue*. En d'autres termes, un des problèmes avec la distinction de Searle c'est qu'elle présuppose une distinction nette entre termes descriptifs et termes évaluatifs. Or il est très difficile de trouver des critères précis pour faire cette distinction. Il n'est pas sûr, intuitivement, qu'il y ait une grande différence entre « marquer un but » et « être poli » ou entre « respecter les règles du hockey » et « respecter les règles de politesse ».

Un autre problème vient de ce que les règles constitutives sont censées avoir le caractère de définitions. Or les définitions sont des énoncés (ou des actes de langage), et à ce titre, doivent apparemment émaner d'un locuteur ou d'une autorité quelconque, et appartenir à un langage spécifique. Mais dans ce cas, la suggestion de Searle entraîne une régression à l'infini, et nous oblige à supposer que l'existence d'une langue L présuppose toujours celle d'une autre langue L', à savoir celle dans laquelle on a défini la langue L. Indépendamment de cette difficulté, il est difficile de voir comment une définition pourrait littéralement «créer» un nouveau type d'activité (plutôt qu'un nouveau nom). D'une certaine manière, c'est au contraire précisément parce qu'une définition ne «crée» rien qu'il est éclairant de faire un rapprochement entre une règle constitutive et une définition, car cela contribue à faire comprendre comment il se fait que l'observation d'une règle constitutive semble garantir le succès de l'action (si Pierre observe les règles du jeu d'échecs, alors il joue aux échecs), alors qu'il est tout à fait possible d'observer une règle normative sans obtenir le résultat recherché (Pierre pourrait observer toutes les règles de la pêche au saumon sans pour autant attraper de saumon).

Ceci nous amène à la difficulté générale de la notion de règle linguistique, qui vient de ce que s'il y a de telles règles elles doivent être des règles tacites ou implicites, c'est-à-dire des règles qui n'ont pas été édictées par une autorité ou formulées explicitement à un moment donné, comme c'est le cas des règles du jeu d'échecs ou des règlements du code de la route. Comme on vient de le rappeler, les règles (ou les conventions) linguistiques ne peuvent pas avoir été promulguées explicitement puisque pour promulguer quelque chose il faut déjà posséder un langage. Les grammaires et les dictionnaires ne peuvent contenir, au mieux, que des descriptions de règles linguistiques déjà en vigueur, c'est-à-dire des codifications d'une pratique linguistique qui existe indépendamment d'eux, et n'ont par conséquent aucune valeur «législative» ou «fondatrice». Il semble donc que s'il y a des règles linguistiques (qu'elles soient constitutives ou normatives), celles-ci doivent être des règles implicites (ou tacites).

Une règle implicite est une règle dont il peut n'exister aucune formulation. Notons d'abord qu'en dépit de certaines difficultés, cette notion n'est pas incohérente en soi. On peut, par exemple, imaginer une famille dont tous les membres évitent systématiquement de parler politique à table. Chaque membre de la famille évite de le faire, et sait que celui qui le ferait serait puni, bien que jamais personne n'ait explicitement formulé cette règle. De la même manière, on peut (avec Chomsky) imaginer qu'un enfant qui apprend une langue, apprend en fait à suivre certaines règles, même si celles-ci ne lui ont jamais été expliquées. De telles suppositions ne sont pas manifestement incohérentes ; mais pour qu'elles soient justifiées il faudrait disposer d'un critère qui permette d'affirmer qu'un certain comportement est réglé, plutôt que simplement régulier, *en dépit du fait que « les règles » qui le gouvernent n'aient jamais été édictées et ne soient inscrites nulle part.* En d'autres termes, aussi longtemps qu'on a affaire à des règles explicites, on n'a pas de mal à distinguer entre un comportement réglé et un comportement régulier, puisqu'il suffit alors de citer la règle concernée et/ou d'identifier l'autorité dont elle émane, mais sur quoi peut-on s'appuyer pour supposer qu'un comportement est réglé plutôt que régulier lorsqu'on a affaire à des règles implicites ?

On est naturellement enclin à suggérer que lorsque le comportement d'une personne est guidé par une règle, alors cette personne connaît cette règle, en ce sens qu'elle est capable de l'énoncer pour justifier son comportement, ou au moins de reconnaître qu'elle suit cette règle quand on lui en présente une formulation (dans sa langue). Il se peut que ce soit effectivement le cas, mais il faut noter que certains (par exemple Waismann 1965) pensent au contraire qu'il est possible de savoir jouer aux échecs ou à un autre jeu (et donc d'avoir un comportement réglé) sans être capable d'en formuler les règles correctement.

Quoi qu'il en soit, il est loin d'être évident que ce critère permettrait de conclure à l'existence de règles linguistiques implicites ; ou du moins, il est loin d'être évident qu'il permettrait de tenir pour des formulations de règles linguistiques tous les énoncés que nous pourrions être tentés de considérer comme tels. Il faut en effet admettre non seulement que les locuteurs ne sont pas (ou pas toujours) capables de formuler les règles de leur langue, mais aussi qu'ils ne sont pas capables de décider, dans tous les cas, si un énoncé donné est ou non une formulation d'une règle de leur langue. Autrement dit, il faut admettre que s'il y a des règles linguistiques elles sont non seulement implicites, mais aussi inconscientes (au moins pour une partie d'entre elles).

La question devient donc celle de savoir comment distinguer entre un comportement réglé et un comportement régulier, à supposer qu'une règle puisse être implicite et inconsciente. Revenons à notre exemple des chauffeurs de camion qui s'arrêtent aux feux rouges. Le comportement d'un chauffeur de camion, lorsqu'il s'arrête à un feu rouge, est apparemment (normalement) un comportement réglé ; mais ce n'est pas un comportement déterminé, en ce sens que n'importe quel chauffeur pourrait ne pas s'arrêter aux feux rouges s'il le voulait (et s'il était prêt à en assumer les conséquences). Il semble bien que si ce n'était pas le cas, cela ne pourrait pas être un comportement réglé. On n'imagine pas, par exemple, le gouvernement voter une loi commandant aux gens de respirer au moins deux fois par minute, ou aux objets physiques de retomber lorsqu'on les a lancés en l'air. Autrement dit, on pourrait suggérer que : un comportement est réglé si et seulement si il ne peut pas être expliqué par une loi naturelle. Aussi prometteur que paraisse ce critère, il n'est malheureusement pas facile d'en trouver une formulation adéquate. On a cependant tout intérêt à explorer davantage cette idée.

Notons d'abord qu'une raison pour laquelle ce critère n'est pas adéquat, c'est qu'il peut apparemment y avoir des comportements qui ne s'expliquent pas par des lois naturelles, et qui ne sont (intuitivement) pas des comportements réglés, mais réguliers. Par exemple, le fait que les chauffeurs de camion appuient leur avant-bras gauche sur le bord de la fenêtre de leur camion (si c'est un fait) n'est pas déterminé par une loi naturelle, et pourtant on n'est aucunement tenté de dire qu'ils suivent une règle leur commandant de le faire. Dans ce cas particulier, on peut croire qu'il s'agit d'une régularité purement accidentelle. Mais il est aussi possible qu'un comportement qui n'est ni accidentel ni explicable par une loi naturelle ne soit pas non plus guidé par une règle. Supposons par exemple que tous les chauffeurs de camion américains portent une casquette de base-ball alors que tous les chauffeurs de camion français portent un béret. On peut penser qu'il y aurait une explication culturelle à ce phénomène, sans pour autant penser qu'il y a des règles qui commandent aux chauffeurs de camion de se comporter de la manière dont ils se comportent, ou que les chauffeurs de camion se comportent ainsi pour se conformer à des règles. Ainsi on ne peut pas soutenir que : si un comportement n'est pas explicable par une loi naturelle alors il est réglé.

Mais peut-on au moins maintenir que : si un comportement est réglé alors il ne peut être expliqué au moyen d'une loi naturelle ? En un sens oui, puisqu'il semble que si les chauffeurs de camion ne pouvaient pas ne pas s'arrêter aux feux rouges ils ne pourraient pas être guidés par le code de la route, ce qui revient à admettre que pour pouvoir dire que quelqu'un « obéit » à un ordre il faut qu'il lui soit possible de désobéir. Mais en un autre sens non, parce que même si tous les comportements pouvaient être expliqués par des lois naturelles, cela n'empêcherait pas nécessairement que certains d'entre eux puissent *en plus* être soumis à des règles. Par exemple, chaque fois qu'un chauffeur de camion s'arrête à un feu rouge, il y a bien une explication «physique» à cela : c'est parce qu'il a appuyé sur les freins, et que les freins étaient en bon état, etc. ; mais doit-on en conclure que le comportement en question n'est pas gouverné par une règle ? Dans ce cas, on risquerait d'arriver rapidement à la conclusion qu'il n'y a pas en réalité de comportements réglés.

Le même comportement peut ainsi être considéré comme réglé ou comme simplement régulier, selon la manière dont il est décrit, c'est-à-dire selon le niveau de description choisi. Malgré cela, il reste vrai et important que si une généralisation est présentée comme la formulation d'une règle, alors elle doit admettre des exceptions, ce qui n'est pas le cas si elle est présentée comme la formulation d'une loi («naturelle» ou «culturelle») ou d'une généralisation accidentelle. En d'autres termes, une règle a toujours une sorte de valeur «normative» alors qu'une loi n'a qu'une valeur «descriptive». Cela revient à dire qu'un comportement réglé est un comportement qui peut être *évalué* comme conforme ou non conforme à la règle qui le guide. J'ai fait remarquer plus haut que la distinction entre décrire et évaluer pouvait difficilement servir à justifier la distinction de Searle entre des règles normatives et des règles constitutives. Mais ne suis-je pas justement en train d'invoquer la même distinction pour expliquer la différence entre une règle et une loi ? Pas exactement. J'ai indiqué qu'il n'était pas facile d'expliquer en quoi consiste la différence entre des termes descriptifs et des termes évaluatifs, mais l'opposition que je souhaite faire entre les règles et les lois n'est pas exactement que les premières ont une dimension normative alors que les secondes n'ont qu'une dimension descriptive. Car il y a une dimension normative aussi bien lorsqu'on reconnaît qu'un comportement constitue un contre-exemple à une généralisation présumée, que lorsqu'on reconnaît qu'un comportement enfreint une règle. La différence réside dans le fait que dans le premier cas, c'est la généralisation qui est évaluée, tandis que dans le second cas c'est le comportement qui l'est.

De toute évidence, si on constatait que certains chauffeurs de camion américains n'appuient pas leur avant-bras gauche sur le bord de la fenêtre de leur camion, on conclurait qu'il est faux que tous les chauffeurs de camion américains font cela. De même, si on observait que certains objets ne retombent pas après avoir été lancés en l'air, on conclurait qu'il est faux que tous les objets retombent après avoir été lancés en l'air et non pas que certains objets violent les lois physiques. Par contre, si on voit un chauffeur de camion brûler un feu rouge, on ne conclura pas qu'il est faux que tous les chauffeurs de camion s'arrêtent aux feux rouges, mais que ce chauffeur de camion est en faute, c'est-à-dire qu'on ne conclura pas que la règle n'existe pas, ou n'est pas valide, mais simplement qu'elle a été violée. Ainsi, dans les deux cas, il y a quelque chose qui est évalué.

Cette remarque permet de faire ressortir le fait que les règles et les lois ont des rôles explicatifs très différents. On peut expliquer pourquoi un certain phénomène a eu lieu en mentionnant le fait qu'il tombe sous le coup de telle ou telle loi scientifique, en vertu de laquelle il était prévisible. On peut aussi « expliquer » un comportement en invoquant le fait qu'il est gouverné par une certaine règle. Mais ce type d'explication est passablement différent, et consiste moins à identifier la cause que la raison du comportement en question. En d'autres termes, une caractéristique des règles, c'est qu'elles peuvent être utilisées pour *justifier* les actions qui s'y conforment et/ou pour en donner les raisons. Quand un chauffeur de camion explique pourquoi il s'est arrêté à un certain carrefour en disant que le feu était rouge et que le code de la route commande de s'arrêter dans de telles circonstances, il donne ainsi les raisons qui motivent/justifient son comportement; mais il n'y a aucun sens dans lequel on peut dire que la loi de la chute des corps justifie ou motive le comportement des corps. Toutes les raisons d'agir ne sont pas des règles, et en ce sens la distinction que nous venons de faire ne permet pas de saisir une caractéristique spécifique des règles, mais il semble bien, par contre, que toutes les règles soient (au moins potentiellement) des raisons d'agir (c'est-à-dire, des raisons d'agir de telle ou telle manière). Mais même si nous sommes parvenus à isoler une différence relativement claire et générale entre les règles et les lois, il ne semble pas que cette différence soit de nature à nous mettre sur la piste d'un critère empirique pour distinguer les comportements réglés des comportements réguliers.

On pourrait être tenté d'en conclure que ce qui distingue un comportement réglé d'un comportement régulier, c'est que le comportement réglé est soumis à des sanctions, tandis que le comportement régulier ne l'est pas. Pour déterminer si un énoncé est bien une formulation d'une règle qui gouverne un certain type de comportement, il suffirait alors d'examiner ce qui se passe quand un comportement de ce type ne vérifie pas cet énoncé : si celui qui enfreint la règle subit une sanction, alors l'énoncé est bien la formulation d'une règle, mais s'il ne subit aucune sanction, alors l'énoncé est seulement la formulation d'une généralisation fausse.

Malheureusement cette idée n'est acceptable que si on donne un sens très large à la notion de sanction. Quelqu'un qui enfreint la code de la route ou même certaines règles de politesse s'expose certainement à des sanctions. De même, quelqu'un qui viole les règles du jeu d'échecs s'expose à des sanctions, s'il le fait dans le contexte d'une compétition. Mais dans d'autres contextes, violer les règles du jeu d'échecs signifie seulement qu'on ne joue pas aux échecs. De la même façon, quelqu'un qui ne respecte pas les règles du français peut ne pas être pénalisé du tout, ou être « puni » simplement par le fait qu'il ne réussit pas à communiquer avec les francophones, ou par le fait que ceux-ci le corrigent, or tout le monde n'est pas disposé à considérer l'échec de la communication (ni, *a fortiori*, l'échec de la communication *en français*) comme une sanction. Chose certaine, si c'est une sanction, alors ce n'en est une que pour celui qui *désire* communiquer (ou communiquer *en français*). Mais s'il en est bien ainsi, alors il est difficile de voir comment la notion de sanction pourrait permettre d'élaborer un critère comportemental pour distinguer les comportements réglés des comportements réguliers.

D'autre part, il est loin d'être clair que le critère qui résulterait d'une telle interprétation de la notion de sanction permettrait d'isoler spécifiquement les comportements *réglés*. En effet, toutes les actions ne sont pas soumises à des règles, et pourtant à peu près n'importe quelle action peut échouer, or l'échec n'est-il pas toujours une forme de sanction ? Si Pierre désire ouvrir la fenêtre, et qu'il échoue parce qu'elle est bloquée ou parce qu'il s'y prend mal, doit-on dire qu'il a enfreint une règle ? ou que son action est incorrecte ? Pourtant n'est-il pas « puni » pour n'avoir pas fait ce qu'il fallait faire ?

Plutôt que la notion de sanction, il semble qu'il vaille mieux retenir simplement l'idée d'une distinction entre comportement correct (conforme) et comportement déviant (non-conforme) et admettre qu'un comportement déviant n'est pas nécessairement « sanctionné » sinon dans un sens très large. Mais dans ce cas il devient extrêmement difficile de déterminer si un type de comportement est simplement un comportement régulier ou s'il est gouverné par des règles, dans le cas où ces règles seraient implicites et inconscientes. Dans ce cas en effet, une personne peut agir de manière contraire à ce que dit un certain énoncé R, et n'encourir aucune sanction, même si R est l'énoncé d'une règle à laquelle cette personne est (en l'occurrence) soumise. Mais on pourrait alors aussi bien conclure que le comportement de cette personne n'est pas soumis à une règle et que R n'est qu'une une généralisation fausse concernant son comportement.

Peut-être peut-on alors suggérer que : le comportement d'une personne est réglé si et seulement si elle est capable de reconnaître les cas déviants comme des cas déviants, et les cas conformes comme des cas conformes. Quelqu'un peut être en mesure de faire cela même s'il est incapable de formuler ou de reconnaître une formulation de la règle en question, mais il ne semble pas qu'il puisse le faire sans connaître « inconsciemment » la règle en question ou une règle équivalente, ce qui pourrait donner raison à Chomsky de penser qu'il y a du sens à supposer que les locuteurs d'une langue en ont inconsciemment intériorisé les règles.

Ce critère permet donc en principe d'admettre qu'un comportement peut être gouverné par des règles tacites et inconscientes. Il semble s'accorder avec la manière dont Chomsky utilise la notion de règle, et exige que les personnes qui sont soumises à des règles en aient une sorte de « connaissance inconsciente ». Cependant, n'est-il pas vrai aussi que nous sommes généralement capables de distinguer entre les cas qui vérifient une certaine généralisation et ceux qui la réfutent, c'est-à-dire, entre les cas qui sont conformes à une certaine régularité et ceux qui ne le sont pas? L'important c'est peut-être moins la capacité à distinguer les deux types de cas que la manière de réagir à la reconnaissance d'un cas « déviant » selon qu'il s'agit d'une règle ou d'une régularité (puisque c'est cela qui permet de déterminer si c'est l'énoncé ou le comportement qui est *évalué*).

Searle mentionne un autre critère, à savoir que : quand une personne est guidée par une règle, elle est capable d'appliquer cette règle à des cas nouveaux qu'elle n'a jamais rencontrés auparavant. Par exemple : si une personne suit la règle selon laquelle le pluriel d'un nom commun en français se forme en lui ajoutant un « s » (à moins qu'il n'apparaisse sur une liste d'exceptions) alors elle est capable de dire « les licornes » même si elle n'a jamais rencontré le mot « licorne » au pluriel. Mais ce critère ne permet pas de distinguer une règle d'une régularité parce qu'une régularité aussi s'applique à un nombre indéfini de « cas nouveaux ». Supposons par exemple que je sois allergique aux avocats. Chaque fois que je mange un avocat, je suis malade. C'est là une régularité, pourtant elle s'applique à tous les avocats, y compris ceux que je n'ai jamais mangés. Ce qui fait que c'est une régularité, c'est que je ne ferais pas *une erreur* si je mangeais un avocat sans être malade, et qu'on ne serait pas *justifié* de m'en faire le reproche.

Il y a essentiellement deux choses à retenir de la discussion qui précède. La première, c'est qu'il y a une distinction fondamentale à faire entre une règle et une régularité (ou une loi) : si R est une régularité, alors elle est vraie ou fausse, et si elle est vraie tout comportement s'y conforme, tandis que si R est une règle, alors elle ne décrit pas quelque chose, elle commande de faire quelque chose et il est toujours possible de ne pas s'y conformer. Si tout le monde (c'est-à-dire tous ceux qui sont concernés) se conforme(nt) toujours à R, alors tout se passe comme si R était une régularité, et pour déterminer si c'est une règle il faut se demander si les gens pourraient ne pas s'y conformer, s'ils ont des *raisons* de s'y conformer et ce qui se passerait si certaines personnes ne s'y conformaient pas (dirions-nous que R est fausse ou que ces personnes sont fautives?). La deuxième chose à retenir est implicitement contenue dans la première, c'est qu'il n'y a probablement pas de critère purement comportemental permettant de déterminer si un type de comportement donné est gouverné par une règle ou non; la raison en est apparemment assez simple, c'est que la question de savoir si un comportement est réglé nous renvoie à celle de savoir quelles sont les *raisons* de ceux qui adoptent ce comportement.

2. LA QUESTION DES UNIVERSAUX ET LA SIGNIFICATION DES TERMES GÉNÉRAUX

Il est temps d'attirer explicitement l'attention sur une caractéristique tout à fait fondamentale aussi bien du langage que de la pensée, à savoir la possibilité qu'ils offrent de regrouper plusieurs choses sous une même catégorie, c'est-à-dire, de donner accès à la généralité. Cette caractéristique est tellement fondamentale qu'il peut être assez difficile de voir en quoi elle est si remarquable, et pourtant elle nous renvoie à un des problèmes philosophiques les plus traditionnels et les plus tenaces, à savoir celui de l'existence et de la nature des universaux. Dans ce qui suit, je tenterai de préciser la nature du problème et de montrer comment il est relié à ceux que nous avons déjà soulevés en relation avec la notion de signification.

Il saute aux yeux que la plupart des mots du langage ordinaire sont des termes généraux, c'est-à-dire des termes qui s'appliquent à plusieurs choses, et non pas des noms propres (qui ne désignent qu'une seule chose), et il est extrêmement difficile d'imaginer comment il pourrait en être autrement, c'est-à-dire comment nous pourrions parler et communiquer avec un langage qui ne contiendrait que des noms propres de choses particulières. Ce fait n'a pas échappé à Locke, qui au moment d'expliquer en quoi consiste la signification des termes généraux, prend la peine de souligner qu'un langage dépourvu de termes généraux (même si un tel langage était possible en pratique) ne permettrait ni l'acquisition ni la formulation des connaissances, dans la mesure où il ne saurait y avoir de connaissance sans comparaison, classification ou généralisation.

Une fois admise la nécessité ou l'inéliminabilité des termes généraux, la question de savoir quelle sorte de signification doit avoir un mot pour être ainsi applicable à une multiplicité de choses s'impose d'elle-même. Car si dans le cas d'un nom propre comme «Socrate», l'idée vient immédiatement à l'esprit qu'il renvoie à Socrate en vertu d'une relation (vraisemblablement conventionnelle) entre Socrate et «Socrate», il serait difficile de prétendre que le mot «cheval» renvoie aux chevaux en vertu d'une relation du même genre entre chaque cheval particulier et le mot «cheval». En d'autres termes, il ne semble pas qu'il puisse y avoir un lien spécifique qui relie, séparément, Nuage Blanc, Vol de Nuit, Bucéphale, etc. au mot «cheval», car dans ce cas on ne voit pas pourquoi le mot «cheval» ne devrait pas tout simplement être considéré comme un nom propre ambigu, qui désigne tantôt Nuage Blanc, tantôt Vol de Nuit, etc. De plus, on arriverait difficilement à expliquer, dans ce cas, comment il se fait que le mot «cheval» s'applique à tous les chevaux passés, présents et futurs, réels et possibles, qui sont en nombre indéfini, plutôt qu'à un nombre limité d'animaux dont on pourrait faire la liste exhaustive.

Il s'agit donc, à l'origine, d'expliquer comment il se fait qu'une même expression, sans être ambiguë, peut être correctement appliquée à une multiplicité de choses particulières. Une longue lignée de philosophes n'ont pas hésité à suivre Platon et à conclure que cela n'est possible que si les choses en question ont quelque trait commun, en vertu duquel nous sommes justifiés de leur appliquer la même expression. De ce point de vue, c'est parce que les cygnes et les nuages ont quelque chose en commun, à savoir la propriété d'être blanc, ou le blanc, que nous pouvons légitimement les appeler «blancs», et il semble naturel d'en conclure que le mot «blanc» lui-même renvoie à la propriété d'être blanc ou à la couleur blanche. Notons qu'il est assez difficile, à première vue, de résister à ce raisonnement sans avoir l'impression d'être réduit à admettre que la seule chose que les choses blanches ont en commun, c'est précisément d'être appelées «blanches», ce qui peut devenir assez gênant, dès lors qu'on ajoute que la signification des mots est «arbitraire et conventionnelle». En effet, il devient alors difficile d'éviter la conclusion que les choses blanches sont blanches simplement en vertu du fait que nous les appelons «blanches», c'est-à-dire, en vertu du fait que nous leur appliquons un certain qualificatif, que nous aurions pu *décider* d'appliquer à autre chose. Il suffirait donc, dans cette perspective, de décider d'appeler les corbeaux «blancs», pour qu'ils deviennent blancs. En un mot, il semble assez évident que c'est parce que les nuages sont blancs que nous les appelons «blancs», et non parce que nous les appelons «blancs» qu'ils sont blancs.

Il faut donc, dans cette perspective platonicienne, que les choses blanches aient quelque chose en commun, et surtout, quelque chose qui puisse se manifester simultanément à plusieurs endroits, ou être exemplifiée simultanément par plusieurs choses différentes. En d'autres termes, cela doit être une chose générale, un universel, qui sans avoir de localisation spatio-temporelle, soit néanmoins capable de se manifester ici et là, dans l'espace et le temps. On appelle traditionnellement les philosophes qui admettent l'existence objective de tels *universaux* des «réalistes platoniciens», et ceux qui la nient, et reconnaissent seulement l'existence de *particuliers* (ou d'*individus*), des «nominalistes». Il importe ici de noter que malgré une analogie évidente entre la notion d'universel et celle de terme général d'une part, et entre la notion de particulier et celle de terme singulier d'autre part, il serait abusif de conclure que tous les termes singuliers désignent nécessairement des particuliers. Il n'y a pas de corrélation stricte entre les deux distinctions, puisqu'il ne fait aucun doute que (s'il y a des universaux, alors) certains termes singuliers désignent des universaux. Ce serait le cas, par exemple, d'expressions comme «la sagesse», «la calvitie», «le blanc», la «triangularité», «la propriété d'être courageux», etc. La distinction entre les termes singuliers et les termes généraux est une distinction logico-grammaticale entre deux types d'expressions linguistiques, qui se caractérisent, *grosso modo*, par le fait que les termes singuliers ne peuvent apparaître en position prédicative (ou attributive) dans aucun énoncé, tandis que les termes généraux ne peuvent apparaître en position de sujet logique. La distinction entre les particuliers et les universaux, au contraire, est une distinction ontologique entre deux types d'entités, qui se caractérisent par le fait que les particuliers existent dans l'espace et le temps et ne peuvent pas être exemplifiés par quoi que ce soit, tandis que les universaux n'existent qu'en dehors de l'espace et du temps, et peuvent être exemplifiés soit par des particuliers, soit par d'autres universaux. Dans la discussion qui suit, nous nous concentrerons sur la question de savoir si les termes généraux renvoient à des universaux. Mais on notera qu'il est parfaitement possible de soutenir qu'il existe des universaux sans soutenir que les termes généraux renvoient à des universaux et que nous n'aborderons donc que certains aspects de la question des universaux.

On s'est opposé au réalisme platonicien non seulement en raison du caractère mystérieux des universaux, mais aussi en faisant remarquer qu'il nous engageait dans une régression à l'infini. En effet, le réaliste soutient que «être blanc» s'applique à la neige en vertu du fait que la neige possède («exemplifie») une certaine caractéristique F, qui est partagée par toutes les choses blanches (et non pas en vertu du fait que la neige est blanche, ce qui serait apparemment tautologique). Mais en fournissant cette explication, le réaliste dit simplement que le nouveau terme «exemplifie la caractéristique F» s'applique à la neige, et on peut alors demander en vertu de quoi ce terme s'applique à la neige. Le réaliste doit répondre que c'est en vertu du fait que la neige exemplifie une certaine caractéristique G (à savoir la caractéristique d'exemplifier la caractéristique F). S'il soutient que G est différente de F, alors on peut encore lui demander en vertu de quoi le terme «exemplifier la caractéristique G» est applicable à la neige, et on s'engage dans une régression; mais s'il soutient que G est identique à F, alors cela revient à dire que le terme «exemplifie la caractéristique F» s'applique à la neige parce que la neige exemplifie la caractéristique F. Mais dans ce cas, on ne voit pas pourquoi il ne serait pas permis de dire que «être blanc» s'applique à la neige parce que la neige est blanche, plutôt que de dire que c'est parce que la neige exemplifie la caractéristique F. Il semble en d'autres termes que l'explication du réaliste ou bien ne s'arrête jamais, ou bien ne démarre jamais. Mais si les universaux ne permettent pas d'expliquer l'applicabilité des termes généraux à une multiplicité d'objets, alors quelle raison peut-il y avoir d'en postuler l'existence? C'est ainsi que les nominalistes ont été amenés à chercher à se dispenser des universaux. Mais comme on va maintenant le voir, il est apparemment aussi difficile d'en faire l'économie que d'en faire la théorie.

La théorie idéationniste de Locke et des empiristes anglais constitue précisément une tentative de faire l'économie des universaux. On l'a vu, Locke reconnaît que la plupart des mots sont des termes généraux, et dans le contexte de sa doctrine, cela veut dire qu'ils doivent être associés à des idées générales. Mais cela pose un sérieux problème pour une théorie empiriste comme celle de Locke, puisque selon sa conception : 1) toutes les idées dérivent de l'expérience sensible mais, 2) nous ne pouvons avoir l'expérience sensible que de choses particulières, et 3) les idées elles-mêmes sont toujours particulières «quant à leur existence» (ce qui veut dire que ce sont elles-mêmes des choses particulières, bien qu'elles puissent avoir une signification générale). En d'autres termes, Locke défend (du moins officiellement) une version mentaliste (ou «conceptualiste») du nominalisme.

Le problème pour lui est donc d'expliquer comment la même idée, qui est dérivée d'expériences particulières (et qui, en principe, est elle-même une chose particulière), peut être applicable à une multitude de choses dont nous n'avons pas nécessairement eu l'expérience. Supposons par exemple que le mot «chien» soit associé à une certaine idée/image. Puisque cette idée est censée s'appliquer à tous les chiens, il faut qu'elle soit suffisamment générale, c'est-à-dire qu'elle doit représenter simultanément tous les chiens (ce qui revient à dire qu'une image de berger allemand, par exemple, ne ferait pas l'affaire), et aussi suffisamment spécifique, puisqu'elle ne doit représenter que des chiens (à l'exclusion, par exemple, des loups, des renards et des chacals).

La doctrine de Locke, qui reprend ici à son compte un aspect de la tradition scolastique du moyen-âge, est que l'esprit a le pouvoir de constituer des idées générales à partir des idées singulières qui lui sont données dans l'expérience sensible. L'exercice de ce pouvoir donne lieu à un processus d'*abstraction*, par lequel l'esprit ignore certains aspects ou certaines composantes des idées singulières dont il dispose déjà. Dans l'*Essai philosophique sur l'entendement humain*, Locke caractérise ce processus d'abstraction en disant tantôt qu'il consiste à séparer les idées particulières des circonstances de leur existence concrète et à les considérer comme représentant toutes les choses du même genre que celles qui sont à leur origine (livre II, chap. 11), tantôt qu'il consiste à ignorer les différences entre certaines idées singulières pour n'en retenir que les éléments communs. Selon cette deuxième conception, Pierre pourrait, par exemple, acquérir l'idée de chien en procédant de la manière suivante. D'abord il a l'expérience sensible de Fido, un berger allemand, puis celle de Médor, un caniche, puis celle de Pluto, un boxer, etc. Chacune des représentations singulières qui résultent de ces expériences a une certaine complexité; elle contient par exemple l'idée d'une certaine couleur, l'idée d'une certaine forme, l'idée d'une certaine taille, etc. Pierre est alors en mesure de constituer l'idée générale de chien en retenant les éléments qui sont communs à toutes les idées de chiens particuliers qu'il a rencontrés durant son existence, et en excluant tous les éléments qui ne sont pas présents dans toutes et chacune de ces idées. Lorsqu'il a ainsi acquis l'idée de chien, celle de cheval, celle de phoque, etc., il peut répéter l'opération de manière à obtenir l'idée plus générale de mammifère, et ainsi de suite.

En dépit de la grande popularité dont a pu jouir l'abstractionnisme à une certaine époque (et dont témoigne encore aujourd'hui la tendance de plusieurs à parler indifféremment d'idées générales ou d'idées abstraites), ses faiblesses sont sérieuses et assez évidentes pour qu'on soit tenté d'expliquer sa popularité par le manque de théories rivales.

La première faiblesse de l'abstractionnisme est son manque de généralité. Même si on admet que certaines idées générales résultent d'un processus d'abstraction comparable à ceux décrits par Locke, il est loin d'être évident que cela puisse être le cas de toutes les idées générales. Que dire par exemple de nos idées de couleur, sans parler de nos idées logiques ou arithmétiques? Il semble à première vue que la première explication de l'abstraction proposée par Locke s'applique assez bien aux idées de couleur, par exemple à l'idée de rouge. Pierre est mis en présence d'un objet rouge et acquiert ainsi une idée particulière. Il peut alors «décomposer» cette idée en diverses parties, dont l'une pourrait par exemple, être imputée à la forme géométrique de l'objet perçu, une autre à sa taille, une autre à sa couleur, etc. Cette partie de l'idée qui peut intuitivement être imputée à la couleur de l'objet est elle-même une idée, que Pierre peut considérer indépendamment des circonstances particulières dans lesquelles il l'a acquise, et qu'il peut décider d'appliquer à tous les objets qui causent en lui une idée particulière de «même nature», c'est-à-dire, d'utiliser comme une idée générale. Mais qu'est-ce qui permettra de dire si l'idée générale qu'il a ainsi formée est l'idée de rouge, plutôt que l'idée d'une certaine nuance de rouge? Supposons qu'il s'agit simplement de l'idée d'une certaine nuance de rouge X. On ne voit pas dans ce cas comment il pourrait, en comparant cette idée avec l'idée d'une autre nuance de rouge Y, parvenir à une idée plus générale de rouge, car deux nuances de rouges ne semblent avoir aucun élément en commun (elles correspondent à deux intervalles disjoints sur le spectre). Si c'est bien l'idée générale de rouge qui a été obtenue, alors la même difficulté se posera pour l'acquisition de l'idée générale de couleur : il n'y a aucun élément commun aux idées de rouge, de bleu, vert, etc., qui pourrait permettre de maintenir que l'idée générale de couleur en est abstraite. De plus, on aura remarqué que Locke parle de «décider» d'appliquer une certaine idée à tous les objets d'une «même nature» (ou à tous les objets qui causent des idées de même nature), ce qui contredit apparemment 1) le présupposé que les idées sont des signes *naturels* des choses, et 2) l'ambition de rendre compte de l'acquisition de *toutes* les idées générales, puisque dire que deux choses sont de «même nature», c'est évidemment leur appliquer une idée générale.

L'objection que nous avons soulevée au chapitre précédent, selon laquelle les propriétés d'une représentation ne permettent pas, par elles-mêmes de déterminer à quoi elle s'applique, conserve toute sa force aussi bien dans le cas des idées générales que dans celui des idées singulières. C'est Berkeley qui le premier a mis en doute la doctrine des idées abstraites, en demandant quelles pouvaient bien être les caractéristiques de l'idée générale de triangle, c'est-à-dire d'une idée destinée à représenter indifféremment des triangles de toutes dimensions et de toutes couleurs, des triangles scalènes, des triangles rectangles, des triangles isocèles, etc. Dans la mesure où une telle idée devrait ressembler à tous les triangles, peut-être peut-on présumer qu'elle devrait être au moins triangulaire, mais tout en étant triangulaire, elle ne doit avoir aucune dimension particulière, aucune couleur particulière, et n'être ni scalène, ni isocèle, etc.

L'idée d'une telle image, même «mentale», lui semblait à juste titre fondamentalement incohérente. On pourrait, de la même manière, se demander à quoi devrait ressembler l'image d'un chien en général, qui ne serait ni l'image d'un berger allemand, ni celle d'un caniche, etc.[1]. D'autre part, si Pierre a constitué son idée générale de chien sur la base d'expériences qui incluent des perceptions de bergers allemands, des perceptions de caniches, etc., mais qui n'incluent aucune expérience de pékinois, comment croire qu'il sera en mesure de reconnaître un pékinois pour un chien, s'il vient jamais à en rencontrer un. Il semble en effet tout à fait possible que parmi les caractéristiques communes aux bergers allemands, aux caniches, etc., il s'en trouve une que les pékinois ne possèdent pas, de sorte que l'idée générale que Pierre a construite ne pourrait leur être appliquée.

Non seulement on ne sait pas ce que pourrait être une idée/image générale de chien ou de triangle mais surtout, il semble y avoir une objection de principe à l'idée qu'une conception comme celle de Locke puisse s'appliquer universellement à toutes les idées générales. En effet, on ne peut selon ce point de vue avoir d'idées générales que si on est capable de comparer plusieurs idées singulières et d'y discerner des éléments communs. Mais il est intuitivement assez évident que pour pouvoir comparer deux choses (par exemple deux idées), et se demander si elles ont quelque chose en commun, il faut déjà avoir des idées générales, puisque dire que deux choses ont quelque chose en commun, c'est dire qu'il y a une idée générale qui s'applique à ces deux choses, c'est dire qu'elles se ressemblent sous un certain rapport. Deux idées particulières quelconques ne peuvent pas littéralement contenir un élément commun, car alors celui-ci devrait être un universel ; dire que deux idées particulières ont un élément commun revient donc simplement à isoler une ressemblance entre elles. Il semble donc qu'il soit impossible d'abstraire quoi que ce soit si on n'a pas déjà au moins l'idée de ressemblance, qui est une idée générale.

Cette objection est certainement très sérieuse, mais on notera qu'elle ne remet pas nécessairement en question le *nominalisme* de Locke. Peut-être pourrait-on soutenir, par exemple, que l'idée de ressemblance est un particulier, bien qu'elle ne soit pas obtenue par abstraction (ce qui impliquerait apparemment qu'on renonce à l'empirisme). Inversement, il pourrait être possible de conserver l'empirisme, si on était disposé à abandonner la thèse selon laquelle les idées sont des particuliers. Mais dans les deux cas, il resterait encore à expliquer beaucoup de choses, et notamment en quoi consiste la signification des termes généraux.

3. LE «PARADOXE SCEPTIQUE» DE WITTGENSTEIN

Les écrits de Wittgenstein contiennent de nombreuses remarques pertinentes pour la question de la signification des termes généraux; en fait, plusieurs de ses «thèses» les plus célèbres sont intimement liées à ce problème. Je n'entreprendrai cependant pas ici un exposé systématique des conceptions de Wittgenstein, mais je me contenterai d'en évoquer quelques-unes, qui permettront de mieux faire saisir la nature du problème qui nous occupe.

Comme je l'ai déjà fait remarquer, le réalisme des universaux est traditionnellement motivé par l'intuition que l'applicabilité d'un même terme à une pluralité d'objets ne peut s'expliquer que par le fait que tous ces objets «ont quelque chose en commun», «partagent une même nature», ou «se ressemblent sous certains rapports». Il est tout naturel, dans ces conditions, de supposer qu'un terme général renvoie précisément à cet élément commun à tous les objets auxquels il s'applique. Or c'est justement l'intuition qui est à la base de cette supposition que Wittgenstein remet en question en attirant l'attention sur certaines classes de choses auxquelles on applique le même terme sans qu'on puisse y reconnaître d'éléments communs. Il fait remarquer, par exemple, qu'il y a un nombre indéfini de sortes de jeux, que nous appelons tous des «jeux». Il y a par exemple des jeux de balle, des jeux de cartes, des jeux de salon, des jeux de société, des jeux solitaires, des jeux d'équipes, des jeux de compétition, des jeux d'adresse, des jeux musicaux, des jeux d'intelligence, etc. Si on se mettait en frais d'identifier des caractéristiques communes à tout ce que nous appelons des «jeux», il est fort peu probable que nous réussissions, mais surtout, il ne semble pas *nécessaire* qu'il y ait de telles caractéristiques pour que nous soyons en mesure d'utiliser correctement ce mot. Quand nous disons qu'une certaine activité est un «jeu», nous ne nous demandons pas d'abord quelles sont ses caractéristiques, pour éventuellement conclure que ce sont précisément celles que tous les jeux ont en commun. Il est parfaitement possible que les diverses activités que nous appelons des «jeux» n'aient entre elles que ce que Wittgenstein appelle des ressemblances de famille; en d'autres termes, il est possible que chaque jeu ressemble à plusieurs autres jeux, de sorte que tous les jeux se ressemblent entre eux sous certains rapports, sans qu'il y ait aucun rapport sous lequel tous les jeux se ressemblent mutuellement (c'est-à-dire sans qu'il y ait de caractéristique commune à tous les jeux). Cela ne nous empêcherait pas, semble-t-il, d'appeler toutes ces activités des «jeux». Cela pourrait être le cas, par exemple, si nous avions tout simplement maîtrisé une règle en vertu de laquelle toutes ces activités peuvent être appelées des «jeux».

J'ai remarqué à plusieurs reprises que Locke et les idéationnistes étaient souvent tentés de dire que la signification d'une représentation mentale dépend de la manière dont elle est interprétée par ceux chez qui elle est réalisée. Selon ce point de vue, le sujet «décide» de considérer telle ou telle idée comme un signe de telles ou telles choses; ce qui revient à dire, en quelque sorte, qu'il se donne une règle d'utilisation (ou d'interprétation) de cette idée. Je faisais alors remarquer que cette conception ne pouvait pas être acceptable dans le contexte d'un programme mentaliste, qui se propose d'expliquer la signification des expressions linguistiques par celle des représentations mentales. Mais nous ne sommes pas liés au programme mentaliste, et rien ne nous empêche d'examiner pour elle-même la suggestion selon laquelle la signification d'une expression (qu'elle soit linguistique ou mentale) doit être fixée au moyen d'une règle.

La suggestion pourrait être, dans le cas d'un terme général, que sa signification est déterminée par une règle d'application qui permet de répartir l'ensemble des objets (ou des paires d'objets, s'il s'agit d'une relation) en deux classes : celle des objets auxquels le terme s'applique et celle des objets auxquels il ne s'applique pas. Comprendre un terme général consisterait alors à maîtriser une règle d'application de ce terme à tous les objets, *y compris les objets que nous ne rencontrerons jamais.* Selon ce point de vue, comprendre le mot «pomme» c'est maîtriser la règle qui permet de distinguer les objets qui sont des pommes de ceux qui n'en sont pas, c'est-à-dire, d'appliquer correctement le mot «pomme»; de la même manière, comprendre «est à gauche de» c'est maîtriser la règle qui permet de reconnaître les paires d'objets (x, y) telles que x est à gauche de y. Et toujours dans le même esprit, on pourrait suggérer que comprendre le symbole de l'addition (le symbole «+»), c'est maîtriser la règle qui permet de reconnaître les triplets (x,y,z) tels que x+y=z (ce qui n'est qu'une autre manière de dire que c'est maîtriser la règle qui permet de déterminer si un nombre donné est bien la somme de deux autres nombres donnés).

Un locuteur n'a jamais calculé dans sa vie qu'un nombre fini de sommes, mais néanmoins, s'il maîtrise la règle de l'addition, alors la réponse qu'il doit donner à n'importe quel nouveau problème d'addition est entièrement déterminée par cette règle. Et de même, s'il maîtrise le terme «pomme», c'est-à-dire, s'il lui associe la règle qui gouverne l'emploi de ce mot, alors la réponse qu'il doit donner à la question de savoir si un objet donné, qu'il n'a jamais rencontré auparavant, est une pomme ou non, est entièrement déterminée par cette règle[2]. Mais d'un autre côté, s'il maîtrise la règle, il n'a pu apprendre à la maîtriser que sur la base d'un nombre fini d'applications de la règle à des cas particuliers (à moins évidemment qu'elle ne soit innée, une possibilité que nous laisserons de côté pour le moment, et qui de toute manière ne serait plausible que pour des représentations mentales).

Supposons maintenant que Pierre n'a jamais, jusqu'ici, calculé la somme de 68 et 57, et qu'on lui demande maintenant de le faire (une situation qui pourrait certainement se produire, et pas seulement dans une classe de maternelle). Puisque Pierre est par hypothèse un locuteur normal, il répond évidemment « 125 », ce qui est correct, puisque le symbole « + » représente l'addition (ou le concept d'addition) et que la somme de 68 et de 57 est 125.

Puisque nous supposons que la réponse de Pierre est correcte, c'est sans doute que nous sommes confiants de pouvoir expliquer à un éventuel sceptique pourquoi sa réponse est correcte, c'est-à-dire, nous sommes confiants de pouvoir identifier, le cas échéant, le « fait » en vertu duquel la réponse « 125 » est correcte (ou justifiée). Mais comme Saul Kripke l'a bien mis en lumière dans un petit livre très controversé, plusieurs remarques de Wittgenstein tendent à suggérer que cette confiance frise la présomption. Ce n'est pas tant que nous aurions tort de croire que Pierre a donné la réponse correcte, mais que nous avons tort de penser qu'il serait facile d'expliquer ce qui fait que sa réponse est correcte, ou plus exactement, de présumer que cela doit être en vertu d'un fait concernant son histoire ou son comportement individuels que sa réponse est correcte.

Mais tentons d'abord de préciser la nature du défi lancé par le sceptique. Il veut savoir quelles raisons pourrait avoir Pierre, ou quiconque, de croire qu'en répondant « 125 » à la question « Combien font 57+68 ?, il a bien donné la réponse correcte, c'est-à-dire la réponse que la règle qu'il est supposé avoir maîtrisée lui commandait de donner. Il *ne demande pas* comment Pierre peut savoir que 57+68 font 125, c'est-à-dire que sa question ne porte pas sur la capacité de calcul de Pierre. Il ne suppose pas que Pierre aurait pu faire une erreur de calcul. Il demande comment le locuteur peut savoir que l'*expression* « 57+68 » désigne le nombre 125, c'est-à-dire comment il peut savoir que le symbole « + » est bien le signe de l'addition plutôt que de quelque autre opération. Selon lui, il est parfaitement possible que Pierre se trompe sur la signification du symbole « + », c'est-à-dire sur la nature de la règle qu'il a maîtrisée lorsqu'il a appris à appliquer le symbole «+». Peut-être cette règle est-elle une règle en vertu de laquelle «57+68» désigne le nombre 5 plutôt que le nombre 125, et dans ce cas il n'aurait pas donné «la bonne réponse» *sans pour autant avoir fait une erreur de calcul*. La question est de savoir ce qui fait que la réponse de Pierre est correcte, étant donné qu'il n'a jamais calculé la valeur de «57+68» auparavant et qu'on ne lui a jamais dit explicitement que «57=68» désigne 125.

Lorsqu'un locuteur veut calculer la valeur de «x+y=» pour une nouvelle paire d'arguments, il ne peut que se proposer de faire la même chose que ce qu'il a déjà fait lorsqu'il a calculé la valeur de cette expression pour d'autres arguments, c'est-à-dire, il ne peut que se proposer d'appliquer la même règle qu'il a déjà appliquée dans le passé à d'autres nombres. Mais comment peut-il savoir quelle est cette règle, demande le sceptique, puisqu'il ne connaît pas à l'avance le résultat de son application à tous les cas possibles. Autrement dit, le sceptique prétend qu'il y a au moins deux hypothèses possibles concernant la signification du symbole «+» pour notre locuteur :

1) «+» signifie l'addition

2) «+» signifie la quaddition, c'est-à-dire la fonction $\sharp$ telle que :
$x \sharp y = x+y$ si x, y < 57
$x \sharp y = 5$ dans les autre cas.

Ces deux hypothèses sont compatibles avec toutes les applications antérieures du symbole «+» par Pierre, c'est-à-dire les applications aux nombres inférieurs à 57. Si la deuxième hypothèse est farfelue ou perverse, elle n'est pas impossible *a priori*, et il s'agit de déterminer quelles raisons il peut y avoir de l'écarter.

On a déjà vu qu'un comportement pouvait être soumis à une certaine règle sans être conforme à cette règle. Mais un comportement peut aussi être conforme à une certaine règle sans être soumis à cette règle, comme l'exemple de l'addition permet de le mettre en évidence. En effet, bien que la réponse «57+68=125» est conforme à la règle habituelle salon laquelle «+» représente l'addition, cela n'est pas suffisant pour conclure que c'est bien *cette* règle que Pierre a apprise. Peut-être a-t-il appris la règle de la quaddition, auquel cas il aurait dû répondre «5» et non pas «125». En d'autres termes, la réponse de Pierre (à savoir «125») est compatible avec la supposition que s'il avait réellement appliqué la règle qu'il a utilisée dans le passé pour calculer la valeur de «x+y=», alors il aurait dû répondre «5». De même, si Pierre avait répondu «5», cette réponse aurait été compatible aussi bien avec l'hypothèse que la règle qu'il a apprise dans le passé est la règle de l'addition qu'avec l'hypothèse que c'est la règle de la quaddition qu'il a apprise. Mais s'il en est ainsi, alors il semble bien que n'importe quel comportement est compatible avec l'hypothèse qu'il est soumis à n'importe quelle règle.

Pour que cela semble intelligible, il est extrêmement important de réaliser que c'est moins la capacité de Pierre à appliquer correctement une règle (que ce soit celle de l'addition ou celle de la quaddition) qui est ici mise en question (bien que cette capacité puisse certainement être mise en question, en ce sens que même si Pierre avait réellement appris la règle de la quaddition, il aurait certainement pu faire une erreur en appliquant *cette règle* à 57 et 68, donner, par exemple, la réponse «125») que la possibilité de déterminer *quelle règle* il est censé appliquer dans un cas donné.

On pourrait être tenté de suggérer qu'il est peut-être impossible pour nous de déterminer si Pierre a maîtrisé la règle de l'addition ou celle de la quaddition, mais que néanmoins Pierre a maîtrisé une règle déterminée (et qu'il sait, lui, de quelle règle il s'agit). La difficulté ne concernerait ainsi que les comportements réglés vus de l'extérieur, c'est-à-dire par quelqu'un qui essaie de découvrir quelle est la règle qui guide un certain comportement. Mais c'est précisément cela que le sceptique voudrait remettre en question. Selon lui, même le locuteur lui-même ne peut pas savoir si «+» désigne (pour lui) l'addition ou la quaddition, c'est-à-dire s'il a appris la règle de l'addition ou la règle de la quaddition, ni par conséquent si sa réponse est conforme ou non à son usage antérieur de «+» (c'est-à-dire à la signification que «+» a pour lui). Le locuteur peut savoir s'il applique correctement la règle de l'addition ou la règle de la quaddition, mais il ne peut pas savoir quelle règle il doit appliquer.

La raison fondamentale pour cela, c'est qu'une règle est censée déterminer le résultat de son application à un ensemble indéfini de cas nouveaux, alors qu'on ne peut jamais avoir appliqué une règle qu'à un nombre limité de cas. De ce point de vue, le problème de l'apprentissage d'une règle peut se comparer à certains problèmes qu'on rencontre dans les tests d'intelligence. La question «Quel est le prochain nombre dans la série suivante : 1, 2, 3, 4...?» appelle la réponse évidente «5», parce qu'il est naturel de supposer que la série a été construite en ajoutant 1 au nombre précédent, mais il serait tout aussi correct de répondre «29», et de supposer que la série a été construite selon la règle : le K^e nombre = K+(K-1) (K-2) (K-3) (K-4). De la même manière, le fait que Pierre ait répondu : «24» à la question «12+12=?», «13» à la question «6+7=?», «18» à la question «10+8=?», etc., n'implique pas qu'il *doive* répondre «125» à la question «57+68=?». Cela n'implique pas que «125» soit la bonne réponse à cette question, tout simplement parce que : « 24 » est aussi la bonne réponse à « 12♯12=? », « 18 » la bonne réponse à « 6♯7=? », etc.

Quelle que soit la réponse de Pierre, on peut trouver une règle à laquelle cette réponse est conforme, et supposer que c'est cette règle qui guide le locuteur (c'est-à-dire qu'il a intériorisée, et qu'il est censé appliquer pour respecter son usage antérieur). Mais de plus, Pierre lui-même ne peut savoir, lorsqu'il répond « 125 », s'il interprète « + » de la même manière qu'auparavant ou s'il l'interprète d'une nouvelle manière (c'est-à-dire, il ne peut pas savoir ce qu'il doit répondre), ce qui revient à dire qu'il ne peut distinguer entre une réponse correcte et une réponse qui *paraît* correcte.

Pour répondre au sceptique, il faudrait pouvoir expliquer en quoi consiste le fait que Pierre ait maîtrisé la règle de l'addition ; c'est-à-dire, il faudrait pouvoir préciser ce qui fait qu'à un certain moment dans la vie de Pierre, on peut dire que c'est bien la règle de l'addition qu'il associe au symbole « + ». Or il semble qu'il n'y ait que deux types de réponses possibles à cette question, qui sont aussi inadéquates l'une que l'autre, et qui sont essentiellement celles des théories idéationnistes et des théories behavioristes, respectivement.

On pourrait par exemple, dans un esprit « idéationniste », protester que Pierre sait que « 125 » est la réponse qu'il doit donner, parce qu'il connaît une *définition* de l'addition ou un *algorithme* permettant d'additionner, ce qui revient à supposer qu'il a une représentation de la règle de l'addition. Mais les définitions ou les algorithmes sont aussi des expressions linguistiques (ou du moins, symboliques), et quels que soient ceux que Pierre puisse posséder, ils doivent eux-mêmes se composer de signes pour lesquels on peut en principe soulever la question de savoir selon quelles règles ils doivent être interprétés, de sorte que rien ne garantit qu'ils définissent l'addition plutôt que la quaddition ou quelque autre opération. On pourrait dire, en termes plus wittgensteiniens, que chaque formulation ou interprétation d'une règle peut elle-même être interprétée de plusieurs manières, toutes compatibles avec les applications passées de la règle.

L'attitude behavioriste permet, d'un autre côté, de souligner le fait indéniable qu'à un certain moment, après avoir calculé un certain nombre de sommes particulières, Pierre est devenu disposé à produire une certaine réponse bien déterminée, à toute question de la forme « x+y=? », ce qui pourrait nous inciter à soutenir que sa maîtrise de la règle de l'addition consiste précisément dans le fait qu'il a maintenant une disposition à répondre à de telles questions en produisant ce qui est *en fait* la «bonne» réponse. Mais cette suggestion se heurte à deux difficultés sérieuses. La première est qu'elle se méprend probablement sur la nature de la disposition que Pierre a réellement acquise; il est peu probable, en effet, que Pierre soit réellement disposé à produire la bonne réponse à tout problème d'addition qui pourrait lui être posé, ne serait-ce que parce qu'il peut faire des erreurs de calcul en additionnant de très grands nombres ou parce que certains nombres sont de toute manière tellement grands qu'il n'aurait physiquement pas le temps de les additionner. Il est donc probablement faux que quiconque ait une disposition à produire la réponse correcte à tout problème d'addition possible, et pourtant nous n'hésitons pas, intuitivement, à dire que Pierre comprend le symbole de l'addition, c'est-à-dire, que son usage de ce symbole est gouverné par la règle de l'addition. Mais surtout, il faut noter que même si Pierre avait une telle disposition, cela ne permettrait pas de répondre à la question posée par le sceptique, puisque celui-ci veut savoir ce qui fait que Pierre *doit* répondre «125» à la question posée, et non pas ce qui fait qu'il répond effectivement «125» plutôt que «5»; il veut savoir ce qui fait que «125» est la réponse *correcte*, et non pas ce qui fait que Pierre donne cette réponse plutôt qu'une autre.

Du point de vue du sceptique, chaque nouvelle application d'une expression contribue à en fixer l'interprétation, mais une expression ne peut pas avoir une signification qui en déterminerait l'application dans des cas nouveaux. Cela revient à dire que l'application d'un mot ne peut pas être correcte ou incorrecte, c'est-à-dire que l'usage du langage ne peut pas être un comportement réglé, qu'il n'y a pas de faits qui permettent d'établir en quoi consiste la signification d'une expression, et d'en justifier l'application à certains objets de préférence à d'autres. Le fait que nous n'ayons pas su relever le défi du sceptique nous condamne donc apparemment au nihilisme sémantique. Mais le nihilisme sémantique n'est guère plus acceptable, intuitivement, que les réponses à l'argument sceptique que nous avons examinées, puisque si rien ne veut rien dire, cela s'applique aussi, entre autres, au discours du sceptique lui-même; et c'est bien pourquoi nous avons affaire à un paradoxe.

Un paradoxe qui semble cependant avoir au moins deux issues. La première consiste à revenir à une forme de réalisme platonicien qui admet non seulement que les règles ou les significations existent objectivement (ce sont des universaux), mais aussi que nous avons la capacité intellectuelle de les «saisir» ou de les connaître, bien que cette capacité soit totalement primitive et inexplicable. Le sceptique ne peut effectivement rien contre un tel point de vue; mais une bonne partie de ses efforts tendent précisément à montrer que s'il y a une telle chose que la « saisie de la signification », c'est quelque chose de totalement inexplicable, de sorte que le réaliste platonicien apparaît finalement comme quelqu'un qui lui concède tout, sauf sa conclusion, et s'en remet à un acte de foi.

La seconde issue est celle qui, selon Kripke, aurait été choisie par Wittgenstein, et qui consiste pour l'essentiel, à mettre en lumière le caractère social et collectif du langage. En d'autres termes, l'argument sceptique permet seulement de conclure qu'il est impossible de déterminer si le symbole « + » signifie l'addition ou la quaddition pour Pierre, *aussi longtemps qu'on cherche à le faire en considérant Pierre comme un individu isolé, indépendamment de toute communauté linguistique à laquelle il appartiendrait*. Pour savoir quelle est la règle que Pierre a maîtrisée, il ne faut pas examiner *Pierre*, il faut se demander dans quel contexte il évolue, quelles sont les pratiques (notamment linguistiques) de sa communauté. L'une des choses que le paradoxe cherche à mettre en lumière, c'est ainsi (selon cette interprétation) le caractère nécessairement public de tout comportement réglé, c'est-à-dire l'impossibilité pour qui que ce soit de suivre une règle s'il n'existe pas un critère public (social) permettant de reconnaître les actions qui sont conformes à la règle et celles qui ne le sont pas, et par conséquent l'impossibilité d'un langage privé (c'est-à-dire, d'un langage qui ne pourrait, en principe, être compris que par un seul individu).

Il est utile, pour bien comprendre la nature de cette solution « communautaire », d'examiner brièvement en quoi pourrait consister un langage privé. Wittgenstein imagine que quelqu'un (supposons qu'il s'agit de Pierre) se propose de créer un mot pour désigner certaines des sensations qu'il peut éprouver. Pierre éprouve un jour une certaine sensation inhabituelle, et prend la résolution, chaque fois qu'il éprouvera de nouveau cette sensation, de le noter dans son journal. Il se concentre sur cette sensation qu'il éprouve en ce moment, et décide d'utiliser pour la désigner le terme « nouf »; ce faisant, il fixe en quelque sorte la règle d'utilisation du terme « nouf » dans son vocabulaire : chaque fois qu'il éprouvera désormais *cette* sensation, il inscrira « nouf ! » ou « Encore un nouf ! » dans son journal. Mais demandons-nous maintenant, avec le sceptique, si Pierre a bien réussi à conférer une signification au mot « nouf », et si oui, en quoi consiste cette signification pour Pierre.

Si Pierre a su assigner une signification au terme « nouf », cela veut dire que son usage de ce terme est gouverné par une règle qui détermine si son application à une sensation donnée est correcte ou incorrecte. Mais supposons que quelque temps après avoir pris sa résolution, Pierre éprouve une certaine sensation X, et qu'il tienne X pour un nouf. Sur quoi pourra-t-il s'appuyer pour déterminer si, en appelant X « un nouf », son usage de ce terme est correct (c'est-à-dire conforme avec la signification qu'il est censé lui avoir donnée) ou non ? Si on lui demande pourquoi il appelle X « un nouf », Pierre devra apparemment répondre que c'est parce qu'il se souvient d'avoir fixé la signification de « nouf » de telle manière que ce mot soit applicable à X. Mais peut-être Pierre ne se souvient-il pas correctement de la signification qu'il a donnée au mot « nouf ». Il appelle X « un nouf » parce que cet usage du mot lui *semble* correct, mais il n'a apparemment aucun critère pour distinguer entre les usages du mot qui lui semblent corrects et ceux qui le sont réellement. Personne, y compris Pierre lui-même, ne peut savoir si en appelant X un « nouf » il se conforme à une règle pré-déterminée ou s'il a seulement l'impression de suivre une telle règle, alors qu'en fait il ne fait que suivre son inclination (c'est-à-dire, sa disposition) à utiliser le terme d'une certaine manière. Qu'il appelle X « un nouf » ou non, Pierre peut toujours dire que c'est parce qu'il lui semble que X est ou n'est pas un nouf, et ce faisant il contribue à chaque fois à déterminer davantage la signification du terme. En d'autres termes, il est impossible de distinguer, dans ce cas, entre une application correcte et une application incorrecte du terme « nouf », et s'il est impossible de faire cette distinction, alors il est incohérent de supposer que l'usage de ce terme est gouverné par une règle. Le plus qu'on puisse dire, c'est que Pierre est disposé à utiliser ce terme de telle ou telle manière ; mais il n'y a aucune manière dont ce terme est *supposé* être utilisé.

La solution « communautaire » au paradoxe sceptique situe la source du paradoxe dans le fait que, dans le cas d'un langage privé, le locuteur est le seul à décider de ce qui compte comme une utilisation correcte d'un terme. Tout ce qui lui semble correct est correct, ce qui revient à dire qu'il n'y a pas réellement de distinction entre les usages corrects et les usages incorrects. Dans le cas du langage ordinaire, au contraire, il est clair que l'usage des expressions linguistiques est sous le contrôle de la communauté linguistique toute entière. Un usage d'un terme est correct parce qu'il est conforme aux pratiques de la communauté, et apprendre à utiliser un terme c'est apprendre à se conformer aux pratiques de sa communauté. Autrement dit, la seule chose qui puisse justifier l'application d'un terme à un objet donné, auquel il n'a jamais été appliqué auparavant, c'est l'approbation de la communauté.

Cette « solution » n'est pas sans soulever elle-même certaines interrogations. Il semble assez naturel de dire que c'est parce que la communauté approuve cette réponse, que « 125 » est la « bonne » réponse à la question «57+68=?», mais ne serait-il pas problématique de le dire dans le cas d'une addition qui n'aurait jamais été calculée auparavant par qui que ce soit? Ne pourrait-il pas y avoir deux nombres suffisamment grands pour que tous les membres de la communauté se trompent quelque part, si on leur demandait d'en calculer la somme? Il semble en d'autres termes que si la communauté est l'autorité ultime, alors elle doit elle-même être incapable de distinguer entre ce qui est réellement correct, et ce qui lui *semble* correct.

Mais quoi qu'il en soit de ces inquiétudes, la discussion qui précède aura tout de même permis de mettre le doigt sur une lacune importante des théories traditionnelles de la signification, à savoir le fait qu'elles n'accordent pas suffisamment d'importance à la dimension sociale du langage.

Lectures complémentaires

A Searle (1969, chapitre 2), Engel (1985 b), Harrison (1979 : chapitres 2, 3).
B Waismann (1965, chapitre 7), Geach (1957, chapitres 6-11), Wittgenstein (1953 : paragraphes 185 à 242), Kripke (1982), Bouveresse (1987).

NOTES

[1] En réalité, le même problème affecte aussi la formation des idées d'objets particuliers. Ainsi, chaque fois que je vois Paul, je le vois sous un angle différent, dans un éclairage différent, il n'a pas toujours le même âge ou les mêmes vêtements, etc., bref son apparence n'est jamais la même. Mais alors, si je ne retiens que ce qu'il y a de commun à toutes les apparences de Paul et seulement ce qui est commun à toutes les apparences de Paul, le résultat ne sera vraisemblablement pas une apparence de *Paul*, ni même, peut-être, une apparence de quoi que ce soit.

[2] Je ne voudrais pas suggérer qu'il ne pourrait pas y avoir d'objets pour lesquels il n'y aurait pas de réponse déterminée à la question de savoir si ce sont des pommes ou non. Il y a certainement des termes vagues, dont la règle d'application ne partage pas l'univers en deux classes d'objets complémentaires, et peut-être le mot «pomme» est-il du nombre. Mais il ne semble pas que cette possibilité soit de nature à affecter significativement la discussion qui suit, et je ferai donc comme si les termes dont il sera question n'étaient pas vagues.

Chapitre 4
Intention, signification et convention

1. SIGNIFICATIONS NATURELLES ET SIGNIFICATIONS NON NATURELLES

Il sera essentiellement question, dans ce chapitre, d'un programme d'analyse de la signification élaboré par Paul Grice (1913-1988) à partir de 1957, dont l'influence sur le développement de la philosophie du langage (principalement dans les années 70) a été particulièrement marquante.

C'est généralement une bonne stratégie, lorsqu'on se propose de résoudre un problème complexe (comme semble l'être celui d'analyser le concept de signification), de le décomposer en sous-problèmes plus simples et d'identifier les étapes susceptibles de conduire à une solution du problème général. On peut ainsi déterminer quelles parties du problème peuvent ou doivent être résolues avant les autres, et se faire une meilleure idée de l'allure que pourrait avoir une solution complète (ou peut-être, se rendre compte que le problème ne peut avoir de solution complète). Il semble d'ailleurs que ce qu'on pourrait appeler «le progrès philosophique» soit souvent de cette nature : il consiste moins à trouver la réponse à une question qu'à réaliser qu'une question en cache plusieurs autres, ou à établir de nouveaux liens entre des questions anciennes. La contribution de Grice à l'évolution des recherches philosophiques sur la signification est précisément de cet ordre, et prend la forme d'un programme visant à caractériser, selon un plan déterminé, non pas *le* concept de signification, mais toute une famille de concepts de signification.

La motivation pour ce type de stratégie vient d'abord de ce que le mot «signification», ses synonymes et leurs dérivés peuvent être utilisés dans une grande diversité de contextes apparemment fort différents, comme en témoignent par exemple les énoncés suivants :

(1) Ces rougeurs sur la peau sont le signe (indiquent, signifient) qu'il a la rougeole.

(2) Ce coup de tonnerre (qu'on vient d'entendre) signifie (indique) qu'il y aura un orage.

(3) Le récent budget du gouvernement signifie que nous entrons dans une période d'austérité.

(4) Cette sonnerie signifie que la récréation est finie.

(5) En prononçant la phrase «Marie a rougi», Pierre a voulu dire (affirmé) que Marie était intimidée.

(6) En français, la phrase «Marie a rougi» signifie que Marie a rougi.

(7) Pour Pierre, la phrase «Marie a rougi» signifie que Marie a rougi.

(8) En français, les mots «a rougi» signifient «est devenu rouge».

Il est fort difficile, devant une telle diversité d'emplois, de continuer à croire que le terme «signification» recouvre une notion unique et bien déterminée, dont on pourrait rendre compte en une seule définition. Il semble au contraire qu'on a tout intérêt à essayer de répartir ces différents emplois en un certain nombre de catégories générales, et de préciser les relations entre ces diverses catégories.

La première distinction admise par Grice est une variante de la distinction traditionnelle entre «signes naturels» et «signes conventionnels», avec laquelle elle ne doit cependant pas être confondue; elle oppose les énoncés (1)-(3), qui invoquent selon Grice une notion de «signification naturelle», à tous les autres, qui font plutôt intervenir une notion de «signification non naturelle». Grice pense en effet qu'il y a une notion non naturelle de signification qui est plus générale que celle de signification linguistique ou conventionnelle, en ce sens qu'elle concerne non seulement les mots et autres expressions symboliques mais aussi toute une variété de choses ou d'événements qui signifient quelque chose mais qui n'ont avec ce qu'ils signifient aucun lien conventionnel. D'autre part, ce sont généralement des types d'occurrences, c'est-à-dire des universaux, qu'on appelle traditionnellement des «signes naturels», alors que la notion de signification naturelle que Grice veut mettre en évidence en est une qui s'applique à des occurrences particulières. En d'autres termes, quand on dit par exemple que la fumée est un « signe naturel » du feu, on veut dire que la présence de fumée est *généralement* l'indice d'un feu ; tandis que, pour reprendre l'exemple (3) ci-dessus, il est tout à fait possible de dire que le présent budget du gouvernement signifie que nous entrons dans une période d'austérité, sans aucunement laisser entendre qu'en général, un budget gouvernemental signifie que le pays entre dans une période d'austérité (ou qu'un budget est un signe naturel d'une période d'austérité). Grice attache une grande importance à ces distinctions, puisque selon lui ce qu'une expression (un type) signifie « en général » est fonction de ce que signifie chacune de ses occurrences particulières.

Ces précisions permettent de comprendre la caractéristique fondamentale des exemples de signification naturelle, tels que (1)-(3), à savoir que si x signifie naturellement que p, alors il est vrai que p. Ainsi, on ne peut pas dire (1), et poursuivre en ajoutant qu'en fait il n'a pas du tout la rougeole, ou dire (2) et ajouter qu'il n'y aura pas d'orage. Si tel coup de tonnerre particulier indique qu'il y aura un orage, alors il y aura un orage, et si les rougeurs sur la peau de Marie sont le signe de la rougeole, alors c'est que Marie a la rougeole. En d'autres termes, le faux ne peut être signifié naturellement (du moins lorsqu'on parle de la signification d'occurrences particulières). Cette caractéristique résulte elle-même apparemment du fait que c'est seulement dans le cas où x signifie non naturellement que p qu'on peut conclure que *quelqu'un* a utilisé x *pour* signifier que p. Personne n'utilise le tonnerre pour indiquer l'imminence d'un orage, et même si le budget du gouvernement est l'œuvre du ministre des finances, on ne peut certainement pas en conclure que ce dernier utilise son budget *pour* signifier le début d'une période d'austérité.

Grice nous invite donc à distinguer, dans un premier temps, entre les contextes suivants :

(ia) x, en telle ou telle occasion particulière, signifie naturellement quelque chose,

(ib) x, en telle ou telle occasion particulière, signifie naturellement que p,

(iia) x, en tant que type, signifie naturellement (et intemporellement) quelque chose (c'est-à-dire, x est un signe naturel),

(iib) x, en tant que type, signifie naturellement (et intemporellement) que p,

(iiia) x, en telle ou telle occasion particulière, signifie non naturellement quelque chose,

(iiib) L, en telle ou telle occasion particulière, signifie non naturellement quelque chose par x (ou en produisant x), (iiic) x, en telle ou telle occasion particulière, signifie non naturellement que p,

(iiid) L, en telle ou telle occasion particulière, signifie non naturellement que p en produisant x,

(iva) x, en tant que type, signifie non naturellement (et intemporellement) quelque chose (pour telle personne, ou dans tel langage),

(ivb) x, en tant que type, signifie non naturellement (et intemporellement) que p (pour telle personne, ou dans tel langage).

Il s'agit essentiellement pour lui de produire une explication adéquate de toutes les notions impliquées dans les contextes (iii)-(iv) ci-dessus, c'est-à-dire, de tous ceux qui font intervenir la notion de signification non naturelle. Les contextes (iii)-(iv) permettent de distinguer entre la signification que peut avoir une action particulière ou une utilisation particulière d'une phrase (cas iiia-iiid), et celle que peut avoir une expression linguistique ou symbolique dans un langage particulier (ou pour une personne particulière). Les distinctions pertinentes ne s'arrêtent pas là, mais il importe de souligner tout de suite que le pari de Grice est de produire une explication des contextes du type (iii) (c'est-à-dire une explication de la notion de signification non naturelle occasionnelle) qui ne présuppose pas une explication des contextes du type (iv) (c'est-à-dire une explication de la notion de signification non naturelle intemporelle), puisqu'elle doit précisément être utilisée pour produire une telle explication. Il y aurait ainsi deux grand types de signification non naturelle : l'occasionnelle (qui concerne des occurrences particulières) et l'intemporelle (qui concerne des types d'occurrences). Dans la mesure où l'explication du premier type de signification proposée par Grice fait intervenir les intentions du locuteur de manière essentielle, on parle aussi dans ce cas de signification intentionnelle, ou de signification du locuteur; tandis que pour le second type de signification, on parle aussi de signification conventionnelle, dans la mesure où ce type de signification concerne principalement les expressions linguistiques proprement dites. On n'a pas de mal à se convaincre qu'il s'agit là de deux notions de signification très différentes, et qu'il est tout à fait possible à un locuteur d'utiliser une phrase pour signifier intentionnellement autre chose que ce qu'elle signifie conventionnellement. Cela se produit chaque fois qu'un locuteur utilise une phrase de manière non littérale, comme dans l'exemple (5) ci-dessus, ou comme ce serait normalement le cas d'un locuteur qui énoncerait une phrase telle que « Jules est aussi brillant qu'un ver de terre ». La thèse principale de Grice pourrait donc (de manière légèrement trompeuse) s'exprimer ainsi : ce que les phrases signifient (conventionnellement) dépend de ce que les locuteurs veulent dire (intentionnellement) lorsqu'ils les utilisent. Avant d'examiner d'un peu plus près la manière dont Grice et ses partisans ont envisagé de caractériser ces deux notions, j'aimerais attirer l'attention sur un autre aspect du programme de Grice.

Il s'agit de la relation entre la signification des phrases ou des énoncés et celle de leurs parties (par exemple les mots). On remarquera en effet que les contextes (iii)-(iv) (et en particulier les contextes (iiib-d) et (ivb)) s'appliquent exclusivement à la signification des phrases ou des énoncés complets, c'est-à-dire à la signification d'expressions qui sont ou peuvent être utilisées de manière autonome pour véhiculer un message complet, par opposition à la signification de leurs parties constituantes. Il est toujours possible de spécifier le sens d'un message au moyen d'une locution telle que «signifie que p», où «p» est remplacé par une phrase complète; mais l'explication du sens d'un mot ne peut pas être de la forme «signifie que...», car on ne sait pas alors ce qu'il faudrait insérer à la place indiquée par «...». Il *semble* que la spécification du sens d'un mot ou d'une expression (autre qu'un énoncé complet) doive plutôt être de la forme «signifie (la même chose que) y», où y désigne une autre expression linguistique (comme c'est le cas dans l'exemple (8) ci-dessus). Le programme de Grice a aussi pour objectif de fournir une explication de la signification des mots, et pas seulement des énoncés; mais les différences entre les deux cas sont suffisamment importantes pour qu'on anticipe des explications assez différentes dans chaque cas. Il faut noter, en particulier, que selon la stratégie adoptée par Grice (qui est aussi celle de la plupart des philosophes du langage contemporains), une explication de la signification des énoncés ou des phrases complètes doit précéder celle de la signification de leurs parties, puisque la première *dépend* de la seconde. Contrairement aux approches plus traditionnelles, il ne s'agit donc pas d'expliquer en quoi consiste la signification des mots, pour ensuite expliquer comment la signification des phrases ou des énoncés résulte de celle des mots dont ils se composent, mais au contraire d'expliquer d'abord en quoi consiste la signification d'une phrase ou d'un énoncé, pour ensuite proposer une explication de la signification des mots dont ils se composent[1]. Il faut bien avouer, cependant, que ni Grice lui-même, ni ses successeurs ne sont jamais réellement parvenus à proposer une analyse convaincante de la relation entre la signification des mots et celle des énoncés, de sorte que dans ce qui suit, nous limiterons l'attention aux deux notions de signification intentionnelle et de signification conventionnelle d'une phrase complète ou d'une énonciation.

Une autre complication dont je ne tiendrai pas compte dans ce qui suit résulte de ce que beaucoup de phrases et d'expressions sont ambiguës, de sorte que Grice est aussi amené à distinguer entre la ou les significations qu'une phrase ou une expression peuvent avoir en tant qu'éléments d'une certaine langue, et la ou les significations qu'elles peuvent avoir dans un certain contexte d'énonciation (et qui peuvent être différentes de leur signification occasionnelle). Par exemple, la phrase «Jules est au moins aussi brillant qu'un ver de terre» a au moins deux significations conventionnelles distinctes, à savoir, que Jules est au moins aussi étincelant qu'un ver de terre, et que Jules est au moins aussi intelligent qu'un ver de terre; mais dans un contexte donné, elle n'aura habituellement qu'une de ces deux significations (vraisemblablement la deuxième). Cependant il est clair que si Pierre utilise cette phrase de manière ironique, il l'utilisera probablement pour signifier que Jules n'est pas très intelligent, et non pas pour signifier que Jules est au moins aussi intelligent qu'un ver de terre (ou pour signifier *seulement* cela). On pourrait alors dire que cette phrase, lorsqu'utilisée par Pierre signifie que Jules est aussi intelligent qu'un ver de terre, mais on ne pourrait pas dire qu'elle signifie que Jules n'est pas très intelligent. Quoi qu'il en soit je ne tiendrai pas compte dans ce qui suit de la possibilité que la signification conventionnelle d'une phrase ou d'une expression dépende du contexte d'utilisation.

2. LA SIGNIFICATION INTENTIONNELLE

Il s'agit donc d'abord pour Grice de produire une explication de la notion de signification occasionnelle du locuteur, c'est-à-dire, de formuler les conditions nécessaires et suffisantes pour qu'on puisse dire que quelqu'un, en telle ou telle occasion particulière, signifie non naturellement quelque chose, ou pour qu'on puisse dire que quelqu'un, en telle ou telle occasion particulière, signifie non naturellement telle ou telle chose. Il faut bien garder en mémoire qu'à ce stade, la notion à caractériser correspond à certains types généraux d'actes de communication, qui ne sont pas nécessairement des actes linguistiques en ce sens qu'ils ne consistent pas nécessairement à utiliser des expressions symboliques pourvues d'une signification indépendante.

Dans son article de 1957, Grice s'inspire d'abord de la suggestion selon laquelle la signification d'une expression est une tendance (ou une disposition) de celle-ci à produire certains effets sur les auditeurs. On sait (voir chap. 2) que certains behavioristes ont fait des propositions en ce sens, en prenant pour acquis que les effets en question devaient être de nature comportementale, mais Grice considère aussi la possibilité que ces effets soient des attitudes ou des états psychologiques. Le principal reproche qu'il fait à de telles analyses est cependant qu'elles ne visent pas à expliquer la bonne chose. En effet, selon cette approche, une expression signifie quelque chose seulement s'il y a une loi générale en vertu de laquelle les occurrences de cette expression produisent, ou ont tendance à produire, un certain effet sur les auditeurs. Mais il est tout à fait possible, selon Grice, de parler de ce qu'une expression ou un locuteur signifie *dans un cas particulier*, sans pour autant supposer que ce qui est alors signifié l'est en vertu d'une loi générale ou d'une régularité. Au lieu de ramener la signification à une tendance à produire un certain effet, Grice est ainsi conduit à faire intervenir l'intention (du locuteur) de produire un certain effet. La notion d'intention permet en effet d'admettre que le locuteur peut, dans un cas particulier, utiliser un certain item avec l'intention de produire un certain effet, bien que ce ne soit pas le cas qu'il utilise habituellement ou régulièrement cet item avec l'intention de produire cet effet.

Cela nous amène à examiner la proposition suivante :

(D1) un locuteur L, en telle ou telle occasion particulière, signifie non naturellement quelque chose en utilisant x si et seulement si L a l'intention (en utilisant x), de produire un certain effet sur un certain auditeur A.

On notera d'abord que cette définition vise seulement à expliquer ce que c'est, pour un locuteur, que de signifier non naturellement *quelque chose*, mais qu'elle laisse ouverte la question de savoir qu'est-ce qui est ainsi signifié. Le point de vue de Grice sur cette question, est que dire ce que le locuteur signifie consiste tout simplement à préciser quel est l'effet qu'il cherche à produire sur l'auditeur. Cet effet peut manifestement être de nature très différente selon les cas, mais Grice retient principalement deux types de cas : ceux où le locuteur cherche à amener l'auditeur à *faire* quelque chose, et ceux où le locuteur cherche à amener l'auditeur à avoir une certaine attitude psychologique, et plus particulièrement, à *croire* quelque chose. Cette opposition correspond, intuitivement, à la distinction entre les énoncés impératifs et les énoncés indicatifs (sans cependant coïncider avec elle, puisqu'on peut très bien, par exemple, demander à quelqu'un de croire ou de désirer quelque chose), qui sont selon de nombreux auteurs les deux modes fondamentaux de la signification. Dire ce qu'un locuteur signifie, dans un cas particulier, consiste donc à dire soit ce que le locuteur veut amener l'auditeur à faire, soit ce qu'il veut l'amener à croire.

Ceci dit, il semble clair que la définition proposée est insuffisante. Supposons, par exemple, que Pierre abandonne le mouchoir de Jules sur les lieux d'un meurtre, avec l'intention d'amener Hercule, le détective chargé de l'enquête, à croire que Jules est le meurtrier. On ne serait guère enclin, dans un tel cas, à conclure qu'en abandonnant le mouchoir de Jules, Pierre *a voulu dire* à Hercule que Jules était le meurtrier. Cela n'est intuitivement pas suffisant, et il faut apparemment imposer des conditions supplémentaires.

Grice est ainsi amené à proposer les définitions suivantes :

(D2) un locuteur L, en telle ou telle occasion particulière, signifie non naturellement quelque chose en utilisant x si et seulement si, en utilisant x : (1) L a l'intention de produire sur son auditeur A un certain effet E, (2) L a l'intention que A reconnaisse (ou réalise) que L a l'intention (1), et (3) L a l'intention que E résulte (au moins en partie) du fait que A reconnaisse (ou réalise) que L a l'intention (1).

(D3) un locuteur L, en telle ou telle occasion particulière, signifie non naturellement que p en utilisant x si et seulement si, en utilisant x : (1) L a l'intention d'amener A à croire que p, (2) L a l'intention que A reconnaisse que L a l'intention (1), et (3) L a l'intention que A croie que p (au moins en partie) en vertu du fait qu'il aura reconnu que L a l'intention (1).

Les mêmes définitions peuvent être reformulées de manière plus succincte, mais aussi moins perspicace, en disant :

(D2a) Un locuteur L, en telle ou telle occasion particulière, signifie-nn quelque chose en utilisant x si et seulement si L a l'intention, en utilisant x, de produire sur A un certain effet, au moyen de la reconnaissance, par A, de cette intention.

(D3a) Un locuteur L, en telle ou telle occasion particulière, signifie-nn que p en utilisant x si et seulement si L a l'intention, en utilisant x, d'amener A à croire que p, au moyen de la reconnaissance, par A, de cette intention.

Lorsqu'elle est ainsi exprimée sous forme de définitions explicites, l'analyse de Grice peut sembler inutilement compliquée, mais elle repose sur une intuition qui semble être très largement partagée, bien que difficile à caractériser de manière explicite et adéquate. L'intuition de base semble être que ce qu'un locuteur veut dire, ce qu'il cherche à communiquer en posant tel ou tel geste, relève essentiellement de l'intention avec laquelle il pose ce geste. On a déjà vu que cette intention ne pouvait pas être simplement l'intention d'amener l'auditeur à réagir d'une certaine manière ; il semble en fait que pour qu'une intention soit vraiment une intention de communiquer, il faut qu'elle soit, en partie, une intention de se faire comprendre. Mais il serait apparemment circulaire, et en tout cas pas très éclairant, de dire qu'un locuteur veut dire que p en utilisant x s'il a l'intention, ce faisant, que son auditeur comprenne qu'il veut dire que p (ou comprenne que p). La difficulté vient sans doute de ce que les notions de compréhension et de signification (occasionnelle du locuteur) se présupposent mutuellement, ou sont tout au moins du même ordre de complexité, de sorte qu'on ne peut rien gagner à essayer de caractériser l'une au moyen de l'autre. L'avantage de la suggestion de Grice est précisément qu'elle tente de caractériser la notion de signification à l'aide de notions qui sont apparemment moins complexes, ou plus fondamentales.

L'idée que le locuteur doit avoir non seulement l'intention de produire un certain effet sur l'auditeur, mais aussi l'intention que celui-ci reconnaisse qu'il a l'intention de produire sur lui cet effet, semble en effet être une manière de rendre compte de cette intuition selon laquelle avoir l'intention de communiquer c'est (en partie) avoir l'intention que nos intentions soient reconnues, c'est-à-dire, avoir l'intention d'être compris. Mais alors pourquoi ne pas s'arrêter là, et ne pas se contenter des conditions (1) et (2) des définitions (D2)-(D3)? Pourquoi exiger que le locuteur ait l'intention (3) qu'il y ait un lien entre (1) l'effet recherché par le locuteur et (2) la reconnaissance par l'auditeur de l'intention qu'a le locuteur de produire cet effet?

Grice motive cette troisième condition à l'aide d'exemples tels que les suivants :

(9) Pierre montre à Jules une photo de Mario en train d'embrasser Juliette.

(10) Pierre trace un dessin représentant Mario qui embrasse Juliette et le montre à Jules.

Dans les deux cas, sachant que Pierre sait que Juliette est l'épouse de Jules, il est naturel de supposer que Pierre a l'intention d'amener Jules à croire que Mario s'est montré excessivement familier avec Juliette, et aussi l'intention que Jules reconnaisse qu'il a l'intention de l'amener à croire cela. Il semble pourtant que Pierre ne signifie-nn quelque chose que dans le cas (10), précisément parce que dans le cas (9), le fait que Jules reconnaisse que Pierre a l'intention de l'amener à croire qu'il se passe quelque chose entre Juliette et Mario ne joue aucun rôle essentiel dans le processus qui l'amènera éventuellement à croire que Juliette et Mario ont une liaison. Autrement dit, Jules arriverait à la même conclusion s'il voyait cette photo par hasard (et sans avoir à supposer que qui que ce soit l'a déposée là avec l'intention de l'amener à croire quoi que ce soit). C'est seulement dans le cas (10) qu'il est essentiel que Jules reconnaisse que Pierre veut l'amener à croire que Juliette et Mario ont une liaison pour que Jules puisse conclure qu'ils ont une liaison. En effet, si Jules trouvait ce dessin par hasard, sans savoir qui l'a fait et avec quelle intention, il pourrait aussi bien ne pas le reconnaître comme un dessin de Mario et de Juliette, ou même s'il le reconnaissait comme un tel dessin, il n'aurait aucune raison de le considérer comme une représentation d'un fait réel, plutôt que comme une représentation d'un fantasme. Dans ce cas, le dessin ne lui donnerait donc aucune raison de conclure que Juliette a une liaison avec Mario. On ne peut en dire autant en ce qui concerne la situation décrite en (10). Car si Jules reconnaît que Pierre a l'intention, en lui montrant ce dessin, de l'amener à croire que Mario et Juliette ont une liaison, alors cela lui procure *une* raison de croire que c'est bien le cas; ce qui ne veut évidemment pas dire que ce soit une raison décisive, ou suffisante, car Jules pourrait penser que Pierre est généralement mal informé, ou qu'il cherche à l'induire en erreur, etc. Mais s'il a confiance en Pierre, alors le fait que Pierre ait l'intention de l'amener à croire que Juliette et Mario ont une liaison lui donnera effectivement une bonne raison de le croire.

Il est important de souligner que les remarques qui précèdent sont destinées à suggérer que le locuteur, en plus d'avoir l'intention de produire un certain effet sur l'auditeur, et d'avoir l'intention que l'auditeur reconnaisse qu'il a l'intention de produire cet effet, doit aussi avoir l'intention que l'effet recherché résulte au moins en partie de ce que le fait que l'auditeur reconnaisse l'intention du locuteur lui donne une raison de réaliser cet effet (c'est-à-dire, de se conformer à la première intention du locuteur). Elles ne visent nullement à laisser entendre que *l'auditeur* doit reconnaître l'intention du locuteur, ou considérer sa reconnaissance de l'intention du locuteur comme une raison de s'y conformer. Il s'agit bien là de conditions (nécessaires) pour que l'acte de communication soit réussi, mais la définition de Grice ne cherche pas à dire à quelles conditions un locuteur réussit à communiquer quelque chose; elle vise seulement à préciser à quelles conditions on peut dire qu'un locuteur *essaie* de communiquer. Vouloir dire quelque chose est une activité qui ne concerne que les intentions du locuteur, et qui ne dépend en rien des états psychologiques de l'auditeur. Il ne faut pas se laisser induire en erreur par le fait que les intentions du locuteur, elles, concernent l'auditeur et ses états psychologiques.

Considérons un autre exemple : un professeur malveillant donne une mauvaise note à un étudiant, avec l'intention de l'humilier et que l'étudiant reconnaisse qu'il a cette intention. Il est difficile de croire que ce professeur puisse avoir aussi l'intention que l'étudiant soit humilié en vertu de sa reconnaissance du fait qu'il avait l'intention de l'humilier. Car il ne peut ignorer que même si l'étudiant reconnaît son'intention, cela ne contribuera vraisemblablement pas à augmenter, mais plutôt à diminuer son humiliation. Dans ce cas l'analyse de Grice s'accorde apparemment avec l'intuition que ce professeur ne signifie-nn rien en donnant une mauvaise note à cet étudiant, ce qui tend à suggérer que pour qu'il y ait signification, il faut que le locuteur ait l'intention qu'il y ait un lien entre la réalisation de l'effet qu'il recherche et la reconnaissance par l'auditeur de son intention de produire cet effet. Ce lien ne peut cependant pas être de n'importe quelle nature. En particulier, il ne peut pas être de nature purement causale, comme le montre l'exemple suivant. Pierre informe Julien, qui est extrêmement influençable, qu'à chaque fois qu'il se pince l'oreille droite, c'est qu'il a l'intention de faire rougir Julien. Celui-ci est ainsi fait que par la suite, chaque fois qu'il voit Pierre se pincer l'oreille droite, il pense que Pierre cherche à le faire rougir, et cette seule pensée le fait effectivement rougir. Dans ce cas, les trois conditions gricéennes pourraient apparemment être réalisées, c'est-à-dire, il est naturel de supposer que Pierre, lorsqu'il se pince l'oreille en présence de Julien, a l'intention de le faire rougir, qu'il reconnaisse qu'il a l'intention de le faire rougir, et que le fait qu'il reconnaisse cette intention le fasse effectivement rougir. Cela constituerait donc un contre-exemple à l'analyse gricéenne, puisqu'il ne semble pas, intuitivement, que Pierre, en se pinçant l'oreille, demande à Julien de rougir. Mais en fait, les conditions imposées par la définition de Grice ne sont pas satisfaites, car le lien entre le fait que Julien reconnaisse l'intention de Pierre et le fait qu'il rougisse est un lien purement causal, sur lequel Julien n'a aucun contrôle (et par hypothèse, Pierre n'a pas et ne peut pas avoir, l'intention qu'il en soit autrement). Autrement dit, le fait que Julien reconnaisse l'intention de Pierre *cause* le rougissement de Julien, mais ne lui donne aucune *raison* de rougir ; rougir n'est d'ailleurs généralement pas le genre de chose que nous faisons parce que nous avons des raisons de le faire. Le rougissement a des causes, mais pas de raisons. Il faut donc comprendre que la troisième condition imposée par Grice exige que la reconnaissance par l'auditeur de l'intention du locuteur de produire sur lui un certain effet soit censée lui procurer *une* raison de produire cet effet, et non pas en être une cause ; ceci implique que l'effet recherché par le locuteur doit en quelque sorte être sous le contrôle de l'auditeur (comme le sont en général ses actions intentionnelles et ses attitudes psychologiques).

L'analyse de Grice a fait l'objet de deux grands types de critiques : celles qui tendent à montrer qu'il y a des cas où toutes les conditions gricéennes sont satisfaites, bien qu'on ne soit pas enclin à dire que le locuteur a signifié non naturellement quelque chose, et celles qui tendent à montrer qu'il y a des cas où le locuteur semble signifier non naturellement quelque chose, bien que les trois conditions gricéennes ne soient pas satisfaites.

Strawson (1964) fut le premier à attirer l'attention sur le fait que les conditions gricéennes semblent insuffisantes (c'est-à-dire, à formuler une critique du premier type). Imaginons que Pierre se voit contraint de faire un bridge et de jouer contre son patron M. Boss. Il souhaite s'attirer les faveurs de ce dernier en le laissant gagner et en le laissant réaliser qu'il le laisse gagner, mais sans pour autant l'offenser en ayant trop manifestement l'air de chercher à perdre. Il choisit donc de procéder de la manière suivante : chaque fois qu'il a un bon jeu, il esquisse un sourire caractéristique, qui ressemble fort à un sourire de contentement spontané, mais sans y ressembler suffisamment pour que M. Boss puisse s'y méprendre. En produisant ce sourire, il a l'intention d'amener son patron à croire qu'il a un bon jeu (de façon à ce qu'il puisse s'abstenir de faire monter les enchères et ainsi éviter de perdre); il a aussi l'intention que son patron reconnaisse qu'il a cette intention, en ce sens qu'il a l'intention que son patron réalise que son sourire n'est pas tout à fait spontané, mais vise délibérément à lui signaler quelque chose. Enfin, Pierre a l'intention que le fait que son patron réalise qu'il a l'intention de l'amener à croire qu'il a un bon jeu soit pour lui une raison de croire qu'il a un bon jeu. En effet, M. Boss ne sera pas enclin à penser que Pierre cherche à le tromper, car il sait que Pierre sait qu'il ne l'apprécierait pas, et il présume que son employé ne désire pas lui déplaire. Selon Strawson et le plupart des auteurs (y compris Grice lui-même) qui ont examiné ce genre de situation, nous n'avons pas affaire ici à un cas où le locuteur cherche réellement à communiquer quelque chose à l'auditeur. Intuitivement, la raison en est que dans ce cas, l'intention de Pierre est que M. Boss ait l'impression que Pierre a l'intention que M. Boss croie que le sourire de Pierre est un sourire spontané (et non pas que M. Boss croie que le sourire est produit avec l'intention qu'il reconnaisse qu'il s'agit d'un sourire délibéré). En d'autres termes, M. Boss est censé reconnaître que Pierre a l'intention, en souriant, de l'amener à croire qu'il a un bon jeu, mais il *n'est pas* censé reconnaître que Pierre a l'intention qu'il reconnaisse que Pierre a cette intention (à savoir, l'intention de l'amener à croire qu'il a un bon jeu).

La situation est suffisamment complexe pour qu'il soit profitable de la décrire de manière schématique. Pierre satisfait les trois conditions gricéennes :

(i) il a l'intention d'amener M. Boss à croire qu'il (Pierre) a un bon jeu,

(ii) il a l'intention que M. Boss reconnaisse qu'il a l'intention (i),

(iii) il a l'intention que la réalisation de l'intention (ii) soit pour M. Boss une raison de se conformer à l'intention (i).

Cependant, Pierre a aussi l'intention que le patron ne reconnaisse pas qu'il a l'intention (ii), c'est-à-dire, il a l'intention que M. Boss *ne réalise pas* que Pierre a l'intention que M. Boss reconnaisse que Pierre a l'intention (i); et c'est intuitivement la raison pour laquelle le sourire de Pierre ne semble pas être une tentative de communication. Pierre a bien toutes les intentions requises par Grice, mais il n'a pas l'intention que *toutes* ces intentions soient reconnues par l'auditeur; au contraire, il a l'intention que certaines de ses intentions (à savoir l'intention (ii)) restent cachées. Il cherche donc, quelque part, à tromper son auditeur.

Considérons un exemple un peu différent, mais qui pointe dans la même direction. Pierre jette un billet de 10 $ par la fenêtre de son bureau, avec l'intention d'en faire sortir Jules, dont il connaît la grande avarice. En jetant le billet par la fenêtre, il a l'intention de faire sortir Jules, l'intention que Jules reconnaisse qu'il a l'intention de le faire sortir, et l'intention que Jules sorte parce qu'il aura reconnu son intention de le faire sortir (et non pas l'intention que Jules sorte parce qu'il est si avare qu'il ne peut résister à l'attrait d'un billet de 10 $, car il sait que bien qu'avare, Jules est trop orgueilleux pour courir après un billet de 10 $). Cependant, Pierre n'a pas l'intention que Jules reconnaisse que Pierre a l'intention que Jules sorte parce qu'il aura reconnu l'intention de Pierre de le faire sortir; au contraire, Pierre voudrait que Jules croie que Pierre a l'intention que ce soit l'avarice de Jules qui l'amène à sortir, plutôt que la reconnaissance de l'intention de Pierre de le faire sortir. Ici aussi, le locuteur a une certaine intention, et en même temps, l'intention que cette intention ne soit pas reconnue, ce qui semble être la raison pour laquelle on est peu enclin à dire qu'il cherche à communiquer.

Les situations comme celles que nous venons de décrire suggèrent qu'il faudrait ajouter des conditions supplémentaires à l'analyse gricéenne, de manière à obtenir quelque chose comme :

(D4) Un locuteur L, en telle ou telle occasion particulière, signifie non naturellement que p, en utilisant x, si et seulement si, en utilisant x, L a l'intention :
(1) d'amener l'auditeur A à croire que p,
(2) que A reconnaisse que L a l'intention (1),
(3) que le fait que A reconnaisse que L a l'intention (1) soit pour lui une

raison de croire que p,
(4) que A reconnaisse que L a l'intention (2),
(5) que A reconnaisse que L a l'intention (3).

Malheureusement, comme l'ont noté Grice et la plupart des commentateurs, il semble possible, en principe, de s'inspirer du modèle proposé par Strawson pour construire un nombre indéfini de contre-exemples de plus en plus complexes. Que dire en effet, si le locuteur satisfait toutes les conditions de la définition (D4), mais a en plus l'intention que A ne reconnaisse pas qu'il a l'intention (4), ou l'intention que A ne reconnaisse pas qu'il a l'intention (5) ? Nous serions alors dans une situation comparable à celles qui nous ont amené à ajouter les conditions (4) et (5), et utiliser la même stratégie ne ferait que différer le problème. Il semble donc que ce type de contre-exemples nous oblige à admettre que pour signifier non naturellement quelque chose, le locuteur doit avoir un nombre infini d'intentions, en ce sens que, pour chaque intention qu'il a, il doit aussi avoir l'intention que cette intention soit reconnue par l'auditeur. Certains ont soutenu que cette conséquence n'était pas problématique, d'autres ont proposé diverses stratégies pour contourner ou résoudre le problème. La plupart des solutions proposées introduisent cependant des complications telles qu'il ne serait pas judicieux de les examiner ici. Je mentionnerai cependant une possibilité inspirée de l'analyse de Schiffer (1972 : 39). Elle consiste à tenter de contourner la difficulté en invoquant la notion de croyance (ou de connaissance) mutuelle :

(D5) plusieurs personnes croient (savent) mutuellement que p si et seulement si :
(1) chacune d'elles croit (sait) que p,
(2) chacune croit (sait) que chacune d'elles croit (sait) que p,
...
(n) chacune d'elles croit (sait) que (n - 1).

Cette notion permet de proposer la redéfinition suivante :

(D6) Un locuteur L, en telle ou telle occasion particulière, signifie non naturellement que p, en utilisant x, si et seulement si, en utilisant x, L a l'intention :
(1) d'amener l'auditeur A à croire que p,
(2) que A reconnaisse que L a l'intention (1),
(3) que le fait que A reconnaisse que L a l'intention (1) soit pour lui une raison de croire que p,
(4) que L et A croient (sachent) mutuellement que L a les intentions (1), (2), (3).

Bien que probablement ultimement inadéquate, cette nouvelle analyse permet apparemment d'éviter les contre-exemples de type strawsonien.

Une des deux critiques que Searle (1969 : 83-91) fait de l'analyse gricéenne appartient à la catégorie des critiques qui tendent à montrer que l'analyse de Grice est insuffisante, c'est-à-dire qu'il y a des cas où les trois conditions de Grice sont satisfaites mais où le locuteur ne tente pas réellement de communiquer. Mais le contre exemple de Searle a en plus la caractéristique d'attirer l'attention sur le fait qu'il y a un fossé entre la signification du locuteur et la signification linguistique.

Searle donne cet exemple d'un soldat américain capturé par les italiens vers la fin de la deuxième guerre mondiale et qui leur répète la seule phrase allemande qu'il connaisse, à savoir «Kennts du das land wo die Zitronen blühen?» (Connais-tu le pays où les citronniers fleurissent?), apparemment dans l'espoir qu'ils ne comprennent pas l'allemand et qu'il pourra les convaincre qu'il est un officier allemand (donc un allié). On suppose que le locuteur énonce cette phrase avec l'intention (1) d'amener ses auditeurs à croire qu'il est un soldat allemand, (2) que ses auditeurs reconnaissent qu'il a l'intention (1), et (3) que le fait que les auditeurs reconnaissent qu'il a l'intention (1) les amènent à croire qu'il est un soldat allemand.

Selon Searle, on ne peut pas conclure, dans ce cas, que le locuteur a signifié (non naturellement) qu'il était un soldat allemand parce que ce qu'un locuteur peut vouloir dire en utilisant une phrase ne dépend pas exclusivement de ses intentions, mais aussi de la signification linguistique de cet énoncé. En effet comment le soldat allemand peut-il vouloir dire qu'il est un soldat allemand en utilisant une phrase dont il sait pertinemment qu'elle signifie autre chose, et qu'elle appartient à une langue que ses interlocuteurs ne comprennent (probablement) pas? N'est-ce pas comme essayer de dire qu'il pleut en disant «il vente»? Un locuteur qui dirait «il vente», en s'adressant à des francophones, pourrait difficilement avoir l'intention que ses interlocuteurs réalisent qu'il cherche à les amener à croire qu'il pleut, car il ne peut ignorer que ceux-ci savent que «il vente» est normalement utilisée pour signifier autre chose.

La difficulté que Searle éprouve à admettre que le soldat américain veut dire qu'il est un soldat allemand vient apparemment du fait qu'il suppose non seulement que celui-ci a l'intention d'amener ses auditeurs à reconnaître qu'il a l'intention de les amener à croire qu'il est un soldat allemand, mais aussi qu'il a l'intention de les amener à croire cela en les amenant à penser que la phrase «Kennts du das land wo die Zitronen blühen?» est la traduction allemande de «Je suis un officier allemand».

Mais même s'il réussit à les amener à penser que c'est bien ce que signifie cette phrase, cela ne permet pas de conclure que c'est réellement ce qu'elle signifie, dans ce contexte.

Searle propose donc de modifier la définition de Grice en tenant compte du fait que lorsqu'un locuteur utilise une phrase *avec sa signification littérale* alors il a non seulement l'intention de produire sur l'auditeur un certain effet au moyen de la reconnaissance du fait qu'il a l'intention de produire cet effet mais, de plus, il a l'intention d'obtenir cette reconnaissance en vertu du fait que la phrase qu'il utilise est conventionnellement associée à la production de l'effet recherché (c'est-à-dire en vertu de la connaissance des règles qui gouvernent l'utilisation de cette phrase). Mais il saute aux yeux que cette nouvelle définition concerne une notion totalement différente de celle que Grice cherchait à caractériser, et qu'il est tout à fait cohérent de maintenir à la fois que le soldat américain n'a pas réussi à faire en sorte que «Kennts du das land wo die Zitronen blühen?» signifie autre chose que «Connais-tu le pays où les citronniers fleurissent?», et qu'en utilisant cette phrase, il a signifié (non naturellement, mais aussi non conventionnellement) qu'il était un soldat allemand. On peut s'en convaincre en imaginant la situation suivante. Un touriste américain en voyage au moyen-orient est accueilli dans une boutique par un marchand qui lui adresse un large sourire en prononçant sur le ton le plus jovial l'équivalent arabe de «Cochon d'américain!». Il semble tout à fait possible de dire que le marchand veut signifier au touriste qu'il était le bienvenu dans sa boutique, bien qu'il ne fasse pas un usage littéral de l'expression arabe, et qu'il ne cherche certainement pas à faire en sorte que cette expression signifie littéralement «Bienvenu dans ma boutique».

L'exemple de Searle montre qu'on ne peut pas identifier la signification du locuteur et la signification linguistique, mais il est loin d'être clair que cela nous oblige à conclure que le soldat américain ne signifie pas qu'il est un soldat allemand; cela montre seulement que s'il le signifie, il ne le signifie pas littéralement ou conventionnellement. Or s'il est indéniable que pour expliquer la notion de signification linguistique à l'aide de la notion de signification du locuteur il faut ajouter un ingrédient essentiel, à savoir la notion de règle ou de convention, il n'a jamais été question pour Grice de prétendre le contraire. Il est difficile, dans ces conditions de voir en quoi la situation décrite par Searle peut remettre en question l'analyse de Grice.

J'aborde maintenant les critiques du deuxième type, à savoir celles qui tendent à montrer qu'il y a des cas où le locuteur signifie (non naturellement) quelque chose bien que les trois conditions gricéennes ne soient pas satisfaites, et que celles-ci ne sont donc pas des conditions nécessaires de la signification (non naturelle du locuteur).

Un premier type de contre-exemples est fourni par tous les cas où le locuteur ne s'adresse pas à un auditeur, et où, par conséquent, il peut difficilement avoir l'intention de produire sur son auditeur un certain effet. Soliloquer, réfléchir à voix haute sur un problème philosophique, écrire son journal, s'exclamer «Quel paysage magnifique!» lors d'une promenade solitaire, taper «la neige est blanche» sur sa machine à écrire pour le seul plaisir de produire un énoncé vrai, sont apparemment autant d'activités par lesquelles le locuteur «signifie» quelque chose, sans pour autant chercher à communiquer quelque chose à un auditeur.

On pourrait être tenté de soutenir que dans des cas de ce genre il n'y a réellement pas de signification du locuteur dans le sens pertinent, et qu'ils ne constituent par conséquent pas des contre-exemples. Cela équivaudrait à concéder que le programme gricéen se heurte ici à une limite, ce qui en diminuerait d'autant l'intérêt. En effet, l'intuition qui guide cette entreprise, c'est qu'il est possible de caractériser une notion générale de signification, qui puisse s'appliquer aussi bien dans les cas où un locuteur utilise une expression linguistique que dans les cas où il utilise autre chose. Mais une telle notion n'aurait peut-être qu'un intérêt limité s'il s'avérait qu'elle ne s'applique pas à tous les cas où une expression linguistique est utilisée de manière signifiante. C'est sans doute pourquoi on a cherché, sans trop de succès d'ailleurs, à rendre compte de ce type de situations en supposant que le locuteur s'adresse alors à un auditeur non spécifié, ou absent, ou à lui-même. Ce dernier cas semble particulièrement problématique, car on aurait du mal à savoir quel effet un locuteur pourrait chercher à produire sur lui-même (peut-on avoir l'intention de s'amener soi-même à croire quelque chose?), et encore plus de mal à imaginer comment un locuteur pourrait avoir l'intention de reconnaître qu'il a l'intention de s'amener lui-même à croire quelque chose (est-il possible de s'informer de ses propres intentions?).

Une autre catégorie de contre-exemples concerne la nature de l'effet que le locuteur est censé avoir l'intention de produire. Dans le cas des énoncés affirmatifs, selon Grice, l'intention première du locuteur est d'amener l'auditeur à croire quelque chose. Si le locuteur veut dire qu'il pleut en utilisant la phrase «il pleut», alors il doit utiliser cette phrase avec (notamment) l'intention d'amener l'auditeur à croire qu'il pleut. Mais cela ne convient que dans les cas où L pense pouvoir communiquer une information nouvelle à son auditeur. Or il y a beaucoup de contextes où il n'est pas vraisemblable que le locuteur ait cette intention. Par exemple, un étudiant qui répond à une question d'examen n'a vraisemblablement pas l'intention d'amener son professeur à croire que telle ou telle chose ; il suppose au contraire que le professeur possède déjà cette information. De même, un enfant qui avoue avoir brisé un vase, n'a pas non plus l'intention d'amener ses parents à croire qu'il a brisé ce vase ; il risque fort de se douter qu'ils le savent déjà. Enfin, quand Galilée dit «et pourtant elle tourne», il n'a pas l'intention d'amener ses interlocuteurs à croire que la terre tourne, ni de les amener à croire qu'il croit que la terre tourne (ils le savent déjà) ; il le fait pour une question de principe, sans se préoccuper des effets que cela aura sur ses interlocuteurs. Il semble bien pourtant, dans tous les cas, que le locuteur signifie quelque chose en utilisant une certaine expression linguistique, et qu'il cherche bien à produire un certain effet sur son auditoire, mais un effet qui est à chaque fois d'un genre différent.

Ce type d'exemples va dans le sens de la deuxième critique de Searle, qui est que Grice confond l'illocutoire et le perlocutoire, c'est-à-dire que pour Grice, l'effet que le locuteur est censé rechercher est toujours soit une action soit une attitude psychologique telle que la croyance, alors que pour Searle, le seul effet que le locuteur puisse rechercher, c'est celui de se faire comprendre. Lorsqu'un locuteur veut dire qu'il pleut, alors il doit avoir l'intention que son auditeur comprenne qu'il veut dire qu'il pleut, c'est-à-dire, qu'il croie (reconnaisse) que le locuteur *veut dire* (affirme, signifie) qu'il pleut, et non pas qu'il croie qu'il pleut (ou qu'il croie que le locuteur croit qu'il pleut). Mais si Searle a raison sur ce point, alors il est peu probable qu'on parvienne à définir la notion de signification non naturelle du locuteur de façon non circulaire, puisque le fait que le locuteur signifie (affirme, demande, etc.) quelque chose ferait alors apparemment partie de ce qu'il signifie (c'est-à-dire, de ce qui est censé être compris).

3. LA SIGNIFICATION CONVENTIONNELLE

L'exemple du soldat américain de Searle a permis d'établir que pour expliquer la notion de signification linguistique à l'aide de celle de signification du locuteur, il faut faire intervenir un élément supplémentaire, c'est-à-dire la notion de règle ou de convention. Searle utilise explicitement le concept de règle dans sa définition de ce que c'est pour un locuteur que de signifier littéralement ce qu'il dit. En gros, la position de Searle consiste à dire que : un locuteur qui utilise une phrase x avec l'intention de signifier ce que x signifie littéralement doit avoir l'intention :

(1) d'amener l'auditeur à reconnaître qu'un certain acte illocutoire est accompli (c'est-à-dire l'acte illocutoire que les règles linguistiques associent à x)a,

(2) que l'auditeur reconnaisse que le locuteur a l'intention (1),

(3) que le fait que l'auditeur reconnaisse que le locuteur a l'intention (1) l'amène à reconnaître qu'un certain acte illocutoire est accompli,

(4) que l'auditeur reconnaisse que le locuteur a l'intention (1) en vertu de sa connaissance des règles qui gouvernent l'utilisation de la phrase x.

Mais Searle ne propose pas vraiment d'explication de ce qu'est une règle linguistique, même s'il fait des distinctions intéressantes entre différents types de règles (sur lesquelles nous reviendrons d'ailleurs). La notion de règle est étroitement liée (à première vue) à celle de convention : utiliser une phrase conformément aux règles c'est l'utiliser conformément aux conventions. L'intuition qui guide le programme gricéen semble être qu'une phrase signifie littéralement quelque chose lorsqu'il y a des conventions en vertu desquelles elle est utilisée pour signifier (non naturellement) cette chose. Si cette intuition est correcte, on peut espérer éclairer la relation entre la signification du locuteur et la signification linguistique en essayant d'analyser le concept de convention et en considérant le langage comme un moyen conventionnel pour les locuteurs de signifier quelque chose. On notera que cette stratégie n'est pas sans analogie avec celle de la théorie idéationniste, en ce sens qu'elle suppose qu'on peut expliquer à quelles conditions deux personnes peuvent communiquer entre elles sans l'aide de quoi que ce soit qui ressemble à un langage, pour ensuite expliquer le langage comme étant une manière conventionnelle de communiquer (de même que la théorie idéationniste suppose qu'on peut commencer par expliquer en quoi consiste les phénomènes mentaux, pour ensuite réduire la signification linguistique à celle des représentations mentales). Il semble clair, d'autre part, que la stratégie adoptée par Searle entre directement en conflit le programme de Grice, puisque Searle refuse à toutes fins pratiques d'admettre toute notion de signification ou de communication qui ne soit pas conceptuellement reliée à la notion de règle ou de convention.

L'idée que le langage est quelque chose de conventionnel n'est pas nouvelle. On a vu qu'on la trouve par exemple chez Locke ; mais cette idée a toujours soulevé des problèmes dans la mesure où on n'arrivait pas à comprendre comment une convention pouvait s'établir dans une population autrement qu'en supposant qu'à un moment donné les gens décident de (s'entendent pour) adopter une certaine convention. Mais s'il est nécessaire d'avoir un langage pour communiquer, on ne voit pas comment différentes personnes pourraient s'entendre (c'est-à-dire, communiquer) pour établir des conventions linguistiques (c'est-à-dire, des conventions de communication). Autrement dit, si pour établir une convention il faut disposer d'un langage, il paraît impossible d'établir des conventions linguistiques, puisque pour les établir, il faudrait qu'il existe déjà certaines conventions linguistiques ?

Le problème disparaît à partir du moment où on admet qu'il est possible de communiquer non conventionnellement, et même d'établir des conventions sans communiquer. C'est précisément le mérite de David Lewis (1969) d'avoir développé, en s'inspirant de la théorie des jeux, une analyse de la notion de convention qui ne présuppose pas qu'une convention doive être le résultat d'une décision explicite et «consciente».

Selon Lewis, une convention est essentiellement une régularité d'un certain type dans le comportement d'un certain groupe d'individus; il s'agit, plus exactement, d'une régularité comportementale qui fournit une solution à un problème de coordination récurrent et qui pour cette raison, s'instaure dans une certaine communauté de sujets (supposés) rationnels. La notion importante, ici, est celle de coordination.

Deux ou plusieurs personnes ont un problème de coordination lorsque : (1) elles ont des intérêts communs, (2) la décision de chacune d'elles dépend de la décision de chacun des autres, et (3) il y a plusieurs manières pour elles de satisfaire leurs intérêts, (c'est-à-dire, il y a plusieurs solutions possibles à leur problème), dont aucune n'est en soi préférable aux autres. Une solution à un problème de coordination est une combinaison de choix ou d'actions, de la part de chacun des agents pour qui se pose le problème, que chaque agent, *étant donné les choix des autres agents*, juge préférable à toutes les autres combinaisons de choix possibles. Supposons par exemple, que Pierre et Jules désirent se rencontrer, c'est-à-dire, se trouver au même endroit en même temps. Ils ont donc un intérêt commun : l'intérêt de Pierre est satisfait si et seulement si celui de Jules l'est. L'endroit où ils vont se rencontrer leur importe peu du moment qu'ils se rencontrent, c'est-à-dire que Pierre désire aller à n'importe quel endroit où Jules ira, et Jules désire aussi aller à n'importe quel endroit, pourvu que Pierre y aille en même temps. La meilleure chose que Pierre puisse faire, dans ces circonstances, c'est d'aller là où il pense que Jules ira, et la meilleure chose que Jules puisse faire c'est d'aller là où il pense que Pierre ira, de sorte que la décision de chacun dépend de celle de l'autre. Il est clair, enfin, qu'il y a plusieurs endroits où ils pourraient se rencontrer, c'est-à-dire plusieurs solutions possibles à leur problème, et aucune de ces solutions n'est en soi préférable aux autres. Pierre et Jules ont alors un problème de coordination. Ils auront résolu leur problème s'ils ont la bonne fortune d'aller au même endroit (au même moment), quel qu'il soit. Dans ce cas, la combinaison d'actions qui consiste dans le fait que Pierre se rende en X au temps t et que Jules se rende en X au temps t, constitue une solution à ce problème de coordination, en ce sens que, étant donné que Jules se rend en X, Pierre préfère se rendre lui aussi en X plutôt que d'aller nulle part ailleurs, et de la même manière, étant donné que Pierre se rend en X, Jules préfère se rendre lui aussi en X que d'aller nulle part ailleurs.

La vie quotidienne regorge de problèmes de coordination : deux ou plusieurs personnes qui manœuvrent un voilier, ou qui travaillent ensemble à la construction d'une habitation, ou à quelque autre projet commun ont des problèmes de coordination. La situation suivante est une autre illustration élémentaire d'un problème de coordination. Pierre et Mario voient leur communication téléphonique subitement interrompue. Tous deux désirent rétablir la communication dans les plus brefs délais, ce qui exige que l'un d'eux rappelle l'autre, tandis que l'autre attend que son téléphone sonne. Il importe peu à Pierre d'attendre que Mario le rappelle, si Mario doit le rappeler, ou de rappeler Mario, si celui-ci doit attendre ; et inversement, il importe peu à Mario d'attendre que Pierre le rappelle, si Pierre doit le rappeler, ou de rappeler Pierre, si celui-ci doit attendre. Chacun choisira d'appeler, s'il pense que l'autre attendra ou d'attendre s'il pense que l'autre appellera. Le choix de chacun dépend de ce qu'il croit que sera le choix de l'autre. Il y a donc au moins deux solutions possibles : ou bien Pierre rappelle et Mario attend, ou bien Pierre attend et Mario rappelle. Ni Pierre ni Mario ne préfère une de ces deux solutions à l'autre. On est donc bien en présence d'un problème de coordination.

Il n'y a évidemment aucune garantie que les agents impliqués dans un problème de coordination y trouveront une solution. Une solution à un problème de coordination peut être due au hasard, ou être le résultat d'une concertation préalable (par exemple, si Pierre et Mario ont convenu qu'en cas d'interruption d'une communication téléphonique, ce serait Mario qui rappellerait Pierre), ou encore, être le résultat d'un système d'anticipations mutuelles concordantes, de la part des agents impliqués. Ainsi, si Pierre sait (ou croit) que Mario le rappellera, alors il aura une bonne raison d'attendre qu'il le rappelle plutôt que d'essayer de le rappeler (et de prendre le risque de ne pas pouvoir établir la communication, puisque Mario risque d'être lui-même en train d'essayer de le rappeler).

De la même manière, si Mario sait (ou croit) que Pierre attendra qu'il le rappelle, alors cela lui donne une bonne raison de le rappeler plutôt que d'attendre. Pour prendre sa décision, Pierre doit donc tenir compte de ce que sera la décision de Mario. Mais la décision de Mario, à son tour dépend de celle de Pierre, et Pierre lui-même ne peut ignorer ce fait ; ce qui veut dire que Pierre doit tenir compte non seulement de la manière dont Mario raisonnera pour prendre sa décision, mais aussi de la manière dont Mario se représentera le raisonnement de Pierre. Autrement dit, le raisonnement de Pierre doit contenir une représentation de celui de Mario, qui doit lui même contenir une représentation de celui de Pierre. Mais alors, le raisonnement de Pierre lui-même doit contenir une représentation de la représentation que se fait Mario du raisonnement de Pierre, ce qui veut dire que celui de Mario doit contenir une représentation de la représentation que se fait Pierre de la représentation que se fait Mario du raisonnement de Pierre, etc.

Supposons par exemple, que Pierre décide d'attendre que Mario le rappelle. Le raisonnement qui l'amène à cette décision pourrait être, en première analyse, le suivant :

(1) je m'attends à ce que Mario me rappelle,

(2) je désire attendre qu'il me rappelle, pourvu qu'il n'attende pas que je le rappelle,

(3) donc, j'attends que Mario me rappelle.

Manifestement, ce raisonnement ne conduira à une solution que si Mario décide effectivement de rappeler ; mais quelle raison Pierre peut-il avoir de croire que Mario rappellera ? Peut-être Pierre est-il en mesure de raisonner ainsi :

(4) je crois que Mario désire me rappeler, pourvu que j'attende qu'il me rappelle,

(5) je crois que Mario s'attend à ce que j'attende son appel,

(6) par conséquent, je crois que s'il est rationnel, Mario décidera de me rappeler (et non d'attendre que je le rappelle),

(7) Je crois que Mario est rationnel,

(8) Donc, je m'attends à ce que Mario me rappelle (= (1)).

Pierre pourra sans doute justifier la prémisse (4) en invoquant le fait qu'il connaît bien Mario, qu'il est en bons termes avec lui, qu'ils ont des choses importantes à se dire, et que tous deux désirent probablement rétablir la communication téléphonique. Quant à la prémisse (5), Pierre ne pourra vraisemblablement la justifier qu'en supposant que Mario a des raisons de supposer que Pierre décidera d'attendre son appel :

(9) je crois que Mario croit que je désire attendre son appel, pourvu qu'il n'attende pas le mien,

(10) je crois que Mario croit que je m'attends à ce qu'il me rappelle,

(11) je crois que Mario croit que si je suis rationnel, alors j'attendrai qu'il me rappelle,

(12) je crois que Mario croit que je suis rationnel,

(13) donc, je crois que Mario s'attend à ce que j'attende son appel (=(5)).

Ainsi, chaque agent peut être en mesure de justifier sa décision en donnant les raisons qu'il a de s'attendre à ce que les autres agents prennent une certaine décision, à condition évidemment d'avoir de telles raisons. Or dans le cas que nous venons de considérer, Pierre aurait autant de raisons de s'attendre à ce que Mario attende que de s'attendre à ce qu'il le rappelle, car il a autant de raisons de croire que Mario s'attendra à ce que Pierre rappelle que de croire qu'il s'attendra à ce que Pierre attende son appel. A moins que chacun n'ait une raison indépendante de penser qu'une certaine solution à leur problème sera retenue par tous les deux, il est peu probable qu'ils parviendront à une solution simplement en tentant de deviner quelle sera la décision de l'autre. Mais il y a justement des situations où tous les agents impliqués ont de telles raisons indépendantes (c'est-à-dire, des raisons, à la fois de prendre une certaine décision, et de croire que les autres agents prendront une décision correspondante). Imaginons par exemple que Pierre et Mario habitent un pays où les communications téléphoniques sont mauvaises, et fréquemment interrompues, de sorte que ce n'est pas la première fois qu'ils vivent cette expérience désagréable. Dans ce cas, il se peut que Pierre se rappelle que toutes les fois où cela s'est produit dans le passé, c'est celui qui avait appelé l'autre qui a rappelé, tandis que l'autre attendait près de son téléphone. S'il se souvient de cela, alors il a une bonne raison de croire que Mario s'en souviendra aussi, ce qui lui donne une bonne raison de penser que Mario agira en conséquence (par exemple, qu'il rappellera, puisque c'est lui, en l'occurrence, qui a initié cette conversation téléphonique), ce qui lui donne à lui-même une raison supplémentaire d'attendre que Mario le rappelle, etc.

Le même problème de coordination peut donc se poser de manière récurrente. La première fois qu'un problème de coordination se pose, il est fort probable que si les participants parviennent à une solution, c'est-à-dire s'ils réussissent à coordonner leurs actions, ce sera purement accidentel (à moins qu'ils ne s'entendent explicitement sur ce qu'ils devraient faire dans cette éventualité), mais s'ils parviennent à une même solution à quelques reprises, pour quelque raison que ce soit, alors le fait qu'ils soient parvenu à cette solution à quelques reprises leur donnent à tous une raison, lorsque le problème se pose de nouveau, d'avoir recours à la même solution, car cela augmente la probabilité que le problème soit résolu une nouvelle fois.

Considérons encore l'exemple suivant. Pierre et Jules font connaissance par hasard dans un bar appelé *L'île noire*, où ils n'ont jamais mis les pieds auparavant. Ils s'y revoient à quelques reprises (toujours par hasard), et finissent par se lier d'amitié. Ils négligent malheureusement d'échanger leurs coordonnées. Supposons qu'un certain soir Pierre et Jules ont envie de se rencontrer. Pierre est maintenant en mesure de raisonner de la manière suivante :

(1) Je vais à *L'île noire* parce que :
j'y ai souvent rencontré Jules dans le passé
je désire aller à *L'île noire* si Jules y va
je m'attends à ce que Jules aille à *L'île noire* (s'il désire me voir ce soir)

(2) Je m'attends à ce que Jules aille à *L'île noire* (s'il désire me voir) parce que :
je m'attends à ce que Jules désire aller à *L'île noire* si j'y vais
je m'attends à ce que Jules se souvienne m'y avoir souvent rencontré dans le passé
je m'attends à ce que Jules s'attende à ce que j'aille à *L'île noire* (si je désire le voir)

(3) Je m'attends à ce que Jules s'attende à ce que j'aille à *L'île noire* (si je désire le voir), parce que :
je pense que Jules s'attend à ce que je désire aller à *L'île noire* s'il y va
je pense que Jules s'attend à ce que je me souvienne que nous nous y sommes rencontrés dans le passé
je pense que Jules s'attend à ce que je m'attende à ce qu'il aille à *L'île noire* (s'il désire me voir)
etc.

...et manifestement, Jules est lui aussi en mesure de faire le même genre de raisonnement, de sorte que chacun a de bonnes raisons d'aller à *L'île noire* (s'il désire rencontrer l'autre) et de croire que l'autre ira à *L'île noire* (s'il désire le rencontrer). Plus exactement, chacun a de bonnes raisons d'aller à *L'île noire*, (parce que chacun désire rencontrer l'autre, mais aussi en partie) parce que chacun a de bonnes raisons de croire que l'autre ira à *L'île noire*, de croire que l'autre croira qu'il ira à *L'île noire*, etc. Mais si Pierre et Jules raisonnent de la même manière (comme on doit s'y attendre s'ils sont tous les deux rationnels), et s'ils désirent se rencontrer, alors ils iront tous les deux à *L'île noire* et leur problème sera résolu. Si la situation se répète suffisamment souvent, alors cela peut devenir une convention tacite entre Pierre et Jules, que d'aller à *L'île noire* quand ils veulent se rencontrer; le comportement qui consiste à se rendre à *L'île noire* lorsqu'on désire rencontrer l'autre devient pour eux un comportement conventionnel.

Pour Lewis, un comportement conventionnel est donc essentiellement un comportement régulier qui se perpétue au sein d'une communauté uniquement parce qu'il fournit une solution à un problème de coordination récurrent et parce que tous les membres de la communauté le savent mutuellement. C'est une régularité à laquelle il est rationnel de se conformer dès le moment où on s'attend à ce que les autres s'y conforment, et parce qu'on s'attend à ce qu'ils s'y conforment.

La définition proposée par Lewis (1969 : 58) est approximativement la suivante :

(D7) Une régularité comportementale R est une convention dans la population P si et seulement si :
(1) R est une solution à un problème de coordination récurrent au sein de la population P,
(2) tous les membres de P se conforment à R,
(3) Tous les membres de P s'attendent à ce que tous les membres de P se conforment à R,
(4) tous les membres de P préfèrent se conformer à R, si tous les membres de P s'y conforment,
(5) tous les membres de P savent mutuellement que (1), (2), (3) (4).

L'analyse de Lewis a des implications immédiates pour la philosophie du langage dans la mesure où la communication est un problème de coordination. C'est un problème de coordination entre un locuteur et un auditeur, puisque :

a) le locuteur et l'auditeur ont généralement un intérêt commun, qui est de se comprendre (ou de partager un certain contenu de pensée); le locuteur veut être compris, l'auditeur veut comprendre.

b) il importe peu au locuteur de prononcer telle ou telle phrase, à condition que cette phrase soit interprétée par l'auditeur de la manière dont il veut qu'elle soit interprétée, et inversement, il importe peu à l'auditeur d'interpréter la phrase prononcée de telle ou telle manière, à condition que ce soit l'interprétation recherchée par le locuteur. Autrement dit, le locuteur ne voudra prononcer une certaine phrase qu'à condition que l'auditeur la comprenne d'une certaine manière et l'interprétation de l'auditeur dépendra de la phrase prononcée par le locuteur.

c) il y a plusieurs solutions possibles à un problème de communication et aucune n'est « en soi » préférable aux autres.

Il semble donc que les conditions sont réunies pour qu'on puisse assimiler la communication à une forme de coordination. Mais dans ce cas, il est fort possible qu'une certaine forme linguistique soit utilisée de manière répétée, au sein d'un certain groupe, pour communiquer (signifier intentionnellement) quelque chose, de telle sorte l'usage de cette forme pour communiquer cette chose se conventionnalise.

Si la communication est un problème de coordination, il faut que ce soit un problème de coordination entre une action du locuteur (la production d'un « énoncé ») et une réponse de l'auditeur, ce qui suggère qu'un problème de communication peut avoir une solution conventionnelle du type suivant (comme l'a proposé Bennett 1976 : 179) :

(D8) La phrase x signifie que p dans la langue d'une certaine communauté si et seulement si il y a dans cette communauté une convention selon laquelle : le locuteur qui utilise x a l'intention d'amener l'auditeur à croire que p et l'auditeur de S acquiert la croyance que p.

On aurait pu s'attendre à ce que la convention appropriée soit plutôt caractérisée comme une convention selon laquelle le locuteur signifie (intentionnellement) que p, mais en réalité il n'y a guère de différence puisqu'on peut montrer (Bennet 1976 : 180) que tout locuteur qui utilise S en se conformant à la convention ci-dessus signifie (intentionnellement) que p. Supposons en effet que Pierre énonce S en se conformant à cette convention. Dans ce cas :

(1) il a l'intention d'amener son auditeur à croire que p, puisqu'il se conforme à la convention,

(2) d'autre part, puisqu'une convention est une régularité à laquelle tous les membres de la communauté savent qu'ils se conforment, Pierre peut s'attendre à ce que l'auditeur reconnaisse qu'il a l'intention (1), c'est-à-dire, il a une bonne raison de croire que l'auditeur s'attend à ce qu'il se conforme à la convention,

(3) enfin, on se conforme à une convention (en partie) parce que les autres s'y conforment, ce qui veut dire que Pierre s'attend à ce que

l'auditeur se conforme à la convention au moins en partie parce qu'il s'y conforme lui-même, c'est-à-dire, au moins en partie parce qu'il a l'intention d'amener l'auditeur à croire que p. Mais si ces trois conditions sont satisfaites, alors, en se conformant à la convention en vigueur dans sa communauté, Pierre signifie (intentionnellement) que p (au sens défini par Grice). En d'autres termes, le locuteur se conforme à la convention parce qu'il s'attend à ce que l'auditeur s'y conforme, et il s'attend à ce que l'auditeur s'y conforme parce qu'il pense que l'auditeur s'attend à ce qu'il s'y conforme. Mais cela veut dire que le locuteur a l'intention d'amener l'auditeur à croire que p, et qu'il s'attend à ce que l'auditeur croie que p parce qu'il pense que l'auditeur pensera qu'il a l'intention de l'amener à croire que p, c'est-à-dire, parce qu'il s'attend à ce que l'auditeur reconnaisse qu'il a l'intention de l'amener à croire que p, ce qui revient à dire qu'il s'attend à ce que l'auditeur croie que p en vertu de sa reconnaissance de l'intention du locuteur.

L'intérêt de cette démonstration est de montrer qu'un comportement peut donner naissance à une convention linguistique (une convention de signification) même s'il n'est pas lui-même un comportement de communication (même s'il ne consiste pas lui-même à signifier intentionnellement quelque chose).

Certaines des objections qu'on a faites à la notion gricéenne de signification intentionnelle s'appliquent manifestement aussi à la définition qu'on vient de proposer de la signification conventionnelle, dans la mesure où selon cette définition, si x signifie conventionnellement que p alors tout locuteur qui, en utilisant x, se conforme à la convention linguistique, signifie intentionnellement que p. En particulier, il semble impossible d'admettre que quand un locuteur utilise une phrase x (même s'il s'agit d'une phrase indicative), il a généralement l'intention d'amener son interlocuteur à croire que p. D'un autre côté, il semble que si on est convaincu que la signification linguistique est de nature conventionnelle, il faut bien que les conventions linguistiques soient des conventions en vertu desquelles les locuteurs-auditeurs doivent faire/penser certaines choses, c'est-à-dire que si on accepte de dire que « x signifie que P» *par convention*, il faut bien qu'il y ait un sens à dire que quelque chose peut avoir une signification non conventionnelle. Il paraît difficile, dans ces circonstances, de répudier complètement le programme gricéen.

Il reste que la stratégie suggérée plus haut pour caractériser la signification linguistique ne permet apparemment pas d'expliquer comment une phrase qui n'est jamais utilisée peut avoir une signification conventionnelle. En effet, si une convention est une régularité comportementale, il ne peut y avoir une convention qui gouverne l'utilisation d'une phrase que si cette phrase est régulièrement utilisée conformément à cette convention, or toute langue contient un nombre indéterminé de phrases qui ont une signification et qui n'ont jamais été et ne seront jamais utilisées. Cette objection n'est sans doute pas tout à fait décisive, mais il faudrait, pour y répondre de manière satisfaisante, indiquer comment la notion de convention linguistique peut être appliquée à toutes les expressions dont les phrases, et comment la convention associée à une phrase peut être héritée de celles qui sont associées à ses constituants, ce qui nous entraînerait sur un tout autre terrain, mais ne semble pas impossible *a priori*.

On pourrait aussi soulever l'objection, beaucoup plus fondamentale, mais aussi beaucoup plus difficile à évaluer, selon laquelle le programme gricéen dans son ensemble présuppose, apparemment sans justification, qu'une personne peut avoir des intentions et des croyances passablement sophistiquées, indépendamment de sa capacité à s'exprimer par le langage. Or un nombre appréciable de philosophes doutent sérieusement d'une telle possibilité.

Lectures complémentaires

A   Searle (1969 : chapitre 2), Strawson (1971 : chapitre 8).
B   Grice (1989 : chapitres 5, 6, 14), Avramides (1989 : chapitre 2), Lewis (1969), Blackburn (1984 : chapitre 4), Bennett (1976).

NOTE

[1] Ce sont principalement les travaux de Frege, dont nous parlerons plus loin, qui sont à l'origine de ce renversement de la perspective dans la philosophie contemporaine du langage.

Chapitre 5
Les actes de langage

Ce chapitre n'est ni plus ni moins qu'un appendice aux deux précédents, et vise essentiellement à donner les précisions qui s'imposent concernant les conceptions de John Searle, auxquelles nous avons fait allusion à quelques reprises. Searle et Austin sont les principaux initiateurs de ce qu'on appelle aujourd'hui la théorie des actes de langage, une conception selon laquelle le langage doit, en premier lieu, être considéré comme un moyen d'accomplir certains types d'actes particuliers, et qui entraîne que la philosophie du langage est en réalité une partie de la philosophie de l'action. En faisant intervenir l'analyse de la notion de convention proposée par Lewis, nous sommes parvenus, au chapitre précédent, à une analyse de la notion de signification conventionnelle d'une phrase qui s'accorde assez bien avec l'intuition de Searle selon laquelle utiliser une phrase avec sa signification littérale (conventionnelle), c'est l'utiliser en signifiant intentionnellement ce qu'elle signifie conventionnellement. Il reste que Searle insiste pour dire que signifier quelque chose, c'est avoir l'intention d'accomplir un acte illocutoire, alors que pour Grice il s'agit d'amener l'auditeur à croire ou à faire quelque chose. Il est donc approprié d'essayer maintenant de clarifier la notion d'acte illocutoire, or il ne semble pas y avoir de meilleur moyen de le faire qu'en se reportant aux analyses de Austin, qui en sont à l'origine.

1. PERFORMATIF/CONSTATIF

La doctrine des actes de langage initiée par Austin (1911-1960) et développée par Searle, s'est constituée (sous l'influence de Wittgenstein et) en réaction à une tendance de certains philosophes à considérer tous les énoncés qui ne sont pas des affirmations vraies ou fausses comme des énoncés dépourvus de sens. C'est ce que Austin appelle le «sophisme descriptif», c'est-à-dire, l'idée que tout énoncé pourvu de sens ne peut avoir pour fonction que de décrire ou de représenter un fait ou un état de choses. Au lieu d'une répartition des énoncés en deux catégories : les énoncés descriptifs et les énoncés dépourvus de sens, Austin propose de distinguer trois types d'énoncés : les énoncés dépourvus de sens, les énoncés descriptifs (et pourvus de sens, qu'il appelle «constatifs»), et les énoncés non descriptifs (et pourvus de sens). D'une certaine manière, tout le monde a toujours reconnu l'existence d'énoncés non descriptifs et pourvus de sens comme les interrogatifs et les impératifs, mais Austin ne s'intéresse pas, au point de départ, à ce genre d'énoncés (qui ne prêtent pas à confusion). Il cherche plutôt à montrer que certains énoncés qui ont toutes les apparences grammaticales d'affirmations ne sont en réalité pas des affirmations du tout.

Il s'agit de ce qu'il appelle des énoncés «performatifs», par opposition aux énoncés «constatifs» (descriptifs). Il introduit cette notion au moyen d'exemples tels que les suivants :

(1) Je m'excuse (de vous avoir bousculé).

(2) Je baptise ce bateau le *Queen Elizabeth* (prononcé en brisant une bouteille de champagne sur la coque du bateau).

(3) Je lègue ma montre à mon frère Paul.

(4) Je parie 1 $ qu'il pleuvra demain.

Ces énoncés se caractérisent par le fait qu'ils ne «décrivent» ou «constatent» rien (ils ne sont ni vrais ni faux), et que leur production est ou fait partie de l'accomplissement d'une action qui ne serait pas normalement décrite comme l'action de dire quelque chose (par exemple, produire ces énoncés ce n'est ni décrire ce qu'on est en train de faire, ni dire ce qu'on est en train de faire, c'est le faire). Quand je dis «Je lègue ma montre à mon frère Paul», je ne dis pas que je lègue ma montre, je la lègue réellement, bien que léguer quelque chose ne consiste pas simplement à prononcer des paroles. En d'autres termes, pour qu'une énonciation compte comme l'accomplissement d'une action, il faut généralement que certaines autres conditions soient satisfaites ; par exemple, que je sois propriétaire de la montre que je prétends léguer à mon frère, qu'il y ait un témoin de ma déclaration, etc. Quand les conditions requises ne sont pas satisfaites, on ne dit pas que l'énoncé performatif était faux, mais qu'il était malheureux ou sans-objet, ou défectueux, ce qui le distingue précisément d'un énoncé constatif.

Austin remarque, par exemple, qu'il est généralement nécessaire, pour que l'énonciation d'un performatif compte comme l'accomplissement d'une action, que cette énonciation fasse partie d'une procédure conventionnelle en vigueur dans une certaine communauté, que les personnes et les circonstances soient telles que l'exige l'application de cette procédure, et que la procédure soit suivie correctement et complètement par tous les participants. Toutes ces contraintes s'appliquent de manière particulièrement claire dans le cas d'actes hautement ritualisés tels que les mariages et les baptêmes. Par exemple, si le locuteur qui fracasse la bouteille de champagne sur la coque du navire en disant «Je baptise ce bateau le *Queen Elizabeth*» n'est pas dûment mandaté pour le faire, il n'en résultera pas que le navire en question s'appelle désormais le *Queen Elizabeth*. De même, il n'y aura pas réellement de baptême si le locuteur se contente de produire l'énoncé, en oubliant de lancer la bouteille de champagne. Mais il ne serait apparemment pas approprié, dans de telles circonstances, de dire que le locuteur a produit un énoncé faux. Même lorsqu'il y a une procédure conventionnelle et qu'elle est respectée, il peut arriver que l'énonciation d'un performatif soit défectueuse, en ce sens qu'elle réussit à accomplir une action, mais seulement de manière imparfaite, en raison du fait que les participants n'ont pas les intentions, les pensées ou les sentiments requis. Il semble bien, par exemple, qu'il soit tout à fait possible de s'excuser en disant «Je m'excuse», même si on ne regrette pas du tout d'avoir fait ce dont on s'excuse, et même si l'auditeur sait parfaitement qu'on ne le regrette pas. Là encore, on ne pourrait pas dire que l'énoncé est faux, mais seulement qu'il est défectueux.

Il semble donc qu'il y ait une catégorie d'énoncés dont la fonction soit d'accomplir des actions plutôt que de décrire des états de choses. Les exemples donnés par Austin suggèrent que ces énoncés performatifs se caractérisent par le fait qu'ils sont des énoncés à la première personne du singulier de l'indicatif présent, dont le verbe principal se comporte différemment selon la manière dont il est conjugué (c'est-à-dire, selon qu'il est utilisé à la première personne ou à la troisième personne, par exemple). Il suffit, pour constater cette asymétrie, de comparer les énoncés (1)-(4) aux énoncés suivants :

(1') Pierre s'excuse

(2') Il a baptisé ce bateau le *Queen Elizabeth*

(3') Il lèguera sa montre à son frère Paul

(4') J'ai parié 1 $ qu'il pleuvra demain.

Contrairement aux énoncés (1)-(4), ceux-ci ne peuvent servir qu'à décrire une action qui a été ou sera accomplie, et non à accomplir cette action. Austin fait cependant remarquer que tous les énoncés performatifs ne sont pas de la même forme que (1)-(4), comme l'illustrent les exemples suivants :

(5) Vous êtes congédié !

(6) La séance est ouverte !

(7) Vous êtes autorisé, par la présente, à réclamer votre lot

Tous ces énoncés sont apparemment des énoncés dont l'utilisation permet (sous certaines conditions) d'accomplir des actions, bien qu'aucun ne soit à la première personne du singulier de l'indicatif présent. Il semble cependant qu'ils soient tous équivalents à un énoncé à la première personne :

(5') je vous congédie !

(6') je déclare la séance ouverte !

(7') Je vous autorise, par la présente, à réclamer votre lot.

Les performatifs à la première personne de l'indicatif présent (qu'ils soient singuliers ou pluriels) constituent ce que Austin appelle les performatifs explicites.

On est donc dans la situation suivante : idéalement, la classe des énoncés performatifs et celle des énoncés constatifs devraient être mutuellement exclusives de telle sorte que les énoncés performatifs puissent être heureux ou malheureux mais non pas vrais ou faux et que les énoncés constatifs puissent être vrais ou faux mais non pas heureux ou malheureux. Mais Austin se rend vite compte qu'une telle dichotomie ne peut être strictement maintenue.

Il suffit d'y réfléchir un petit moment pour soupçonner qu'il serait difficile d'opposer une catégorie d'énoncés qui servent à dire quelque chose et une catégorie d'énoncés qui servent à faire quelque chose, puisque parler c'est toujours faire quelque chose. Mais surtout, il s'avère que certains énoncés constatifs peuvent apparemment donner lieu aux mêmes types d'anomalies que les performatifs, et inversement, que certains énoncés performatifs peuvent être dits vrais ou faux.

Par exemple, on a signalé qu'un locuteur qui utiliserait l'énoncé « Je m'excuse » sans vraiment avoir de regret réussirait tout de même à présenter des excuses, bien que son énonciation serait alors défectueuse. Mais de la même manière, celui qui dirait « Le chat est sur le paillasson » sans croire que le chat est sur le paillasson produirait une énonciation (constative) défectueuse. De ce point de vue, les deux énoncés suivants souffrent du même genre de défaut :

(8) Je m'excuse, mais je ne regrette rien.

(9) Le chat est sur le paillasson, mais je ne crois pas que le chat est sur le paillasson.

Dans le même ordre d'idées, on a vu que le locuteur ne peut pas léguer une montre en disant « Je lègue cette montre à mon frère Paul », si la montre en question ne lui appartient pas. Il échoue alors à accomplir quelque action que ce soit, son énonciation est nulle et non avenue. Mais il semble aussi que le locuteur qui utiliserait un énoncé constatif comme « L'actuel président de la république du Québec est en visite officielle à Paris » ne parviendrait pas à affirmer quoi que ce soit, que son énonciation serait nulle et non avenue, puisque le Québec n'est pas (encore) une république et n'a pas (encore) de président.

En général, l'utilisation réussie d'un énoncé performatif modifie les obligations et les responsabilités réciproques des participants à la conversation. Ainsi, lorsque le locuteur fait un pari et que ce pari est tenu, il contracte l'obligation de payer la somme convenue dans le cas où il perdrait ; de même, si le locuteur s'excuse de quelque chose, alors l'auditeur perd en quelque sorte le droit de lui faire des reproches. Mais là encore, il semble que les énoncés constatifs aient des propriétés analogues. Si le locuteur dit « Le chat est sur le paillasson », il s'engage à justifier son affirmation si elle devait être contestée, et à ne pas faire d'affirmation manifestement incompatible avec celle-ci.

Il semble donc que les énoncés constatifs soient sujets au même genre d'anomalies ou de dérapages que les énoncés performatifs. Et il semble, inversement, que certains énoncés performatifs puissent être qualifiés de vrais ou faux, ou du moins puissent être évalués en fonction de leur correspondance avec une réalité objective. Cela serait le cas, par exemple, d'énoncés comme :

(10) Je déclare (juge) que Mario est retiré (prononcé par l'arbitre au cours d'une partie de base-ball).

(11) J'accuse Mario d'avoir pipé les dés.

(12) Je déduis X de Y.

(13) Je te conseille de téléphoner à ton député.

De tels énoncés ne peuvent pas être littéralement dits vrais ou faux, mais ils peuvent être objectivement corrects ou incorrects, bons ou mauvais, justifiés ou non, et qu'ils le soient ou non dépend d'une certaine manière des «faits». Par exemple, l'arbitre qui siffle un hors-jeu fait en sorte qu'il y a hors-jeu (et en ce sens son coup de sifflet équivaut à un performatif), mais son jugement peut être contesté (et éventuellement renversé) à la lumière des faits (par exemple, il pourrait avoir tort de croire qu'un certain joueur a violé un certain règlement). Il peut arriver, inversement, qu'un énoncé constatif soit jugé «correct», bien qu'il ne soit pas littéralement vrai, ou «incorrect», bien qu'il ne soit pas littéralement faux. Par exemple, il est incorrect, mais non pas faux, de dire «Tous les fils de Paul sont blonds» si Paul n'a pas de fils, et il est correct, dans certains contextes, de dire «L'Italie a la forme d'une botte», bien que ce ne soit pas littéralement et strictement vrai.

2. LOCUTION, ILLOCUTION ET PERLOCUTION

Ces difficultés à expliciter les fondements de l'opposition performatif/constatif ont poussé Austin à la répudier pour la remplacer par une classification des différents types d'actes de langage, c'est-à-dire, des différents sens dans lesquels on peut dire que dire quelque chose c'est faire quelque chose. C'est ainsi qu'il a été amené à distinguer trois types d'actes qui sont normalement accomplis par tout locuteur lorsqu'il énonce une phrase, à savoir, les actes locutoires, illocutoires et perlocutoires.

Accomplir un acte locutoire (c'est-à-dire, dire quelque chose) dans le sens plein du terme, c'est toujours accomplir simultanément trois types d'actes : un acte phonétique, un acte phatique et un acte rhétique. L'acte phonétique consiste à produire certains sons, ou plus généralement certains phénomènes physiques. C'est un type d'acte qu'un perroquet ou un chien sont capables d'accomplir. L'acte phatique consiste à produire certains mots ou expressions (c'est-à-dire, des sons d'un certain type grammatical) qui appartiennent à un certain vocabulaire, *en tant* qu'ils appartiennent à un certain vocabulaire, et conformément à une certaine grammaire. C'est un type d'acte qu'un perroquet ou un chien ne sont pas capables d'accomplir et que quelqu'un pourrait accomplir sans comprendre ce qu'il dit; par exemple, quelqu'un pourrait apprendre par cœur une phrase composée de mots dont il ne connaît pas la signification, et il accomplirait alors, en la prononçant, un acte phatique. L'acte rhétique, enfin, consiste (selon la formulation de Austin) à utiliser certaines expressions dans un certain sens et avec une certaine référence; c'est l'aspect le plus important de l'acte locutoire, au point qu'on identifie parfois acte locutoire et acte rhétique.

Il vaut la peine de s'arrêter un moment sur la distinction entre l'acte phatique et l'acte rhétique. Pour clarifier cette distinction, Austin s'appuie sur l'opposition entre le discours direct et le discours indirect. Alors que le discours direct sert à rapporter un acte phatique, seul le discours indirect permet de rapporter l'acte rhétique accompli par un locuteur. Ainsi, les énoncés (14)-(15) disent que Pierre accomplit certains actes phatiques, et identifient ces actes en identifiant les paroles mêmes qu'il prononce pour les accomplir :

(14) Pierre dit « le nombre deux est un nombre pair ».

(15) Pierre dit « La photo de mon frère n'est pas très réussie ».

Les énoncés (16)-(17), par contre, disent que Pierre accomplit certains actes rhétiques, et identifient ces actes en rapportant en quelque sorte le contenu des paroles qu'il prononce pour les accomplir :

(16) Pierre dit que le nombre deux est un nombre pair.

(17) Pierre dit que la photo de son frère n'est pas très réussie. Si Pierre s'exprimait en anglais plutôt qu'en français, il n'utiliserait pas la phrase « Le nombre deux est un nombre pair » pour (accomplir l'acte rhétique qui consiste à) dire que le nombre deux est un nombre pair, mais plutôt la phrase « The number two is an even number ». En utilisant cette phrase, il accomplirait le même acte rhétique, mais un acte phatique différent (et par conséquent aussi un acte locutoire différent).

Il est donc possible que les énoncés (17)-(18) soient vrais sans que les énoncés (15)-(16) le soient, ce qui montre que l'accomplissement d'un acte rhétique n'implique pas qu'un acte phatique particulier a été accompli. Mais l'inverse est aussi vrai : le fait que Pierre prononce la phrase « Le nombre deux est un nombre pair » n'implique pas qu'il dise, en prononçant cette phrase, que le nombre deux est un nombre pair, car il est possible que Pierre ne sache pas ce que cette phrase signifie. Il y a cependant une autre raison pour laquelle l'acte rhétique qui est accompli par un locuteur n'est pas déterminé par l'acte phatique qu'il accomplit : c'est que la signification qu'une phrase a dans un contexte d'énonciation donné n'est pas toujours identique à sa signification linguistique. Ainsi, dans la phrase « La photo de mon frère n'est pas très réussie », l'expression « la photo de mon frère » peut désigner soit la photo qui représente le frère du locuteur, soit la photo que le frère du locuteur a prise, soit, même, la photo que le frère du locuteur a développée, ou celle qu'il a désignée, etc. Il y a donc quantité d'actes rhétiques différents que le même locuteur pourrait accomplir en utilisant cette phrase, c'est-à-dire, en accomplissant le même acte phatique. D'autre part, deux locuteurs différents qui prononceraient cette phrase, et qui utiliserait l'expression « la photo de mon frère » dans le sens de « la photo qui représente mon frère » ne pourraient pas ce faisant accomplir le même acte rhétique, puisque selon la caractérisation de Austin, il faudrait pour cela qu'ils fassent référence aux mêmes choses. Or, à moins que ces deux locuteurs n'aient un frère commun, ils ne parlent pas de la même photo en disant « La photo de mon frère n'est pas très réussie » (et même s'ils ont le même frère, chacun fait référence à une personne différente, à savoir elle-même, par le biais du possessif « mon »). Pour identifier l'acte rhétique accompli par un locuteur, il faut donc identifier à la fois les choses dont il parle et le sens de ses paroles (c'est-à-dire, la signification qu'a la phrase utilisée, dans le contexte où elle est utilisée). Ainsi, si Pierre utilisait l'expression « la photo de mon frère » dans le sens de « la photo que mon frère a prise », alors on pourrait rapporter l'acte rhétique qu'il accomplirait en énonçant « La photo de mon frère n'est pas très réussie », au moyen de l'énoncé :

(18) Pierre dit que la photo que son frère a prise n'est pas très réussie.

Selon l'analyse de Austin, accomplir un acte locutoire c'est aussi, *ipso facto*, accomplir un acte illocutoire, c'est-à-dire que lorsqu'on accomplit un acte locutoire, lorsqu'on produit un énoncé pourvu de sens, on le fait toujours d'une certaine manière, en lui conférant une certaine force, qui varie selon les contextes (et qu'on appelle une « force illocutoire »). Le même énoncé peut être utilisé, dans le même sens, tantôt avec la force (ou la valeur) d'une menace, tantôt avec celle d'une promesse, ou d'une prédiction, ou d'un avertissement, ou d'une prière, etc., et ainsi servir à accomplir, à chaque fois, des actes illocutoires différents. Austin dira qu'un acte illocutoire n'est pas l'acte de dire quelque chose, mais un acte qui est accompli *en* disant quelque chose, mais il faut bien admettre que cette formule n'est pas d'un grand secours, et que ni Austin ni personne à ma connaissance n'a produit une caractérisation générale de la notion d'acte illocutoire. C'est encore en l'opposant à la fois à celle d'acte locutoire et à celle d'acte perlocutoire qu'il est le plus facile de la comprendre.

Un acte perlocutoire est accompli lorsque le fait de dire quelque chose a pour effet de modifier les pensées, les actions ou les sentiments de l'auditoire ou d'autres personnes (éventuellement le locuteur lui-même). Un acte perlocutoire est accompli *au moyen* d'un acte locutoire ou illocutoire (ou même, au moyen d'un énoncé), mais ce n'est pas un acte qui est accompli *en* disant quelque chose. On rapporte un acte perlocutoire lorsqu'on dit, par exemple, qu'un certain locuteur a convaincu, amusé, effrayé, importuné, etc. quelqu'un (en disant quelque chose, ou en accomplissant un certain acte illocutoire). La description d'un acte perlocutoire fait donc (implicitement ou explicitement) référence aux *effets* que peut avoir l'accomplissement d'un acte locutoire ou illocutoire sur certaines personnes. Le locuteur peut avoir ou non l'intention de produire ces effets, mais s'il a l'intention de les produire, alors l'acte locutoire ou illocutoire qu'il accomplit joue un rôle instrumental dans la production de ces effets. L'acte locutoire, au contraire, n'est jamais un moyen d'accomplir un acte illocutoire, ce qui revient à dire que la relation entre l'acte locutoire et l'acte illocutoire n'est pas causale.

Dans l'esprit de Austin, la distinction entre les actes illocutoires et les actes perlocutoires repose essentiellement sur l'idée que seuls les premiers sont (ou semblent être) conventionnels. Leur caractère conventionnel se manifeste par le fait qu'ils peuvent toujours (ou le plus souvent) être accomplis au moyen de performatifs explicites. Par exemple, le locuteur qui, en utilisant la phrase «J'irai à ta réception», promet d'aller à la réception de l'auditeur (c'est-à-dire, dit qu'il ira à cette réception, en prêtant à son énoncé la force d'une promesse), aurait pu accomplir le même acte illocutoire en utilisant la phrase performative «Je promets que j'irai à ta réception». Par contre, il n'y a pas de phrase performative explicite qui permette (conventionnellement) d'accomplir un acte perlocutoire. Peut-être le locuteur qui, en utilisant la phrase «J'ai vu Mario et Juliette s'embrasser» persuade son auditeur que Mario et Juliette se sont embrassés, aurait-il pu accomplir le même acte perlocutoire en utilisant la phrase «J'affirme que j'ai vu Mario et Juliette s'embrasser», ou même, en utilisant la phrase «Je te persuade que Mario et Juliette se sont embrassés». Mais la première phrase ne représente pas l'accomplissement de l'acte de persuader, tandis que la seconde n'est pas performative. Il apparaît donc que ce qui caractérise les performatifs explicites, ce n'est pas tant que leur utilisation (littérale) compte comme l'accomplissement d'un acte, mais plutôt qu'elle compte comme l'accomplissement de *cet* acte illocutoire qu'elle représente explicitement comme étant accompli. En d'autres termes, si on peut prévenir quelqu'un de la présence d'un ours en disant «je te préviens qu'il y a un ours», on ne peut pas (normalement) dissuader quelqu'un d'aller en République Dominicaine simplement en disant «je te dissuade d'aller en République Dominicaine». Ce test permet de faire ressortir le fait que si les actes perlocutoires peuvent être intentionnels, leur accomplissement ne dépend pas (ou pas exclusivement) des intentions du locuteur, des conventions linguistiques ou de la collaboration de l'auditeur. Ils résident essentiellement dans les effets «naturels» de l'énonciation, alors que ce n'est pas le cas des actes illocutoires.

La force illocutoire d'une énonciation apparaît ainsi comme intimement liée à la signification; mais en fait-elle partie? Et si oui, fait-elle partie de ce que la phrase signifie dans la langue, de ce qu'elle signifie dans un contexte donné, ou de ce que le locuteur signifie (intentionnellement) en l'utilisant? Ce sont des questions de ce genre que les réactions de Searle aux distinctions de Austin invitent à se poser[1].

3. LE LOCUTOIRE ET L'ILLOCUTOIRE SELON SEARLE

Searle (1968) a critiqué la distinction de Austin entre locutoire et illocutoire en essayant de montrer qu'on ne peut pas distinguer, à la manière de Austin, entre des actes rhétiques et des actes illocutoires mais qu'il faut plutôt distinguer entre des actes illocutoires et les actes propositionnels (qui en font partie).

L'idée de Austin semble être qu'il est parfaitement possible de savoir quels mots ont été prononcés par un locuteur et avec quelle signification, sans pour autant connaître la force de son énoncé. Il semble en effet qu'on puisse savoir, par exemple, que Pierre a dit «Je viendrai demain» (en utilisant ces mots dans leur sens habituel), sans savoir s'il a fait une promesse, une prédiction, ou une déclaration d'intention. Autrement dit, la même phrase, avec la même signification, peut apparemment être énoncée dans différentes circonstances pour accomplir des actes illocutoires distincts, et c'est ce qui justifie, selon Austin, la distinction entre l'acte locutoire et l'acte illocutoire. Dans l'analyse de Austin, la force illocutoire ne fait pas partie de la signification de l'énoncé, elle s'y ajoute.

Mais Searle fait remarquer que ce ne sont pas toutes les phrases qui peuvent être énoncées avec la même signification pour accomplir des actes illocutoires différents. En particulier, ce n'est pas le cas des performatifs explicites tels que «je promets de ne plus t'importuner» ou «j'affirme que le chat est sur le paillasson». Searle en conclut que dans le cas d'un performatif explicite, l'acte rhétique *est* un acte illocutoire, et que les actes locutoires et les actes illocutoires ne sont donc pas des classes d'actes mutuellement exclusives. Il n'y a pas de distinction entre l'acte rhétique et l'acte illocutoire dans le cas d'un performatif explicite parce que la signification d'un performatif explicite est un acte illocutoire ; or l'acte rhétique consiste à utiliser une phrase en lui prêtant une certaine signification.

Dans un deuxième temps, Searle tente de montrer que la signification de *tous* les énoncés est un acte illocutoire et que par conséquent *tous* les actes rhétiques sont des actes illocutoires. Il s'appuie pour cela sur le fait qu'il est apparemment impossible de rapporter un acte rhétique en discours indirect sans utiliser un verbe illocutoire (fût-il très général), c'est-à-dire, un verbe avec lequel on peut construire des performatifs explicites.

On a vu que lorsque Austin veut expliquer la distinction entre l'acte phatique et l'acte rhétique, il utilise la distinction entre le style direct et le style indirect, en faisant remarquer que le premier sert à rapporter des actes phatiques (comme dans (19)-(21) ci-dessous), alors que le deuxième sert à rapporter des actes rhétiques (comme dans (22)-(24) ci-dessous) :

(19) Il dit « Le chat est sur le paillasson ».

(20) Il dit « Où est-ce ? ».

(21) Il dit « Ouvre la fenêtre ! ».

(22) Il dit que le chat est sur le paillasson.

(23) Il demande où c'est.

(24) Il demande d'ouvrir la fenêtre.

Mais lorsqu'il s'agit d'expliquer la distinction entre l'acte rhétique et l'acte illocutoire, il associe l'emploi du style direct à l'acte rhétique (et non plus à l'acte phatique), et celui du style indirect à l'acte illocutoire. Par exemple, des énoncés tels que (22)-(24) ci-dessus pourraient alors être présentés comme des énoncés qui rapportent des actes illocutoires (et non plus rhétiques), tandis que des énoncés tels que (25)-(27) seraient présentés comme des énoncés qui rapportent les actes rhétiques correspondants :

(25) Il dit « Le chat est sur le paillasson », en utilisant ces mots avec leur sens habituel, et en faisant référence à Minou et au paillasson de M. Hulot.

(26) Il dit « Où est-ce ? », en utilisant ces mots avec leur sens habituel et en faisant référence à la rue Mozart.

(27) Il dit « Ouvre la fenêtre ! », en utilisant ces mots avec leur sens habituel, et en faisant référence à la fenêtre du bureau de M. Hulot.

En d'autres termes, les énoncés tels que (22)-(24), qui utilisent des verbes illocutoires, sont utilisés tantôt comme exemples d'énoncés qui rapportent des actes rhétiques (locutoires), et tantôt comme exemples d'énoncés qui rapportent des actes illocutoires. Aussitôt qu'on cherche à rapporter ce que le locuteur dit au moyen du discours indirect, on ne peut éviter, souligne Searle, d'utiliser un verbe illocutoire (fût-il très général), et ainsi d'indiquer la force illocutoire de son énoncé. Searle en conclut que l'acte rhétique n'est pas réellement distinct de l'acte illocutoire, c'est-à-dire que tous les actes rhétiques sont, en fait, des actes illocutoires.

Mais si accomplir un acte rhétique, c'est simplement énoncer une phrase en lui prêtant une certaine signification (littérale) et si tout acte rhétique est un acte illocutoire, alors la signification de toute phrase (en contexte) est un acte illocutoire. Plus exactement, Searle soutient que la signification littérale d'une phrase détermine toujours une force illocutoire plus ou moins spécifique, de sorte que la force illocutoire, loin de s'ajouter (comme le croyait Austin) à la signification, en ferait en fait partie.

La position de Searle semble avoir pour conséquence que quiconque énonce une phrase en lui prêtant un certain sens, c'est-à-dire, en lui faisant exprimer un certain acte illocutoire, accomplit (ou tente d'accomplir) *ipso facto* cet acte illocutoire ; mais cela n'est pas tout à fait juste. La raison en est que la distinction que nous avons faite au chapitre précédent entre signifier (ou exprimer) conventionnellement et signifier (ou exprimer) intentionnellement continue de s'appliquer, même après qu'on a concédé que ce qui est signifié est toujours un acte illocutoire. Chaque fois qu'un locuteur utilise une phrase, il cherche à accomplir un (ou plusieurs) acte(s) illocutoire(s), qui constitue(nt) la signification intentionnelle de son énonciation. Mais cet (ces) acte(s) illocutoire(s) peu(ven)t ou non être exprimé(s) (dans le contexte donné) par la phrase utilisée, c'est-à-dire, il(s) peu(ven)t ou non être conventionnellement signifié(s) par le locuteur. Considérons par exemple les énoncés suivants :

(28) Peux-tu me passer le sel ?

(29) Mario est un véritable porc.

(30) Ouvre la fenêtre !

Le locuteur qui utilise (28) dans le contexte d'un repas demande (normalement) à son auditeur de lui passer le sel, c'est-à-dire, il tente d'accomplir l'acte illocutoire qui consiste à demander qu'on lui passe le sel. Mais cet acte illocutoire n'est nullement celui qui est exprimé par son énoncé. Celui-ci exprime plutôt l'acte de demander à son auditeur s'il est capable de lui passer le sel. On admet généralement que ce deuxième acte illocutoire, celui qui est conventionnellement exprimé par l'énoncé, est aussi un acte que le locuteur tente généralement d'accomplir en énonçant (28); ce qui veut dire que le locuteur, dans ce cas, tente d'accomplir deux actes illocutoires. En l'occurrence, il tente d'accomplir l'un (demander qu'on lui passe le sel) en tentant d'accomplir l'autre (demander si on est capable de lui passer le sel). Dans cet exemple, il y a donc un acte illocutoire qui est conventionnellement et intentionnellement signifié, et un autre qui est intentionnellement (mais pas conventionnellement) signifié.

La phrase (29), quant à elle, serait vraisemblablement utilisée métaphoriquement pour tenter d'accomplir l'acte illocutoire d'affirmer, non pas que Mario est un véritable porc, mais plutôt qu'il est un grossier personnage. Il y a donc ici aussi deux actes illocutoires, dont le premier est conventionnellement (mais pas intentionnellement) signifié, tandis que le deuxième au contraire, est intentionnellement (mais pas conventionnellement) signifié. S'il fallait rapporter l'acte rhétique accompli par le locuteur en énonçant (29), on ne pourrait pas le faire en disant qu'il affirme (ou qu'il dit) que Mario est un véritable porc. Il faudrait plutôt dire qu'il exprime ou signifie (conventionnellement) l'acte illocutoire d'affirmer que Mario est un véritable porc. Enfin, un locuteur qui utilise (30) tente normalement d'accomplir l'acte de demander qu'on ouvre la fenêtre, qui est précisément l'acte qui est conventionnellement exprimé par son énoncé.

Ces exemples confirment qu'un locuteur peut exprimer conventionnellement un acte illocutoire qu'il tente d'accomplir, ou exprimer conventionnellement un acte illocutoire qu'il ne tente pas d'accomplir, ou encore tenter d'accomplir un acte illocutoire qu'il n'exprime pas conventionnellement (c'est-à-dire, qui ne correspond pas à un des sens littéraux possibles de la phrase qu'il utilise). Mais ils permettent aussi de réaliser que Searle a tort de prétendre qu'il est impossible de séparer l'acte rhétique de l'acte illocutoire, ou de rapporter un acte rhétique sans utiliser un verbe illocutoire (à moins que «signifier» ou «exprimer» soient des verbes illocutoires).

Il importe de se rappeler que dans l'esprit de Austin, l'acte rhétique et l'acte illocutoire sont deux types d'actes qui sont normalement *accomplis*, en énonçant une phrase. L'acte rhétique consiste à énoncer une phrase en lui prêtant un de ses sens littéraux possibles; or même si on admet avec Searle que le sens d'une phrase, dans un contexte donné, est toujours un acte illocutoire, il ne s'ensuit nullement qu'utiliser une phrase en tant qu'elle exprime tel acte illocutoire (c'est-à-dire, accomplir un acte rhétique), se confonde avec l'*accomplissement* (ou même, la tentative d'accomplissement) de cet acte illocutoire. Si Searle semble tenté par cette conclusion, c'est qu'il concentre son attention sur les énonciations *sérieuses et littérales*, c'est-à-dire, sur les cas où le locuteur a effectivement l'intention d'accomplir l'acte illocutoire qui est (conventionnellement) exprimé par son énoncé. Pourtant, même dans de tels cas, la différence subsiste entre exprimer conventionnellement un acte illocutoire et (tenter de) l'accomplir (bien qu'on puisse admettre qu'il n'y a pas de différence entre exprimer intentionnellement un acte illocutoire et (tenter de) l'accomplir).

L'attitude de Searle est apparemment motivée par son adhésion à ce qu'il appelle le principe d'exprimabilité, selon lequel tout ce qui peut être exprimé (signifié) intentionnellement peut, en principe, être exprimé (signifié) littéralement. Étant donné l'hypothèse que le sens littéral d'un énoncé est un acte illocutoire, accepter ce principe revient à affirmer que pour tout acte illocutoire qui peut être exprimé (intentionnellement), il est *possible* (théoriquement, en principe) qu'il existe une phrase qui exprime littéralement (conventionnellement) cet acte. En d'autres termes, ce principe dit simplement que s'il est possible de vouloir dire une certaine chose, alors il est possible qu'une phrase veuille dire cette chose, ce qui implique qu'il existe déjà une telle phrase dans la langue telle qu'elle est, ou sinon, que la langue pourrait être modifiée de manière à contenir une telle phrase. Searle accorde une grande importance au principe d'exprimabilité, car il lui permet de soutenir que l'étude des actes illocutoires se ramène à l'étude de la signification (conventionnelle) des énoncés.

On a vu que selon Searle, toute énonciation *sérieuse et littérale* d'une phrase constitue l'accomplissement (ou une tentative d'accomplissement) de l'acte illocutoire exprimé (conventionnellement) par cette phrase (dans le contexte donné). Cela lui permet de conclure que les règles qui gouvernent l'utilisation (sérieuse et littérale) d'une phrase se confondent avec les règles d'accomplissement de l'acte illocutoire qu'elle exprime. Mais s'il en restait là, il devrait admettre que l'étude des actes illocutoires excède celle de la signification des énoncés, puisqu'il y a des actes illocutoires qui sont accomplis sans être signifiés conventionnellement. Or le principe d'exprimabilité garantit justement que tout acte illocutoire qui peut être accompli (ou qu'on peut tenter d'accomplir), peut être accompli en énonçant (sérieusement et littéralement) une phrase qui exprime cet acte illocutoire, ce qui permet de soutenir que les règles d'accomplissement de tout acte illocutoire ne sont autres que les règles d'utilisation (sérieuse et littérale) des phrases qui l'expriment ou qui pourraient l'exprimer. La théorie des actes illocutoires se trouve ainsi carrément *identifiée* à la théorie de la signification (conventionnelle).

Searle y voit l'avantage qu'il n'est plus nécessaire, pour rendre compte des actes illocutoires, d'invoquer d'autres conventions que les conventions linguistiques qui fixent la signification des énoncés. Chez Austin en effet, les actes illocutoires sont qualifiés de «conventionnels», mais ils sont en même temps séparés de la signification linguistique des énoncés, ce qui laisse entendre qu'il y aurait des règles conventionnelles qui gouverneraient l'accomplissement des actes illocutoires, et qui seraient distinctes des règles linguistiques. Mais il est difficile de savoir de quelle sorte de conventions il s'agirait alors. Le point de vue de Searle a certes le mérite de dissiper ce mystère, mais ce n'est un mérite que dans la mesure où il est juste de dire que les actes illocutoires sont des actes conventionnels. Le simple fait que la signification conventionnelle d'un énoncé soit un acte illocutoire ne semble cependant pas être une raison suffisante pour maintenir que les actes illocutoires sont des actes conventionnels, si on entend par là qu'il doit y avoir des règles conventionnelles générales dont l'application constitue l'accomplissement d'un acte illocutoire (de la même manière, le fait que le verbe «marcher» désigne l'acte de marcher ne fait pas de la marche une activité conventionnelle). La possibilité d'accomplir ou de tenter d'accomplir un acte illocutoire différent de celui qui est conventionnellement exprimé par son énoncé indique au contraire assez clairement que les actes illocutoires relèvent au moins autant des intentions du locuteur que de conventions linguistiques générales.

L'opposition austinienne entre l'acte rhétique et l'acte illocutoire est donc (approximativement) du même ordre que l'opposition gricéenne entre la signification intentionnelle et la signification conventionnelle (des phrases-en-contexte). Les critiques que Searle formule à l'encontre de Austin, comme celles qu'il fait à Grice, semblent d'ailleurs procéder (en partie) du même préjugé selon lequel il ne pourrait pas y avoir d'actes de signification sans moyens conventionnels de les accomplir (et dont son adhésion au principe d'exprimabilité serait un symptôme).

Searle ne parvient donc pas à montrer que tous les actes rhétiques sont des actes illocutoires (et tous les actes illocutoires des actes rhétiques possibles), ni par conséquent à abolir la distinction de Austin, mais cela ne veut pas dire que l'idée selon laquelle la signification d'un énoncé est un acte illocutoire soit pour autant erronée. Au contraire, l'idée que les modes grammaticaux et les préfixes performatifs (c'est-à-dire, les locutions telles que « je promets que », « j'affirme que », etc.) fonctionnent comme des indicateurs de force illocutoire est, au moins à première vue, intuitivement plausible (et ne semble pas avoir été considérée par Austin).

Un locuteur qui utiliserait sérieusement et littéralement une phrase comme :

(30) Ouvre la fenêtre !

pourrait difficilement être en train de demander si la fenêtre est ouverte, ou d'affirmer que son auditeur ouvre la fenêtre, ce qui indique bien que la signification (conventionnelle) d'une phrase contient bien quelque information quant à la force illocutoire que son énonciation (sérieuse et littérale) est censée avoir. D'un autre côté, il semble qu'il y ait plusieurs actes illocutoires différents que le locuteur pourrait accomplir en énonçant (sérieusement et littéralement) cette phrase ; par exemple, il pourrait prier son auditeur d'ouvrir la fenêtre, ou lui ordonner d'ouvrir la fenêtre, ou lui conseiller d'ouvrir la fenêtre, etc. Toutes ces possibilités sont apparemment laissées indéterminées par la signification du mode impératif. Dans la mesure où il est possible de dire que le locuteur a bien donné un ordre, et non adressé une prière ou donné un conseil, cela ne peut donc être qu'en vertu de certains aspects du contexte d'énonciation et/ou des intentions spécifiques du locuteur (mais certainement pas de conventions linguistiques). Mais quel que soit l'acte illocutoire spécifique qui est accompli, il aura la caractéristique d'impliquer que le locuteur, en accomplissant cet acte, dit (ou demande) à son auditeur d'ouvrir la fenêtre. Dans ce cas, il serait possible de dire que le mode impératif exprime la force illocutoire de « dire de » (ou de « demander de »), c'est-à-dire, qu'une phrase au mode impératif a pour signification (conventionnelle) un acte illocutoire de dire (ou de demander) de faire quelque chose. En d'autres termes, il semble plausible de suggérer que les modes grammaticaux signifient une (ou des) force(s) illocutoire(s) générique(s), et c'est une hypothèse de ce genre que soutient apparemment Searle.

Searle a aussi soutenu que les préfixes performatifs étaient des indicateurs de force illocutoire au même titre que les modes grammaticaux, quoique plus spécifiques. Ainsi, un énoncé performatif comme « Je t'ordonne d'ouvrir la fenêtre » exprimerait l'acte d'ordonner d'ouvrir la fenêtre. Mais il semble maintenant avoir renoncé à cette hypothèse, parce qu'elle entre en conflit avec l'idée que le mode indicatif exprime une force illocutoire assertive (générique) ; en effet, l'énoncé « Je t'ordonne d'ouvrir la fenêtre » devrait dans ce cas exprimer l'acte de dire qu'on ordonne d'ouvrir la fenêtre, et non celui d'ordonner d'ouvrir la fenêtre.

4. L'ANALYSE DES ACTES ILLOCUTOIRES

On peut résumer le point de vue exposé plus haut en disant que toute énonciation sérieuse et littérale d'une phrase revient à tenter d'accomplir l'acte illocutoire exprimé par cette phrase (dans le contexte donné), et que toute énonciation d'une phrase (par un locuteur compétent) revient à exprimer (signifier) conventionnellement un certain acte illocutoire, et (si l'énonciation est sérieuse) à tenter d'accomplir un certain acte illocutoire (qui peut être différent du premier). Les actes illocutoires apparaissent dans cette perspective comme les unités de base de la communication et les objets privilégiés de l'analyse de la signification.

Tout acte illocutoire comporte un aspect, qu'on appelle la force illocutoire, qui peut être commun à plusieurs actes illocutoires forts différents. Par exemple, tous les actes illocutoires exprimés par les phrases suivantes ont la même force illocutoire, à savoir celle d'un ordre :

(31) Je t'ordonne d'ouvrir la fenêtre.
    Je t'ordonne de veiller sur ton frère.
    Je t'ordonne de sortir les ordures.
    etc.

Un acte illocutoire ne se réduit donc généralement pas à sa force, et comporte aussi un certain contenu auquel cette force est appliquée, ce que Searle exprime en disant qu'un acte illocutoire est généralement de la forme $F(p)$, où F est une force illocutoire et p un contenu propositionnel, ou plus simplement, une proposition. Alors que la force F est exprimée par l'indicateur de force illocutoire (le mode grammatical ou le préfixe performatif, selon les points de vue), la proposition est exprimée par le reste de l'énoncé. Des énoncés qui expriment la même proposition peuvent cependant exprimer des forces (et donc aussi des actes) illocutoires différents, comme en témoignent les exemples suivants :

(32) Ouvre la fenêtre !
    Je t'ordonne d'ouvrir la fenêtre.
    Ouvres-tu la fenêtre ?
    Tu ouvres la fenêtre.

Chacun de ces énoncés applique une force illocutoire différente à la proposition que l'auditeur ouvre la fenêtre.

La notion de proposition a une longue histoire en philosophie, et nous aurons l'occasion d'y revenir à plusieurs reprises. Dans le présent contexte, il importe surtout de remarquer qu'elle correspond à ce qui aurait dû être le sens d'un énoncé purement constatif, si on avait retenu l'opposition performatif/constatif. En d'autres termes, la proposition exprimée par un énoncé est cette partie de son sens qui est susceptible d'être vraie ou fausse, c'est-à-dire, qui représente une situation ou un état de choses; c'est ce qui reste de son sens une fois qu'on en a retranché la force illocutoire. S'il est vrai que tout énoncé exprime un acte illocutoire, alors il n'est pas possible, comme le souligne Searle, d'exprimer une proposition en dehors du contexte d'un acte illocutoire (ou plus exactement d'un acte rhétique), puisque la proposition est illocutoirement neutre.

Une intuition traditionnelle veut que deux phrases expriment la même proposition si et seulement si elles sont synonymes ou intertraduisibles, et voudrait ainsi identifier la proposition à la signification d'une phrase. Mais ce point de vue n'est évidemment pas compatible avec l'idée que la force illocutoire fait partie de la signification. En effet, la même proposition peut faire l'objet d'une promesse, d'une prédiction, d'une question, etc., ce qui veut dire que deux phrases peuvent exprimer la même proposition sans être synonymes. Il est vrai que si deux phrases expriment la même proposition et la même force illocutoire, alors (selon le point de vue développé dans ce chapitre) elles sont synonymes, et que si deux phrases sont synonymes, alors elles expriment la même force illocutoire; mais deux phrases pourraient néanmoins être synonymes sans exprimer la même proposition, pour la bonne et simple raison que toutes les phrases n'expriment pas une proposition, c'est-à-dire, toutes les phrases n'ont pas un contenu univoque et déterminé, qui puisse être dit vrai ou faux de manière absolue. Un grand nombre de phrases contiennent des expressions et/ou des constructions ambiguës, et expriment en fait une multiplicité de propositions (ou même d'actes illocutoires, si on admet que des indicateurs de force illocutoire peuvent être ambigus). Ainsi, une phrase comme «La photo de Pierre n'est pas très réussie» exprime une multiplicité d'affirmations distinctes, selon la manière dont on interprète la relation entre Pierre et la photo en question. En d'autres termes, cette même phrase peut être utilisée, selon les contextes, pour affirmer plusieurs propositions différentes, mais elle n'exprime pas, en elle-même, une affirmation particulière. Ce n'est que relativement à un contexte d'énonciation particulier qu'on peut se demander quelle est, parmi toutes les propositions que cette phrase pourraient exprimer, celle que le locuteur entend exprimer.

On pourrait certes convenir de dire que les phrases ambiguës ont plusieurs significations, qui sont autant de propositions, et que deux phrases expriment les mêmes propositions si et seulement si elles sont synonymes, mais cela ne contribuerait guère à expliquer ce que c'est qu'*une* proposition. L'existence de phrases ambiguës n'est d'ailleurs ni la seule ni la principale raison pour laquelle on ne peut identifier la signification des phrases à la proposition qu'elles expriment. Le fait est que beaucoup de phrases peuvent exprimer un nombre indéfini de propositions différentes selon les contextes, sans être ambiguës le moins du monde. Il s'agit principalement des phrases qui comportent des pronoms ou des adjectifs démonstratifs, des pronoms personnels, ou d'autres types d'expressions dont la référence varie systématiquement avec les contextes (comme par exemple, les temps grammaticaux). Ainsi, une phrase comme «J'ai froid» ou «J'affirme que j'ai froid», exprimera la proposition que Pierre a froid, lorsqu'énoncée par Pierre, et la proposition que Mario a froid, lorsqu'énoncée par Mario, etc. Bien que cette phrase ne soit pas ambiguë, elle est utilisée à chaque fois pour exprimer des affirmations différentes, dont certaines peuvent être vraies, et d'autres fausses. Le contenu de ce qui est affirmé par le locuteur qui utilise une phrase telle que «J'ai froid», c'est-à-dire, la proposition qu'il exprime, dépend donc non seulement de la signification de cette phrase, mais aussi du contexte dans lequel elle est utilisée (en l'occurrence, de l'identité du locuteur, et du moment de l'énonciation).

On notera aussi que l'idée selon laquelle deux phrases expriment la même proposition si et seulement si elles sont synonymes ou intertraduisibles n'implique nullement que toute proposition soit la signification d'une phrase réelle ou possible, et ne peut donc compter comme une définition de la notion de proposition que si on souscrit au principe d'exprimabilité défendu par Searle. En effet, si on admet qu'un locuteur peut affirmer que Mario est un grossier personnage en énonçant la phrase «Mario est un véritable porc», alors on doit admettre que ce locuteur exprime (intentionnellement) la proposition que Mario est un grossier personnage, proposition qui n'est pas (conventionnellement) exprimée par son énoncé. La notion de proposition ne renvoie donc à rien de plus, intuitivement, qu'au contenu d'un acte illocutoire, de quelque manière que celui-ci soit exprimé.

Quelque part entre la (ou les) signification(s) de la phrase-hors-contexte (c'est-à-dire la phrase en elle-même, considérée comme un élément de la langue), et la signification intentionnelle d'une énonciation, se trouve la signification (conventionnelle) de l'énoncé (c'est-à-dire, de la phrase-en-contexte) que j'ai évoquée au chapitre précédent. Selon le point de vue que je viens de développer, la signification (conventionnelle) d'un énoncé, comme la signification (intentionnelle) d'une énonciation sont des actes illocutoires, qui se composent (généralement) d'une force illocutoire et d'une proposition. Mais la signification d'une phrase-hors-contexte est quelque chose de plus abstrait, qui ne détermine généralement un acte illocutoire particulier que relativement à un contexte d'énonciation, et qui n'est elle-même (au mieux) un acte illocutoire que dans certains cas extrêmes. Il pourra être utile, lorsqu'il importera d'éviter de confondre ces trois niveaux, de réserver le terme «signification» pour parler des propriétés sémantiques des phrases-hors-contexte, et d'utiliser le terme «sens» (conventionnel ou intentionnel, selon les cas), lorsqu'il s'agira de celles des phrases-en-contexte ou des énonciations. Il faut bien admettre, cependant, que dans beaucoup de contextes, à savoir ceux où la discussion est implicitement limitée aux phrases non ambiguës qui ne contiennent aucun élément dont la référence varie en fonction du contexte d'énonciation, il n'y a pas lieu de distinguer explicitement entre la signification de la phrase et le sens (conventionnel) de ses occurrences dans des contextes particuliers.

Lectures complémentaires

A Austin (1962 : conférences 8, 9, 10), Searle (1969 : chapitre 3).
B Searle (1968) (Austin on locutionary and illocutionary acts), Holdcroft (1979), Searle (1979 : chapitre 1), Récanati (1980 : chapitre 8).

NOTE

[1] Il est bon de souligner que la distinction entre actes locutoires, actes illocutoires et actes perlocutoires ne prétend nullement être exhaustive. Il y a quantité d'actes de langage qui n'appartiennent clairement à aucune de ces catégories, comme par exemple : présupposer, insinuer, suggérer, etc. Il y a aussi des actes qui ne sont pas à strictement parler des actes locutoires ou illocutoires, mais qui contribuent à l'accomplissement d'actes locutoires ou illocutoires; il s'agit, par exemple, d'actes tels que nommer, désigner, référer, énumérer, prédiquer, etc.

Chapitre 6
Grammaire, structure et catégories

1. LA NOTION DE GRAMMAIRE

Presque tous les grands théoriciens du langage ont été impressionnés par ce qu'on peut appeler la productivité ou la créativité du langage, c'est-à-dire par le fait qu'un locuteur compétent ne soit pas limité à un petit répertoire de phrases ou d'expressions, mais soit en principe capable d'utiliser et de comprendre un nombre illimité (ou indéfini) de phrases ou d'expressions qu'il n'a jamais vues auparavant. Il semble, plus exactement, que la connaissance qu'un locuteur a de sa langue lui confère la *triple* capacité d'identifier : (1) un nombre indéfini de phrases nouvelles comme étant des phrases correctes (c'est-à-dire grammaticales) de sa langue, (2) un nombre indéfini de phrases nouvelles comme étant signifiantes (dans sa langue), (3) la signification d'un nombre indéfini de phrases nouvelles.

Le fait que le nombre de phrases nouvelles qu'un locuteur peut reconnaître comme grammaticales soit illimité (sinon infini) est très important parce qu'il nous incite à penser qu'une langue doit pouvoir être décrite au moyen d'un nombre restreint de règles. En effet, à moins d'être disposés à accepter l'idée qu'on peut connaître un nombre illimité de choses qui n'ont aucune relation entre elles, le fait que nous maîtrisions un nombre illimité de phrases ou d'expressions est l'indice que celles-ci doivent avoir entre elles des relations systématiques susceptibles d'être décrites à l'aide d'un petit nombre de principes généraux.

Mais même si la langue d'un certain locuteur ne comptait qu'un nombre fini de phrases, on aurait quand même de bonnes raisons de penser qu'elle doit pouvoir être décrite au moyen d'un nombre restreint de règles (à condition d'avoir aussi des raisons de penser que ces phrases ne sont pas totalement dépourvues de structure), parce que ce sont les règles de la langue qui permettent de rendre compte des relations structurales qui existent entre différentes phrases. Il est facile de voir, par exemple, qu'il y a une relation non arbitraire entre la capacité à reconnaître les phrases du groupe A ci-dessous comme grammaticales, et la capacité à reconnaître la grammaticalité des phrases du groupe B :

A «le frère de Paul a mal aux dents».
«le patron de Marie est riche»

B «le frère de Paul est riche».
«le patron de Marie a mal aux dents».
«le frère de Marie est riche».
etc.

En d'autres termes, il serait extrêmement surprenant de constater qu'une certaine personne est capable de reconnaître que «Le frère de Paul a mal aux dents» est une phrase correcte en français, mais n'est pas capable de reconnaître que «Le patron de Marie est riche» est aussi une phrase correcte en français. La raison en est, intuitivement, que ces deux suites de mots ont la même structure syntaxique, c'est-à-dire, que les mots qui les composent ont entre eux les mêmes relations (à un certain niveau de description).

Cela veut dire que, de quelqu'un dont le vocabulaire se limiterait aux expressions «le frère de», «le patron de», «Paul», «Marie», «est riche» et «a mal aux dents», et qui saurait seulement qu'on peut former des phrases au moyen de ces expressions en faisant suivre l'expression obtenue en combinant «le frère de» ou «le patron de» avec «Paul» ou avec «Marie», soit par «a mal aux dents» soit par «est riche», on pourrait dire qu'il maîtrise un fragment de la grammaire du français et qu'il est capable de reconnaître comme grammaticales certaines phrases qu'il n'a jamais vues auparavant[1].

Imaginons au contraire quelqu'un qui n'aurait jamais entendu un mot de français; par exemple, un anglophone à qui on dirait que «Le frère de Paul a mal aux dents» et «Le patron de Marie est riche» sont des phrases correctes du français. Cela ne suffirait pas pour qu'il soit en mesure de conclure que «Le frère de Marie est riche» ou «Le patron de Paul a mal aux dents» sont aussi des phrases correctes du français. Si cela n'est pas évident, qu'on se demande si le fait de savoir que «simba amekula mwana » et « mtumishi afunga mlango » sont des phrases correctes du swahili permet (à lui seul) de déterminer si « mlango amekula simba » est aussi une phrase correcte en swahili[2].

Ces réflexions suggèrent qu'il doit y avoir un nombre restreint de règles qui permettent de déterminer pour chaque langue :

(1) quelles sont les suites de mots qui sont des phrases ou des expressions grammaticales de cette langue (et celles qui n'en sont pas),

(2) quelles sont les suites de mots qui sont des phrases ou des expressions signifiantes de cette langue,

(3) quelle est la signification d'une phrase ou d'une expression quelconque de cette langue (étant donné la signification des expressions qui la composent).

Un tel ensemble de règles s'appelle une grammaire pour la langue donnée, ou une théorie de cette langue, en ce sens qu'elle constitue une description « complète » de cette langue. C'est probablement Chomsky qui le premier (1957) a identifié la construction de grammaires explicites (c'est-à-dire, « génératives ») pour les langues naturelles comme étant *un* des objectifs principaux de la linguistique empirique (nous verrons plus loin qu'il y en a d'autres, au moins aussi importants, sinon plus). En proposant cet objectif, il ne faisait d'ailleurs que proposer d'appliquer aux langues naturelles une conception du langage développée par les logiciens à partir de la fin du XIXe siècle.

La fonction d'une grammaire, c'est donc d'expliquer les relations entre les différentes expressions d'une langue, c'est-à-dire de dégager la structure de cette langue, en en formulant explicitement et rigoureusement les règles. Les recherches dans ce domaine ont montré que la structure d'une langue naturelle est quelque chose d'extrêmement complexe, et qu'il y a en fait plusieurs types et plusieurs niveaux de structures. Je n'ai mentionné pour ma part que les niveaux syntaxique et sémantique ; les règles syntaxiques étant celles qui permettent de déterminer quelles sont les suites de mots qui constituent des phrases ou des expressions correctes, et les règles sémantiques, celles qui permettent de déterminer soit quelles sont les suites de mots qui ont une signification, soit quelle est la signification de chaque phrase ou expression de la langue. Mais il doit être clair qu'il y a d'autres niveaux de descriptions pertinents, comme par exemple le niveau phonologique, où on cherche à caractériser les principes qui déterminent quelles sont les suites de sons qui constituent des expressions correctes d'une langue, et le niveau morphologique, où on cherche à caractériser la structure interne de ce qu'on appelle communément les mots. Ces autres niveaux de descriptions n'ont cependant, du point de vue de la philosophie du langage, qu'un intérêt secondaire, et je continuerai donc à les ignorer. Mon propos, dans ce chapitre est simplement d'illustrer, très brièvement et très schématiquement, le genre de choses auquel on fait référence lorsqu'on parle de la «grammaire» d'une langue.

On vient de voir qu'une grammaire comprend, au minimum, une composante syntaxique et une composante sémantique. Comme je viens de le suggérer, la composante syntaxique vise à caractériser l'ensemble de toutes les phrases grammaticales de cette langue, et seulement cet ensemble. Elle consiste en un ensemble de règles telles que (1) toute phrase grammaticale respecte toutes ces règles, et (2) tout ce qui n'est pas une phrase grammaticale (de la langue considérée) viole au moins une de ces règles.

Avant de décrire plus concrètement la composante syntaxique d'une grammaire, il importe de noter que les notions de grammaire et de grammaticalité sont souvent utilisées de manière ambiguë. Il arrive en effet, lorsque le contexte ne prête pas à confusion, qu'on utilise le terme de «grammaire» pour désigner exclusivement ce que j'ai appelé la composante syntaxique, plutôt que la somme de la composante syntaxique et de la composante sémantique. De la même manière, une suite de mots peut être dite «grammaticale» soit parce qu'elle est conforme aux règles de la composante syntaxique, soit parce qu'elle est conforme aux règles de la grammaire dans sa totalité (qu'elles soient syntaxiques ou sémantiques). On notera en particulier que dans le paragraphe précédent, la notion de grammaticalité est utilisée dans le sens étroit où une suite de mots est dite grammaticale si elle est syntaxiquement correcte, indépendamment de toute considération concernant sa signification, et non dans le sens large[3].

Lorsque la langue considérée comporte un nombre fini de phrases, alors le problème de sa description syntaxique est relativement trivial (du moins pour autant qu'il s'agit uniquement de caractériser l'ensemble des phrases grammaticales, car on pourrait alors, en principe, dresser la liste exhaustive de toutes les phrases), mais dans le cas contraire, la solution du problème exige (1) qu'on répartisse les expressions de la langue en différentes catégories syntaxiques, et (2) qu'on dise explicitement comment des expressions de différentes catégories peuvent être combinées entre elles pour former de nouvelles expressions, et à quelles catégories appartiennent ces nouvelles expressions. Pour cela, il faut évidemment disposer d'une liste des unités de base qui doivent être catégorisées et combinées entre elles. Je supposerai ici, pour des raisons de commodité, que ces unités de base correspondent à ce qu'on appelle communément des mots.

Il est clair qu'étant donnée la liste des unités de base d'une langue, c'est-à-dire, son vocabulaire, toutes les suites possibles d'unités de base ne sont normalement pas des phrases correctes de cette langue. Ainsi, «patron à de gentil» et «regarde riche un le Paul» sont des suites de mots du français, mais ne sont manifestement pas des phrases correctes en français, c'est-à-dire, elles ne sont pas conformes aux règles syntaxiques du français. Supposons qu'on veuille décrire la syntaxe d'un fragment du français dont le vocabulaire serait limité aux mots suivants : «patron», «frère», «regarder», «aimer», «épier», «riche», «gentil», «à», «de», «un», «le», «Paul», «Jean». Il s'agit en d'autres termes de caractériser les suites d'éléments de ce vocabulaire qui sont des phrases correctes en français.

Il est d'usage courant, en linguistique, de le faire au moyen de ce qu'on appelle des règles de réécriture. Une règle de réécriture est une instruction de la forme «X Æ Y», qui dit que la suite de symboles X peut être réécrite sous la forme de la suite de symboles Y. Pour formuler un système de règles de réécriture (une «grammaire générative»), il faut disposer de deux listes de symboles : la liste des symboles terminaux, qui n'est autre, en l'occurrence, que le vocabulaire identifié au paragraphe précédent, et la liste des symboles non terminaux. Les symboles non terminaux sont tout simplement les symboles utilisés pour désigner les catégories syntaxiques entre lesquelles les expressions de la langue considérée sont réparties. Un de ces symboles non terminaux a un statut particulier, il s'agit du symbole utilisé pour désigner la catégorie des phrases (généralement, en français, la lettre «P»), qui doit faire partie du vocabulaire non terminal de toute grammaire, et qu'on appelle aussi le symbole initial (pour une raison qui deviendra évidente dans un moment). Dans l'exemple ci-dessous, les symboles non terminaux sont : «NC», «V», «Adj», «Prép», «Art», «N», «SN», «SPrép», «SV», «P».

Exemple :
Règles de catégorisation :

Noms communs	NC → patron, frère
Verbes	V → regarder, aimer, épier
Adjectifs	Adj → riche, gentil
Préposition	Prép → de
Articles	Art → un, le
Noms propres	N → Paul, Jean

Règles de construction :
1. SN → N
2. SN → Art (Adj) NC (SPrép)
3. SPrép → Prép SN
4. SV → V SN
5. P → SN SV

Cette petite grammaire permet de construire un nombre illimité de phrases (dont la plupart sont syntaxiquement correctes en français). Il importe ici de noter que j'ai utilisé certaines conventions afin d'en abréger la formulation. Ainsi, une règle telle que «N → Paul, Jean» est en réalité une abréviation pour les deux règles suivantes : «N → Paul» et «N → Jean». Elle ne dit pas que «N» peut être réécrit «Paul, Jean», mais que «N» peut soit être réécrit «Paul», soit être réécrit «Jean», c'est-à-dire, que «Paul» et «Jean» sont des noms propres (et non pas que «Paul, Jean» est un nom propre). De la même manière, la règle «SN → Art (Adj) NC (SPrép)» est en réalité une abréviation pour les quatre règles suivantes : «SN → Art NC», «SN → Art Adj NC», «SN → Art Adj NC SPrép», «SN → Art NC SPrép».

On aura remarqué qu'il y a deux sortes de symboles non terminaux, et donc de catégories syntaxiques. Il y a d'une part les catégories qui s'appliquent directement aux éléments du vocabulaire terminal, et d'autre part, celles qui ne s'appliquent directement qu'à d'autres éléments du vocabulaire non terminal. Les catégories de ce deuxième type s'appliquent à des *suites d'éléments* du vocabulaire terminal, et non pas seulement à des éléments isolés. Il s'agit, en l'occurrence des symboles «SN», «SV», «SPrép» et «P». On a déjà dit que «P» désignait la catégorie des phrases; les trois autres symboles désignent, respectivement, la catégorie des syntagmes nominaux, celle des syntagmes verbaux, et celle des syntagmes prépositionnels. Un syntagme n'est rien d'autre qu'une expression, simple ou complexe (c'est-à-dire, un élément ou une suite d'éléments du vocabulaire terminal) qui est susceptible d'être un constituant d'une expression plus complexe. Par exemple, l'expression «le riche patron» est un syntagme en français (en l'occurrence un syntagme nominal), tandis que «patron regarde» n'en est pas un, et ceci bien qu'il y ait des phrases françaises correctes, telles que «le riche patron regarde Paul», où cette suite de mots apparaît.

Soulignons enfin que cette grammaire fait abstraction des règles de conjugaison verbale, et des règles de contraction qui font, par exemple, que la suite «de le» se réalise en fait par «du», en français. Elle ne peut donc prétendre être qu'une description très «idéalisée» d'un fragment du français. Cela suffit cependant pour mon propos, qui est purement illustratif.

Une suite d'éléments du vocabulaire terminal identifié plus haut constitue une phrase correcte de la langue décrite par cette grammaire si et seulement si elle peut être obtenue par application répétée des règles de cette grammaire. Il est facile de vérifier, par exemple, que les suites «le riche patron regarde Paul» et «le riche patron du (= de le) frère de Jean regarde Paul» sont conformes à cette grammaire, et appartiennent à la catégorie P (c'est-à-dire, la catégorie des phrases). Elles peuvent en effet être obtenues, à partir du symbole initial P, au moyen de dérivations telles que la suivante. Par application de la règle «P → SN SV», on obtient d'abord la suite «SN SV». On applique alors la règle «SN → Art Adj NC» au symbole «SN» qui y apparaît, pour obtenir la suite «Art Adj NC SV». On remplace «SV» par «V SN», au moyen de la règle «SV → V SN», pour obtenir la suite «Art Adj NC V SN». La règle «SN → N» permet ensuite d'obtenir la suite «Art Adj NC V N». Il n'y a plus alors qu'à remplacer chacun de ces symboles non terminaux par le symbole terminal approprié au moyen des règles de catégorisation, pour obtenir enfin la suite désirée, à savoir «le riche patron regarde Paul». Chaque règle permet ainsi de passer d'une suite de symboles à une autre, jusqu'à ce qu'une suite terminale soit obtenue. Chaque suite non terminale qui apparaît dans une telle séquence de suites de symboles fournit une description structurale, à un certain niveau d'analyse, de la suite terminale.

Cette manière de présenter les choses n'est cependant pas très révélatrice, et on trouve généralement plus commode de représenter la dérivation d'une phrase au moyen d'un graphe arborescent, qu'on appelle un «indicateur syntagmatique» (voir schéma page suivante).

De tels indicateurs syntagmatiques ont l'avantage de faire clairement apparaître la structure syntagmatique de chaque phrase; si bien qu'il est courant de considérer qu'une grammaire permet non seulement de caractériser un ensemble de phrases, mais aussi, et surtout, de leur associer à chacune une (ou plusieurs) structures syntaxiques.

J'aimerais maintenant attirer l'attention sur le fait, déjà signalé, que la petite grammaire que je viens de décrire, bien qu'elle ne contienne qu'un nombre restreint de règles, permet néanmoins de construire un nombre infini de phrases. Ce pouvoir lui vient essentiellement du fait qu'au moins un de ses symboles non terminaux, en l'occurrence les symboles «SN» et «SPrép», y fonctionnent comme des symboles récursifs. Un symbole non terminal est récursif, dans une grammaire donnée, lorsque

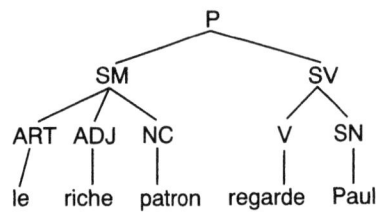

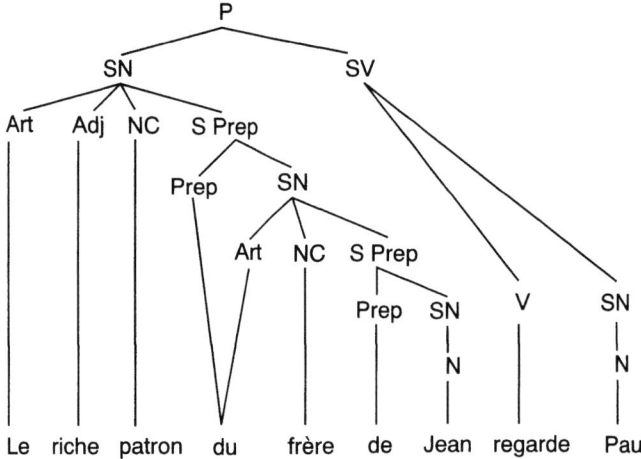

les règles de cette grammaire lui permettent d'être remplacé, dans une dérivation, par une suite de symboles dans laquelle il apparaît lui-même.

Supposons, pour rendre cette notion plus tangible, qu'on veuille ajouter l'adverbe «très» au vocabulaire terminal de la grammaire décrite ci-dessus, et rendre compte du fait qu'on peut former des expressions comme : «le très riche patron», «le très très riche patron», «le très très très riche patron», etc. Il faut évidemment ajouter la règle «Adv → très». Mais on ne peut pas se contenter d'ajouter aussi la règle : «SN → Art ((Adv) Adj) NC (S Prép)», parce que cela ne permet pas de dériver : «le très très riche patron» et on ne peut pas non plus ajouter la règle : «SN → Art ((Adv)Adv)Adj) NC (S Prép)» parce que cela ne permet pas de dériver : «le très très très riche patron». Il faut trouver une règle ou une combinaison de règles qui permette de dériver toutes les expressions pertinentes, même s'il y en a un nombre illimité, comme par exemple :
SAdv → Adv (SAdv)
SN → Art ((SAdv) Adj) NC (SPrép).

Une règle telle que «SAdv → Adv (SAdv)» contient bien un symbole récursif, puisqu'elle permet de remplacer le symbole «SAdv» par une suite de symboles contenant elle-même le symbole «SAdv». De telles règles récursives sont indispensables pour qu'une grammaire soit capable de caractériser un nombre infini de phrases, et ainsi de rendre compte du fait que les locuteurs maîtrisent un nombre infini de phrases.

2. GRAMMAIRE ET SIGNIFICATION

On imagine facilement la difficulté qu'il peut y avoir à construire une grammaire explicite pour une langue naturelle dans sa totalité, et pourtant je n'ai encore parlé que de la composante syntaxique de la grammaire. Or le même genre de problème se pose au niveau de la composante sémantique, dont la tâche première est d'associer une signification à chaque phrase ou expression de la langue. Il va sans dire que cette tâche est d'autant plus mal définie que la notion de signification elle-même, comme les chapitres précédents ont permis de s'en rendre compte, n'est pas parfaitement claire. Il y a cependant un principe général qui peut être formulé indépendamment de toute conception particulière de la nature de la signification, et qui gouverne la construction de toute théorie systématique de la signification. Il s'agit du principe, dit de «compositionnalité», selon lequel la signification d'une expression complexe est déterminée par la structure de cette expression et par la signification des expressions dont elle se compose. En d'autres termes, la composante sémantique de la grammaire (que j'identifie ici à la théorie de la signification) vise à formuler les règles qui permettent de déterminer quelle est la signification d'une expression complexe, étant donné la signification des expressions simples dont elle se compose, et la manière dont elles sont combinées entre elles. Il s'agit donc moins, ici, d'expliquer ce qu'est la signification, que de caractériser une certaine relation de dépendance entre les significations de différents types d'expressions. Cette tâche est d'autant plus importante qu'une langue comprend généralement un nombre illimité d'expressions et que c'est par conséquent uniquement en formulant des règles que la théorie de la signification peut espérer être en mesure de dire quelle est la signification de chaque expression de la langue donnée (ce qui est certainement une des choses qu'on attend de la théorie de la signification pour une langue particulière). J'aurai l'occasion de revenir, dans les prochains chapitres, sur les difficultés particulières que soulève une telle entreprise. Je me limiterai pour le moment à illustrer cette idée générale à l'aide d'un exemple assez artificiel.

Considérons notre système de notation numérique ordinaire[4], c'est-à-dire la notation décimale qui permet de combiner les chiffres arabes primitifs («0», ...«9») pour former un nom de n'importe quel nombre naturel. Une suite de chiffres quelconque ne renvoie à un nombre donné qu'en vertu de certaines règles, que nous maîtrisons tous, sans quoi on ne pourrait pas dire pourquoi «675, 896, 341» désigne le nombre 675, 896, 341, ni pourquoi il ne représente pas des nombres différents pour différentes personnes. Il est facile de formuler une théorie sémantique qui permet de déterminer, pour chaque expression numérique, quel nombre elle désigne. C'est d'ailleurs d'autant plus facile que la syntaxe de ce système notationnel est la plus simple qui soit. Elle se résume aux deux règles suivantes :

N → 0, 1, 2, 3, 4, 5, 6, 7, 8, 9
N → N (N),

qui reviennent simplement à dire que «0», «1», etc., sont des noms, et que toute suite de noms est elle-même un nom.

La composante sémantique de la grammaire d'un tel langage primitif pourrait prendre la forme suivante :

Règles 1 à 10 : «0» désigne le nombre 0.
«1» désigne le nombre 1.

Règle 11 : Si $X_1...X_n$ est un nom qui désigne le nombre k, et si Y est un nom primitif qui désigne le nombre j, alors $X_1...X_nY$ est un nom qui désigne le nombre (10×k)+j.

Ces règles suffisent pour déterminer quel est le nombre désigné par n'importe quel chiffre. Elles permettent, par exemple, de déduire que le chiffre «219» désigne bien le nombre 219, en raisonnant de la manière suivante. Le chiffre «219» se compose de «21» suivi de «9» ce qui veut dire (en vertu de la règle 11) qu'il désigne le nombre (10 × le nombre désigné par «21») + le nombre désigné par «9». Par la règle 10, le chiffre «9» désigne le nombre 9, et «219» désigne donc (10 × le nombre désigné par «21»)+9. Par la règle 11, le chiffre «21» désigne le nombre (10 × le nombre désigné par «2») + le nombre désigné par «1», ce qui veut dire, en vertu de la règle 2, que «21» désigne (10 × le nombre désigné par «2»)+1. Or, en vertu de la règle 3, «2» désigne le nombre 2. Il s'ensuit que «21» désigne (10 × 2)+1, c'est-à-dire 21, et que «219» désigne (10 × 21)+9, c'est-à-dire 219.

Il est de première importance, pour être en mesure d'apprécier ce genre de raisonnement, qui est en soi passablement fastidieux et assez ridicule, de bien comprendre que les règles sémantiques ne visent nullement à «révéler» ce que les expressions signifient à quelqu'un qui l'ignorerait (bien qu'elles puissent, dans certains cas, remplir cette fonction). Leur fonction première est d'expliquer comment le fait que certaines expressions de base aient une certaine signification impose des contraintes sur la signification d'autres expressions qui sont construites à l'aide de ces expressions de base.

L'impression de trivialité qui se dégage probablement des règles que j'ai formulées, en particulier les règles 1 à 10, vient de ce qu'elles utilisent l'expression même dont elles spécifient la signification. Ainsi la règle 1, par exemple, utilise le symbole «0» pour désigner le nombre zéro, c'est-à-dire, pour spécifier quel est le nombre que ce symbole «0» désigne. Il est clair, par conséquent, que pour comprendre l'énoncé de cette règle, il faut déjà savoir ce que «0» signifie, et qu'elle ne peut donc pas être utilisée pour enseigner à quelqu'un la signification du symbole «0». Cette situation est assez fréquente dans la description sémantique, et risque de se produire chaque fois qu'on cherche à décrire les propriétés sémantiques de la langue même qu'on utilise. C'est pourquoi il importe de distinguer clairement entre les cas où on parle d'une expression linguistique et ceux où on l'utilise[5].

Au lieu d'introduire la règle 11, on pourrait continuer indéfiniment à spécifier indépendamment que «10» désigne 10, «11» désigne 11, etc. Mais cela donnerait l'impression que chaque chiffre peut être compris indépendamment de sa structure ou de sa relation aux autres, comme si on apprenait séparément ce que chaque chiffre désigne. La règle 11 permet justement d'expliquer pourquoi, dans le système de notation habituel, «219» désigne le nombre 219 plutôt qu'un autre, en montrant que cela est déterminé par la signification des symboles primitifs et des règles de ce langage. Il importe par conséquent de se méfier du principe selon lequel la signification d'un signe serait «arbitraire». Ce principe ne vaut en effet que pour la partie de la signification d'une expression qui est attribuable à ses constituants élémentaires.

Les règles que j'ai formulées révèlent la structure sémantique de notre système de notation numérique et permettent d'expliquer comment nous désignons des nombres à l'aide des expressions de ce système, mais il est clair que cela ne répond pas à toutes les questions intéressantes concernant cette notation. Cela n'explique pas, par exemple, comment il se fait que nous puissions parler des nombres, bien qu'ils ne soient pas des objets matériels, ni quelle relation il y a entre la capacité de parler des nombres et la capacité de compter. Les réponses à de telles questions doivent certainement s'appuyer sur une conception de la nature de la signification, mais ne relèvent pas d'une description de la structure sémantique.

Il était particulièrement facile de formuler les règles sémantiques de notre système de notation numérique, notamment en raison du fait que toutes les expressions qu'il contient sont des noms. Or il semble intuitivement satisfaisant de considérer que la signification d'un nom se résume dans le fait qu'il désigne quelque chose, et qu'on a donc spécifié la signification d'un nom lorsqu'on a dit ce qu'il désignait. Les choses se compliquent rapidement aussitôt que la langue qu'on cherche à décrire contient d'autres catégories d'expressions.

Il doit néanmoins être possible de dire explicitement comment la signification d'une phrase dépend de la signification des mots dont elle se compose, car si le langage n'avait pas une structure sémantique compositionnelle nous devrions conclure que nous apprenons séparément la signification de chaque expression (simple ou complexe), ce qui semble contredire une intuition profondément ancrée dans la tradition linguistique.

3. GRAMMATICALITÉ ET SIGNIFIANCE

Dans cette section, je vais décrire brièvement une autre manière de décrire la syntaxe d'une langue, au moyen de ce qu'on appelle une grammaire catégorielle, pour ensuite attirer l'attention sur la distinction entre les catégories syntaxiques et les catégories sémantiques. Les grammaires catégorielles présentent l'avantage particulier de faciliter la description sémantique (ou du moins un certain type de description sémantique), et sont d'ailleurs plus populaires auprès des logiciens que des linguistes, bien qu'elles soient en principe équivalentes aux grammaires de structure syntagmatique auxquelles j'ai fait allusion au début de ce chapitre.

Une grammaire catégorielle ne fait pas de distinction entre des symboles terminaux et des symboles non terminaux, car elle ne se présente pas sous la forme de règles de réécriture. Elle se caractérise d'autre part par le fait qu'elle établit une distinction entre deux types de catégories syntaxiques, à savoir des catégories primitives et des catégories dérivées, et qu'elle permet de définir un nombre infini de catégories (qui ne sont toutefois normalement pas toutes réalisées dans la même langue).

Pour définir une grammaire catégorielle, il faut d'abord choisir un nombre fini de catégories syntaxiques primitives. Les catégories généralement retenues sont celle des noms propres (ou des termes singuliers), qu'on désigne par la lettre «n», et celle des phrases (ou des énoncés), qu'on désigne par la lettre «p». Une fois choisies les catégories primitives, il faut définir l'ensemble des catégories syntaxiques dérivées, ce qu'on peut faire de plus d'une manière, dont la suivante : quel que soit le nombre n, si A1... An et B sont des catégories syntaxiques (primitives ou dérivées) alors (A1, ..., An)\B est une catégorie syntaxique dérivée. Il faut ensuite formuler la règle qui précise comment les expressions de différentes catégories peuvent être combinées entre elles, et à quelle catégorie appartiennent les expressions ainsi obtenues. Cette règle peut être formulée ainsi :

si X1... Xn sont des expressions (simples ou complexes) des catégories A1... An (respectivement), et si Y est une expression (simple ou complexe) de la catégorie (A1, ..., An)\B, alors la concaténation de X1, ..., Xn et Y (c'est-à-dire, X1... Xn Y) est une expression (complexe) de la catégorie B.

Il ne reste plus alors qu'à assigner une catégorie (primitive *ou* dérivée) à chacune des expressions simples de la langue qu'on se propose de décrire. Les expressions qui appartiennent à une catégorie dérivée sont appelées des foncteurs, parce qu'elles s'appliquent à des expressions de certaines catégories pour former des expressions d'une autre catégorie.

Supposons, par exemple, que le vocabulaire d'une certaine langue se réduise aux expressions simples suivantes :

n : Arthur, Marie, Paul.

n\p : marche, respire, chante.

(n\p)\(n\p) : lentement, difficilement, agréablement.

La grammaire catégorielle qu'on vient de définir permet alors de montrer que des expressions comme «Paul marche difficilement» ou «Marie chante agréablement lentement» sont des phrases syntaxiquement correctes de cette langue. Il suffit en effet pour cela de vérifier que (conformément à la règle énoncée plus haut) «marche difficilement» est une expression correcte de la catégorie n\p, puisqu'elle résulte de la concaténation d'une expression de la catégorie n\p et d'une expression de la catégorie (n\p)\(n\p). Il s'ensuit que «Paul marche difficilement» est une expression de la catégorie p, puisqu'elle résulte de la concaténation d'une expression de la catégorie n et d'une expression de la catégorie n\p. Ce type de raisonnement, et avec lui la structure syntaxique des expressions, peut aussi être représenté sous la forme d'un graphe arborescent comme celui-ci :

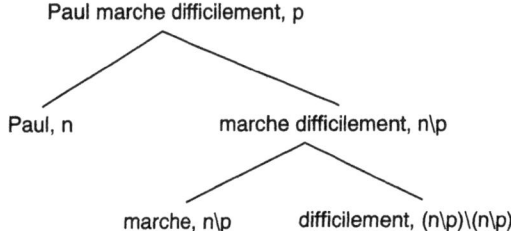

On notera que ce type de graphe se distingue des indicateurs syntagmatiques de la section précédente par le fait qu'il est construit de bas en haut, à partir des expressions simples, et que les nœuds y sont occupés par les expressions elles-mêmes (avec indication de la catégorie à laquelle elles appartiennent), plutôt que par des symboles non terminaux.

Dans le type de grammaire catégorielle que je viens de décrire, une expression d'une catégorie dérivée, c'est-à-dire une catégorie de la forme A\B, par exemple, ne peut être combinée avec une autre expression (en l'occurrence une expression de la catégorie A) que si celle-ci la précède. On a donc affaire ici à une grammaire catégorielle *unidirectionnelle à gauche*, ce qui en limite considérablement l'intérêt du point de vue de la description des langues naturelles. Mais il est facile de surmonter cette difficulté en redéfinissant l'ensemble des catégories dérivées : quels que soient les nombres n et m, si A1... An, B, et C1... Cm sont des catégories syntaxiques (primitives ou dérivées) alors (A1, ..., An)\B, B/(A1, ..., An) et (A1, ..., An)\B/(C1, ..., Cm) sont des catégories syntaxiques dérivées. Il va sans dire que la règle de construction des expressions complexes doit être modifiée en conséquence. On obtient alors les trois règles suivantes :

(1) si X1... Xn sont des expressions (simples ou complexes) des catégories A1... An (respectivement) et si Y est une expression (simple ou complexe) de la catégorie (A1, ..., An)\B, alors la suite obtenue en faisant *précéder* Y de X1... Xn (c'est-à-dire, X1... Xn Y) est une expression (complexe) de la catégorie B.

(2) si X1... Xn sont des expressions (simples ou complexes) des catégories A1... An (respectivement) et si Y est une expression (simple ou complexe) de la catégorie B/(A1, ..., An), alors la suite obtenue en faisant *suivre* Y de X1... Xn (c'est-à-dire, Y X1... Xn) est une expression (complexe) de la catégorie B.

(3) si X1... Xn sont des expressions (simples ou complexes) des catégories A1... An (respectivement), si Y est une expression (simple ou complexe) de la catégorie (A1, ..., An)\B/(C1, ..., Cm), et si Z1... Zm sont

des expressions (simples ou complexes) des catégories C1... Cm (respectivement), alors la suite obtenue en faisant *précéder* Y de X1... Xn et en faisant suivre le résultat de Z1... Zm (c'est-à-dire, X1... Xn Y Z1... Zm) est une expression (complexe) de la catégorie B.

On dispose maintenant d'une grammaire bidirectionnelle, qui permet d'enrichir le vocabulaire de la langue décrite plus haut avec de nouvelles expressions, telles que :

p/p : il est possible que, il est probable que.
n\p/n : aime, envie, écoute.
p\p/p : et, ou.

Il devient ainsi possible de construire des phrases telles que « Arthur écoute Marie », « Il est possible que Paul envie Marie », « Il est possible que Paul respire difficilement et il est probable que Marie envie Arthur », etc., et d'en récapituler la dérivation à l'aide de graphes arborescents tels que celui-ci :

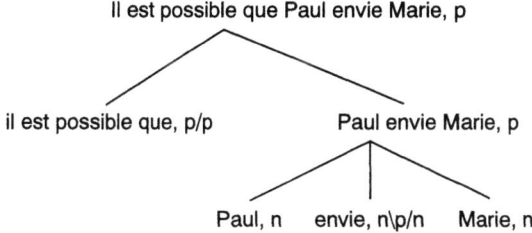

Il est impossible ici de faire mention des difficultés que soulève l'utilisation des grammaires catégorielles pour la description des langues naturelles. Je noterai simplement qu'il existe différentes manières de modifier le modèle classique de manière à résoudre un bon nombre de ces difficultés, tout en préservant les intuitions fondamentales qui en sont à l'origine (et que j'aurai l'occasion de préciser davantage au chapitre 8).

L'une de ces intuitions est qu'une catégorie d'expressions se définit par les catégories des expressions avec lesquelles les expressions qui lui appartiennent se combinent, et la catégorie de l'expression qui résulte de cette combinaison. Cela suggère que toutes les expressions d'une catégorie donnée peuvent être substituées l'une à l'autre sans affecter la grammaticalité de l'expression qui résulte de cette substitution. Or c'est bien ainsi qu'on caractérise traditionnellement la notion de catégorie syntaxique : deux expressions sont de la même catégorie syntaxique si et seulement si elles sont intersubstituables dans tous les contextes sans affecter la grammaticalité du résultat de la substitution.

A cette notion de catégorie syntaxique, on peut opposer une notion de catégorie sémantique, qu'on pourrait, en première analyse, caractériser de manière analogue en disant que deux expressions sont de la même catégorie sémantique si et seulement si elles sont intersubstituables dans tous les contextes sans affecter la signifiance du résultat de la substitution. La disponibilité de cette notion suggère que, de même qu'il appartient à la composante syntaxique de la grammaire de déterminer quelles sont les suites d'expressions qui constituent des expressions correctes de la langue donnée, de même il appartiendrait à la composante sémantique de déterminer quelles sont les expressions qui sont signifiantes (c'est-à-dire, qui ont la propriété d'avoir une signification).

Il va de soi que cette tâche serait triviale si chaque catégorie syntaxique correspondait à une catégorie sémantique et une seule, ou en d'autres termes, si on devait conclure qu'une suite d'expressions est syntaxiquement correcte (c'est-à-dire, grammaticale au sens étroit) si et seulement si elle est signifiante (c'est-à-dire, sémantiquement bien formée, ou grammaticale au sens large). Dans ce cas, en effet, la composante sémantique associerait une signification à toutes les expressions reconnues comme syntaxiquement correctes par la composante syntaxique.

La question de savoir quelle relation il y a entre ces deux notions n'est pas toujours très claire. Est-ce que deux expressions de la même catégorie syntaxique peuvent appartenir à des types sémantiques différents? Est-ce que des expressions de catégories syntaxiques différentes peuvent appartenir au même type sémantique? Dans le premier cas, cela voudrait dire qu'il peut y avoir des expressions non signifiantes mais grammaticales. Dans le deuxième cas, cela voudrait dire qu'il peut y avoir des expressions non grammaticales mais signifiantes. Mais dans les deux cas, il n'y aurait plus de coïncidence entre l'ensemble des expressions syntaxiquement correctes et l'ensemble des expressions signifiantes, et il faudrait admettre que la composante sémantique d'une grammaire complète doit non seulement associer une (ou plusieurs) signification(s) à chaque expression signifiante, mais aussi (et d'abord) caractériser l'ensemble des expressions signifiantes.

L'examen des suites d'expressions suivantes devrait contribuer à clarifier ces questions :

(1a) La neige est blanche.
(1b) La Terre tourne.
(2a) La neige est verte.
(2b) La lune est une étoile.
(3a) Ce triangle est circulaire.
(3b) Ce chien est un félin.
(4) L'esprit est dans le corps.
(5a) Le nombre 7 est vertueux.
(5b) Le courage est bleu.
(5c) Vendredi est au lit.
(5d) D'incolores idées vertes dorment furieusement.
(6a) Le rolateur empiquait les moufflures.
(6b) La défluence ponctionne les lampics.
(7a) La chameaux sillonne cette désert.
(7b) Mes ennemis sont plusieurs.
(7c) Tarzan vouloir Jane.
(8) Le que vite Arthur et rugit par.

Il y a une sorte d'échelle descendante qui conduit du groupe (1) aux groupes (7) et (8). Plus on se rapproche des suites d'expressions de ces deux derniers groupes, moins les suites d'expressions considérées (à l'exception possible de (4)) sont susceptibles d'être tenues pour des phrases acceptables en français. Au premier échelon, se trouvent des phrases parfaitement correctes, parfaitement banales, et parfaitement vraies; au deuxième, des phrases parfaitement correctes, parfaitement banales, et parfaitement fausses. Au troisième échelon, on trouve des phrases parfaitement correctes, un peu moins banales, mais tout aussi fausses que celles de l'échelon précédent. Elles sont tout aussi fausses, mais elles ne sont pas fausses exactement de la même manière, puisqu'elles renferment une sorte de contradiction dans les termes, alors que les phrases du deuxième échelon ne sont fausses que de manière contingente.

C'est à partir de l'échelon (5) (je reviendrai plus loin sur l'échelon (4), qui n'est pas vraiment un échelon) que les choses deviennent intéressantes. Des expressions comme celles du groupe (5) ont souvent été données comme exemples de phrases syntaxiquement correctes mais non signifiantes. Selon les défenseurs de ce point de vue, il y aurait une différence significative entre les phrases du groupe (3), qui sont simplement fausses (quoique pour des raisons conceptuelles), et celles du groupe (5), qui sont absurdes, ou dépourvues de signification, et par conséquent ni vraies ni fausses. Il faut bien admettre qu'il y a intuitivement une différence entre les raisons pour lesquelles ces phrases semblent inacceptables, et celles pour lesquelles les phrases du groupe (3) semblent inacceptables, et la notion de catégorie sémantique vise précisément à rendre compte de cette intuition. L'explication proposée consiste à dire que les expressions d'une langue se répartissent en différentes catégories sémantiques, et que des phrases comme celles du groupe (5) violent les contraintes sur la manière dont ces catégories peuvent être combinées entre elles.

L'intérêt des expressions du groupe (6) est de montrer que la notion de correction syntaxique elle-même (c'est-à-dire, la notion de grammaticalité au sens étroit) peut s'entendre de manière plus ou moins stricte. Ces expressions ne sont pas des phrases du français; mais cela est uniquement dû au fait qu'elles se composent d'expressions simples qui n'appartiennent pas (toutes) au vocabulaire de la langue française, car elles respectent par ailleurs les structures syntaxiques du français (et il suffirait d'enrichir le vocabulaire du français pour pouvoir leur assigner un indicateur syntagmatique). Puisque les expressions simples dont elles se composent n'appartiennent pas au français (ni d'ailleurs à aucune langue), elles n'ont pas non plus de catégorie sémantique. Si elles sont non signifiantes, ce n'est donc pas en vertu du fait qu'elles violeraient les règles qui gouvernent les catégories sémantiques. En d'autres termes, leur « absurdité » est d'un genre assez différent de celle des phrases de l'échelon (5).

À l'échelon (7) se trouvent des expressions qui se composent d'expressions françaises, mais qui ne sont pas des phrases syntaxiquement correctes en français. Leur particularité est qu'un locuteur du français n'a malgré cela aucune peine à leur associer une signification. On pourrait dire, en ce sens, qu'il s'agit de phrases signifiantes, mais syntaxiquement incorrectes. De telles expressions ne retiennent généralement pas l'intérêt des linguistes ou des logiciens; leur utilité est de montrer qu'il y a une certaine hiérarchie des règles syntaxiques, en ce sens que certaines règles (comme les règles d'accord) peuvent être violées sans que le résultat soit totalement incompréhensible. Mais du point de vue de la description syntaxique, elles sont à mettre dans le même sac que celles de l'échelon (8) : ce sont tout simplement des suites d'expressions syntaxiquement incorrectes, qui n'appartiennent pas à la langue française.

On peut résumer ce qui précède en disant que la composante syntaxique d'une grammaire vise à caractériser la frontière entre les échelons (6) à (8) et les autres échelons; tandis qu'une théorie des catégories sémantiques vise à caractériser la frontière entre l'échelon (5) et les échelons (1) à (3). Revenons maintenant à la notion de catégorie sémantique.

Toutes les expressions qui appartiennent à une même catégorie syntaxique ont intuitivement le même genre de signification, ce qui revient à dire que les catégories syntaxiques ont une certaine unité sémantique; par exemple, les noms propres désignent des objets particuliers, les noms communs des ensembles ou des types d'objets, les verbes intransitifs des propriétés d'objets, etc. Mais à l'intérieur même de chaque catégorie syntaxique, les expressions peuvent avoir différentes espèces de signification; par exemple, il y a des noms communs qui s'appliquent à des êtres vivants, d'autres qui s'appliquent à des choses inanimées, ou à des entités abstraites tels que les nombres, il y a des verbes d'activité et des verbes d'état, des adverbes de lieu, de temps, etc. Ceci dit, il est plus facile d'admettre que les expressions d'une même catégorie syntaxique peuvent avoir différentes sortes de signification (c'est-à-dire, appartenir à différentes catégories sémantiques) que d'établir une liste des sortes de signification pertinentes.

Cependant, on dispose d'un critère général pour déterminer si deux expressions sont de la même catégorie sémantique, à savoir qu'elles le sont si et seulement si elles peuvent être substituées l'une à l'autre dans n'importe quelle phrase (syntaxiquement correcte) sans affecter le caractère signifiant ou non signifiant de cette phrase. Ce critère présuppose que chaque expression appartient à une seule catégorie sémantique, c'est-à-dire, que toutes les catégories sémantiques sont mutuellement disjointes. Il permet de montrer, par exemple, que les mots «sagesse» et «neige» ne sont pas de la même catégorie sémantique, puisque la substitution du premier au second dans la phrase signifiante «la neige est blanche», produit la phrase non signifiante «la sagesse est blanche»; ce qu'on peut aussi exprimer en disant que la sagesse n'est ni blanche ni non blanche, puisqu'elle n'est pas colorée, ou qu'elle n'est pas le genre de chose dont on peut dire sans absurdité qu'elle est blanche ou qu'elle n'est pas blanche.

Il importe cependant de noter que le fait que deux expressions appartiennent à des catégories sémantiques différentes *n'implique pas* qu'elles ne peuvent être substituées l'une à l'autre dans aucun contexte. Autrement dit, c'est une erreur de prendre pour acquis que si deux expressions sont intersubstituables dans un contexte sans en affecter la signifiance, alors elles sont intersubstituables dans tous les contextes (et appartiennent à la même catégorie sémantique). Il est facile de constater, par exemple, que le mot «sagesse» (de même que probablement n'importe quel nom féminin) peut sans absurdité être substitué au mot « neige » dans une phrase comme « Socrate pense à la neige ».

L'application du critère énoncé plus haut dépend malheureusement de la fermeté de nos intuitions concernant ce qui est absurde (ou dépourvu de signification) et ce qui ne l'est pas, et il semble bien que celles-ci varient passablement selon les individus (ce qui n'est guère étonnant puisqu'il y a plusieurs genres, et plusieurs degrés d'absurdité). Or si on utilise une notion trop généreuse de l'absurdité, si on est enclin, par exemple, à compter certaines contradictions triviales pour des absurdités, alors on risque d'être amené à la conclusion que deux expressions n'appartiennent jamais à la même catégorie sémantique. Il est en effet assez facile, étant données deux expressions quelconques, d'imaginer un contexte dans lequel la substitution de l'une à l'autre produit une contradiction triviale. C'est le cas, par exemple, de la substitution du mot « père » à la première occurrence du mot « mère », dans la phrase « Viens avec ta mère, et non pas avec ton père ». Inversement, plus on sera tolérant à l'absurdité, plus on aura tendance à conclure que toutes les expressions de la même catégorie syntaxique sont aussi de la même catégorie sémantique, ce qui n'est pas sans avantage. Entre ces deux extrêmes, il y a évidemment place pour plusieurs positions intermédiaires. L'une d'elles est précisément illustrée par l'exemple (4) ci-dessus (« l'esprit est dans le corps »). Cette phrase est intéressante dans la mesure où au moins un philosophe[6] a soutenu qu'elle était du même type que celles du groupe (5), c'est-à-dire syntaxiquement correcte mais non signifiante. En effet, si on prend au sérieux la doctrine cartésienne selon laquelle l'esprit serait une substance immatérielle qui n'a aucune propriété spatiale, il est manifestement absurde de dire que l'esprit est dans le corps ; l'esprit n'est tout simplement pas le genre de chose qui puisse être où que ce soit, de même que le courage n'est tout simplement pas le genre de chose qui puisse avoir une couleur. Pourtant, cette phrase peut facilement être perçue comme non seulement parfaitement signifiante, mais vraie ; elle ne risque guère, en tout cas, d'être jugée inacceptable par le francophone moyen, tandis que les phrases du groupe (5), si elles devaient être admises comme signifiantes, seraient en tout cas certainement jugées fausses. Une chose qu'on pourrait en conclure, c'est que la phrase (4) n'est jugée vraie que dans la mesure où elle est interprétée de manière métaphorique, et parce que cette métaphore se trouve être largement répandue dans notre culture. Cet exemple permet en tout cas d'attirer l'attention sur le fait que la notion de ce qui est absurde et de ce qui ne l'est pas (et par conséquent la catégorisation sémantique) n'est pas indépendante de toute considération philosophique.

Quoi qu'il en soit, il faut noter qu'on résiste souvent à l'idée qu'il y ait des phrases syntaxiquement correctes qui sont dépourvues de signification. Cette résistance est motivée par l'intuition qu'il n'y a, tout compte fait, qu'une différence de degré entre l'échelon (3) et l'échelon (5). Rien ne nous empêche de soutenir que les phrases du groupe (5) sont non pas ni vraies ni fausses, mais tout simplement fausses, comme celles du groupe (3). Cette attitude risque cependant d'entraîner certaines complications au niveau de l'analyse de la négation. Car si on doit dire que « le courage est bleu » est une phrase fausse, alors il faudrait dire que sa négation, « le courage n'est pas bleu » est vraie, ce qui semble à première vue difficile à concilier avec l'intuition que le courage n'est ni bleu ni non bleu. Mais en fait on peut continuer à dire que la phrase « le courage est non bleu » est fausse, à condition de ne pas confondre « être non bleu » et « ne pas être bleu ». En d'autres termes cette attitude exige seulement qu'on distingue entre plusieurs types de négations, ou plusieurs manières de placer la négation. Mais l'idée qu'il y a des phrases correctes qui sont dépourvues de signification entraîne avec elle son propre lot de complications, puisqu'elle oblige apparemment à renoncer au principe selon lequel, étant donné une phrase et sa négation, exactement l'une d'entre elles doit être fausse et l'autre vraie. L'intuition veut en effet que la négation d'une phrase dépourvue de signification (pour autant qu'on puisse « nier » une telle phrase) soit elle-même dépourvue de signification, ce qui oblige à dire que « le courage est bleu » et « le courage n'est pas bleu » sont toutes les deux dépourvues de signification.

On est ainsi en mesure d'apprécier que la question de savoir s'il y a lieu de répartir les expressions d'une même catégorie syntaxique en plusieurs catégories sémantiques est passablement complexe et n'est sans doute pas près d'être résolue. Il importe en tout cas de retenir que la correction syntaxique et la signifiance sont conceptuellement distinctes et que leur caractérisation soulève des problèmes de genre différent.

Appendice : usage et mention

Nous utilisons régulièrement des expressions linguistiques pour désigner les choses qui nous entourent ou qui retiennent notre attention, et en faisant cela, nous n'avons en général aucune difficulté à distinguer entre les choses dont nous parlons et les mots que nous utilisons pour en parler. Nous n'avons pas de difficulté parce qu'en général ce dont nous parlons ce ne sont pas des mots, et qu'il y a une grande différence entre les mots et les choses qu'ils désignent. Mais le langage naturel a aussi la caractéristique d'être « universel » en ce sens qu'il permet de parler de n'importe quoi, y compris du langage, ce que nous faisons d'ailleurs spontanément chaque fois que notre interlocuteur utilise un mot non familier : nous lui demandons alors des éclaircissements sur le sens de ce mot.

Le philosophe du langage est amené, pour ainsi dire par vocation, à parler constamment du langage, et pour cela, il utilise le plus souvent le même langage que celui dont il parle, et c'est pourquoi il doit être particulièrement attentif à la distinction entre utiliser une expression et parler d'une expression (ou comme on dit communément, à la distinction entre usage et mention). Le seul but de cet appendice est d'attirer l'attention sur cette distinction à la fois simple et subtile.

Un énoncé portant sur un objet donné contient normalement un nom ou une description de cet objet, et non pas cet objet lui-même. Lorsqu'on mentionne un objet, on utilise un nom ou une description de cet objet et c'est ce nom ou cette description qui apparaît dans les énoncés portant sur cet objet. Ce principe est particulièrement important dans le cas particulier où l'objet dont on parle est lui-même une expression linguistique. Dans ce cas, le principe dit qu'un énoncé portant sur une expression linguistique contient normalement un nom ou une description de cette expression, et non pas cette expression elle-même (sauf accident).

Soient, par exemple, les deux phrases suivantes :

(1) Québec est une ville francophone.

(2) Québec est un nom d'origine amérindienne.

Dans la phrase (1), la ville de Québec est mentionnée et le nom «Québec» est utilisé, ou autrement dit, (1) contient le nom «Québec» et non pas la ville de Québec. Dans la phrase (2), le nom de la ville de Québec est mentionné; mais il semble aussi être utilisé, et utilisé non pas pour désigner la ville de Québec, mais pour se désigner lui-même, ce qui peut être une source de confusion ou d'erreur. Par exemple, de (1) et de (2), on devrait pouvoir conclure que Québec est à la fois une ville et un nom, ce qui est absurde.

Pour éviter ce genre de confusion, les logiciens et les philosophes du langage ont adopté la convention que pour parler d'une expression on doit utiliser un nom (ou une description) de cette expression, et proposé que pour former un nom d'une expression il suffit de mettre cette expression entre guillemets. Selon cette convention, la phrase (2) ci-dessus est littéralement fausse, et doit être reformulée de la façon suivante :

(3) «Québec» est un nom d'origine indienne.

Cette phrase contient (et utilise) un nom du nom de la ville de Québec ; c'est-à-dire, elle mentionne le nom de la ville de Québec. En d'autres termes elle contient «« Québec »» mais non pas « Québec ». «« Québec »» désigne « Québec », qui lui-même désigne Québec. Ainsi, de même que pour désigner un objet on utilise un nom de cet objet, de même pour désigner un nom, on utilise un nom de ce nom, et pour désigner un nom de nom, on utilise un nom du nom de ce nom. Les phrases suivantes doivent en conséquence être tenues pour vraies :

(4) «« Québec »» contient 6 lettres et une paire de guillemets.

(5) « Québec » contient 6 lettres et aucun guillemets.

(6) Québec contient plusieurs milliers d'habitants.

L'usage des guillemets n'est certes pas la seule manière de former un nom d'une expression linguistique. On peut aussi mentionner une expression en la localisant dans un texte ou un dictionnaire, ou simplement en l'épelant ou en la décrivant de manière précise. Mais ce sont les guillemets qui sont les plus pratiques, parce qu'ils permettent de voir immédiatement quelle est l'expression qui est mentionnée. Si je dis par exemple que le premier mot de *À la recherche du temps perdu* contient la lettre « s », ce que je dis est vrai, mais ne peut être reconnu comme tel que par ceux qui ont le bonheur de savoir de quel mot il s'agit. Je pourrais affirmer la même chose en disant que « longtemps » contient la lettre « s », ce qui aurait l'avantage de pouvoir être reconnu comme vrai même par ceux qui ne connaissent pas l'existence de Marcel Proust.

Cependant, il ne faut pas confondre les expressions formées au moyen des guillemets avec des descriptions de ce qu'elles désignent. On les compare plutôt à des hiéroglyphes, ou à des noms propres. La distinction est qu'un nom propre se compose généralement de lettres, c'est-à-dire d'unités qui n'ont pas de signification en elles-mêmes, tandis qu'une description se compose de mots, c'est-à-dire d'unités qui ont elles-mêmes une signification. En d'autres termes les noms propres sont des expressions simples, qui n'ont pas de structure syntaxique interne, tandis que les descriptions sont des expressions complexes. Ainsi, « Québec » et «« la capitale du Québec »» sont des noms, tandis que « la capitale du Québec » est une description.

Dans une description, on peut généralement remplacer une partie par une autre qui désigne la même chose, et obtenir une nouvelle description qui désigne la même chose que la première. Par exemple, en remplaçant « Platon » par « l'auteur du *Cratyle* », dans la description « le maître de

Platon», on obtient une nouvelle description de Socrate, à savoir «le maître de l'auteur du *Cratyle*».

L'expression «le maître de Platon» est une description, mais l'expression ««le maître de Platon»» est un nom (de cette description). Si ««le maître de Platon»» était aussi une description, alors le fait d'y remplacer «Platon» par «l'auteur du *Cratyle*» devrait produire une nouvelle description qui désigne la même chose. Or ce n'est pas le cas, puisqu'on obtient alors «« le maître de l'auteur du *Cratyle*»», qui désigne l'expression «le maître de l'auteur du *Cratyle*», et non pas l'expression «le maître de Platon».

En réalité, il n'y a pas du tout la même relation entre «Platon» et «le maître de Platon» qu'entre «Platon» et ««le maître de Platon»». La relation entre «Platon» et ««le maître de Platon»» est la même que celle qu'il y a entre «plat» et «Platon», en ce sens que, de même qu'on ne dira pas que le mot «plat» apparaît dans le mot «Platon», de même on ne peut pas dire que ««le maître de Platon»» contient le mot «Platon».

Il ne faudrait pas se méprendre sur la portée des remarques que je viens de faire concernant l'usage des guillemets. Elles ne visent qu'à expliquer une *convention* que les philosophes et les logiciens ont cru bon d'adopter comme un moyen efficace d'éviter de confondre usage et mention. Autrement dit, il ne s'agit pas d'une théorie visant à expliquer la manière dont le langage ordinaire permet de parler des expressions linguistiques, ou la manière dont les guillemets sont effectivement utilisés par les locuteurs.

De ce point de vue-là, c'est-à-dire du point de vue d'une description de l'usage métalinguistique du langage ordinaire, il simple en effet contre-intuitif de maintenir une séparation exclusive entre usage et mention, c'est-à-dire, de soutenir que quand on affirme que «Québec» est un nom d'origine indienne, on n'utilise pas le nom «Québec». Au contraire, il est tout naturel de dire que j'utilise le nom «Québec», mais d'une manière particulière, pour désigner ce nom lui-même, plutôt que la ville de Québec. Autrement dit, il peut y avoir des exceptions au principe selon lequel pour parler d'un objet il faut utiliser un nom de cet objet et non pas (seulement) cet objet lui-même. En général, on utilise des noms plutôt que les objets qu'ils désignent, parce qu'on ne peut pas toujours produire ces objets eux-mêmes. Mais quand l'objet dont on veut parler est tel que nous pouvons l'exhiber, pourquoi ne pourrait-on pas dire qu'il peut alors être utilisé pour se désigner lui-même? Ne pourrait-on pas dire, par exemple, qu'un ornithologue utilise le chant de l'hirondelle pour le désigner lui-même, lorsqu'après avoir dit «Le chant de l'hirondelle est...», il fait jouer l'enregistrement d'un chant d'hirondelle? Et comment pourrait-on comprendre une phrase comme «Le nom du père de Paul est «Justin»», si le nom «Justin» n'y était pas utilisé d'une certaine manière?

Quoi qu'il en soit, il n'en reste pas moins que même s'il est possible d'utiliser un mot pour désigner ce mot lui-même, on a tout intérêt, pour éviter toute ambiguïté, à se conformer à la convention stricte qui est généralement admise, quitte à considérer que les expressions formées à l'aide des guillemets n'appartiennent pas, à strictement parler, au langage ordinaire qui est notre objet d'étude, mais à un langage spécialisé, que nous utilisons pour parler du langage ordinaire. Ce métalangage contiendra normalement non seulement les noms des expressions dont on veut parler, mais aussi les expressions utilisées pour représenter les propriétés que nous voulons attribuer à ces expressions, c'est-à-dire des expressions comme «signifie», «désigne», «est un syntagme nominal», «est synonyme de», «appartient à la même catégorie que», «implique», «est vrai», etc.

L'importance qu'on attache à la distinction entre usage et mention vient de ce que le fait d'admettre qu'une expression peut être simultanément utilisée et mentionnée peut conduire à des paradoxes, dont le plus connu est le paradoxe du menteur. Considérons par exemple la phrase suivante :

(7) La présente phrase n'est pas vraie.

Elle contient l'expression «la présente phrase», qui y est utilisée pour désigner la phrase (7) elle-même. Cette phrase est donc utilisée pour s'attribuer à elle-même la propriété de ne pas être vraie. Mais si elle a cette propriété, alors elle est vraie (puisqu'elle a la propriété qu'elle s'attribue), et si elle est vraie, alors elle n'a pas la propriété d'être vraie (puisque la propriété qu'elle s'attribue est précisément la propriété de ne pas être vraie). Il est donc contradictoire de supposer que cette phrase est vraie, ou de supposer qu'elle est fausse. En interdisant qu'une expression puisse être simultanément utilisée et mentionnée, et en se conformant à la convention énoncée plus haut concernant l'usage des guillemets, on exclut la possibilité de formuler de tels paradoxes.

Lectures complémentaires

A Lyons (1970 : chapitre 6), Gardies (1975 : chapitre 1), Quine (1970 : chapitre 2).
B Gamut (1991 : volume 2, chapitre 4), Lewis (1983 : chapitre 12), Strawson (1974 : chapitre 6).

NOTES

[1] Pour pouvoir dire de lui qu'il *comprend* ces phrases, il faudrait supposer de plus qu'il connaît la signification de «le frère de», «le patron de» etc. et de toutes les expressions complexes qu'il peut former au moyen des règles qu'il utilise.

[2] Le swahili est une langue d'Afrique orientale, originellement parlée par les habitants de la côte de l'Océan Indien, entre la frontière méridionale de la Somalie et la frontière septentrionale du Mozambique.

[3] Cette distinction sera expliquée de manière un peu plus approfondie dans la section 3 du présent chapitre.

[4] Cet exemple est emprunté à Blackburn (1984 : 10-26).

[5] On trouvera, en appendice à ce chapitre, une brève discussion de la distinction entre usage et mention, que je viens d'évoquer.

[6] Il s'agit de Ryle (1949).

Chapitre 7
Mentalisme et rationalisme

1. MENTALISME ET RÉALITÉ PSYCHOLOGIQUE

On a vu que selon Chomsky un des objectifs d'une théorie du langage est de construire une grammaire explicite pour chaque langue naturelle et on a vu brièvement ce qu'il faut entendre par une grammaire explicite, et qu'une telle grammaire doit avoir au moins une composante syntaxique et une composante sémantique. On peut dire qu'aujourd'hui l'immense majorité des linguistes et autres théoriciens du langage sont d'accord pour admettre que c'est là au moins un des objectifs de base de toute théorie du langage. Mais le consensus s'arrête là : il y a plusieurs conceptions différentes concernant 1) la forme que doit avoir la grammaire d'une langue naturelle (c'est-à-dire, par exemple, quelles catégories syntaxiques, quels types de règles elle peut ou doit invoquer, etc.), et 2) la question de savoir si c'est là le seul objectif d'une théorie du langage ou même seulement le plus important. Il n'est ni possible ni pertinent d'entreprendre ici l'examen, même sommaire, de ces controverses, ce qui équivaudrait à faire le bilan de la linguistique théorique des quarante dernières années. Il suffira de présenter les grandes lignes et les principaux présupposés du programme de recherche défendu et poursuivi par Chomsky depuis les années cinquante.

Chomsky est incontestablement l'un de ceux dont les travaux ont le plus contribué à la déchéance du behaviorisme et à l'émergence de ce qu'on appelle aujourd'hui la psychologie (ou même «la science») cognitive. Il a ainsi profondément révolutionné non seulement la linguistique mais aussi une bonne partie de la psychologie en jetant les bases d'une approche résolument mentaliste et rationaliste des phénomènes linguistiques. Il importe cependant de remarquer, d'entrée de jeu, que ce mentalisme *n'est pas* une forme de dualisme cartésien, qui postulerait l'existence d'une «substance» mentale entièrement distincte de la réalité physique. De ce point de vue, le mentalisme contemporain, tout comme le behaviorisme, est plutôt une forme de matérialisme. Mais le mentalisme admet que certains états internes des organismes (qu'on peut appeler des «états mentaux») contribuent à en expliquer les comportements manifestes, alors que le behaviorisme voudrait expliquer les comportements uniquement en termes de conditions environnementales (c'est-à-dire, de stimuli externes). Certes, le behavioriste est disposé à concéder que les états neurophysiologiques jouent un rôle dans la production des comportements, mais non pas qu'il y a un niveau de description de l'organisation du cerveau qui n'est pas celui de la neurophysiologie, et qui est proprement psychologique. Pratiquement toutes les grandes idées de Chomsky sont commandées par ce rejet des limitations du behaviorisme (et de la méthodologie empiriste qui l'accompagne et le justifie) et par la conviction que l'étude des langues naturelles doit contribuer à révéler les structures fondamentales de l'esprit humain.

Là où Chomsky se démarque le plus clairement de ses prédécesseurs immédiats, c'est quand il suggère que ce n'est pas assez de caractériser l'ensemble (illimité) des phrases grammaticales d'une langue, c'est-à-dire de spécifier la composante syntaxique d'une grammaire, encore faut-il le faire de la bonne manière, c'est-à-dire, encore faut-il trouver la bonne grammaire. Dire qu'il faut trouver la bonne grammaire, cela veut dire qu'il peut en principe y avoir plusieurs grammaires correctes de la même langue, c'est-à-dire plusieurs grammaires qui permettent de dériver exactement l'ensemble de toutes les phrases grammaticales d'une langue donnée (et de leur associer la bonne signification) mais dont une seule est la «bonne» ou «la vraie». La bonne grammaire, c'est celle que les locuteurs naturels de cette langue ont intériorisée, ce qui veut dire que l'objet de la linguistique ce ne sont plus seulement les langues naturelles, mais aussi les grammaires des langues naturelles (c'est-à-dire leurs systèmes de règles). Il ne s'agit plus seulement de caractériser l'ensemble des suites de mots qui appartiennent à telle ou telle langue naturelle, mais aussi de rendre compte des intuitions linguistiques des locuteurs de cette langue, c'est-à-dire de la compétence qu'ont les locuteurs de leur langue maternelle.

On peut en arriver à cette conclusion en remarquant que dans toutes les langues naturelles, il y a des phrases qui sont ambiguës (syntaxiquement), comme par exemple : «Un voleur de blé espagnol est tombé par la fenêtre», ou «Tom a reçu ce livre de Queneau». Chacune de ces phrases a au moins deux structures syntaxiques. Ainsi, dans la première, l'adjectif «espagnol» peut être rattaché soit à «voleur», soit à «blé»; et dans la seconde, l'expression «de Queneau» peut être rattachée soit au nom «livre» (Queneau est alors l'auteur du livre en question), soit directement au verbe principal «a reçu» (dans ce cas, Queneau est le donateur du livre). Cela veut dire que si on est prêt à se contenter de n'importe quelle grammaire qui prédit que ces phrases sont grammaticales en français, alors il y aura plusieurs grammaires acceptables, ou «correctes», puisqu'il suffit, pour qu'une suite soit admise par une grammaire, qu'elle lui attribue *une* structure syntaxique correcte. Mais il est clair qu'on préférera une grammaire qui assigne deux structures syntaxiques à une phrase ambiguë à une grammaire qui n'assigne qu'une structure syntaxique à chaque phrase, même si les deux grammaires caractérisent le même ensemble de phrases grammaticales. Cela montre qu'il est souhaitable qu'une grammaire serve non seulement à caractériser les phrases grammaticales mais aussi à rendre compte, par exemple, du fait que certaines phrases sont perçues comme structuralement ambiguës par les locuteurs de la langue, et plus généralement des intuitions que peuvent avoir les locuteurs concernant les relations (structurales) entre différentes phrases.

Par exemple, on voudra rendre compte du fait que même si :

(1) Tom est facile à vivre

et

(2) Tom est facile à comprendre
ont superficiellement la même structure, elles sont en réalité plus différentes l'une de l'autre que :

(3) Tom est facile à comprendre

et

(4) Tom est facile à séduire,
puisque dans (1), «Tom» n'est pas l'objet direct de «vivre», alors que dans les trois autres cas il est l'objet direct du verbe infinitif. De même, on voudra rendre compte du fait que des phrases qui sont superficiellement différentes (comme par exemple, une phrase et la phrase négative ou interrogative correspondante), sont en réalité syntaxiquement reliées entre elles.

Admettre la pertinence de telles observations pour la description linguistique équivaut à reconnaître que la tâche du linguiste ne se résume pas à celle de trouver *une* manière de caractériser l'ensemble des suites qui constituent des phrases grammaticales d'une langue donnée (ce qui revient à dire qu'une langue ne se réduit pas à un ensemble de phrases, mais consiste plutôt en un ensemble de phrases *pourvues de certaines structures spécifiques*), mais inclut aussi, notamment, celle de rendre compte de la *connaissance* qu'ont les locuteurs de leur langue maternelle, c'est-à-dire de la manière dont ils perçoivent et/ou conçoivent les expressions de leur langue maternelle. Il s'ensuit que les données pertinentes pour l'étude d'une langue ne se limitent pas à l'ensemble des expressions linguistiques qui sont effectivement utilisées par les locuteurs, mais doivent aussi inclure les jugements des locuteurs concernant les propriétés de ces expressions (par exemple, les jugements selon lesquels telles phrases sont correctes, ou ambiguës, ou reliées à telles ou telles autres phrases, etc.).

Pour reprendre une terminologie introduite jadis par Chomsky, on peut dire qu'une grammaire qui caractérise correctement l'ensemble des phrases reconnues comme grammaticales par un locuteur donné est *observationnellement* adéquate, tandis qu'une grammaire qui caractérise correctement la connaissance (c'est-à-dire, en jargon officiel, la « compétence ») qu'un locuteur a de sa langue, sera dite *descriptivement* adéquate. Il s'agit ainsi, dans le deuxième cas, de trouver une grammaire qui ait une sorte de « réalité psychologique », en ce sens qu'elle correspond à la grammaire qui a été effectivement (quoique inconsciemment) apprise ou « intériorisée » par le locuteur. Il va de soi qu'il n'est pas possible de se fixer comme objectif de découvrir quelle grammaire a été intériorisée par un locuteur si l'on ne présuppose pas l'existence de représentations mentales, ce qui est évidemment contraire aux principes du behaviorisme. Pour le behavioriste, connaître une langue c'est simplement avoir un ensemble de dispositions à produire certaines formes linguistiques, tandis que dans une perspective mentaliste, c'est avoir une représentation de la grammaire (c'est-à-dire, de la théorie) de cette langue, représentation qui peut en principe, être présente même chez un locuteur qui, en pratique, est incapable de l'utiliser correctement. Ainsi, il semble naturel de supposer qu'un locuteur dont le cerveau est accidentellement endommagé de telle sorte qu'il soit désormais dans l'incapacité de parler, ou de parler avec autant de facilité qu'auparavant, pourrait néanmoins avoir conservé intacte sa connaissance du langage. Telle est du moins une des possibilités offertes par le point de vue mentaliste.

En résumé, il est clair qu'il y a généralement plusieurs systèmes de règles (plusieurs algorithmes) possibles qui permettent d'arriver au même résultat. On peut facilement concevoir, par exemple, plusieurs manières différentes de faire des additions, telles que :

1) la manière habituelle,

2) additionner les deux premiers nombres, puis additionner le résultat au nombre suivant, etc. (p. ex. : 23+12+15 = (23+12)+15 = 35+15 = 50),

3) choisir un nombre arbitrairement grand, par exemple 124, retrancher successivement chaque nombre à additionner, puis retrancher le résultat du nombre choisi (p. ex. : 124-23-12-15 = 74, 124-74 = 50).

De la même manière, plusieurs grammaires différentes peuvent être capables de caractériser le même ensemble d'expressions linguistiques. Mais selon Chomsky, parmi toutes les grammaires qui permettent de caractériser correctement l'ensemble des phrases grammaticales d'une langue, et même (peut-être) parmi toutes les grammaires qui permettent d'assigner à chaque phrase d'une langue sa ou ses significations dans cette langue, il n'y en a qu'une qui est psychologiquement réalisée dans la tête des locuteurs dont cette langue est la langue maternelle, et cela fait partie de la tâche du linguiste (qui est maintenant devenu un psychologue) que de découvrir laquelle[1]. La linguistique ainsi comprise devient une théorie de la compétence linguistique, c'est-à-dire une théorie de la connaissance que les locuteurs ont de leur langue maternelle. Il s'agit de décrire cette connaissance et non pas seulement la langue qui est connue. Chomsky parle volontiers d'une connaissance tacite, ou même inconsciente, des règles de la grammaire qui seraient, d'une manière ou d'une autre, représentées dans l'esprit des locuteurs.

Cette redéfinition de l'objet et du domaine de la linguistique, qui en fait une simple branche de la psychologie, n'est pas sans implication pour le concept de langue lui-même. Dans le langage courant, en effet, tout comme dans la linguistique « structurale » (ou pré-générative), la notion de langue est inséparable de celle de communauté linguistique, c'est-à-dire, de l'idée d'une communauté de locuteurs-auditeurs capables de communiquer entre eux au moyen du même répertoire d'expressions linguistiques comprises de la même manière. Elle revêt ainsi un caractère social, qu'on retrouve par exemple dans des conceptions comme celles de Searle et de Lewis (et dans toutes celles qui insistent sur le caractère conventionnel ou institutionnel du langage), et qui est expressément rejeté hors du domaine de la linguistique scientifique par Chomsky[2]. La langue, conçue comme un ensemble ou un système d'expressions ou de comportements partagés par une communauté de personnes, n'est du point de vue de la linguistique générative qu'une construction abstraite sans pertinence pour la théorie du langage. En d'autres termes, il n'y a rien de tel, de ce point de vue, que la grammaire du français, ou la grammaire de l'allemand, dans la mesure ou les notions mêmes de langue française ou de langue allemande sont irrémédiablement vagues. Il est en effet tout à fait possible (voire même probable) qu'il n'y ait pas deux locuteurs de ce que nous appelons communément la même langue, qui ont intériorisé la même grammaire, ou même des grammaires équivalentes. De même que le français parlé à Montréal se distingue de celui parlé à Genève ou à Paris, de même, le français de Lamartine se distingue de celui de de Gaulle ou de Derrida, et celui de Pierre de celui de Paul. On voit ainsi que s'il s'agit de caractériser, pour chaque locuteur, la grammaire qu'il a intériorisée, les notions habituelles de grammaire ou de langue, en tant qu'elles renvoient à des entités «supra-individuelles», n'ont pas leur place. Est-ce à dire que le linguiste doit chercher à découvrir, pour chaque individu, la théorie grammaticale qui lui correspond ? Cela serait probablement désastreux pour le statut scientifique de la linguistique. Mais de même que le fait que chaque individu ait sa personnalité propre n'empêche pas l'existence de théories psychologiques applicables à tous, de même le fait que chaque individu ait intériorisé sa propre grammaire n'empêche pas l'élaboration d'une théorie linguistique «universelle»; et c'est bien à ce niveau, comme on le verra dans la section suivante, que se situe le véritable intérêt de Chomsky pour le langage.

Étant admis que chaque personne qui a maîtrisé une langue a ainsi acquis un certain système de connaissance (une grammaire), qui est de quelque manière représenté dans son esprit, et ultimement dans son cerveau, il convient en effet de délimiter l'objet de la recherche sur le langage à l'aide des quatre questions suivantes :

(i) Quel est ce système de connaissance que le locuteur a intériorisé ?

(ii) Comment ce système de connaissance est-il acquis ?

(iii) Comment ce système de connaissance est-il utilisé dans le discours ordinaire ?

(iv) Quels sont les mécanismes physiques sous-jacents à ce système de connaissance et à son utilisation ?

Je me suis limité, jusqu'ici, à souligner le fait que selon Chomsky, il doit exister un tel système de connaissance qui est représenté mentalement, et qu'il appartient au linguiste de décrire (question (i)). Mais il ne s'agit là que d'une première étape dans l'élaboration d'une théorie linguistique. La question la plus centrale, celle à laquelle Chomsky accorde la plus grande attention, est en fait la question (ii), celle de l'acquisition du langage, et sera discutée dans la section suivante. Chomsky se montre généralement beaucoup moins loquace lorsqu'il s'agit des deux autres questions.

La question (iv) est en fait celle de la neurophysiologie du langage, qui devrait éventuellement déterminer comment les principes abstraits de la grammaire sont physiquement réalisés dans le cerveau humain. Il s'agit là pour Chomsky d'une question scientifiquement aussi légitime que nécessaire, mais à propos de laquelle la science contemporaine sait encore peu de choses.

La question (iii), quant à elle, renvoie à la distinction introduite par Chomsky dans les années soixante entre la compétence et la performance, c'est-à-dire entre la connaissance (théorique, abstraite) du langage et son utilisation ou sa mise en œuvre effective dans des situations concrètes. Une théorie de la performance linguistique est elle aussi une théorie psychologique, mais elle n'est pas au même niveau et présuppose une théorie de la compétence (du moins selon Chomsky) : une théorie de la performance serait en quelque sorte une théorie de l'utilisation de la compétence. La nécessité de cette distinction découle en fait de l'insistance avec laquelle Chomsky défend l'idée que posséder une langue ne se réduit pas à avoir une capacité pratique, ou un ensemble de dispositions, à l'utiliser, mais consiste à avoir une représentation mentale des principes qui la gouvernent.

Une théorie de la performance vise à déterminer les processus psychologiques par lesquels une personne normale est capable de produire ou de comprendre des énoncés. Elle pourra par exemple établir que certains types de phrases ou de constructions sont plus difficiles à comprendre que d'autres, et cherchera à expliquer pourquoi. La théorie de la compétence, pour sa part, fait abstraction de telles limitations, elle cherche uniquement à caractériser le système abstrait des règles de la grammaire sans se préoccuper du fait que certaines phrases sont peut-être trop complexes pour être réellement utilisées ou comprises. Par exemple, des phrases comme

(5) Le chien du père du beau-frère du cousin de l'oncle de la cousine de Paul est un caniche.

(6) Si Pierre a un chien alors il pleut alors Paul marche.

(7) Le fromage que la souris que le chat que le chien que le voisin a adopté déteste pourchassait a mangé était bon.

sont parfaitement grammaticales en français, bien qu'un locuteur du français éprouve normalement certaines difficultés à les comprendre, sans les soumettre à une analyse explicite. On peut facilement se convaincre que (7), par exemple, est bien une phrase grammaticale, en remarquant qu'elle est construite par applications successives de la même règle, qui consiste à enchâsser une proposition relative dans une phrase composée d'un syntagme nominal et d'un syntagme verbal, de la manière suivante :
1) Le fromage était bon.
2) Le fromage (que la souris a mangé) était bon.
3) Le fromage (que la souris (que le chat pourchassait) a mangé) était bon.
4) Le fromage (que la souris (que le chat (que le chien déteste) pourchassait) a mangé) était bon.
5) Le fromage (que la souris (que le chat (que le chien (que le voisin a adopté) déteste) pourchassait) a mangé) était bon.

Cette distinction entre une théorie de la performance et une théorie de la compétence permet de comprendre pourquoi le linguiste intéressé à la théorie de la compétence n'a pas à tenir compte de tous les énoncés qui sont effectivement produits par les locuteurs d'une langue. Car une bonne partie d'entre eux peuvent ne pas être grammaticaux, dans la mesure où le discours réel est fonction à la fois de la compétence et d'autres facteurs psychologiques (tels que l'attention, la mémoire, la perception, etc.). Autrement dit la tâche du linguiste (générativiste) n'est pas de systématiser un corpus de formes linguistiques historiquement produites, mais plutôt de caractériser le système de connaissance intériorisé par les locuteurs et en vertu duquel certaines formes linguistiques, historiquement produites ou non, comptent comme correctes alors que d'autres comptent comme incorrectes. De ce point de vue, la situation du locuteur qui utilise sa grammaire «intérieure» n'est guère différente de celle d'une personne qui aurait maîtrisé/appris certaines règles de calcul, mais qui ferait toutes sortes d'erreurs de calcul, à cause de l'interférence d'une multitude de facteurs psychologiques. Le fait que cette personne soit plus ou moins habile à utiliser ces règles de calcul n'implique pas qu'elle n'en a pas une représentation adéquate, et de la même manière il est possible qu'un locuteur produise des formes linguistiques que la grammaire même qu'il a intériorisée ne reconnaît pas comme des expressions correctes. En ce sens, on peut dire que la théorie de la performance étudie l'interaction entre la faculté de langage et les autres facultés de l'esprit humain.

J'ai brièvement fait allusion au fait qu'une théorie de la performance s'intéresse à deux aspects de l'utilisation de la compétence linguistique, à savoir, sa mise en œuvre dans la compréhension du discours et sa mise en œuvre dans la production du discours. Or il est intéressant de noter que Chomsky est d'avis que l'élaboration de modèles de la production du discours soulève des difficultés particulières, et pourrait en principe échapper à la connaissance scientifique. C'est dans ce contexte que Chomsky évoque habituellement ce qu'il appelle le problème de Descartes, ou le problème de la créativité du langage, qui consiste dans le fait que nous soyons généralement capables d'utiliser le langage de manière à la fois différente et appropriée dans une variété indéfinie de situations différentes. Il s'agit en d'autres termes du problème soulevé par le fait que le comportement linguistique est généralement rationnel (c'est-à-dire approprié aux diverses circonstances) bien qu'imprédictible, en ce sens que deux personnes ayant les mêmes connaissances, qui seraient placées dans les mêmes circonstances, pourraient tenir deux discours entièrement différents, mais non moins «sensés» l'un que l'autre. Vue sous cet angle, la question de l'utilisation du langage se confond pratiquement avec celle de la liberté et du déterminisme, et il n'est pas étonnant de voir Chomsky se demander si la solution de ce problème est dans le domaine des capacités cognitives de l'espèce humaine.

2. RATIONALISME ET ACQUISITION DU LANGAGE

On a vu que concevoir la tâche du linguiste comme étant celle de caractériser non seulement l'ensemble des phrases grammaticales d'une langue (avec leurs significations), mais aussi la grammaire de cette langue qui est représentée dans l'esprit des locuteurs naturels de cette langue, revient à faire de la linguistique une branche de la psychologie, et une branche de la psychologie conçue de manière mentaliste. Mais Chomsky ne préconise certainement pas que la linguistique s'en tienne à essayer de découvrir les grammaires particulières que les locuteurs ont intériorisées. Elle doit au contraire s'intéresser à la nature du langage humain et tenter de dégager les caractéristiques communes à toutes les grammaires de toutes les langues humainement possibles, c'est-à-dire, les principes d'une grammaire universelle. L'hypothèse d'une grammaire universelle *innée et spécifique à l'espèce humaine* est nécessaire, selon Chomsky, pour atteindre à l'adéquation explicative, c'est-à-dire pour expliquer comment chaque locuteur peut acquérir la grammaire de sa langue, et ainsi fournir une réponse à ce que Chomsky appelle le problème de Platon (c'est-à-dire, à la question (iv) de la section précédente).

Chomsky fait ici allusion à ce passage du *Ménon*, où Socrate se met en frais de montrer qu'un esclave qui n'a jamais étudié la géométrie est néanmoins capable de résoudre des problèmes de géométrie. Cela soulève évidemment la question de savoir d'où il peut bien tenir un telle connaissance de la géométrie, et invite la réponse que puisqu'il ne l'a pas acquise, c'est qu'il la possédait déjà. Mais alors que Platon a vu là une raison de conclure à la réincarnation, les rationalistes des XVIIe et XVIIIe siècles dont se réclame Chomsky ont plutôt été enclins à conclure à l'existence d'idées et de connaissances innées.

Comme le fait remarquer Chomsky, toute théorie de l'apprentissage, dans n'importe quel domaine, doit postuler des mécanismes innés. Même une théorie behavioriste ou empiriste doit postuler, par exemple, que les organismes ont une tendance innée à reproduire les mêmes comportements dans les mêmes circonstances, quand ces comportements ont conduit dans le passé à des résultats «positifs». Autrement il n'y aurait pas de conditionnement possible, ni donc d'apprentissage. La question n'est donc pas de savoir s'il y a des mécanismes innés, mais de savoir quels sont ces mécanismes, et en particulier, 1) si ces mécanismes sont les mêmes pour tous les membres d'une espèce et/ou pour toutes les espèces biologiques et 2) si ces mécanismes sont les mêmes, pour une espèce donnée, pour tous les types d'apprentissage, ou s'il n'y a pas au contraire des mécanismes spécifiques pour chaque type d'apprentissage ou «domaine cognitif».

Chomsky soutient, contrairement aux behavioristes et à de nombreux autres chercheurs, qu'il y a un mécanisme inné d'apprentissage du langage qui est a) propre à l'espèce humaine, b) présent chez tout être humain normalement constitué, et c) spécifique à l'acquisition du langage. Ce mécanisme peut être conçu «abstraitement» comme une fonction qui permet d'associer une grammaire particulière à un ensemble de données ou de stimuli empiriques. En d'autres termes, chaque membre de l'espèce biologique *homo sapiens* serait doué d'une faculté de langage hautement spécifique, qui déterminerait, pour ainsi dire a priori (mais il s'agit d'un «a priori» biologique), la classe de toutes les langues humaines possibles. La grammaire particulière que chaque enfant en situation d'apprentissage linguistique intériorise serait fonction à la fois des propriétés ou du contenu initiaux de cette faculté de langage (par hypothèse la même pour tous les membres de l'espèce) et des stimuli verbaux spécifiques auxquels il aura été exposé. L'exposition à des stimuli verbaux, pendant la période appropriée du développement cognitif, provoque donc le passage de la faculté de langage d'un état initial (et biologiquement universel) à un état stable (ou terminal) caractérisé par la maîtrise d'une grammaire particulière. De même que cet état terminal correspond à la connaissance de la grammaire d'une langue particulière, de même l'état initial correspond à la connaissance (innée) d'une grammaire universelle, c'est-à-dire des caractéristiques et des principes communs à toutes les langues susceptibles d'être apprises par un enfant normalement constitué. Le principal objectif que Chomsky assigne à la théorie linguistique est précisément de caractériser cet état initial de la faculté de langage, et de dégager ainsi les propriétés essentielles d'une des composantes de l'esprit humain, en faisant la part entre la contribution de l'environnement et celle de l'organisme.

Un certain nombre de réflexions sur l'acquisition du langage plaident en faveur du bien-fondé de cet objectif. Chomsky s'appuie principalement sur l'observation que tous les enfants, quelles que soient leur origine ethno-culturelle ou leurs capacités intellectuelles, parviennent à maîtriser leur langue maternelle à peu près au même âge, en passant à peu près par les mêmes étapes, pour motiver l'hypothèse que s'il y a bien une faculté de langage innée, elle est vraisemblablement uniforme à travers l'espèce. De même, la complexité des structures linguistiques qui sont ainsi acquises, et le fait que l'apprentissage du langage se fasse le plus souvent sans instructions explicites de la part des adultes, avant l'âge scolaire, sur la base de données incomplètes et partiellement erronées[3], et cependant de manière aussi uniforme, conduisent presque irrésistiblement à la conclusion qu'il doit exister une telle faculté. Comment l'enfant pourrait-il acquérir un système de connaissance aussi riche et complexe que la grammaire d'une langue naturelle, s'il ne possédait pas déjà des connaissances substantielles sur les langues naturelles, ou s'il n'était pas pour ainsi dire «programmé» pour développer cette compétence, à peu près de la manière dont un oisillon est «programmé» pour apprendre à voler ou dont un embryon d'oiseau est «programmé» pour devenir un oiseau plutôt qu'un poisson?

Aucune forme d'entraînement ou d'éducation, quels que soient le temps et les ressources qu'on y consacre, ne fera en sorte que même l'enfant le plus doué apprenne à voler, alors que le premier oisillon venu y parvient en quelques semaines, ce qui illustre bien que la structure «a priori» de l'organisme contribue à déterminer le type d'apprentissage qu'il pourra faire. La contribution de l'organisme ne va cependant pas jusqu'à réduire à zéro celle de l'environnement, comme le rappelle Chomsky (1988 : 172) en faisant une analogie entre le développement de la perception de la profondeur chez les agneaux et celui du langage chez les enfants. Chomsky fait état de recherches empiriques qui ont montré que si un jeune agneau est séparé de sa mère et élevé dans l'isolement, il n'aura jamais la perception adéquate de la profondeur. Il est certain que la brebis n'enseigne pas à son agneau à percevoir la profondeur, mais il semble bien que l'interaction normale entre elle et son petit comporte certains aspects qui sont essentiels au développement normal de ce dernier. Il en va exactement de même, selon Chomsky, pour le développement cognitif de l'enfant : celui-ci doit être plongé dans un certain type d'environnement bien particulier pour que ses capacités cognitives, et en particulier sa faculté de langage, puisse se développer normalement et atteindre sa maturité. L'environnement jouerait ainsi un rôle (limité, mais indispensable) de déclencheur d'un processus de maturation largement prédéterminé.

J'ai déjà souligné un aspect sous lequel le point de vue mentaliste ou cognitiviste de Chomsky s'oppose à celui des behavioristes, à savoir, que dans la perspective cognitiviste, le comportement n'est pas considéré comme étant directement fonction des stimuli environnementaux, mais comme étant médiatisé par les structures «mentales». En d'autres termes, alors que le behaviorisme se limite à rechercher des lois qui mettent directement en rapport les stimuli et les comportements, en faisant aussi peu d'hypothèses que possible sur la structure interne des organismes, la perspective mentaliste implique que l'étude du comportement soit pour ainsi dire décomposée en deux étapes. La première consiste à déterminer comment les structures cognitives appropriées sont acquises, à partir des données ou des stimuli disponibles, et la seconde, à montrer comment ces structures, conjointement avec les stimuli, contribuent à expliquer les comportements observés :

1) acquisition des structures cognitives : données/stimuli + état cognitif initial ECI → état cognitif terminal ECT.

2) explication des comportements : stimuli + ECT → comportements.

La deuxième étape relève d'une théorie de la performance ; la théorie de la compétence, quant à elle, cherche à décrire l'état ECT que l'organisme est censé atteindre.

Un autre point de divergence capital entre la perspective behavioriste et celle de Chomsky concerne le degré de complexité et de spécificité de l'état initial ECI. Les théoriciens de tendance behavioriste, bien qu'ils admettent que chaque organisme a des capacités innées d'apprentissage, soutiennent que les mêmes mécanismes généraux d'apprentissage valent dans tous les domaines et pour tous les organismes (et toutes les espèces biologiques), ce qui voudrait dire qu'il y a une notion d'«intelligence» universellement pertinente (c'est-à-dire valide pour toutes les espèces), qu'il y a place pour une théorie universelle («trans-spécifique») de l'apprentissage, et que les différences entre les performances de différents organismes sont essentiellement quantitatives. Ainsi, bien que les primates soient moins intelligents que les humains, la nature de leur intelligence serait fondamentalement la même.

Chomsky soutient au contraire qu'il y a pour chaque espèce biologique des domaines de compétence qui lui sont spécifiques et pour lesquels elle est spécialement équipée ; l'ensemble de ces domaines délimitent la capacité cognitive propre à cette espèce. Le langage ferait ainsi partie de la capacité cognitive de l'espèce humaine, et d'elle seule, de même que la capacité à retrouver son nid ferait partie de celle des pigeons voyageurs. Dans les domaines où une espèce n'a pas de mécanisme d'apprentissage spécifique, ses capacités d'apprentissage sont limitées et comparables à celles des autres espèces qui n'ont pas non plus de mécanisme spécifique pour ces domaines. Chomsky (1975 : 29) donne en exemple la capacité à apprendre à trouver son chemin dans un labyrinthe, qui n'est pas plus grande chez les humains que chez les rats blancs. L'hypothèse qui guide Chomsky n'est donc pas seulement que les humains ont une capacité innée à apprendre le langage, ce que la plupart des théoriciens pourraient être prêts à admettre, mais aussi, et surtout, que cette capacité met en jeu des connaissances innées et des mécanismes d'apprentissage qui sont spécifiques à l'acquisition du langage, c'est-à-dire, qui interviennent dans l'acquisition du langage et *seulement* dans l'acquisition du *langage*. C'est bien pourquoi il peut d'ailleurs parler de grammaire universelle, qui ne serait ainsi qu'une composante (un « module ») parmi d'autres de l'état ECI chez l'espèce humaine.

Il importe de souligner que la grammaire universelle a pour fonction de spécifier la classe de toutes les grammaires (et donc de toutes les langues) humaines biologiquement possibles, ce qui veut dire qu'il pourrait y avoir des grammaires et des langues *logiquement* possibles qui ne satisferaient pas aux contraintes de la grammaire universelle. De telles langues/grammaires ne pourraient pas être apprises par un enfant dans des conditions normales d'apprentissage du langage, mais cela ne signifie pas qu'elles ne pourraient pas être apprises dans d'autres conditions, à force d'application et d'efforts conscients, de la même manière qu'on peut apprendre les mathématiques.

Les écrits de Chomsky regorgent d'exemples de principes dont les recherches linguistiques permettent de présumer qu'ils appartiennent à la grammaire universelle. Le plus souvent mentionné est celui selon lequel les règles d'une grammaire « humaine » particulière dépendent de la structure des phrases. Il est instructif de se demander quels genres de faits peuvent conduire à la conclusion qu'un tel principe fait partie de la grammaire universelle.

Imaginons qu'un extra-terrestre qui n'aurait absolument aucune connaissance du langage humain, et qu'on pourrait appeler Yksmohc, séjourne sur Terre (par exemple, au Nicaragua) dans le but d'y faire des recherches scientifiques sur l'espèce humaine. Il lui faut peu de temps pour commencer à s'intéresser aux phénomènes linguistiques et pour observer que les habitants de cette région produisent régulièrement des phrases indicatives telles que[4]

(8a) El hombre esta en la casa («l'homme est dans la maison»).

(8b) El hombre esta contento («l'homme est heureux»).

(9) El hombre, que esta contento, esta en la casa («l'homme, qui est heureux, est dans la maison).

Supposons qu'il découvre ensuite que les interrogatives correspondant aux phrases telles que (8a) et (8b) sont obtenues simplement en plaçant le verbe en position initiale, comme dans

(10a) Esta el hombre en la casa? («Est l'homme dans la maison?»).

(10b) Esta el hombre contento? («Est l'homme heureux?»).

La question qui se pose alors à Yksmohc est celle de savoir quelle est la forme interrogative correspondant à des phrases telles que (9). Il est clair que la réponse la plus simple et la plus naturelle à cette question consiste à supposer qu'elle est parfaitement analogue à celle qui correspond aux phrases du type de (8a) (8b), et que les locuteurs concernés ont intériorisé une règle selon laquelle la forme interrogative d'une phrase indicative est obtenue en déplaçant la première occurrence d'un verbe qui y apparaît pour la mettre en position initiale. Mais l'application de cette règle à (9) produit

(11) Esta el hombre, que contento, esta en la casa? («Est l'homme, qui heureux, est dans la maison?»)
que les locuteurs concernés considèrent comme du charabia, alors que la forme correcte est évidemment

(12) Esta el hombre, que esta contento, en la casa? («Est l'homme, qui est heureux, dans la maison?»).

L'hypothèse est donc rapidement réfutée, et Yksmohc découvre bientôt qu'aucune règle qui ne fait référence qu'à l'ordre linéaire des mots dans la phrase ne rend compte des faits observés, et que la règle correcte est que c'est le *verbe principal* de la phrase qui doit être mis en position initiale.

Cette découverte devrait le surprendre d'autant plus qu'une règle qui ne fait référence qu'à l'ordre linéaire ne peut qu'être plus simple qu'une règle qui invoque la notion de verbe principal, puisque l'application d'une telle règle exige qu'on soit en mesure d'associer aux phrases une structure hiérarchique; il sera ainsi amené à se demander pourquoi les locuteurs de l'espagnol n'utilisent pas la règle la plus simple, qui ferait en principe aussi bien l'affaire? Il importe en effet de remarquer qu'il n'y a aucune impossibilité logique à ce qu'une langue soit gouvernée par des règles qui ne feraient référence qu'à l'ordre des mots. Mais alors comment les enfants en situation d'apprentissage de l'espagnol savent-ils que la règle correcte est celle qui fait référence à la structure syntaxique des phrases?

La supposition qu'ils le découvrent de la même manière qu'Yksmohc lui-même, à la suite d'une série d'essais et d'erreurs (c'est-à-dire par l'expérience) ne résiste pas à l'examen, puisqu'il se trouve que les enfants ne font *jamais* le genre d'erreur qui résulterait de l'application d'une règle qui ne ferait référence qu'à l'ordre des mots. Il semble au contraire qu'ils utilisent spontanément une règle «dépendante de la structure» de préférence à tout autre type de règle, ce qu'on ne peut apparemment s'expliquer qu'en supposant qu'ils sont prédisposés à («programmés pour») apprendre une grammaire qui comporte ce genre de règle. Tout se passe donc comme si l'enfant savait déjà qu'il n'y a pas lieu d'examiner l'hypothèse selon laquelle la règle de formation des interrogatives dépend simplement de l'ordre des mots, comme si cette connaissance était déjà inscrite dans la structure de la faculté de langage.

La situation de l'enfant qui doit apprendre sa langue maternelle est comparable à certains égards à celle d'un scientifique qui doit construire une théorie d'un certain ensemble de phénomènes, en ce sens que tous les deux ont à construire une théorie (puisqu'une grammaire est une théorie), en se basant sur un nombre limité de données. Mais la grande différence entre les deux, selon Chomsky, c'est que l'enfant dispose «a priori» d'un ensemble de principes qui lui disent à quoi doit ressembler la grammaire qu'il doit construire, ce qui facilite considérablement sa tâche et permet d'expliquer pourquoi les enfants sont capables d'apprendre une langue en un laps de temps relativement court, en se basant sur des données limitées et souvent de mauvaise qualité, ce qui est d'autant plus étonnant que la grammaire qu'ils ont à construire est extrêmement complexe (si complexe en fait, que les linguistes n'ont pas encore réussi à en construire une seule). Le scientifique n'a pas cet avantage, il ne sait pas «a priori» quelles sortes de principes sa théorie doit contenir, il n'a à sa disposition que les principes généraux de la logique et de la méthode hypothético-déductive, et c'est pourquoi il est si difficile d'acquérir de nouvelles connaissances scientifiques. Comment un enfant de moins de trois ans pourrait-il accomplir ce que les meilleurs esprits scientifiques sont incapables d'accomplir en une vie de travail, s'il ne disposait pas de connaissances innées extrêmement spécifiques concernant les propriétés des langues humaines ?

De nombreux exemples comparables à celui que je viens de présenter tendent ainsi à confirmer la supposition qu'il n'y a rien de tel que des mécanismes d'apprentissage universels, ou du moins que s'il y a de tels mécanismes, ils ne jouent pas un rôle significatif dans le développement normal des capacités cognitives. Chomsky (1988 : 49-55) mentionne par exemple le cas des pronoms. Il fait remarquer qu'il y a en espagnol (comme d'ailleurs en français) une distinction entre les pronoms tels que «el» (ou «il», en français) qui peuvent être utilisés de manière autonome, et les pronoms tels que «lo» («le» en français) qui doivent être rattachés à un verbe (et qu'on appelle des «clitiques»). Cette distinction se manifeste, par exemple, dans des phrases telles que

(13) El ama a Juan («Il aime à Juan»).

(14) Juan nos mando examinar-lo («Juan nous a-demandé examiner-lui»).

De manière générale, un pronom est utilisé pour faire référence soit à une personne ou un objet qui est déterminé par le contexte de la conversation (on dit alors qu'il est «libre»), soit à une personne ou un objet qui est désigné par une autre expression à laquelle il est rattaché (on dit alors qu'il est «lié»). Il y a ainsi deux manières de comprendre le pronom «lo», dans (14) : soit il est lié à «Juan» et dans ce cas il fait référence à Juan, soit il est libre, et dans ce cas il fait référence à une tierce personne qui est déterminée par le contexte. Sur la base de cette observation, il est naturel de supposer que dans (13), le pronom «el» peut aussi être soit libre, soit lié à «Juan» (auquel cas l'énoncé serait synonyme de «Juan s'aime lui-même»). Mais cette hypothèse est réfutée par les faits, puisque «el» dans (13) ne peut pas être lié, mais doit être libre (bien qu'il puisse être lié lorsqu'il apparaît dans d'autres phrases), et par conséquent faire référence à une tierce personne. Il semble encore une fois que les enfants en situation d'apprentissage linguistique sachent ce genre de choses de manière innée.

Ici encore, il serait naturel de chercher à expliquer la différence entre (13) et (14) en supposant qu'il y a un principe général en vertu duquel un pronom ne peut être lié, dans une phrase donnée, qu'à un élément qui le précède. Ainsi, le pronom «lo» est précédé par «Juan» dans (14), tandis que le pronom «el» ne l'est pas dans (13); et c'est ce qui expliquerait que «lo» puisse être lié à «Juan» dans (14) alors que «el» ne peut pas être lié à «Juan» dans (13). Mais il est facile de produire des exemples de phrases dans lesquelles un pronom est lié à un élément qui le suit dans la phrase, et qui contredisent cette hypothèse :

(15) El hombre que lo escribio destruyo el libro («l'homme qui l'a écrit a détruit le livre»).

Dans cette phrase, le pronom «lo» est lié à l'expression «el libro», bien que celle-ci le suive, contrairement à l'hypothèse qui vient d'être formulée.

Les recherches en linguistique générative tendent à montrer que l'hypothèse la plus plausible, dans le cas qui nous occupe, semble être que la faculté de langage (la «grammaire universelle») contient un principe selon lequel un pronom ne peut être lié à un élément qui appartient au même domaine, où le «domaine» d'une expression peut être défini comme le plus petit syntagme qui la contienne. Par exemple, dans les phrases suivantes, le domaine du pronom «il» est indiqué au moyen de parenthèses :

(16) (Il pense que Jean est intelligent).

(17) Jean pense (qu'il est intelligent).

(18) La femme (qu'il a épousée) pense que Jean est intelligent.

Conformément au principe qu'on vient d'énoncer, «il» peut être lié à «Jean» (c'est-à-dire, avoir «Jean» pour antécédent) dans (17) et (18), puisque «Jean» n'y appartient pas à son domaine, alors qu'il ne peut lui être lié dans (16), où «Jean» appartient à son domaine. Ce principe est aussi respecté par les phrases espagnoles mentionnées plus haut. Dans (13), le domaine de «el» se confond avec la phrase entière, ce qui veut dire que «Juan» appartient à son domaine et qu'il ne peut lui être lié, comme c'est effectivement le cas. Dans (14), le domaine du pronom «lo» est l'expression «examinar-lo», ce qui l'autorise à prendre «Juan» comme antécédent. Et dans (15) le même pronom a pour domaine l'expression «que lo escribio», où «Juan» n'apparaît pas non plus.

Le principe selon lequel un pronom doit être libre dans son domaine est lui-même une illustration (et une confirmation) du principe plus général selon lequel les règles des langues naturelles font référence à la structure des phrases et non pas simplement à l'ordre des mots, dans la mesure où la notion de domaine fait elle-même référence à la structure syntaxique. Chomsky (1986 : 61, 1988 : 53-55) fait d'autre part remarquer qu'en supposant ce principe établi, on peut l'utiliser pour en dégager un autre, selon lequel il y aurait une asymétrie entre le sujet et l'objet d'un verbe. On note en effet que dans la phrase

(19) El hombre que escribio el libro lo destruyo («L'homme qui a écrit le livre l'a détruit»)

le pronom «lo» peut avoir «el libro» comme antécédent. Le principe établi précédemment permet d'en conclure que «el libro» n'appartient pas au même domaine que «lo», ce qui veut dire que l'expression «lo destruyo» doit constituer une unité syntagmatique (un «syntagme verbal»). Mais s'il en est ainsi, alors cela montre qu'il y a une asymétrie entre le sujet et le complément d'objet du verbe, dans une phrase de la forme SN + V + SN, en ce sens que le SN qui a la fonction de sujet n'est pas au même niveau hiérarchique que le verbe, tandis que le SN qui a la fonction d'objet et le verbe sont au même niveau hiérarchique. Pourtant, il n'y a logiquement aucune raison pour que l'objet soit plus étroitement associé au verbe que le sujet; ou en d'autres termes, il n'y aurait aucun obstacle logique à ce que la structure de ces phrases corresponde à

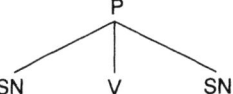

plutôt qu'à

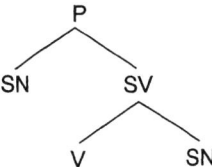

Les faits linguistiques concernant les autres langues tendent à confirmer que cette asymétrie constitue bien une propriété universelle des langues humaines, et Chomsky est enclin à en conclure que l'enfant en a une connaissance innée.

La grammaire universelle doit comporter, selon Chomsky, un riche ensemble de principes parfaitement généraux (tels que ceux qu'on vient de mentionner) qui interagissent de plusieurs manières. Il est clair cependant que la forme exacte de ces interactions dépendra en partie, dans chaque cas, des propriétés spécifiques des données linguistiques auxquelles chaque enfant est exposé pendant son apprentissage linguistique. L'état terminal de la faculté de langage d'un enfant élevé dans un environnement francophone ne sera évidemment pas le même que celui de la faculté de langage d'un enfant élevé dans un environnement anglophone, même s'ils sont, à la naissance, dans le même état initial. On peut ainsi supposer que la contribution de l'environnement linguistique consiste à fournir l'information empirique nécessaire pour que l'enfant puisse déterminer la valeur de certains paramètres dont dépend la manière particulière dont fonctionneront les principes de la grammaire universelle. L'hypothèse sous-jacente est donc que les langues humaines se distinguent principalement par le fait qu'elles assignent des valeurs différentes à un nombre relativement modeste de paramètres de la grammaire universelle. Chomsky conjecture, par exemple, que la possibilité de former des phrases où le sujet du verbe n'est pas exprimé explicitement constitue un tel paramètre, en ce sens que les langues qui autorisent cette possibilité manifesteraient un ensemble systématique de propriétés caractéristiques, de sorte qu'il suffirait à l'enfant élevé dans une communauté où on parle une telle langue de déterminer la valeur positive de ce paramètre pour qu'il puisse en déduire que la grammaire particulière qu'il doit acquérir doit avoir telles ou telles caractéristiques.

Il n'est pas sans intérêt de souligner aussi que selon Chomsky, les connaissances innées de l'enfant concernent non seulement les principes syntaxiques qui gouvernent la construction des phrases, mais aussi, dans une certaine mesure, l'organisation conceptuelle du lexique dans les langues naturelles. Chomsky (1988 : 27-34) juge en effet que la rapidité surprenante avec laquelle l'enfant, pendant une certaine période, apprend à utiliser de nouveaux mots, alors que chacun sait qu'il est extrêmement difficile de définir avec précision le sens d'un mot, incite à penser que l'enfant dispose des concepts correspondants avant même d'avoir été exposé à des faits linguistiques, de sorte que son apprentissage consiste essentiellement à placer des étiquettes sur des concepts pour ainsi dire préformés. Chomsky semble ici se rallier à la thèse de son disciple Fodor (1975) selon laquelle il est impossible d'acquérir de nouveaux concepts, ce qui veut dire qu'il doit y avoir un système inné de représentations mentales, un «langage de la pensée», dans lequel tous les concepts accessibles à l'esprit humain peuvent être exprimés. Apprendre le sens d'un mot se réduit, dans cette perspective, à le traduire dans ce langage de la pensée. Il va de soi que ces conclusions, qui rejoignent à beaucoup d'égards le point de vue idéationniste évoqué au chapitre 2, sont extrêmement controversées. Il reste, cependant, qu'il ne semble pas y avoir, à l'heure actuelle, de théorie de la formation de concepts capable de rendre compte des faits[5], et que cette hypothèse radicale doit apparemment être prise au sérieux (encore que Fodor ne considère pas sa position comme une simple «hypothèse»).

Selon Fodor, une théorie de l'apprentissage ne peut être qu'une théorie de l'acquisition des connaissances et jamais une théorie de l'acquisition des concepts, puisque apprendre quoi que ce soit consiste à faire l'inférence qu'une certaine hypothèse est confirmée par les faits, ce qui implique qu'on dispose au préalable des ressources conceptuelles suffisantes pour exprimer (ou pour «penser») cette hypothèse. Dans cette perspective, apprendre le sens d'un mot équivaut à confirmer une hypothèse de la forme «le mot X s'applique à un objet si et seulement si cet objet a les caractéristiques YZW», ce qui n'est évidemment possible que si le «langage de la pensée», dans lequel cette hypothèse est censée être représentée, permet précisément d'exprimer les concepts Y Z W requis. Fodor en conclut qu'il est logiquement impossible à quelque organisme que ce soit d'acquérir (par un processus d'apprentissage) des structures conceptuelles plus riches que celles dont il dispose déjà. La seule question empirique que cette perspective permette de poser à ce sujet est celle de savoir quels sont les concepts innés dont dispose l'enfant, qui sont nécessaires et suffisants pour caractériser l'ensemble de tous les concepts accessibles à l'esprit humain (c'est-à-dire celle de caractériser le langage de la pensée lui-même). Si Chomsky ne va pas tout à fait aussi loin que Fodor, il n'hésite cependant pas à suggérer qu'il y a des concepts qui sont disponibles préalablement à toute expérience, qui viennent à être associés à des formes lexicales, et qui sont reliés entre eux de manière systématique. Il songe notamment à des notions traditionnellement «problématiques», telles que celles de causalité, de personne, d'objet physique, d'action, d'intention, de finalité et de volonté, qui fourniraient une sorte de cadre général commun à toutes les langues humaines, une sorte de table des catégories fondamentales de la pensée humaine.

3. REMARQUES CRITIQUES

L'hypothèse défendue par Chomsky, d'une grammaire universelle innée, repose essentiellement sur certaines observations générales concernant l'acquisition du langage :

1) l'enfant acquiert sur une courte période des règles grammaticales abstraites et complexes, à partir de données incomplètes et partiellement erronées,

2) tous les enfants apprennent leur langue à peu près au même âge, en passant à peu près par les mêmes étapes, quel que soit leur degré d'intelligence,

3) l'apprentissage du langage est relativement spontané, c'est-à-dire, il se fait sans instructions explicites suffisantes, avant l'âge scolaire.

Tout ceci distingue l'apprentissage du langage des autres types d'apprentissage intellectuels et Chomsky semble croire que le seul moyen d'expliquer toutes ces caractéristiques de l'apprentissage du langage consiste à postuler une grammaire universelle innée et spécifique à l'espèce humaine. Il invoque, autrement dit, ce que Putnam a appelé l'argument «quoi d'autre?» : il doit y avoir une grammaire universelle innée, tout simplement parce qu'on ne voit pas quelle autre hypothèse pourrait expliquer les caractéristiques de l'apprentissage du langage. Mais est-il bien certain qu'il n'y ait aucune hypothèse rivale qui soit au moins aussi plausible?

Notons d'abord qu'il pourrait se faire que toutes les langues humaines aient des caractéristiques communes, c'est-à-dire qu'il y ait une grammaire universelle, sans que celle-ci soit innée. On pourrait, par exemple, découvrir que toutes les langues dérivent historiquement d'une langue commune unique (comme on le croyait jadis), ce qui permettrait peut-être d'expliquer pourquoi tous les enfants passent par les mêmes étapes en apprenant leur langue. Ou encore, on pourrait soutenir que toutes les langues ont les mêmes caractéristiques générales tout simplement parce que les langues qui ont ces caractéristiques sont celles qui sont le mieux adaptées pour remplir leur fonction (c'est-à-dire pour communiquer); les langues qui n'ont pas ces caractéristiques auraient simplement été éliminées par une forme de sélection naturelle. Mais Chomsky pourrait sans doute répondre que cette dernière hypothèse n'est pas logiquement incompatible avec l'hypothèse de l'innéité de la grammaire universelle, puisqu'après tout, l'évolution concerne aussi la sélection des gènes.

Il reste cependant l'hypothèse piagétienne, selon laquelle le langage est le résultat d'un processus actif de construction de structures cognitives de plus en plus riches et de plus en plus adaptées. Selon Piaget, l'hypothèse innéiste de Chomsky est non seulement inutile, puisqu'il est selon lui possible de rendre compte des caractéristiques invariantes de l'apprentissage du langage sans l'invoquer, mais de plus, elle fait de l'apparition du langage un véritable mystère, puisque l'émergence d'une «faculté de langage innée» doit alors apparaître comme le fruit d'une mutation aléatoire, en rupture totale avec les autres capacités cognitives. Piaget suggère au contraire que l'espèce humaine est douée d'une faculté d'apprentissage générale, qui se développe par étapes successives qui correspondent à des structures cognitives de plus en plus riches et de mieux en mieux adaptées, en ce sens qu'elles permettent une maîtrise de plus en plus grande sur l'environnement. Ainsi, les caractéristiques universelles du développement cognitif de l'enfant, y compris celles du développement linguistique, s'expliqueraient ultimement par cette tendance générale de tous les organismes à rechercher un meilleur contrôle de leur environnement. Je mentionne la position de Piaget simplement pour rappeler que le simple fait que certaines propriétés se manifestent de manière universelle au sein d'une certaine espèce biologique n'est pas suffisant pour conclure à leur innéité. Tout au plus, peut-on conclure à la présence d'une capacité innée à développer ces propriétés : toute la question, dans le cas du langage, est de savoir s'il y a une capacité générale d'apprentissage, capable d'expliquer le développement de diverses structures cognitives, ou s'il y a au contraire une capacité d'apprentissage spécifique au langage, une «grammaire universelle innée».

Une opposition plus radicale à l'entreprise de Chomsky consisterait à contester l'idée qu'il y ait une grammaire universelle «substantielle», innée ou non, c'est-à-dire un ensemble de principes qui seraient vrais de toutes les langues naturelles, sans pourtant l'être de toutes les langues logiquement possibles. On pourrait ainsi faire valoir que même si les linguistes arrivaient à proposer certains principes comme étant des universaux du langage, il y aurait toujours la possibilité qu'ils ne fassent alors que projeter les caractéristiques de leur propre langue sur les autres. Certains critiques ont aussi contesté la «spontanéité» de l'apprentissage du langage, en faisant remarquer que les enfants sont presque continuellement exposés, dès leur naissance, à des stimuli linguistiques, et systématiquement corrigés et qu'il n'est pas nécessaire, par conséquent, de supposer qu'ils sont «spécialement équipés» pour apprendre le langage. Quoi qu'il en soit, il s'agit là essentiellement de questions empiriques, qui concernent les psychologues, les linguistes et les biologistes, et auxquelles il n'appartient pas au philosophe de répondre par des arguments a priori.

Sur le plan philosophique, la principale difficulté soulevée par les hypothèses de Chomsky concernant la réalité psychologique des grammaires et l'innéité de la grammaire universelle, consiste à savoir s'il est légitime, et si oui en quel sens, de dire 1) que chaque locuteur *connaît* les règles de la grammaire de sa langue, et 2) que l'enfant a une *connaissance* innée des principes de la grammaire universelle. Il semble en effet qu'on ne puisse parler ici de «connaissance» qu'en vertu d'un abus de langage, ou du moins que le type de connaissance concerné doive être soigneusement distingué de ceux dont il est question dans des énoncés ordinaires comme ceux qu'on utilise pour dire que Pierre sait que l'eau se compose d'un atome d'oxygène et de deux atomes d'hydrogène, ou que Pierre sait qu'il pleut, ou qu'il a mal aux dents. Mais si les principes de la grammaire universelle définissent, pour ainsi dire, les conditions d'existence de la pensée et de la connaissance humaines, ce n'est qu'en un sens bien particulier, et mal défini, qu'on peut dire qu'ils sont eux-mêmes «connus».

Une chose paraît claire, c'est que la grammaire qu'un locuteur a maîtrisée doit, selon Chomsky, être «mentalement représentée» dans l'esprit de ce locuteur. Mais alors, cela ne veut-il pas dire qu'elle est représentée dans un langage, un langage qui serait différent du langage ordinaire et plus «fondamental» que lui? Mais si chaque locuteur maîtrise un tel «langage mental» alors ne doit-il pas connaître la grammaire de ce langage, et celle-ci ne doit-elle pas elle-même être formulée dans un troisième langage, etc. Il semble ainsi qu'on s'engage dans une régression à l'infini, à moins d'admettre qu'un locuteur peut maîtriser un langage sans avoir une représentation de sa grammaire. Mais dans ce cas, pourquoi supposer que chaque locuteur doit avoir une représentation de la grammaire de sa langue maternelle? Fodor a une réponse à cela, qui consiste à dire que la grammaire d'une langue naturelle doit être représentée mentalement parce qu'elle est apprise et non pas innée, mais que rien ne s'oppose à ce qu'il y ait un système inné de représentation mentale dont la grammaire ne serait pas elle-même représentée mentalement. S'il y a donc un sens dans lequel les locuteurs connaissent la grammaire de leur langue, on doit admettre qu'ils ne connaissent pas, *en ce sens*, la grammaire de leur langage de la pensée. Il convient cependant, en toute justice, de signaler que ces questions concernant la nature et le statut des représentations mentales ne visent pas exclusivement la linguistique générative, mais les sciences cognitives dans leur ensemble.

Lectures complémentaires

A Chomsky (1975a : chapitre 1), Piattelli-Palmarini (1979 : partie 2).
B Chomsky (1988), D'Agostino (1986), Block (1981 : volume 2, parties 3 et 4).

NOTES

[1] On notera que la grammaire «psychologiquement réelle» est celle que les locuteurs d'une langue acquièrent lorsque cette langue est leur langue «maternelle» c'est-à-dire leur première langue. Chomsky ne s'intéresse pas à l'acquisition d'une langue seconde, ni à la réalisation psychologique de la grammaire d'une langue seconde.

[2] L'énoncé le plus explicite à ce sujet se trouve dans Chomsky (1986 : 15-36).

[3] Les données qui sont accessibles à l'enfant, c'est-à-dire les productions linguistiques effectives des personnes de son entourage, sont «partiellement erronées» en ce sens qu'elles ne se composent pas exclusivement d'expressions grammaticalement correctes. Puisque l'enfant parvient néanmoins à développer une grammaire adéquate, il semble donc qu'il doive être en mesure de procéder, en quelque sorte, à une analyse préliminaire des données disponibles, de manière à exclure ou à ignorer toutes celles qui sont «humainement» impossibles ou aberrantes, en ce sens qu'elles ne peuvent être des expressions grammaticales d'aucune langue.

[4] Je me conforme à la pratique habituelle qui consiste à accompagner les exemples en langue étrangère de leur traduction française littérale.

[5] J'ai brièvement évoqué, au chapitre 3, quelques-unes des difficultés de la doctrine abstractionniste, qui vise précisément à rendre compte de la formation des concepts.

Chapitre 8
Frege et la tradition logique

1. PRÉSENTATION GÉNÉRALE : LE PROJET FREGÉEN

Frege (1848-1925) est généralement reconnu comme le principal initiateur, avec Russell (1872-1970) et Wittgenstein (1889-1951), d'une des traditions philosophiques les plus importantes du XXe siècle, celle de la philosophie analytique. Son influence pourrait en effet difficilement être sous-estimée, en dépit du fait que son œuvre relève exclusivement du domaine des fondements de la logique et des mathématiques. Sa grande ambition (reprise plus tard par Russell) était de démontrer que les vérités mathématiques pouvaient se réduire à des vérités logiques, mais la poursuite de ce projet l'a conduit à développer une analyse particulièrement pénétrante du fonctionnement logique des expressions linguistiques qui reste encore aujourd'hui le cadre de référence privilégié d'une grande partie des philosophes du langage, et à constituer, pratiquement de toutes pièces, le noyau central de la théorie logique contemporaine (c'est-à-dire, le calcul des prédicats). C'est en grande partie à cause de son influence que la philosophie du langage en est venue, dans la première moitié du XXe siècle, à occuper la place centrale dans les préoccupations des philosophes de tendance analytique, au point de donner parfois l'impression que la philosophie analytique se confond avec la philosophie du langage.

Frege est notamment l'«inventeur» du concept de langage formel aujourd'hui d'usage courant dans les disciplines logico-mathématiques, car pour réaliser son projet d'expliciter complètement les démonstrations mathématiques de manière à en éliminer les présupposés indésirables et à les rendre pour ainsi dire «mécaniques», il avait besoin d'un langage adéquat, dépourvu des ambiguïtés du langage ordinaire, mais qui permette néanmoins d'exprimer les propositions mathématiques (ou même, les propositions scientifiques en général) et d'en révéler clairement la structure logique. Ce langage idéal (cette «idéographie», comme l'appelle Frege) devait ainsi permettre de percevoir clairement les propriétés logiques des énoncés et de garantir la validité et l'objectivité des raisonnements. Cet intérêt quasi exclusif pour la connaissance objective et le raisonnement ne doit pas donner l'impression (erronée) que pour Frege le langage a pour seule fonction d'exprimer des connaissances. Frege reconnaît que le langage remplit dans la vie sociale une multitude de fonctions, mais il voit précisément dans le fait que le langage ordinaire est un instrument polyvalent l'explication du fait qu'il ne remplit pas sa fonction cognitive de manière aussi parfaite qu'il serait souhaitable. Je donne ces précisions afin de décourager une interprétation réductrice de l'entreprise de Frege, selon laquelle la signification d'une expression linguistique se réduirait à son contenu logique. Le point de vue frégéen n'exclut pas que la signification puisse avoir d'autres aspects que ses aspects purement logiques ou cognitifs, bien qu'il se limite à l'analyse de ceux-ci.

Il importe aussi, avant d'aborder les distinctions frégéennes, de signaler un trait fondamental de sa philosophie (dont la phénoménologie husserlienne a d'ailleurs hérité) sur lequel j'aurai l'occasion de revenir, à savoir sa répudiation du psychologisme, et plus généralement du naturalisme, qui tenaient alors le haut du pavé philosophique. Dans la deuxième moitié du XIXe siècle, la spéculation métaphysique telle que pratiquée dans la tradition de l'idéalisme allemand tombe en effet en disgrâce pour faire place à différents mouvements de pensée qui tendent à concevoir la philosophie comme une science «naturelle» parmi d'autres, ou à promouvoir l'idée qu'il appartient aux sciences, et en particulier à la psychologie, de résoudre les problèmes traditionnels de la philosophie. C'est ainsi que la logique et la théorie de la connaissance en viennent, dans beaucoup d'esprits, à se confondre avec l'étude des «lois de la pensée», comprises comme les principes qui gouvernent l'enchaînement des représentations mentales[1].

Frege s'oppose vigoureusement à cette tendance naturaliste, qu'il juge incapable de rendre compte du caractère nécessaire et a priori de la connaissance logico-mathématique, et du caractère objectif de la connaissance scientifique en général. Comment en effet la psychologie, qui est basée sur l'«observation» de phénomènes psychiques et subjectifs, avec les risques d'erreur que cela comporte, pourrait-elle produire des connaissances aussi indubitables que celles de la logique ou des mathématiques? Si les principes logiques n'étaient en réalité que des lois psychologiques, cela voudrait dire que chaque esprit individuel pourrait avoir sa logique propre, de sorte que le psychologisme conduit tout droit au relativisme et au subjectivisme, et ce sont là des conséquences que Frege ne peut accepter. Si Frege ne répugne pas à appeler les lois logiques des «lois de la pensée», c'est dans un sens bien particulier, puisque ce qu'il appelle une «pensée» n'est pas une entité mentale, mais un objet abstrait, un universel.

La philosophie fregéenne du langage appartient à la famille de ce qu'on pourrait appeler les théories «dénotationnelles» de la signification. L'intuition de base qui guide toute théorie de ce type est tout à fait naïve et naturelle. C'est l'intuition que la signification d'une expression réside exclusivement ou principalement dans le fait qu'elle *dénote* («renvoie à», «désigne») quelque chose, c'est-à-dire qu'elle est en quelque sorte un nom de quelque chose.

Du point de vue d'une théorie dénotationnelle, le paradigme de la relation de signification, c'est la relation de dénomination (c'est-à-dire, la relation de dénotation entre un nom propre et ce dont il est le nom). Mais l'idée naïve que toute relation de signification se ramène à une relation de dénomination se heurte d'emblée à toutes sortes de difficultés qui font qu'aucune théorie plausible ne peut en fait être «purement» dénotationnelle. Il est clair, par exemple, que deux expressions comme «le maître de Platon» et «Socrate» dénotent la même chose, de sorte que si la signification devait être assimilée à la dénotation, elles devraient être considérées comme synonymes dans ce type de théorie, de même que les énoncés: «Socrate est mort» et «Le maître de Platon est mort». De même, des termes comme «Pégase», «licorne», «centaure», etc., devraient être considérés comme dépourvus de signification, puisqu'ils ne dénotent apparemment rien. Que dire aussi d'expressions comme «La venue de Pierre» et «Pierre est venu», dont on pourrait croire qu'elles dénotent toutes les deux le fait que Pierre est venu, mais qui ne sont certainement pas synonymes? Et comment, dans le cadre d'une telle théorie, rendre compte de l'unité de l'énoncé, c'est-à-dire du fait qu'un énoncé n'est pas simplement une liste de noms puisqu'il permet d'affirmer des choses alors qu'un nom ne permet pas d'affirmer quoi que ce soit[2]?

Étant donné ces difficultés, une grande partie des efforts d'un philosophe sensible à l'attrait d'une théorie dénotationnelle consiste généralement à essayer de déterminer à quel genre d'entités renvoient les expressions de tel ou tel type (si elles renvoient à quelque chose), et comment préserver l'intuition que la relation de dénotation doit avoir un rôle fondamental à jouer dans une théorie sémantique tout en tenant compte des faits. Il y a plusieurs variétés de théories dénotationnelles, et toutes sont passablement sophistiquées, mais toutes les variétés modernes connues dérivent de deux sources principales : Frege (1848-1925) et Russell (1872-1970), c'est-à-dire celles-là même dont dérivent la logique moderne et la philosophie analytique. Le point de vue de Russell sera présenté au chapitre suivant.

2. SENS ET DÉNOTATION DES TERMES SINGULIERS

C'est dans son célèbre article «Sens et dénotation», que Frege introduit les concepts et les principes de base de sa théorie sémantique, et conclut à la nécessité de s'écarter radicalement d'une théorie purement dénotationnelle. Il commence par examiner un cas particulier de la difficulté générale que j'ai signalée pour toute théorie purement dénotationnelle de la signification, à savoir, le fait que si la signification d'un terme singulier se réduit à sa dénotation, alors deux énoncés comme : «Le maître de Platon est mort» et «Socrate est mort» ou comme : «Tullius est un grand orateur» et «Cicéron est un grand orateur» devraient être synonymes, ce qui impliquerait qu'on ne peut pas croire que le maître de Platon est mort sans croire que Socrate est mort, et inversement. Cela impliquerait aussi que l'énoncé «Le maître de Platon est (identique à) Socrate» est analytique, c'est-à-dire, vrai uniquement en vertu de sa signification, et par conséquent qu'il n'est pas possible de comprendre un énoncé d'identité sans immédiatement en reconnaître la valeur de vérité. Mais cela fait problème, puisque si Socrate est le maître de Platon, c'est là un fait empirique (en l'occurrence un fait historique) et non pas un fait linguistique.

Autrement dit, Frege fait apparemment le raisonnement suivant :

1) Si la signification des termes singuliers se réduit à leur dénotation, alors un énoncé d'identité tel que
(1) Hespérus est identique à Phosphorus
exprime une relation entre les dénotations respectives de «Hespérus» et de «Phosphorus». Mais comme les deux noms dénotent la même chose[3], il ne peut pas y avoir de différence entre ce qu'exprime cet énoncé, et

ce qu'exprime l'énoncé

(2) Hespérus est identique à Hespérus.

En d'autres termes, tout énoncé d'identité serait soit contradictoire, soit analytique, c'est-à-dire dépourvu de valeur pour la connaissance, en ce sens qu'il ne pourrait exprimer aucun contenu de connaissance.

2) Pour éviter cette conclusion, on pourrait suggérer que (1) exprime une relation entre les noms «Hespérus» et «Phosphorus» eux-mêmes, et non pas entre Vénus et elle-même. Mais le fait que deux noms dénotent la même chose est un fait linguistique, qui dépend d'une convention arbitraire. Or quand nous disons que Hespérus est identique à Phosphorus, nous ne voulons pas dire qu'il y a une convention selon laquelle ces deux noms dénotent la même chose, nous voulons exprimer un fait astronomique et non pas un fait linguistique. En d'autres termes, nous ne pourrions pas changer le fait que Hespérus est identique à Phosphorus simplement en décidant d'utiliser ces noms différemment. D'autre part, et de toute manière, il n'est pas sûr qu'une telle analyse de la relation d'identité soit faisable. En effet, selon cette analyse, (1) se ramène à quelque chose comme

(3) «Hespérus» dénote la même chose que «Phosphorus»

c'est-à-dire à

(4) La dénotation de «Hespérus» est identique à la dénotation de «Phosphorus».

Mais cette reformulation contient encore la relation d'identité et doit donc (en vertu de cette analyse) être considérée équivalente à

(5) La dénotation de «la dénotation de «Hespérus»» est identique à la dénotation de «la dénotation de «Phosphorus»»

qui soulève à son tour le même problème, etc.

3) Frege arrive à la conclusion que pour distinguer (1) et (2) du point de vue de leur valeur cognitive, c'est-à-dire pour rendre compte du fait que seul le premier exprime une connaissance substantielle, il faut supposer que la différence entre «Hespérus» et «Phosphorus» ne consiste pas seulement dans le fait qu'il s'agit de deux formes linguistiques différentes mais correspond aussi à une différence dans *la manière* dont ils dénotent leur objet. Il est ainsi amené à distinguer entre la dénotation d'un terme singulier et son *sens*, le sens contenant le mode de donation ou de présentation de la dénotation (c'est-à-dire, de l'objet dénoté).

Cette distinction permet d'expliquer non seulement la différence entre (1) et (2), ou entre

(6) Hespérus est une planète

et

(7) Phosphorus est une planète

mais aussi comment un énoncé comme (6) ou (7) peut avoir une valeur cognitive quelconque ; car s'il était nécessaire, pour comprendre une expression, de savoir ce qu'elle dénote (c'est-à-dire de savoir à quoi elle s'applique) alors il serait impossible de comprendre un tel énoncé sans savoir s'il est vrai ou faux. Autrement dit, si comprendre «est une planète» consiste à savoir à quels objets cette expression s'applique, et comprendre «Hespérus» consiste à savoir à quel objet ce nom s'applique, alors on serait incapable d'expliquer qu'on puisse comprendre «Hespérus est une planète» sans savoir si cet énoncé est vrai !

Ce genre de considérations suggère qu'on ne peut pas se contenter d'une théorie purement dénotationnelle et qu'on doit admettre qu'à chaque expression correspond normalement non seulement une dénotation mais aussi un sens (qui est entièrement distinct de sa dénotation). Mais il reste i) à expliquer en quoi consistent le sens et la dénotation et comment ils sont reliés entre eux, et ii) à préciser en quoi consistent le sens et la dénotation associés à chaque type d'expressions, puisque jusqu'ici il n'a été question que des termes singuliers. Je commencerai par expliquer comment la distinction doit s'appliquer dans le cas des termes singuliers pour ensuite indiquer, à partir de cet exemple, quelle relation il y a, en général, entre le sens et la dénotation d'une expression. J'aborderai la deuxième question dans les sections suivantes.

Dans le cas d'un terme singulier, la dénotation est simplement l'objet auquel il renvoie, et cet objet est généralement quelque chose qui existe objectivement, indépendamment du sujet qui utilise le terme singulier en question. Chez Frege, il y a une étroite corrélation entre les notions d'objet et de terme singulier : une chose n'est un *objet* que si elle peut être dénotée par un terme singulier, et inversement toute expression qui dénote un objet est un terme singulier. Il importe donc de noter que le terme «objet» a pour Frege un sens technique, qui n'est pas le sens ordinaire dans lequel on peut dire que toute chose est «un objet»; la notion d'objet ne doit pas, en particulier, être confondue avec celle d'«individu concret», car un terme singulier peut dénoter un universel.

La question de savoir ce qu'est le sens d'un terme singulier chez Frege est beaucoup plus délicate, car Frege est peu loquace quand il s'agit du sens. Tout ce que dit Frege, c'est que le sens d'un terme singulier *contient* le mode de présentation de sa dénotation et qu'il est donné à toute personne qui est capable de comprendre ce terme singulier. Bien que cette formulation laisse entendre que le sens ne se réduit pas au mode de présentation, il est fréquent que les commentateurs identifient les deux notions. Cette pratique semble acceptable à condition de bien garder en mémoire que dans ce cas, il faut se garder de supposer que le sens d'une expression (désormais identique au mode de présentation) en épuise la signification. Le sens, ainsi compris, ne correspond qu'à ces aspects de la signification qui sont pertinents du point de vue de la connaissance et/ou de la vérité. Frege pourrait en effet être disposé à admettre qu'il y a des composantes de la signification d'une expression qui ne relèvent pas de son sens (c'est-à-dire, du mode de présentation de sa dénotation), et qu'il peut donc y avoir des expressions qui ont le même sens sans pour autant être parfaitement synonymes (on pourrait dire alors qu'elles sont «cognitivement» synonymes). Cela pourrait être le cas, par exemple, d'expressions comme «canaille», «fripouille» et «crapule», ou comme «ville» et «cité». Ceci dit, il arrive souvent qu'en pratique, et lorsque le contexte s'y prête, on fasse comme si la signification se réduisait au sens. Frege lui-même ne se prive pas de le faire, dans la mesure où son objectif n'est pas l'étude des langues naturelles mais la construction d'un langage artificiel destiné à ne remplir qu'une fonction cognitive et où il n'y a par conséquent pas lieu de distinguer le sens et la signification.

Quant au mode de présentation lui-même, il semble être ni plus ni moins que l'aspect sous lequel la dénotation (dans le cas d'un terme singulier, l'objet) est appréhendée. Il semble bien, en effet, qu'un objet ne puisse être pensé ou représenté qu'en tant qu'il a telle ou telle caractéristique, ou en d'autres termes, qu'un objet ne soit jamais donné «en lui-même», ou pour ainsi dire sous tous ses aspects simultanément. Si l'objet était donné «en lui-même» cela voudrait dire que nous en avons une connaissance parfaite, et que nous savons donc, pour tout terme singulier, s'il dénote ou non cet objet. Dans ce cas tous les termes singuliers qui dénotent le même objet devraient avoir le même sens, et la distinction entre le sens et la dénotation serait ainsi abolie. Dans le cas d'un terme singulier, il semble approprié de supposer que le sens correspond à un critère d'identité pour l'objet auquel il s'applique; connaître le sens d'un terme singulier, reviendrait alors à savoir quelle condition doit satisfaire un objet donné pour être la dénotation de ce terme (c'est-à-dire, à savoir en identifier la dénotation).

Dans les langues naturelles, mais pas dans le langage idéal que veut construire Frege[4], il arrive qu'une expression ait plusieurs sens ou plusieurs dénotations, ou qu'elle n'ait pas de dénotation (bien qu'elle ait un sens). Dans les deux cas cependant, plusieurs expressions différentes peuvent avoir un même sens ou une même dénotation. Les notions de sens et de dénotation sont cependant gouvernées par le principe suivant :

(P1) Chaque sens d'une expression en détermine au plus une dénotation. Ou autrement dit, si deux expressions ont le même sens (ou si elles ont

un certain sens en commun) alors ou bien elles ont la même dénotation (ou une certaine dénotation en commun), ou bien elles sont toutes les deux dépourvues de dénotation (relativement au sens qu'elles ont en commun). Ainsi, si deux expressions sont non ambiguës et ont une dénotation, alors elles ne peuvent pas avoir le même sens et des dénotations différentes. Par contre, si on considère deux expressions A et B qui ont chacune deux sens différents, SA1 et SA2 pour A, et SB1 et SB2 pour B, et si on suppose que SA1 est identique à SB1 (alors que SA2 est différent de SB2), alors chacune des situations suivantes est possible :
i. A dénote deux objets différents, selon le sens choisi ; par exemple, elle dénote l'objet OA1 lorsqu'elle a le sens SA1 et l'objet OA2 lorsqu'elle a le sens SA2
ii. A dénote le même objet, par exemple OA1, quel que soit le sens choisi (les deux sens déterminent le même objet)
iii. A dénote l'objet OA1 lorsqu'elle a le sens SA1, mais ne dénote rien lorsqu'elle a le sens SA2 (ce sens ne détermine aucun objet)
iv. A ne dénote rien, quel que soit le sens choisi (aucun de ses sens ne détermine un objet)
v. A et B dénotent OA1 lorsqu'elles ont le sens SA1 (= SB1), A dénote OA2 lorsqu'elle a le sens SA2, et B dénote un troisième objet, OB2, lorsqu'elle a le sens SB2
vi. A et B dénotent OA1 lorsqu'elles ont le sens SA1, A dénote OA2 lorsqu'elle a le sens SA2, et B dénote aussi OA2 lorsqu'elle a le sens SB2 (c'est-à-dire, SB2 détermine le même objet que SA2)
vii. A et B dénotent OA1 lorsqu'elles ont le sens SA1, A dénote OA2 lorsqu'elle a le sens SA2, et B ne dénote rien lorsqu'elle a le sens SB2 (ce sens ne détermine aucun objet).

Cette liste n'est évidemment pas exhaustive ; ce qu'il importe de remarquer, c'est que (P1) exclut la possibilité que A dénote OA1 lorsqu'elle a le sens SA1 alors que B dénoterait un objet différent *lorsqu'elle aurait ce sens*. La multiplicité des combinaisons possibles permet aussi de comprendre pourquoi il est plus simple, en pratique, de faire *comme si* on n'avait affaire qu'à des expressions dépourvues de toute ambiguïté et qui dénotent quelque chose (ce que je ferai d'ailleurs moi-même, à moins d'indication contraire). On notera aussi que deux signes qui ont la même dénotation (ou qui n'en ont pas) peuvent avoir le même sens ou des sens différents, ce qui revient à dire que la même dénotation peut être présentée sous plusieurs aspects différents, et donc au moyen de plusieurs signes non synonymes. Le principe (P1) fournit un test permettant d'établir que deux expressions *n'ont pas* le même sens (il suffit pour cela de montrer qu'elles n'ont pas la même dénotation), mais il ne permet pas d'établir que deux expressions ont le même sens.

Un autre principe qu'il faut avoir à l'esprit pour bien comprendre le point de vue fregéen veut que

(P2) Quand on utilise une expression on parle de sa dénotation et *non* de son sens.

L'utilisation d'une expression présuppose l'existence de sa dénotation, et il se peut que cette présupposition soit fausse, puisqu'il y a des expressions dépourvues de dénotation. Il est fort tentant, dans ce cas, de dire qu'en utilisant une telle expression, on parle en réalité de son sens, ou d'une représentation mentale associée. Il est tentant, par exemple, de supposer qu'en disant «Pégase est un cheval», le locuteur doit vouloir parler d'une représentation d'un animal, ou du sens du mot «Pégase», puisqu'il ne peut évidemment pas être en train de parler d'un animal réel particulier. Mais Frege n'accepte pas cette réaction, en faisant valoir que dans ce cas, l'énoncé «Pégase est un cheval» devrait signifier quelque chose comme «Le sens de «Pégase» est un cheval» ou «Ma représentation mentale de Pégase est un cheval», ce qui est absurde, puisque ni les sens, ni les représentations ne sont des animaux. Frege préfère donc s'en tenir à l'idée que lorsqu'on utilise une expression pourvue de sens mais dépourvue de dénotation, on ne réussit tout simplement pas à parler *de* quoi que ce soit (ce qui ne signifie cependant pas qu'on ne réussit pas à *dire* quoi que ce soit). La question de savoir comment une expression peut à la fois avoir un sens et ne pas avoir de dénotation, alors même que le sens est supposé être un mode de présentation de la dénotation (comment un mode de présentation peut-il ne rien «présenter»?) reste une énigme à laquelle Frege ne semble pas avoir proposé de solution et qui continue de faire réfléchir les commentateurs.

3. SENS ET REPRÉSENTATION

Le projet de rendre compte de l'objectivité des connaissances serait manifestement fort mal servi si le sens devait être assimilé à un phénomène mental. C'est pourquoi Frege insiste lourdement sur le fait que le sens *n'est pas* une entité mentale, sans pour autant nier que la compréhension et l'utilisation du langage impliquent certains processus psychologiques. Ce que Frege appelle la représentation (c'est-à-dire l'idée, ou image mentale, à peu près dans le sens où il en a été question au chapitre 2) associée à une expression doit être soigneusement distinguée à la fois du sens et de la dénotation, parce que la même représentation n'est pas toujours associée à la même expression, même chez un seul individu, alors que chaque expression doit avoir le même sens pour tous les membres de la communauté linguistique concernée.

La représentation est essentiellement subjective, alors que le sens est objectif. Deux individus ne peuvent avoir la même représentation, mais ils doivent pouvoir attacher le même sens (et par conséquent la même dénotation) aux mêmes expressions sans quoi la communication et la science ne seraient pas possibles. Autrement dit, la représentation est toujours relative à un individu et à un moment donné, tandis que le sens appartient à l'expression linguistique de manière «absolue», c'est-à-dire indépendamment de la manière particulière dont les différents individus s'y rapportent. Il ne faut cependant pas en conclure qu'il n'est pas possible que deux personnes associent deux sens différents à la même expression, ou qu'une personne croie qu'une certaine expression a un certain sens, alors qu'une autre croirait que cette même expression a un certain autre sens. L'objectivité du sens implique seulement qu'un même sens peut, en principe, être «saisi» par plusieurs personnes différentes.

Frege utilise la métaphore du télescope pour illustrer les relations entre le sens, la dénotation et la représentation. Imaginons un télescope pointé en direction de la Lune. Il y a trois éléments à prendre en considération : la lune elle-même, l'image qu'elle produit sur la lentille du télescope, et l'image qu'elle produit sur la rétine de l'observateur. De même il y a trois éléments à prendre en considération concernant, par exemple, le terme singulier «la capitale de la France» : sa dénotation, son sens, et la représentation qui lui est associée dans l'esprit de l'utilisateur. La Lune, c'est-à-dire l'objet réel dont dépendent à la fois l'image produite sur l'objectif du télescope et l'image rétinienne produite sur un observateur, est alors à rapprocher de la dénotation du terme «la capitale de la France», qui n'est autre que la ville de Paris elle-même. L'image produite par la Lune sur la rétine d'un observateur correspond pour sa part à la représentation mentale qu'un locuteur particulier peut se faire de la capitale de la France : de même que chaque observateur a son image rétinienne propre, de même chaque locuteur a sa propre représentation mentale correspondant à l'expression «la capitale de la France». Enfin, l'image produite par la lune sur l'objectif du télescope correspond au sens de l'expression «la capitale de la France» : elle ne représente la lune que sous un de ses aspects (elle n'en représente pas, par exemple, la face cachée), de même que «la capitale de la France» ne représente Paris qu'en sa qualité de capitale de la France (et non pas, par exemple, en sa qualité de site de la tour Eiffel), de plus elle est objective et accessible à plusieurs observateurs, de même que le sens de «la capitale de la France» est accessible à tous les locuteurs du français. Ainsi, lorsque deux locuteurs utilisent l'expression «la capitale de la France», ils se rapportent tous les deux à la ville de Paris en tant qu'elle est la capitale de la France (c'est-à-dire, par la médiation du même sens), bien que cette expression évoque pour chacun d'eux des représentations mentales différentes.

On ne trouve pas chez Frege d'indications claires permettant de savoir s'il considère que les représentations associées aux expressions par les locuteurs sont au nombre de ces aspects de la signification qui ne font pas partie du sens, ou s'ils ne font tout simplement pas partie de la signification. Du point de vue de Frege, cette question est d'ailleurs purement académique puisqu'elle revient à demander si tous les aspects de la signification sont objectifs, alors qu'il lui importe seulement d'établir que les aspects *cognitifs* de la signification le sont. Une chose est claire, cependant, c'est que Frege ne mentionne les représentations mentales que pour souligner qu'elles n'ont aucun rôle à jouer dans sa théorie du langage.

4. SENS ET DÉNOTATION DES ÉNONCÉS

Nous avons maintenant une certaine idée de ce que sont le sens et la dénotation d'un terme singulier et des relations qu'ils entretiennent, mais nous n'avons encore rien dit de la manière dont ces notions pourraient s'appliquer aux autres catégories d'expressions. Or il est clair que Frege entend que la distinction entre le sens et la dénotation soit applicable à toutes les expressions sans exception. Il faut donc se demander, dans un premier temps, en quoi consistent le sens et la dénotation d'une phrase ou d'un énoncé.

Un énoncé assertif (ou plus généralement, ce que la grammaire traditionnelle appelle une «proposition indépendante») contient indéniablement une pensée, dit Frege en prenant soin de préciser que ce qu'il appelle une «pensée» n'est pas une entité ou un processus mental, mais ce qu'on pourrait aussi appeler un «contenu de pensée»[5] : quelque chose d'objectif, qui peut être saisi par plusieurs individus. Il faut cependant se demander si cette pensée constitue le sens ou la dénotation d'un énoncé. Pour répondre à cette question, Frege s'efforce d'abord de montrer que si les énoncés assertifs ont une dénotation, celle-ci ne peut pas être la pensée qu'ils contiennent, pour établir ensuite qu'il y a un lien étroit entre la question de savoir si une expression a une dénotation et celle de savoir si les énoncés où elle apparaît ont une valeur de vérité, ce qui donne une raison de supposer que la dénotation d'un énoncé est sa valeur de vérité.

Le premier raisonnement est clair et net, et fait intervenir un principe extrêmement important, à savoir le principe de l'intersubstituabilité de la dénotation :

(P3) si, dans une expression complexe, on remplace une expression par une autre qui a la même dénotation (mais pas nécessairement le même sens) alors la dénotation de la nouvelle expression complexe ainsi obtenue est la même que celle de la première.

Ce principe est assez évident, si on admet que lorsqu'on utilise une expression, c'est de sa dénotation qu'on parle et non pas de la manière dont cette dénotation est présentée (c'est-à-dire, si on admet (P2)). Par exemple, si on remplace «Platon» dans «le maître de Platon» par «le maître d'Aristote», on obtient une nouvelle expression qui dénote la même chose que «le maître de Platon», à savoir, «le maître du maître d'Aristote» qui dénote bien Socrate (c'est-à-dire, le maître de Platon).

Le principe (P3) implique que si la dénotation d'un énoncé est la pensée qu'il contient alors le fait de remplacer un élément de cet énoncé par un autre qui a la même dénotation doit produire un nouvel énoncé qui a la même dénotation, c'est-à-dire, selon cette hypothèse, un énoncé qui contient la même pensée. Mais il est facile de vérifier que ce n'est pas le cas : si dans «l'étoile du matin est une planète» on remplace «l'étoile du matin» par un terme singulier qui a la même dénotation, tel que «l'étoile du soir», on obtient «l'étoile du soir est une planète», qui ne contient manifestement *pas* la même pensée. Ces deux énoncés ne contiennent pas la même pensée, puisqu'il est certainement possible de croire ou de «penser» que l'étoile du matin est une planète, sans croire ou «penser» que l'étoile du soir est une planète. Il faut donc conclure que la dénotation d'un énoncé ne peut être la pensée qu'il contient et que celle-ci ne peut être que le *sens* de l'énoncé.

On notera que ce raisonnement ne montre pas que les énoncés *ont* une dénotation. Il est parfaitement compatible avec la supposition que les énoncés ont un sens, mais ne dénotent rien. C'est cette possibilité que Frege doit maintenant éliminer, dans la deuxième étape de son raisonnement. Il commence par concéder qu'il y a des énoncés qui n'ont pas de dénotation, pour la simple raison qu'il y a (dans les langues naturelles) des termes singuliers qui n'ont pas de dénotation (et qui sont pourtant pourvus de sens), et qu'il souscrit (implicitement) à un autre principe, selon lequel

(P4) si une expression en contient une autre qui est dépourvue de dénotation, alors elle est elle-même dépourvue de dénotation.

Ce principe semble intuitivement assez plausible, au moins pour le cas des termes singuliers. Il est clair en effet que des termes singuliers comme « la plus belle licorne de la Forêt-Noire » et « le dernier voyage de Pégase » ne dénotent rien, et que cela doit sans doute être attribué au fait que les expressions « licorne » et « Pégase » ne dénotent elles-mêmes rien[6].

En vertu de ce principe, les énoncés qui contiennent des termes singuliers dépourvus de dénotation sont eux-mêmes dépourvus de dénotation. Ceci montre bien qu'il y a des énoncés dépourvus de dénotation mais nullement que tous les énoncés sont dépourvus de dénotation. Frege se demande alors qu'est-ce qui caractérise un énoncé contenant un terme dépourvu de dénotation, par exemple un énoncé comme : « Ulysse fut déposé sur le sol d'Ithaque dans un profond sommeil ». Il remarque que ce qui caractérise un tel énoncé c'est qu'on ne peut pas se demander « sérieusement » s'il est vrai ou faux, parce que d'un objet qui n'existe pas on ne peut dire ni qu'il fut déposé sur le sol d'Ithaque dans un profond sommeil, ni qu'il ne le fut pas. Il semble donc y avoir un lien étroit entre le fait qu'un énoncé soit dépourvu de dénotation et le fait qu'il soit dépourvu de valeur de vérité, et par conséquent, entre le fait qu'un énoncé ait une valeur de vérité et le fait qu'il ait une dénotation. La remarque de Frege suggère en effet que si un énoncé n'a pas de dénotation alors il n'a pas de valeur de vérité, c'est-à-dire, que si un énoncé a une valeur de vérité alors il a une dénotation.

D'autre part, le fait que nous soyons souvent intéressés à connaître la valeur de vérité des énoncés (c'est-à-dire, à savoir s'ils sont vrais ou faux) indique selon Frege que nous ne pouvons pas nous contenter de dire qu'ils ont un sens mais pas de dénotation. Autrement dit, si on s'intéressait uniquement au sens des énoncés, on n'aurait jamais besoin de se demander si les termes qui y sont utilisés ont une dénotation. Ceci est dû au fait que le sens d'un énoncé reste le même, que les termes qu'il contient aient une dénotation ou non, puisque le sens d'un énoncé dépend uniquement du sens de ses constituants et non de leur dénotation. Frege fait ici intervenir un nouveau principe, celui de l'intersubstituabilité du sens :

(P5) si dans une expression complexe on remplace une expression par une autre qui a le même sens, alors le sens de la nouvelle expression complexe ainsi obtenue est le même que celui de la première.

Ces observations amènent Frege à conclure que si on s'intéresse à la dénotation d'un constituant d'un énoncé, c'est parce qu'on suppose implicitement que les énoncés ont une dénotation. Mais comme on s'intéresse à la dénotation d'un constituant d'un énoncé uniquement dans la mesure où on s'intéresse à la valeur de vérité de cet énoncé, cela suggère que la dénotation d'un énoncé *est* sa valeur de vérité. Comme l'écrit Frege (1879-1925 : 109), « c'est donc la recherche et le désir de la vérité qui nous poussent à passer du sens à la dénotation ».

En vertu du principe de l'intersubstituabilité de la dénotation et de l'hypothèse qu'un énoncé (assertif) dénote sa valeur de vérité, on peut conclure que : deux expressions qui ont la même dénotation sont intersubstituables *salva veritate* dans tout énoncé (assertif), ou en d'autres termes, que l'énoncé obtenu en y remplaçant un terme par un autre qui a la même dénotation a la même valeur de vérité que l'énoncé original. Le fait que cette loi (qui est une forme de ce qu'on appelle souvent « la loi de Leibniz ») découle des principes fregéens peut être interprété comme une confirmation supplémentaire de la validité de ces principes et du bien-fondé de cette hypothèse. D'autre part, on ne voit pas ce qui pourrait être conservé par la substitution d'expressions qui ont la même dénotation, en dehors de la valeur de vérité des énoncés, ce qui ne laisse apparemment d'autre choix que d'admettre que la dénotation d'un énoncé est sa valeur de vérité.

En vertu du principe (P1), selon lequel le sens d'une expression en détermine la dénotation (si elle existe), on peut ainsi dire que la pensée exprimée par un énoncé en détermine la valeur de vérité. De même que le sens d'un terme singulier est la condition qui doit être satisfaite par un objet pour qu'on puisse dire qu'il est dénoté par ce terme, de même, on peut dire que le sens d'un énoncé, c'est la condition qui doit être satisfaite pour que cet énoncé dénote le Vrai. D'où la formule selon laquelle connaître le sens d'un énoncé c'est connaître ses *conditions de vérité*, qui caractérise une des traditions sémantiques les plus influentes du XXe siècle[7].

5. SENS ET DÉNOTATION DES EXPRESSIONS INCOMPLÈTES

Dans la perspective de Frege, les termes singuliers et les énoncés se distinguent de toutes les expressions par le fait qu'ils jouissent d'une sorte de « saturation » ou de « complétude » dont les autres expressions sont dépourvues. Frege fait ici allusion à la différence intuitive entre des expressions comme « le maître de Platon », « Socrate », ou « Socrate est vertueux », et des expressions comme « le maître de... » ou « ... est une planète », auxquelles on est peu enclin à concéder quelque forme d'autonomie que ce soit.

Les expressions complètes, et en particulier les énoncés, ont apparemment une sorte de priorité ou d'autonomie par rapport aux expressions incomplètes, dans la mesure où un acte linguistique, un acte de communication, consiste toujours à produire un énoncé qui exprime une pensée complète. Autrement dit, ce qui importe avant tout dans le langage, c'est qu'il permette de dire des choses, c'est-à-dire d'exprimer des pensées complètes. Ceci motive l'idée que la seule chose importante concernant la signification des mots c'est la manière dont elle contribue à déterminer celle des énoncés ou des termes singuliers où ils apparaissent. De ce point de vue, le sens d'une expression incomplète, ce n'est rien d'autre que la différence entre le sens des expressions complètes où elle apparaît et celui des termes singuliers utilisés dans ces expressions. Considérons par exemple l'énoncé « Le maître de Platon est vertueux ». Du point de vue frégéen, cet énoncé exprime (c'est-à-dire, a pour sens) une pensée, à savoir la pensée que le maître de Platon est vertueux. Cette pensée se compose, quant à elle, du sens du terme singulier « le maître de Platon » et du sens de l'expression incomplète «... est vertueux ». Le sens de cette dernière expression n'est donc rien d'autre, en quelque sorte, que ce qui reste de la pensée que le maître de Platon est vertueux quand on en a retranché le sens de l'expression « le maître de Platon ». De la même manière, le sens du terme singulier « le maître de Platon » se compose du sens du terme singulier « Platon » et de celui de l'expression incomplète « le maître de... », qui n'est donc que ce qui reste du sens de « le maître de Platon » quand on en a retranché celui de « Platon ». Ces remarques, en elles-mêmes plutôt obscures, reflètent cependant assez bien le point de vue frégéen et visent principalement à faire ressortir le fait que le sens d'une expression incomplète doit en quelque sorte être « abstrait » de celui des expressions complètes où elle apparaît.

Les expressions incomplètes ont un sens, comme toutes les autres expressions, mais leur sens est lui-même « incomplet » et c'est cela qui explique l'unité particulière des énoncés et des pensées, c'est-à-dire le fait qu'une pensée n'est pas une simple juxtaposition d'éléments mais un tout structuré qui se compose d'éléments qui « s'emboîtent » les uns dans les autres. Si les expressions incomplètes ont un sens, elles doivent aussi avoir une dénotation, au moins dans certains cas, ne serait-ce que parce qu'elles peuvent apparaître dans des énoncés qui ont une dénotation (c'est-à-dire une valeur de vérité)[8], et cette dénotation doit elle aussi être « incomplète » sinon on ne pourrait pas la distinguer de celle d'un terme singulier ou d'un énoncé. Autrement dit, la dénotation d'une expression incomplète ne peut pas être un objet, puisque seuls les termes singuliers peuvent dénoter des objets (et que les énoncés comptent, pour Frege, au nombre des termes singuliers[9]). Selon Frege, la dénotation d'une expression incomplète est une fonction, et lorsque cette expression incomplète est une expression prédicative, la fonction qu'elle dénote est appelée un *concept*.

Pour Frege, toute expression est soit complète soit incomplète, et toute chose est soit un objet soit une fonction. Il est bon de rappeler que Frege est d'abord un mathématicien, et qu'il s'inspire ici du concept mathématique de fonction. En théorie des ensembles, on définit aujourd'hui une fonction F comme étant un ensemble de couples ordonnés satisfaisant la condition suivante : si (x, y) est un couple qui appartient à F, alors x n'est le premier élément d'aucun autre couple appartenant à cette fonction. On peut ainsi dire que y est *la* valeur de la fonction F, pour l'argument x, puisqu'une fonction ne peut avoir qu'une seule valeur, pour un argument donné. Cette notion de fonction suggère donc celle d'une règle qui permet d'associer une chose à une autre, ou de faire correspondre une chose à une autre (de telle manière que chaque chose ne soit associée qu'à une seule autre). Quand Frege utilise le terme de «fonction», il ne veut pas parler simplement d'un ensemble de couples ordonnés, mais de quelque chose de plus nébuleux, qui se rapproche davantage d'une règle de correspondance[10].

L'intuition fondamentale de Frege est donc qu'une expression incomplète comme «le maître de...» doit être comprise sur le modèle des expressions fonctionnelles du langage mathématique telles que «...+2» ou «$\sqrt{...}$». Une expression fonctionnelle est toujours une expression incomplète, comportant une ou plusieurs places vides (ou «places d'argument») dans lesquelles on peut insérer des expressions linguistiques de manière à obtenir éventuellement une expression complète. Il est courant, en mathématique, d'indiquer ces places d'arguments à l'aide de variables plutôt que par des points de suspension comme je viens de le faire, et il est utile de suivre la même procédure dans le cas de toutes les expressions incomplètes, de manière à obtenir, par exemple, «le maître de x», «x+2» et «$\sqrt{x}$»[11]. Ainsi, en insérant le terme «5» dans la place d'argument de «x+2» (c'est-à-dire, en y remplaçant «x» par «5»), on obtient le terme singulier complexe «5+2», qui est une expression complète dont la dénotation est le nombre 7. Le nombre 7 est donc la valeur de la fonction dénotée par «x+2», lorsqu'elle a pour argument le nombre 5 (c'est-à-dire, lorsque la variable x prend ce nombre comme valeur). De la même manière, en insérant le terme «Platon» dans la place d'argument de «le maître de x», on obtient le terme singulier «le maître de Platon», dont la dénotation est Socrate. On peut donc dire que Socrate est la valeur de la fonction dénotée par « le maître de x », lorsque « x » prend Platon comme valeur.

Considérons maintenant une expression incomplète telle que « x est vertueux ». En insérant un terme singulier tel que « Socrate » dans la place d'argument de cette expression, on obtient l'énoncé complet « Socrate est vertueux », dont on peut présumer qu'il dénote le Vrai. Comme dans le cas des expressions incomplètes du type de « le maître de x », il apparaît naturel de dire que « x est vertueux » dénote une fonction dont la valeur est le Vrai, lorsque « x » prend Socrate comme valeur. Une expression incomplète comme « x est vertueux » ou « x aime y » est dite « prédicative », parce que le fait de remplacer la ou les variables qui y apparaissent par des expressions du type approprié produit un énoncé, c'est-à-dire une expression complète qui dénote une valeur de vérité. La fonction dénotée par une expression prédicative est appelée un *concept* (ou une relation, lorsqu'elle a plus d'une place d'argument) parce que l'objet qu'elle fait correspondre à ses arguments est toujours une valeur de vérité.

En résumé, lorsqu'une expression appropriée est insérée dans la ou les places d'arguments d'une expression incomplète, le résultat est une expression complète, c'est-à-dire soit un terme singulier soit un énoncé, et la valeur de la fonction (pour ces arguments) est la dénotation de cette expression complète. Si cette expression complète est un énoncé, alors elle dénote une valeur de vérité, et l'expression incomplète considérée est une expression *prédicative* (ou conceptuelle).

Si on ne sait pas exactement de quelle manière il faut comprendre la notion fregéenne de fonction, on sait du moins qu'une fonction F est identique à une fonction G si et seulement si elles ont les mêmes valeurs pour les mêmes arguments (c'est-à-dire, si et seulement si pour tout x $F(x)=G(x)$, dans le cas où F et G seraient des fonctions à un argument). Il s'ensuit que « x+2 », par exemple, dénote la même fonction que « x+(3-1) », que « le maître de x » dénote la même fonction que « celui qui a enseigné à x », et que l'expression prédicative « x a des reins » dénote le même concept que l'expression prédicative « x a un cœur ». Si deux expressions prédicatives sont vraies exactement des mêmes objets (ce qui est le cas de « x a un cœur » et « x a des reins », puisqu'on sait que toutes les créatures qui ont un cœur ont des reins et inversement), alors elles dénotent le même concept. Puisque les expressions « x+2 » et « x a des reins » n'ont manifestement pas le même sens que « x+(3-1) » et « x a un cœur », cela montre clairement que deux expressions incomplètes peuvent dénoter la même fonction même si elles n'ont pas le même sens, et qu'il faut par conséquent prendre garde, dans le cadre de la doctrine fregéenne, de confondre le concept avec le sens d'une expression prédicative. L'usage fregéen du terme «concept» (que les auteurs contemporains n'ont d'ailleurs généralement pas suivi) s'accorde ainsi assez mal avec l'usage courant, qui tend à prendre pour acquis que le sens d'un mot est un concept (et à tenir les concepts pour des entités mentales). Frege tient évidemment pour acquis que les expressions incomplètes n'ont pas seulement une dénotation, mais aussi un sens; mais (sans doute par souci de laisser un peu de travail à ses successeurs) il n'a apparemment jamais pris le soin d'examiner sérieusement la question de savoir en quoi consiste le sens d'une expression incomplète, ni introduit de terme particulier pour le désigner. La seule chose qu'on puisse dire, c'est que le sens d'une expression incomplète est le «mode» ou l'«aspect» sous lequel elle présente la fonction qu'elle dénote. Puisque le terme «concept» risque de causer la confusion, on peut se rabattre sur la terminologie traditionnelle et dire tout simplement que le sens d'une expression prédicative est un attribut ou une propriété. Dire que «x a un cœur» et «x a des reins» ont des sens différents n'est donc qu'une manière de dire qu'elles expriment des propriétés différentes (qu'elles ont des *intentions* différentes), et dire qu'elles ont la même dénotation, c'est dire que ces propriétés s'appliquent exactement aux mêmes choses (qu'elles ont la même *extension*).

6. COMPOSITIONNALITÉ, PRÉDICATION ET QUANTIFICATION

On est maintenant en mesure d'apprécier comment l'analyse fregéenne fournit les instruments adéquats pour décrire la structure sémantique des langages pour lesquels on peut construire une grammaire catégorielle. On se rappelle[12] qu'une grammaire catégorielle est construite sur la base d'un ensemble potentiellement infini de catégories syntaxiques dérivées, qui sont elles-mêmes définies à partir de deux catégories syntaxiques primitives, à savoir celle des noms propres et celle des phrases, qui ne sont en fait rien d'autre que les deux catégories fregéennes d'expressions complètes (les termes singuliers et les énoncés[13]). Quant aux catégories syntaxiques dérivées, elles sont toutes des catégories d'expressions incomplètes, et donc, en termes fregéens, des catégories d'expressions qui dénotent des fonctions[14].

J'ai souligné au chapitre 6 (section 2) que la théorie sémantique d'une langue (c'est-à-dire, la composante sémantique de la grammaire de cette langue) devait être en mesure de caractériser la signification de chacune des expressions, simples ou complexes, de cette langue, ce qui exige qu'elle soit capable de préciser comment la signification d'une expression complexe dépend de la signification des expressions simples dont elle se compose, et qu'elle se conforme donc à un principe de compositionnalité sémantique. Or il n'est pas exagéré de dire que la doctrine fregéenne a été la première à permettre la formulation explicite de théories sémantiques conformes à cet idéal, et que toutes les formes contemporaines de théories sémantiques compositionnelles en ont subi l'influence.

Du point de vue fregéen, le principe de compositionnalité prend cependant deux formes différentes, selon qu'il concerne le sens ou la dénotation. En d'autres termes, Frege postule à la fois que

(P6) le sens d'une expression complexe est fonction du sens des expressions dont elle se compose,

et que

(P7) la dénotation d'une expression complexe est fonction de la dénotation des expressions dont elle se compose.

Le flou « philosophique » qui entoure encore la notion de sens fait en sorte que la construction de théories sémantiques capables de donner une substance au principe de la compositionnalité du sens (P6) reste quelque peu problématique[15]. Il est par contre relativement facile d'illustrer en quoi consiste une théorie compositionnelle de la dénotation.

Supposons que nous disposons d'une grammaire catégorielle pour une « langue » rudimentaire comportant les expressions simples suivantes :

n : Arthur, Marie, Paul.

n\p : marche, respire, chante.

n\p/n : aime, envie, écoute.

p\p/p : et, ou, si, seulement si.

p/p : il n'est pas le cas que.

Pour caractériser la structure sémantique « dénotationnelle » des expressions d'une telle langue, il suffit i) de dire ce que dénote chacune des expressions simples de cette langue et ii) de formuler les règles générales qui permettent de déterminer quelle est la dénotation d'une expression complexe à partir de la dénotation des expressions simples dont elle se compose et de la manière dont elles sont combinées entre elles. De manière générale, à chaque catégorie syntaxique correspond un type de dénotations possibles, c'est-à-dire l'ensemble des « choses » qu'une expression de cette catégorie est susceptible de dénoter (et qui constituent ce qu'on appelle parfois un « type sémantique »). Cette correspondance est soumise à la contrainte suivante, qui ne fait que préciser quels types de fonctions les expressions incomplètes sont censées dénoter :

si DA1... DAn, DB, et DC1... DCm sont les ensembles de dénotations possibles pour les expressions de la catégorie A1... An, B, et C1... Cm (respectivement), alors i) l'ensemble des dénotations possibles pour les expressions de la catégorie (A1, ..., An)\B ou de la catégorie B/(A1, ..., An) est l'ensemble des fonctions à n arguments dont le premier argument est un élément de DA1, ..., et le n^e argument un élément de DAn, et dont la valeur est un élément de DB, et ii) l'ensemble des dénotations possibles pour les expressions de la catégorie (A1, ..., An)\B/(C1, ..., Cn) est l'ensemble des fonctions à n+m arguments dont le premier argument est un élément de DA1, ..., le n^e argument un élément de DAn, le n+1-ième argument un élément de DC1, ..., et le n+m^e argument un élément de DCm, et dont la valeur est un élément de DB.

On sait que dans le contexte de l'analyse frégéenne, les expressions de la catégorie n (c'est-à-dire les termes singuliers) ne peuvent dénoter que des objets, alors que les expressions de la catégorie p (c'est-à-dire les énoncés) ne peuvent dénoter que le Vrai ou le Faux. Étant donné la contrainte du paragraphe précédent, il s'ensuit qu'une expression de la catégorie n\p, par exemple, ne peut dénoter qu'une fonction qui à un argument pris dans l'ensemble des objets, associe une valeur qui ne peut être que le Vrai ou le Faux. De même, une expression de la catégorie n\p/n dénotera une fonction qui à deux arguments pris dans l'ensemble des dénotations pour les expressions de la catégorie n (c'est-à-dire, à deux objets), associe le Vrai ou le Faux.

Ces contraintes générales permettent d'assigner facilement une dénotation à chacune des expressions d'une langue dont la syntaxe est décrite en termes catégoriels. Dans le cas de la langue rudimentaire décrite plus haut, on pourra formuler, par exemple, la théorie sémantique suivante :

1) le terme « Arthur » dénote Arthur ; le terme « Marie » dénote Marie, etc.

2) le terme « marche » dénote la fonction M telle que, quel que soit l'objet x, M(x) est le Vrai si et seulement si x marche, et le Faux dans le cas contraire ; le terme « respire » dénote la fonction R telle que, quel que soit l'objet x, R(x) est le Vrai si et seulement si x respire, etc.

3) le terme « aime » dénote la fonction A telle que, quels que soient les objets x et y, A(x, y) est le Vrai si et seulement si x aime y, et le Faux

dans le cas contraire; le terme « envie » dénote la fonction E telle que, quels que soient les objets x et y, E(x, y) est le Vrai si et seulement si x envie y, etc.

4) le terme « et » dénote la fonction F telle que, quelles que soient les *valeurs de vérité* x et y, F(x, y) est le Vrai si et seulement si x est le Vrai et y est le Vrai, et (F(x, y) est le Faux dans le cas contraire; le terme « ou » dénote la fonction G telle que, quelles que soient les valeurs de vérité x et y, G(x, y) est le Faux si et seulement si x est le Faux et y est le Faux, et (G(x, y) est le Vrai dans le cas contraire; le terme « si » dénote la fonction H telle que, quelles que soient les valeurs de vérité x et y, H(x, y) est le Faux si et seulement si x est le Faux et y est le Vrai, et (H(x, y) est le Vrai dans le cas contraire; le terme « seulement si » dénote la fonction I telle que, quelles que soient les valeurs de vérité x et y, I(x, y) est le Faux si et seulement si x est le Vrai et y est le Faux, et I(x, y) est le Vrai dans le cas contraire.

5) le terme « il n'est pas le cas que » dénote la fonction N telle que, quelle que soit la *valeur de vérité* x, N(x) est le Vrai si et seulement si x est le Faux, et N(x) est le Faux dans le cas contraire.

6) si X1... Xn sont des expressions des catégories A1... An (respectivement) qui dénotent (respectivement) x1... xn, et si Y est une expression de la catégorie (A1, ..., An)\B (ou de la catégorie B/(A1... An)) qui dénote la fonction F, alors l'expression X1... Xn Y (ou l'expression Y X1... Xn) dénote F(x1, ..., xn), c'est-à-dire la valeur que la fonction dénotée par Y associe à la suite (x1, ..., xn) des dénotations (respectives) de X1... Xn.

7) si X1... Xn sont des expressions des catégories A1... An (respectivement) qui dénotent (respectivement) x1... xn, si Y est une expression de la catégorie (A1, ..., An)\B/(C1, ..., Cm) qui dénote la fonction G, et si Z1... Zm sont des expressions des catégories C1... Cm (respectivement) qui dénotent (respectivement) z1... zm, alors l'expression X1... Xn Y Z1... Zm dénote G(x1, ..., xn, z1, ..., zm).

Considérons, pour illustrer le fonctionnement de ces règles sémantiques, l'énoncé « Arthur marche ». Cet énoncé se compose d'une expression de la catégorie n, « Arthur », qui dénote Arthur, et d'une expression de la catégorie n\p, « marche », qui dénote la M décrite ci-dessus. En vertu de la règle (6) énoncée ci-dessus, il dénote donc la valeur que la fonction M associe à Arthur, c'est-à-dire, il dénote le Vrai si Arthur marche et le Faux dans le cas contraire. De la même manière, l'expression « Il n'est pas le cas que Arthur marche » dénote la valeur que la fonction dénotée par « il n'est pas le cas que » (c'est-à-dire la fonction

N) associe à la dénotation de «Arthur marche», qui ne peut être que le Vrai ou le Faux. En vertu de la règle (5), il s'ensuit que «Il n'est pas le cas que Arthur marche» dénote le Vrai si «Arthur marche» dénote le Faux (c'est-à-dire, si la valeur de la fonction (M) est le Faux, lorsqu'elle prend Arthur comme argument), et le Faux dans le cas contraire.

Il est facile de voir que même si on ne tient compte que des expressions *prédicatives*, il y a un nombre en principe illimité de catégories d'expressions incomplètes. En fait, toute catégorie de la forme (A1, ..., An)\p, de la forme p/(A1, ..., An) ou de la forme (A1, ..., An)\p/(C1, ..., Cm) est une catégorie d'expressions prédicatives. Il est particulièrement pertinent de distinguer entre celles qui dénotent des concepts d'objets (c'est-à-dire, des fonctions dont les arguments sont des objets) et celles qui dénotent des concepts de fonctions (c'est-à-dire, des fonctions dont les arguments (ou certains des arguments) sont eux-mêmes des fonctions). On appelle les premiers des concepts du premier ordre, et les seconds des concepts d'ordre supérieur. Cette distinction constitue en effet l'un des traits caractéristiques par lesquels la logique contemporaine se démarque le plus nettement de la logique de la tradition aristotélicienne.

Un examen approfondi des caractéristiques respectives de la logique contemporaine et de la logique traditionnelle exigerait des développements considérables qui n'auraient pas tout à fait leur place ici. Il me paraît toutefois utile d'en signaler brièvement quelques-unes. Il faut d'abord noter que la logique traditionnelle est essentiellement une théorie du syllogisme, et ne concerne directement que les énoncés catégoriques généraux, qui sont de quatre types : universel affirmatif, universel négatif, particulier affirmatif, et particulier négatif. Tous les énoncés concernés se composent de deux termes généraux (noms communs ou adjectifs qualificatifs), l'un en position de sujet, l'autre en position de prédicat, réunis par une copule (normalement, les expressions «est» ou «est un»), auxquels s'ajoutent, en quelque sorte, un indicateur de quantité (les expressions «tout», «tous les» ou «aucun» pour un énoncé universel, et «quelque», «un» ou «au moins un» pour un énoncé particulier, qui sont attachées au terme sujet) et un indicateur de qualité (négation ou absence de négation de la copule). Suivant la pratique qui consiste à représenter le terme sujet par la lettre «S» et le terme prédicat par la lettre «P», les quatre formes d'énoncés catégoriques généraux sont donc[16] :

(A) universel affirmatif : Tout S est (un) P.

(E) universel négatif : Aucun S n'est (un) P.

(I) particulier affirmatif : Quelque S est (un) P.

(O) particulier négatif : Quelque S n'est pas (un) P.

Dans les manuels de logique traditionnelle, les termes qui apparaissent dans ces énoncés sont généralement interprétés comme désignant des ensembles d'objets, ce qui oblige à supposer que le lien de prédication exprimé par la copule consiste en une relation entre ensembles. On doit de plus reconnaître que cette relation varie en fonction de la forme d'énoncé considérée : l'universel affirmatif affirme que l'ensemble S est *inclus dans* l'ensemble P, l'universel négatif, que les ensembles S et P sont *disjoints*[17], le particulier affirmatif, que l'*intersection* de l'ensemble S et de l'ensemble P n'est pas vide, et enfin le particulier négatif, que l'intersection de l'ensemble S et du complément de l'ensemble P n'est pas vide.

Dans ces conditions, il est facile de voir que la logique traditionnelle éprouve des difficultés lorsqu'il s'agit de rendre compte des raisonnements qui font intervenir des énoncés *singuliers*, tels que « Socrate est mortel » ou « Le frère de Marie est un espion ». On le fait généralement, de manière assez artificielle, en traitant les termes singuliers comme des termes généraux, ce qui n'est pas sans soulever de nouveaux problèmes. Un énoncé singulier affirmatif sera ainsi traité comme un universel affirmatif, et un énoncé singulier négatif comme un universel négatif, de sorte que « Socrate est mortel » est assimilé à quelque chose comme « Tout Socrate est mortel » et « Socrate n'est pas mortel » à quelque chose comme « Aucun Socrate n'est mortel ». La distinction entre un nom propre ou un terme singulier et un nom commun qui ne s'appliquerait qu'à un seul objet est ainsi abolie. Or il est intuitivement clair que le fait qu'un nom commun ne s'applique qu'à un seul objet n'en fait pas un terme singulier : le fait que Marie, par exemple, n'ait qu'un seul frère, ne fait pas de l'expression « frère de Marie » (un nom commun complexe) un nom du frère de Marie. D'autre part, une caractéristique des termes généraux que les termes singuliers ne semblent pas partager est de pouvoir être utilisés indifféremment en position de sujet ou en position de prédicat. Le terme « homme », par exemple, apparaît en position de sujet dans « Tout homme est mortel », et en position de prédicat dans « Quelque mortel est un homme ». On pourrait faire remarquer que « Socrate » apparaît aussi en position de prédicat dans « Quelque mortel est Socrate », et que l'analyse traditionnelle n'est donc pas prise en défaut. Mais cela ne fait que mettre en évidence le fait que du point de vue de la logique traditionnelle, cet énoncé est en réalité équivalent à « Quelque mortel est un Socrate », et affirme que l'intersection de l'ensemble des mortels et de l'ensemble des Socrate n'est pas vide, alors qu'intuitivement, cet énoncé affirme qu'au moins un mortel est *identique à* Socrate (ou que Socrate *appartient à* l'ensemble des mortels). Suivant le même raisonnement, un énoncé comme «Cicéron est Tullius» devrait être réputé équivalent à «Tout Cicéron est un Tullius», alors qu'il serait intuitivement plus satisfaisant de l'assimiler à quelque chose comme «Tout Cicéron est un Tullius et tout Tullius est un Cicéron» (qui n'est d'ailleurs déjà plus un énoncé catégorique). Il semble ainsi que le point de vue traditionnel ne permette pas de distinguer de manière satisfaisante entre les relations d'inclusion ou d'intersection, la relation d'appartenance, et la relation d'identité.

Le point de vue frégéen est au contraire fondé sur l'idée que le type d'énoncé le plus fondamental est celui des énoncés singuliers et sur la reconnaissance d'une asymétrie radicale entre les termes singuliers et les expressions prédicatives (ou conceptuelles), asymétrie qui tient à ce que les termes singuliers ne peuvent *jamais* être prédiqués de quoi que ce soit. Selon l'analyse frégéenne, affirmer un énoncé singulier comme «Socrate est mortel» équivaut à affirmer que la fonction dénotée par l'expression prédicative «x est mortel» associe le Vrai à l'objet dénoté par le terme singulier «Socrate», ce qui revient en fait à affirmer que Socrate *appartient à* (ou est un élément de) l'ensemble des mortels[18]. C'est dire que pour Frege la relation de prédication, c'est-à-dire la relation entre une expression prédicative et ce à quoi elle est appliquée, ne correspond ni à la relation d'inclusion ni à la relation d'intersection, mais à la relation d'appartenance (ou de manière équivalente, à la relation d'application fonctionnelle).

Considérons maintenant l'énoncé général «Tout homme est mortel». La tentation est d'autant plus grande d'analyser un tel énoncé de la même manière que les énoncés singuliers, qu'une expression comme «tout homme» satisfait apparemment la condition requise (formulée au chapitre 6, section 3) pour appartenir à la même catégorie syntaxique que «Socrate» ou «le maître de Platon», par exemple. Cette condition est en effet que deux expressions sont de la même catégorie syntaxique si et seulement si elles peuvent être substituées l'une à l'autre dans tous les contextes sans en affecter la grammaticalité. Or il semble bien que le fait de remplacer un terme singulier par une expression comme «tout homme» ou «quelque homme» dans un énoncé grammatical produise toujours un autre énoncé grammatical. Si cela est vrai, il faudrait apparemment conclure que l'expression «tout homme» est un terme singulier, ce qui voudrait dire, dans le contexte de la théorie frégéenne, qu'elle dénote un objet qui, dans l'énoncé «Tout homme est mortel», serait l'argument de la fonction dénotée par «x est mortel». Mais quel objet cette expression pourrait-elle dénoter? On pourrait être tenté de supposer qu'elle dénote l'ensemble des hommes, mais alors il faudrait comprendre que l'énoncé «Tout homme est mortel» affirme que l'ensemble des hommes est mortel (c'est-à-dire, que l'ensemble des hommes appartient à l'ensemble des mortels), ce qui n'est certainement pas le sens qu'on lui prête habituellement. D'autre part, si une expression comme «tout homme» est un terme singulier, alors des expressions comme «quelque homme» ou «au moins un homme» devraient aussi être des termes singuliers. Mais il est clair qu'un énoncé comme «Quelque homme est mortel» n'affirme ni que l'ensemble des hommes est mortel, ni qu'un certain homme en particulier est mortel.

Confronté à ces difficultés, Frege prend le parti de soutenir que la syntaxe des langues naturelles ne reflète pas la structure logique (ou sémantique) des expressions linguistiques; il conclut que les expressions de généralité (ou «expressions quantifiantes») comme «Tout homme», «quelque homme», etc., ne sont pas des termes singuliers, et qu'elles ne sont même pas des constituants (c'est-à-dire, des unités syntagmatiques) des énoncés où elles apparaissent.

Il sera plus facile d'expliquer l'analyse frégéenne de «tout homme est mortel» ou «Quelque homme est mortel» si on explique d'abord celle d'énoncés plus simples comme

(8) Tout est mortel.

ou

(9) Quelque chose est mortel.

On peut considérer comme établi que l'énoncé (8) se compose de l' «x est mortel» et du mot «tout», dont on sait qu'il n'est pas un terme singulier, mais dont on ignore encore la catégorie. Puisque la combinaison de ces deux expressions constitue un énoncé (une expression de la catégorie p), et puisque «x est mortel» est de la catégorie n\p, il est facile d'en inférer que «tout» doit être de la catégorie p/(n\p), et par conséquent dénoter une fonction qui prend comme argument une fonction qui associe une valeur de vérité à un objet (c'est-à-dire, un concept du premier ordre) et qui a comme valeur le Vrai ou le Faux. En d'autres termes, la structure de (8) est :

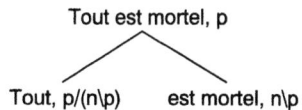

et le mot «tout» (tel qu'il est utilisé en (8)) dénote un concept qui s'applique à des concepts du premier ordre. Il est intuitivement clair que (8) doit être vrai si et seulement si le concept dénoté par «x est mortel» s'applique universellement à tous les objets, de sorte que le mot «tout» doit dénoter la fonction T telle que, quelle que soit la fonction F (si cette fonction associe une valeur de vérité à un objet), T(F) est le Vrai si et seulement si quel que soit l'objet x, F(x) est le Vrai.

L'énoncé (9) se prête au même type d'analyse, et se révèle avoir la structure :

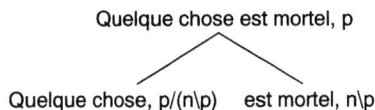

L'expression «quelque chose» est ainsi de la même catégorie que «tout» et dénote donc une fonction qui associe une valeur de vérité à une fonction qui associe une valeur de vérité à un objet. Comme (9) sera vrai si et seulement si le concept dénoté par «x est mortel» s'applique à au moins un objet, l'expression «quelque chose» doit dénoter la fonction Q telle que, quelle que soit la fonction F (si cette fonction associe une valeur de vérité à un objet), Q(F) est le Vrai si et seulement s'il existe au moins un objet x tel que F(x) est le Vrai.

Ces analyses révèlent qu'en dépit des apparences, les énoncés (8) et (9) ne sont pas obtenus en substituant «tout» ou «quelque chose» à la variable «x» qui apparaît dans «x est mortel», car du point de vue frégéen le résultat d'une telle substitution ne serait pas un énoncé signifiant. Ce n'est pas la fonction dénotée par «x est mortel» qui est appliquée à la dénotation de «tout» ou de «quelque chose», mais au contraire la fonction dénotée par ces expressions qui est appliquée à la dénotation de «x est mortel». Ces énoncés sont donc bien des énoncés prédicatifs, mais ce sont les expressions «tout» et «quelque chose» qui y sont prédiquées de «x est mortel», plutôt que le contraire.

Il y a plusieurs manières équivalentes de généraliser ce type d'analyse à des énoncés comme

(10) Tout homme est mortel

et

(11) Quelque homme est mortel.

La plus directe n'est pas celle privilégiée par Frege, pour des raisons qui tiennent essentiellement à son objectif de développer une langue purement logique destinée essentiellement à l'expression des connaissances, et principalement des connaissances logico-mathématiques. Elle suppose qu'on assigne les expressions «tout» et «quelque» à la catégorie p/((n\p), (n\p)), de sorte que les énoncés (10) et (11) aient respectivement les structures suivantes :

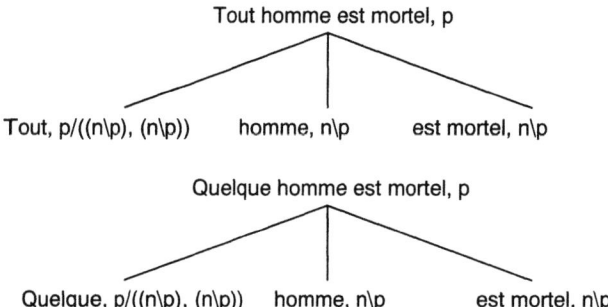

Dans ce cas, «tout» et «quelque» dénoteraient une fonction qui associe une valeur de vérité à *deux* fonctions qui associent une valeur de vérité à un objet. L'expression «tout» dénoterait la fonction T telle que, quelles que soient les fonctions F et G (si ces fonctions sont des fonctions qui associent une valeur de vérité à un objet), T(F, G) est le Vrai si et seulement si la fonction G associe le Vrai à tous les objets auxquels la fonction F associe le Vrai. De même, l'expression «quelque» dénoterait la fonction Q telle que, quelles que soient les fonctions F et G (si ces fonctions sont des fonctions qui associent une valeur de vérité à un objet), Q(F, G) est le Vrai si et seulement s'il existe au moins un objet auquel les fonctions F et G associent toutes les deux le Vrai.

L'analyse proposée par Frege lui-même et retenue, pour l'essentiel, par les logiciens contemporains, est cependant assez différente, et ne s'applique pas directement à des énoncés ordinaires tels que (10) et (11). Elle repose plutôt sur le principe que (10) et (11) sont respectivement équivalents à

(12) Tout est, si un homme alors mortel (ou «Toute chose est mortelle, si elle est un homme)

et

(13) Quelque chose est un homme et est mortel.

Pour comprendre la manière dont ces expressions sont construites, il faut se rappeler qu'une expression incomplète est toujours obtenue en supprimant (ou en remplaçant par une variable) une ou plusieurs occurrences d'une ou plusieurs expressions apparaissant dans une expression complète. Considérons par exemple les énoncés singuliers complexes

(14) Si Socrate est un homme alors Socrate est mortel

et

(15) Socrate est un homme et Socrate est mortel.
Si on y supprime les occurrences du terme singulier « Socrate », on obtient les deux expressions prédicatives (complexes) suivantes :

(16) Si x est un homme alors x est mortel

et

(17) x est un homme et x est mortel.
Puisque ces deux expressions sont de la catégorie n\p et dénotent donc des fonctions qui associent une valeur de vérité à un objet, on peut appliquer à (12) et (13) la même analyse qu'à (8) et (9), et leur assigner respectivement les structures :

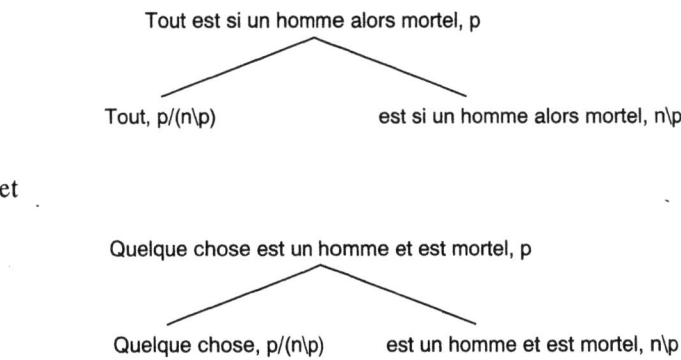

et

Il s'ensuit que la fonction dénotée par « tout » associe le Vrai à la fonction dénotée par (16) si et seulement si celle-ci associe le Vrai à tous les objets, c'est-à-dire, que (12) est vrai si et seulement si tous les objets sont tels que, s'ils sont des hommes, alors ils sont mortels. De même, il s'ensuit que la fonction dénotée par « quelque chose » associe le Vrai à la fonction dénotée par (17) si et seulement si celle-ci associe le Vrai à au moins un objet, c'est-à-dire, que (13) est vrai si et seulement s'il existe au moins un objet qui soit à la fois un homme et mortel.

Il est à remarquer que ni dans cette analyse, ni dans celle que j'ai proposée plus haut, l'expression «est mortel» n'est prédiquée de l'expression «homme» (ou «est un homme»), ce qui les distinguent nettement de l'analyse de la logique traditionnelle. Du point de vue frégéen, une expression qui dénote un concept d'objets ne peut être prédiquée que d'une expression qui dénote un objet, et jamais d'une expression qui dénote elle-même un concept. Un énoncé universel comme «Tout homme est mortel» exprime bien un lien entre le concept d'homme et le concept de mortel; cependant ce lien n'est pas un lien de prédication, mais un lien d'implication ou d'inclusion. L'analyse frégéenne implique donc que le sujet logique d'un énoncé, c'est-à-dire l'expression à laquelle une expression prédicative est appliquée, ne coïncide pas toujours avec le sujet grammatical, c'est-à-dire l'expression qui, du point de vue de la grammaire traditionnelle du langage ordinaire, apparaît comme le sujet du syntagme verbal. C'est cette constatation qui a amené Frege à conclure que la structure apparente des énoncés des langues naturelles masque, plutôt qu'elle ne révèle, la structure logique des pensées qu'ils expriment, et qu'il était nécessaire de développer un langage artificiel capable de mettre cette structure en évidence.

Cet exposé de l'analyse frégéenne des énoncés généraux serait incomplet si on n'expliquait pas comment elle s'applique à des énoncés qui contiennent plusieurs expressions de généralité, tels que

(18) Tout est plus lourd que quelque chose,
ce qui sera rendu plus facile si on considère d'abord des énoncés tels que

(19) Tout est plus lourd que Vénus

et

(20) Mercure est plus lourd que quelque chose.

Les énoncés (19) et (20) peuvent être analysés de la même manière que (8) et (9). Ils contiennent, respectivement, les expressions prédicatives «x est plus lourd que Vénus» et «Mercure est plus lourd que y». Il est facile de voir comment (19) est obtenu en appliquant «tout» à «x est plus lourd que Vénus», puisque cette dernière expression est manifestement de la catégorie requise, à savoir n\p. Mais «quelque chose», qui est de la catégorie p/(n\p), n'est pas directement applicable à «Mercure est plus lourd que y», qui n'est pas de la catégorie n\p, mais de la catégorie p/n. Comme il n'y a apparemment aucune raison logique qui empêche de combiner ces deux expressions de manière à obtenir (20), on peut éviter cette difficulté en adoptant une grammaire catégorielle qui ne distingue pas entre les catégories de la forme A/B et les catégories de la forme B\A, et qui ne tient donc pas compte de la position relative des expressions prédicatives et de leurs places d'argument. Cela revient à dire, en pratique, qu'une expression de la catégorie A/B pourra désormais être soit une expression qui, lorsqu'elle est *suivie* d'une expression de la catégorie B, produit une expression de la catégorie A, soit une expression qui, lorsqu'elle est *précédée* d'une expression de la catégorie B, produit une expression de la catégorie A. Selon cette interprétation, les expressions prédicatives « x est plus lourd que Vénus » et « Mercure est plus lourd que y » sont toutes les deux de la catégorie p/n, et les expressions « tout » et « quelque chose » sont toutes les deux de la catégorie p/(p/n). Il est facile de voir que cette modification n'affecte que superficiellement les analyses qui ont été proposées plus haut.

On est maintenant en mesure de constater qu'en remplaçant « Vénus » dans (19) par la variable « y » et « Mercure » dans (20) par la variable « x », on obtient deux nouvelles expressions prédicatives, « Tout est plus lourd que y » et « x est plus lourd que quelque chose », qui peuvent toutes les deux être utilisées pour construire l'énoncé (18). On peut en effet obtenir cet énoncé soit en appliquant « quelque chose » à « Tout est plus lourd que y », soit en appliquant « tout » à « x est plus lourd que quelque chose ». Or ces deux manières de construire l'énoncé (18), qui se révèle ainsi être ambigu, ne sont pas équivalentes. Dans le premier cas, en effet, (18) a la structure :

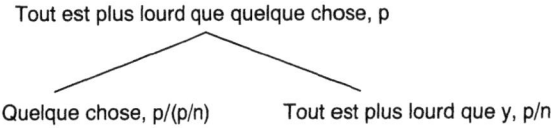

ce qui veut dire que, selon cette interprétation, cet énoncé est vrai si et seulement si la fonction Q dénotée par « quelque chose » associe le Vrai à la fonction dénotée par « Tout est plus lourd que y », ce qu'elle fera si et seulement s'il y a au moins un objet auquel cette fonction associe le Vrai (c'est-à-dire, si et seulement s'il y a un objet qui est moins lourd que tout objet quel qu'il soit). Dans le deuxième cas, (18) a la structure :

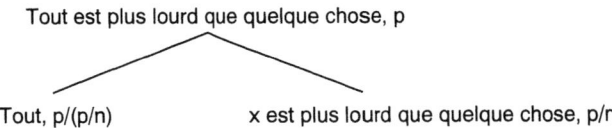

et est vrai si et seulement si la fonction T dénotée par «tout» associe le Vrai à la fonction dénotée par «x est plus lourd que quelque chose», ce qu'elle fera si et seulement si cette fonction associe le Vrai à tout objet quel qu'il soit (c'est-à-dire, si et seulement si quel que soit l'objet x, x est plus lourd qu'au moins un autre objet). Selon cette interprétation, (18) peut être vrai même s'il n'y a aucun objet dont on puisse dire qu'il est *le* moins lourd de tous les objets. L'ambiguïté de (18) n'est sans doute pas immédiatement apparente, mais elle est bien réelle, comme on peut s'en convaincre en observant qu'un énoncé comme «Mercure est plus lourd que Vénus» a le même contenu que «Vénus est moins lourd que Mercure», ce qui veut dire que (18) doit avoir le même contenu que

(21) Quelque chose est moins lourd que tout,
dont l'interprétation la plus naturelle correspond précisément à la première interprétation proposée ci-dessus pour (18). On ne peut apparemment en conclure qu'une chose : (18) et (21) sont tous les deux ambigus.

Bien qu'on ait dégagé l'ambiguïté latente de (18), cette analyse n'est pas complète pour autant, car on n'a pas identifié les expressions simples à partir desquelles cet énoncé a pu être construit. Selon la deuxième interprétation ci-dessus, (18) résulte de l'application de «tout» à l'expression «x est plus lourd que quelque chose», mais on n'a pas précisé quelle devait être la structure de cette dernière expression. On a indiqué qu'elle pouvait être obtenue à partir de l'énoncé «Mercure est plus lourd que quelque chose»; mais elle pourrait aussi bien l'être à partir de «Vénus est plus lourd que quelque chose» ou «Neptune est plus lourd que quelque chose», etc. Et il n'y a aucune raison de supposer que l'un ou l'autre de ces énoncés est un constituant de (18). Il semblerait plus naturel de supposer que (18) contient l'expression prédicative (relationnelle) «x est plus lourd que y», mais on ne voit pas comment cette expression, qui est de la catégorie p/(n, n), permettrait d'obtenir «x est plus lourd que quelque chose» à partir de «quelque chose», qui est de la catégorie p/(p/n). Il est possible de résoudre cette nouvelle difficulté, mais seulement en s'éloignant davantage du langage ordinaire et en introduisant des variables dans les énoncés eux-mêmes.

Jusqu'à présent, je n'ai utilisé les variables que pour indiquer les places d'arguments des expressions incomplètes. Selon cet usage «x est mortel» et «... est mortel» sont en réalité une seule et même expression. L'intérêt de procéder de cette manière est de permettre de distinguer entre des expressions comme «x est plus lourd que x», qui dénotent des fonctions à une place d'argument, et des expressions comme «x est plus lourd que y», qui dénotent des fonctions à deux places d'argument, et ainsi de rendre compte du fait que toutes les occurrences d'une même variable correspondent à une seule et même place d'argument (la fonction dénotée par une expression incomplète a donc autant de places d'argument qu'il y a dans cette expression de *variables* différentes). Lorsqu'elles sont ainsi utilisées, les variables ne sont pas considérées comme des expressions à part entière de la langue-objet (c'est-à-dire, de la langue dont on cherche à décrire les expressions).

On supposera maintenant que pour chaque catégorie syntaxique, la langue-objet contient un ensemble de variables de cette catégorie. Cela veut dire, en particulier, que les lettres «x», «y», etc., seront désormais des expressions simples de la catégorie n. Comme leur nom l'indique, les variables, contrairement aux autres expressions, n'ont pas de dénotation spécifique, ni par conséquent les expressions qui en contiennent. Dans cette perspective, une expression comme «x est mortel» sera désormais de la catégorie p (et non plus de la catégorie p/n), puisqu'elle résulte de l'application d'une expression de la catégorie p/n à une expression de la catégorie n (à savoir «x»). Cependant on ne peut dire qu'elle dénote une valeur de vérité que relativement à une assignation de valeur à la variable «x»; elle dénotera le Vrai si la variable «x» reçoit comme valeur un objet qui est mortel, et le Faux dans le cas contraire.

Si les variables sont ainsi introduites dans la langue-objet, on ne peut plus les utiliser pour indiquer les places d'argument des expressions incomplètes, et on doit trouver un autre moyen de le faire, qui consiste à introduire un symbole désigné qui permet de construire des expressions incomplètes à partir d'expressions complètes, et qu'on appelle pour cette raison un «opérateur d'abstraction». Le symbole généralement utilisé pour remplir cette fonction est la lettre grecque λ (lambda). Ce symbole n'appartient à aucune catégorie particulière (on l'appelle pour cette raison un symbole «syncatégorématique») et fonctionne de la manière suivante : si v est une variable de la catégorie B et X une expression de la catégorie A, alors $\lambda v\, X$ est une expression de la catégorie A/B (et donc une expression incomplète). On dit alors que les occurrences de la variable v dans l'expression X sont *liées* (ou contrôlées) par l'opérateur λ, tandis que les occurrences d'une variable qui ne sont pas liées sont dites «libres». Selon les principes formulés précédemment, $\lambda v\, X$ dénotera une fonction qui, à un argument pris dans l'ensemble des dénotations possibles pour les expressions de la catégorie B, associe un élément de l'ensemble des dénotations possibles pour les expressions de la catégorie A. En d'autres termes, l'opérateur λ permet de former une expression qui comporte n places d'argument à partir d'une expression qui en comporte n-1.

Considérons par exemple l'expression «x est plus lourd que y», qui, comme on vient de le voir, est de la catégorie p. En vertu de la règle qui vient d'être énoncée, l'expression «λx x est plus lourd que y» est une expression bien formée de la catégorie p/n. La fonction spécifique dénotée par cette expression dépend de la valeur qui est assignée à la variable «y», mais on peut la décrire ainsi : c'est la fonction qui à tout objet x associe le Vrai si et seulement si x est plus lourd que celui assigné à «y» comme étant sa valeur. De même l'expression «λx x est plus lourd que Vénus» est une expression bien formée de la catégorie p/n, qui correspond en fait à l'expression incomplète «... est plus lourd que Vénus». La même règle permet de former l'expression «λy λx x est plus lourd que y», de la catégorie p/(n, n), à partir de «λx x est plus lourd que y».

Avec ces nouvelles ressources, on exprimera désormais le contenu des énoncés (8) et (9) en écrivant «Tout (λx x est mortel)» et «Quelque chose (λx x est mortel), respectivement. On est maintenant en mesure de voir que les deux interprétations possibles de (18) correspondent, respectivement, aux deux énoncés

(22) Quelque chose (λy tout (λx x est plus lourd que y))

et

(23) Tout (λx quelque chose (λy x est plus lourd que y))[19]

qui ont respectivement les structures suivantes :

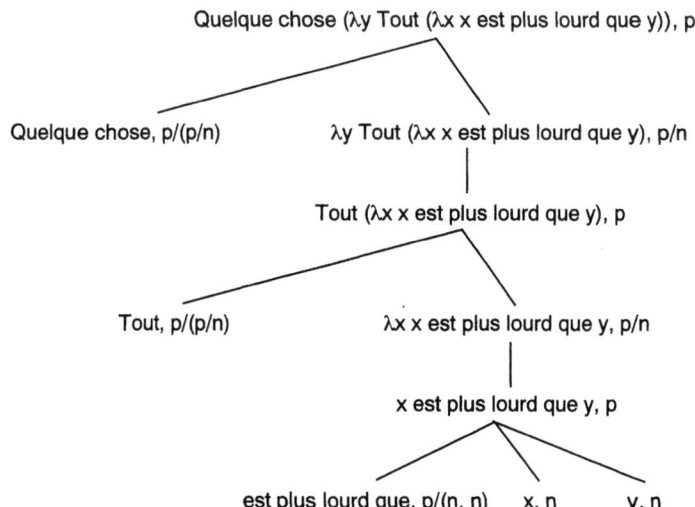

et

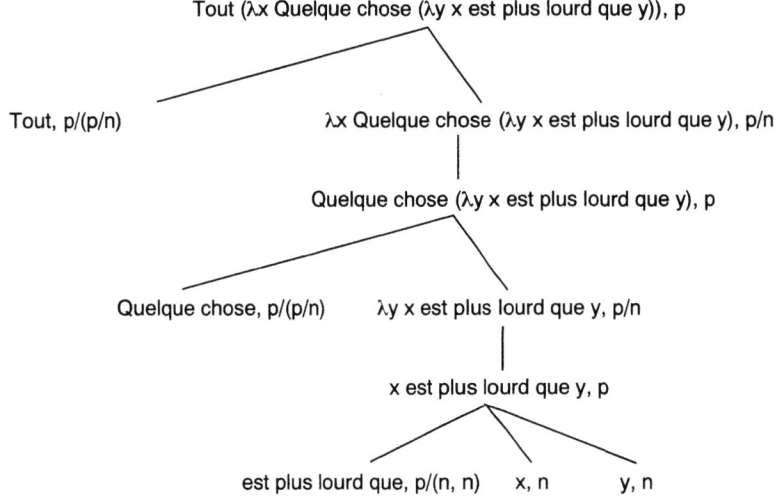

La deuxième structure correspond à l'interprétation selon laquelle (18) peut être vrai même si aucun objet n'est le moins lourd de tous les objets. On voit que ce qui différencie les deux structures, c'est l'ordre dans lequel les expressions de généralité sont introduites dans la construction. Cet ordre se reflète au niveau des énoncés eux-mêmes, puisque les expressions de généralité y apparaissent dans l'ordre inverse de celui de la construction. Ainsi, l'énoncé (23) applique l'expression «tout» à l'expression «λx quelque chose (λy x est plus lourd que y)», qui contient l'*énoncé* «quelque chose (λy x est plus lourd que y)», où «quelque chose» est appliquée à «λy x est plus lourd que y», qui contient elle-même l'*énoncé* «x est plus lourd que y». Cette analyse confirme d'autre part l'intuition selon laquelle, au moins du point de vue logique, les énoncés généraux sont en réalité construits à partir d'autres énoncés, et sont en quelque sorte des énoncés complexes.

L'analyse frégéenne des énoncés généraux est assurément complexe, mais elle est aussi beaucoup plus puissante que l'analyse traditionnelle, qui est incapable de rendre compte de la structure des énoncés comportant plusieurs expressions de généralité. Elle peut cependant être simplifiée en traitant les expressions de généralité elles-mêmes comme des symboles syncatégorématiques. On supposera alors que si v est une variable, et si X est un énoncé, alors (∀v) X (qu'on peut lire «(pour tout

v) X») et (∃v) X (qu'on peut lire «(il y a au moins un v tel que) X») sont aussi des énoncés. Les occurrences de la variable v dans l'expression X sont alors liées par les *quantificateurs* ∀ et ∃. Cela permet de faire l'économie de l'opérateur d'abstraction, et de reformuler (22) et (23) sous la forme familière des manuels de logique :

(24) (∃y) (∀x) x est plus lourd que y.
(25) (∀x) (∃y) x est plus lourd que y.

La description sémantique d'un langage construit de cette manière n'est cependant pas aussi directe, ni strictement conforme à la doctrine frégéenne[20].

    La discussion qui précède nous a apparemment éloigné des préoccupations liées à la description des langues naturelles, mais nous n'avons fait que suivre le mouvement de la pensée frégéenne, qui vise moins à décrire le langage ordinaire tel qu'il est qu'à trouver une manière adéquate et univoque d'exprimer le contenu cognitif des énoncés. Le fait qu'on dispose désormais d'une langue logique rigoureuse, qu'on doit presque entièrement au génie de Frege, revêt cependant une importance inestimable, même du point de vue de la description sémantique des langues naturelles. On a vu par exemple, comment la langue logique permet d'exprimer clairement les différentes interprétations d'un énoncé ambigu. Il n'est pas rare, en fait, que ceux qui se donnent pour tâche de décrire les propriétés sémantiques des langues naturelles, conçoivent cette tâche (ou une partie essentielle de celle-ci) comme étant celle de formuler des règles permettant de traduire les énoncés du langage ordinaire par des énoncés d'une langue logique. Leur situation est alors comparable à celle des idéationnistes évoqués au chapitre 2 : ceux-ci prétendent, à toutes fins pratiques, que les énoncés du langage ordinaire se traduisent par des énoncés d'un langage mental, qui seuls renvoient directement au monde extérieur. De la même manière, on pourrait croire que les énoncés du langage ordinaire se traduisent par des énoncés d'un langage logique parfaitement univoque, et qu'on a ainsi expliqué comment ils renvoient au monde extérieur quand on a expliqué i) comment les traduire dans ce langage, et ii) comment les énoncés de ce langage renvoient eux-mêmes au monde extérieur. Les philosophes contemporains ont au moins cet avantage sur les anciens idéationnistes, qu'ils ont (notamment grâce à Frege) une idée de la manière dont les expressions du langage logique renvoient à la réalité, alors que ceux-ci n'avaient aucune théorie adéquate de la manière dont les expressions du langage mental sont censées renvoyer à la réalité.

7. SENS ET DÉNOTATION INDIRECTS

Le principe de l'intersubstituabilité de la dénotation (c'est-à-dire (P3)), en conjonction avec la thèse selon laquelle la dénotation d'un énoncé est sa valeur de vérité, implique que :

(P8) deux énoncés qui ont la même valeur de vérité (c'est-à-dire qui ont la même dénotation) sont intersubstituables *salva veritate* dans tout énoncé complexe.

Malheureusement, il y a un nombre assez considérable d'exceptions au moins apparentes à ce principe, qui ont forcé Frege et ses successeurs à compliquer son analyse.

Frege examine lui-même un certain nombre de cas, et conclut que le principe (P8) est valide dans tous les cas où l'énoncé sur lequel on opère la substitution exprime exactement une pensée, mais qu'il y a des cas où un énoncé n'exprime pas une pensée, et des cas où un énoncé exprime à la fois une pensée complète et une partie d'une autre pensée. Et dans ces cas-là, le principe n'est pas applicable puisque seuls les énoncés qui expriment exactement une pensée dénotent une valeur de vérité. Frege examine en détail plusieurs contre-exemples apparents, mais je me limiterai à mentionner une catégorie de cas qui est particulièrement importante. Il s'agit de tous les cas où un énoncé est utilisé comme complément d'une expression comme «dire que», «penser que», «promettre que», «croire que», «craindre que», «désirer que», «il est possible que», etc., c'est-à-dire, d'une expression utilisée pour rapporter un acte de langage ou une attitude psychologique, ou pour exprimer une modalité (comme la possibilité ou la nécessité).

Ces constructions ne sont d'ailleurs pas seulement des contre-exemples à l'idée que les énoncés dénotent leur valeur de vérité mais aussi à l'idée que les termes singuliers dénotent l'objet auxquels ils s'appliquent. Considérons en effet les énoncés suivants :

(26) Marius croit que le maître d'Alexandre est un Grec.

(27) Marius croit que le plus illustre élève de Platon est un Grec.

L'énoncé (27) est obtenu à partir de (26) en remplaçant le terme «le maître d'Alexandre» par un autre qui dénote la même personne, à savoir «le plus illustre élève de Platon». En vertu du principe de l'intersubstituabilité de la dénotation, ces deux énoncés devraient donc avoir la même dénotation, c'est-à-dire la même valeur de vérité, mais on constate qu'il est possible que l'un soit vrai et l'autre faux, puisque Marius peut parfaitement ignorer que le maître d'Alexandre est aussi le plus illustre élève de Platon. On remarquera qu'en opérant cette substitution, on se trouve aussi à remplacer un énoncé par un autre qui dénote la même chose (à savoir « le maître d'Alexandre est un Grec » par « le plus illustre élève de Platon est un Grec »), ce qui montre bien que le principe (P8) est aussi pris en défaut.

Plutôt que d'abandonner (P3), Frege en conclut que les expressions linguistiques, lorsqu'elles sont utilisées dans de tels contextes indirects, n'ont pas leur dénotation habituelle, mais une *dénotation indirecte*, et cette dénotation indirecte n'est autre que leur *sens habituel* (c'est-à-dire, dans le cas d'un énoncé, la pensée qu'il exprime habituellement). Ceci implique que dans ces contextes, les expressions n'ont pas non plus leur sens habituel puisque, en vertu du principe (P1), selon lequel le sens détermine la dénotation, si elles exprimaient leur sens habituel, elles devraient avoir leur dénotation habituelle. En contexte indirect, les expressions ont donc non seulement une dénotation indirecte, mais aussi un *sens indirect*. Cela veut dire que si on remplace « le maître d'Alexandre » dans (26) par un terme singulier qui a la même dénotation *indirecte*, c'est-à-dire le même sens *habituel*, comme par exemple « celui dont Alexandre a été l'élève », l'énoncé obtenu devrait avoir la même valeur de vérité, ce qui est intuitivement le cas, puisqu'on obtient alors

(28) Marius croit que celui dont Alexandre a été l'élève est un Grec, qui ne peut apparemment pas être faux, si (26) est vrai.

Un énoncé qui apparaît dans un contexte indirect *dénote* la pensée qu'il *exprime* normalement (c'est-à-dire, lorsqu'il n'est pas utilisé dans un contexte indirect), et a aussi, par conséquent, un sens indirect. Ce sens indirect n'est cependant pas une pensée; c'est seulement une partie de la pensée exprimée par l'énoncé complexe dans lequel il apparaît. Par exemple, dans (26), le sens indirect de l'énoncé « le maître d'Alexandre est un Grec » est le même que le sens habituel de l'expression « la pensée que le maître d'Alexandre est un Grec », qui est un terme singulier qui *dénote* la pensée exprimée par « le maître d'Alexandre est un Grec ». Selon cette analyse, (26) est ainsi équivalent à quelque chose comme

(29) Marius croit la pensée que le maître d'Alexandre est un Grec.

Cette formulation permet de voir que le principe de l'intersubstituabilité de la dénotation est préservé par la distinction entre dénotation habituelle et dénotation indirecte. Supposons par exemple que la première chose que Jules ait dite ce matin a été que le maître d'Alexandre est un Grec. Dans ce cas, l'énoncé obtenu en remplaçant le terme « la pensée que le maître d'Alexandre est un Grec » dans (29) par le terme « la première chose que Jules a dite ce matin », à savoir

(30) Marius croit la première chose que Jules a dite ce matin

aura la même valeur de vérité que (29).

La distinction entre sens et dénotation habituels et sens et dénotation indirects est donc essentiellement motivée par le désir de mettre le principe de l'intersubstituabilité de la dénotation (et du même coup celui de la compositionnalité de la dénotation) à l'abri de certains types de contre-exemples, en particulier ceux que constituent les contextes indirects. Cette distinction n'est pas entièrement dépourvue de motivation intuitive, dans la mesure où il semble bien que le locuteur qui utilise un énoncé comme (26) est normalement moins préoccupé de faire une affirmation concernant Aristote (c'est-à-dire le maître d'Alexandre) que de faire une affirmation concernant les croyances de Marius. D'un autre côté, elle a pour effet de trivialiser le principe selon lequel lorsqu'une expression est utilisée, c'est de sa dénotation qu'on parle et non pas de son sens, et peut être perçue comme l'indice d'une faille dans le système fregéen. Quoi qu'il en soit la question de l'analyse logique des contextes indirects est une des questions les plus épineuses pour les théories sémantiques contemporaines, et la solution fregéenne trouve encore de nombreux défenseurs.

Appendice : précis de sémantique fregéenne

Dans une langue naturelle, toute expression a un (ou plusieurs) sens, et la plupart ont en plus une dénotation. Dans une langue logique idéale, toute expression a un sens et un seul, et une dénotation et une seule.

(P1) Chaque sens d'une expression en détermine au plus une dénotation.

(P2) Quand on utilise une expression on parle de sa dénotation et *non* de son sens.

(P3) Si, dans une expression complexe, on remplace une expression par une autre qui a la même dénotation (mais pas nécessairement le même sens) alors la dénotation de la nouvelle expression complexe ainsi obtenue est la même que celle de la première (intersubstituabilité de la dénotation).

(P4) Si une expression en contient une autre qui est dépourvue de dénotation, alors elle est elle-même dépourvue de dénotation.

(P5) Si dans une expression complexe on remplace une expression par une autre qui a le même sens, alors le sens de la nouvelle expression complexe ainsi obtenue est le même que celui de la première (intersubstituabilité du sens).

Une expression complète est soit un terme singulier, soit un énoncé (une phrase). La dénotation d'une expression complète est un objet, celle d'un énoncé est une valeur de vérité. Le sens d'un terme singulier est la condition qui doit être satisfaite pour qu'on puisse dire d'un objet qu'il est dénoté par ce terme singulier. Le sens d'un énoncé est la condition qui doit être satisfaite pour qu'on puisse dire que cet énoncé dénote le Vrai.

Une expression incomplète est soit une expression fonctionnelle, soit une expression prédicative. La dénotation d'une expression incomplète est une fonction. La dénotation d'une expression prédicative est un concept. Il n'y a pas de terme technique pour désigner le sens d'une expression incomplète.

(P6) Le sens d'une expression complexe est fonction du sens des expressions dont elle se compose (compositionnalité du sens).

(P7) La dénotation d'une expression complexe est fonction de la dénotation des expressions dont elle se compose (compositionnalité de la dénotation).

(P8) Deux énoncés qui ont la même valeur de vérité (c'est-à-dire qui ont la même dénotation) sont intersubstituables *salva veritate* dans tout énoncé complexe.

Une expression en contexte indirect n'a pas sa dénotation habituelle, mais une dénotation indirecte, qui n'est autre que son sens habituel. Il s'ensuit qu'elle a aussi un sens indirect.

Lectures complémentaires :

A Frege (1879-1925 : chapitres 3, 4), Nef (1991 : première partie).
B Currie (1982), Dummet (1973), Cresswell (1973).

NOTES

[1] Il est à la fois intéressant, et quelque peu décevant, de constater que la philosophie du xxe siècle a évolué de manière comparable à celle du xixe : après la domination de l'anti-naturalisme des premiers philosophes analytiques pendant la première moitié du siècle, on assiste, depuis les années soixante à un retour en force du naturalisme, qui semble dû principalement à l'influence de Quine et au développement des sciences cognitives. La «querelle» du naturalisme est ainsi restée particulièrement vivante.

² Les remarques qui précèdent sont à mettre en rapport avec celles de la section 2 du chapitre 6, où je me suis contenté d'illustrer la notion de théorie compositionnelle de la signification en utilisant l'exemple de la notation numérique, qui présente précisément l'avantage de ne comporter que des termes singuliers et ne soulève donc pas les difficultés qu'on vient d'évoquer. Un des principaux mérites de la doctrine fregéenne est précisément de fournir les instruments conceptuels permettant de caractériser la structure sémantique de langages qui se rapprochent davantage des langues naturelles.

³ Les anciens babyloniens ont découvert un jour que l'astre qui occupait le matin une certaine position dans le ciel, et qu'ils appelaient «Phosphorus», et l'astre qui occupait le soir une certaine autre position, et qu'ils appelaient «Hespérus», étaient en réalité un seul et même astre, en l'occurrence la planète Vénus.

⁴ La présence de telles expressions dans un langage destiné exclusivement à l'expression des connaissances et des raisonnements est en effet indésirable, pour des raisons évidentes.

⁵ Pour éviter toute confusion, on parle aussi parfois de «pensée fregéenne». Les philosophes contemporains préfèrent généralement utiliser le terme traditionnel de «proposition» pour désigner sensiblement la même chose, ce qui introduit malheureusement une autre ambiguïté, puisque ce terme était habituellement utilisé pour désigner un type d'expressions linguistiques. C'est Carnap qui semble être à l'origine de ce nouvel usage du terme «proposition», probablement sous l'influence de Russell.

⁶ Il faut cependant remarquer que le fait qu'un terme singulier complexe soit dépourvu de dénotation n'est pas nécessairement dû au fait qu'il contienne un terme qui est lui-même dépourvu de dénotation, comme en témoigne l'expression «le cercle carré». D'autre part, certains sont tentés de voir des contre-exemples à ce principe (même limité aux termes singuliers) dans des expressions telles que «le créateur de Sherlock Holmes». Il semble en effet naturel d'admettre que cette expression dénote Sir Arthur Conan Doyle, bien qu'elle contienne un terme («Sherlock Holmes») qui est à strictement parler dépourvu de dénotation. Certains des problèmes soulevés par l'analyse des expressions dépourvues de dénotation seront évoqués au chapitre 9, et discutés de manière un peu plus approfondie au chapitre 12.

⁷ Il convient de mentionner ici, en passant, que Frege considère les valeurs de vérité (le Vrai et le Faux) comme des objets, dans le sens technique qu'il prête à ce terme, ce qui l'amène, en vertu du postulat selon lequel seuls les termes singuliers dénotent des objets, à conclure que les énoncés sont eux-mêmes des termes singuliers d'un genre particulier. Cet aspect de la doctrine fregéenne, qui n'est nullement une conséquence de l'idée que les énoncés dénotent leur valeur de vérité, a plus souvent été critiqué que défendu par ses successeurs. Il semble en effet que les énoncés se distinguent des termes singuliers de manière essentielle, ne serait-ce que parce qu'ils peuvent être niés, alors que les termes singuliers ordinaires ne le peuvent pas.

⁸ Si elles n'avaient pas de dénotation, en effet, le principe (P4) nous obligerait apparemment à dire que les énoncés où elles apparaissent n'ont pas de dénotation non plus.

⁹ Voir la note 7.

¹⁰ Le point de vue contemporain identifie les fonctions à des ensembles d'un certain type, or pour Frege les ensembles sont des *objets*. Il s'ensuit apparemment que Frege ne pourrait pas accepter la caractérisation ensembliste de la notion de fonction sans renoncer à l'idée que la dénotation d'une expression incomplète est en quelque sorte elle-même «incomplète».

¹¹ L'utilité de cette procédure vient surtout de ce qu'une même variable peut avoir plusieurs occurrences dans une expression donnée, qui correspondent toutes à une seule et même place d'argument. Il serait difficile, sans utiliser de variables (ou un mécanisme équivalent) de distinguer entre «x+(2x-3)», qui dénote une fonction à un argument, et «x+(2y-3)», qui dénote une fonction à deux arguments.

[12] Voir chapitre 7, section 3.

[13] Pour ce qui nous occupe, il n'y a pas lieu, en effet, de distinguer les phrases et les énoncés. En ce qui concerne les noms propres et les termes singuliers, il est opportun de signaler que Frege utilise le terme «nom propre» (en réalité son équivalent allemand) pour désigner tous les termes singuliers, c'est-à-dire à la fois les noms propres au sens ordinaire (tels que «Socrate») et les termes singuliers complexes (tels que «le maître de Platon»). Dans le cadre d'une grammaire catégorielle, la notion de nom propre peut être utilisée de l'une ou l'autre manière.

[14] À strictement parler, cela n'est exact qu'à condition d'abandonner la conception fregéenne selon laquelle les valeurs d'une fonction (mais pas nécessairement ses arguments) ne peuvent être que des objets. Cette conception découle naturellement du fait que l'insertion du nombre requis d'expressions appropriées dans les places d'argument d'une expression incomplète produit fatalement une expression complète, c'est-à-dire une expression qui doit dénoter un objet. Le point de vue contemporain, qui traite les fonctions comme des objets, permet de ce point de vue une certaine simplification.

[15] De telles théories existent cependant, et ont été développées sous l'inspiration des travaux de Carnap (1947). J'en expliquerai brièvement les intuitions directrices au chapitre 10.

[16] Je respecte ici l'usage médiéval des lettres «A», «E», «I» et «O», pour désigner ces quatre types d'énoncés.

[17] Et non pas, comme on pourrait s'y attendre, que l'ensemble S n'est pas inclus dans l'ensemble P.

[18] En d'autres termes, la fonction dénotée par «x est mortel» est ce qu'on appelle parfois la fonction caractéristique de l'ensemble des mortels (elle associe le Vrai à tous les éléments de cet ensemble, et le Faux à tous les autres); c'est pourquoi il est courant pour les auteurs contemporains, même ceux d'inspiration fregéenne, de dire que la dénotation d'une expression prédicative est un ensemble.

[19] En fait, puisqu'on ne distingue plus entre les catégories de la forme A/B et les catégories de la forme B\A, il est possible de respecter l'ordre du langage ordinaire, et d'écrire :
(22') (λy Tout (λx x est plus lourd que y)) quelque chose
et
(23') Tout (λx (λy x est plus lourd que y) quelque chose)
sans introduire d'ambiguïté, comme le souligne Cresswell (1973 : 90).

[20] Une théorie sémantique développée par Alfred Tarski pour ce type de langage sera brièvement décrite au chapitre 11.

Chapitre 9
Russell et l'atomisme logique

1. L'APPORT DE RUSSELL

Bertrand Russell (1872-1970) est sans doute celui qui a le plus contribué à faire connaître les doctrines de Frege et à dégager les implications philosophiques de la «nouvelle logique». Il partageait avec Frege la conviction que les mathématiques pouvaient être «réduites» à la logique, et qu'il fallait, pour le montrer, disposer d'un langage purement logique, débarrassé des ambiguïtés et des obscurités du langage ordinaire. La doctrine de Russell s'inscrit cependant dans une tradition empiriste qui lui confère une saveur particulière et l'éloigne passablement de celle de Frege.

En 1901, Russell découvre une contradiction dans la reconstruction frégéenne des notions mathématiques, qui l'oblige à repenser toute l'entreprise de la réduction des mathématiques à la logique sur des bases nouvelles. C'est dans les années qui ont suivi cette découverte que Russell a produit ses deux réalisations les plus significatives, à savoir la théorie des types et la théorie des descriptions. Dans ce chapitre, il ne sera pas question de la théorie des types[1], qui est directement liée à la résolution des paradoxes de la théorie des ensembles, mais uniquement de la théorie des descriptions et des conséquences philosophiques que Russell et Wittgenstein en ont tirées.

C'est dans un article publié en 1905 («On Denoting»), que Russell a exposé pour la première fois sa théorie des descriptions. Après avoir identifié trois énigmes que toute théorie adéquate de la dénotation devrait résoudre, il entreprend de montrer que la théorie frégéenne ne permet pas de les résoudre (du moins pas toutes), et que la distinction entre le sens et la dénotation est de toute manière confuse et inutile. Il propose ensuite sa propre analyse, et montre comment elle permet de résoudre les trois énigmes.

2. LES TROIS ÉNIGMES DE RUSSELL ET LA THÉORIE FREGÉENNE

La première énigme mentionnée par Russell est intimement liée à la fois aux raisons initiales pour lesquelles Frege a jugé nécessaire de distinguer entre le sens et la dénotation, et à celles qui l'ont ensuite amené à introduire les notions de sens et de dénotation indirects. On se souvient en effet que la distinction entre le sens et la dénotation était destinée à rendre compte de l'intuition que deux énoncés comme

(1) Le maître de Platon est un Grec

et

(2) Socrate est un Grec

ne sont pas synonymes et n'ont pas la même valeur cognitive. Mais dire qu'ils n'ont pas la même valeur cognitive n'est qu'une manière de dire qu'il est possible de croire ou de savoir que le maître de Platon est un Grec, sans croire ou savoir que Socrate est un Grec. Or c'est précisément cette différence de valeur cognitive qui se manifeste dans le fait que des termes singuliers qui dénotent la même chose ne sont pas intersubstituables *salva veritate* dans les contextes indirects, et qui menace le principe de l'intersubstituabilité de la dénotation.

En vertu de la loi de Leibniz, selon laquelle deux expressions qui ont la même dénotation sont intersubstituables *salva veritate* dans n'importe quel énoncé, et du fait que «le maître de Platon» dénote la même chose que «Socrate», on doit évidemment pouvoir conclure que si

(3) Marius croit que le maître de Platon est un Grec

est un énoncé vrai, alors

(4) Marius croit que Socrate est un Grec
est aussi un énoncé vrai. Mais il est certainement possible que le premier énoncé soit vrai (faux) et l'autre faux (vrai), ce qui met la loi de Leibniz en péril.

Pour sauver la loi de Leibniz, il faut donc analyser les énoncés impliqués dans les raisonnements de ce genre de manière à ce qu'ils n'aient pas la forme requise pour qu'elle soit applicable. Dans le cadre de la théorie fregéenne, cela signifie qu'il faut supposer que les expressions en contexte indirect dénotent leur sens habituel et non leur dénotation habituelle. Si on admet cela, il n'est pas possible de conclure que (3) et (4) doivent avoir la même valeur de vérité, puisque la substitution de « Socrate » à « le maître de Platon » ne compte plus comme une substitution de termes ayant la même dénotation. Dans le contexte des énoncés (3) et (4), ces termes dénotent en effet (indirectement) leurs sens (habituels) respectifs, qui sont différents.

Il semble donc que la théorie fregéenne soit capable de rendre compte de la validité de la loi de Leibniz, et ainsi de résoudre la première énigme de Russell, mais seulement en supposant que la dénotation d'une expression varie selon le type de contexte dans lequel elle est utilisée. De plus, la solution fregéenne dépend de la distinction entre le sens et la dénotation que Russell juge confuse.

On admet en logique classique un principe, qu'on appelle la loi du tiers exclu, selon lequel un énoncé est vrai si et seulement si sa négation est fausse, ce qui revient à dire, en d'autres termes, qu'étant donnés deux énoncés dont l'un est la négation de l'autre, l'un d'eux doit être vrai et l'autre faux. Mais ce principe est menacé par l'existence de termes singuliers dépourvus de dénotation, ce qui conduit à la deuxième énigme, qui est celle de savoir comment analyser les termes singuliers de manière à préserver la validité de la loi du tiers exclu. En effet, puisqu'il n'y a pas actuellement de roi de France, l'actuel roi de France ne se trouve ni au nombre des personnes chauves ni au nombre des personnes non chauves, ce qui veut apparemment dire que les énoncés

(5) L'actuel roi de France est chauve

et

(6) L'actuel roi de France n'est pas chauve

ne sont ni vrais ni faux, en violation flagrante du principe du tiers exclu.

Alors que Russell juge cette situation tout à fait inacceptable, Frege semble pour sa part disposé à accepter qu'elle reflète bien une propriété des langues naturelles, et à admettre que les langues naturelles ne respectent pas le principe du tiers exclu : du fait qu'un énoncé ne soit pas vrai, on ne peut pas conclure que sa négation est vraie[2]. Dans « Sens et dénotation », il remarque qu'un énoncé comme

(7) Celui qui est actuellement roi de France est chauve

contient une expression, à savoir «Celui qui est actuellement roi de France», qui sans exprimer une pensée complète «contient» néanmoins une pensée complète, en l'occurrence la pensée que quelqu'un est actuellement roi de France. Il remarque cependant que cette pensée n'est pas le sens de cette expression, et ne fait pas partie du sens de l'énoncé (7). Elle est seulement *présupposée* par celui-ci. Le point de vue de Frege semble être que tout énoncé qui contient un terme singulier *présuppose* que ce terme a une dénotation, mais ne l'affirme pas. Si une partie de ce que le locuteur affirme, lorsqu'il affirme (7), était que quelqu'un est actuellement roi de France, alors (7) devrait être faux, puisqu'il n'y a pas actuellement de roi de France, et sa négation devrait être (vraie et) équivalente à quelque chose comme

(8) Celui qui est actuellement roi de France n'existe pas, ou alors il n'est pas chauve.

Mais selon Frege, (7) n'est pas faux, mais ni vrai ni faux, et sa négation n'est pas équivalente à (8). L'énoncé (7) et sa négation :

(9) Celui qui est actuellement roi de France n'est pas chauve

présupposent[3] tous les deux que quelqu'un est actuellement roi de France, mais aucun d'eux ne l'affirme ni ne le nie. On verra bientôt que Russell prend sur ce point le contre-pied de la position de Frege.

S'il semble assez intuitif de dire que des énoncés simples comme (7) et (9) sont dépourvus de valeur de vérité, cela ne vaut cependant pas pour certains énoncés complexes qui contiennent des termes dépourvus de dénotation. On se souvient que pour Frege tout énoncé qui contient un terme dépourvu de dénotation est lui-même dépourvu de dénotation, et donc de valeur de vérité, même s'il exprime une pensée. Mais cela implique que des énoncés comme

(10) Si Jupiter n'a qu'un satellite naturel, alors le seul satellite naturel de Jupiter est inhabité

ou

(11) Si Alexandre est vivant, alors Alexandre est le seul élève d'Aristote encore vivant

qui sont intuitivement vrais, devraient être considérés comme ni vrai ni faux, puisque la fausseté des antécédents fait que les termes «le seul satellite naturel de Jupiter» et «le seul élève d'Aristote encore vivant» n'ont pas de dénotation. Cela indique que l'abandon du principe du tiers exclu présente au moins certains inconvénients et risque de compliquer considérablement l'analyse logique du langage. On aurait donc tout avantage à préférer une théorie de la dénotation qui serait compatible avec le tiers exclu.

La troisième énigme de Russell concerne la question de savoir comment on peut nier, sans contradiction, l'existence de quelque chose. Si comme le soutient Frege il suffit qu'un énoncé contienne un terme singulier dépourvu de dénotation pour qu'il soit dépourvu de valeur de vérité, alors il doit toujours être contradictoire de nier l'existence de quelque chose, et analytique (c'est-à-dire, «nécessairement vrai») d'affirmer l'existence de quelque chose. Autrement dit, il semble impossible qu'un énoncé singulier soit vrai, lorsqu'il nie l'existence de quelque chose, ou faux, lorsqu'il affirme l'existence de quelque chose. Or il est manifeste que les énoncés

(12) L'actuel roi de France n'existe pas

et

(13) L'actuel roi de France existe

par exemple, sont respectivement vrai et faux, et qu'ils le sont de manière contingente.

La doctrine frégéenne implique apparemment que ces deux énoncés sont dépourvus de valeur de vérité, et que des énoncés comme

(14) La tour Eiffel existe

et

(15) La tour Eiffel n'existe pas

sont respectivement nécessairement vrai et nécessairement faux. Elle a cette conséquence même si on tient compte du fait que selon Frege, ces énoncés ne sont pas de la forme «x existe» ou «x n'existe pas», où «x» est un terme singulier, puisque l'expression prédicative «existe» ne dénote pas un concept d'objets (c'est-à-dire, en termes frégéens, une fonction qui associe le Vrai ou le Faux à un *objet*), mais un concept de concepts (c'est-à-dire une fonction qui associe le Vrai ou le Faux à un *concept*). En d'autres termes, on ne peut jamais affirmer ou nier l'existence d'un objet, et des énoncés comme (12)-(13) n'ont de sens que s'ils sont compris de la manière suivante :

(16) ($\exists$x) x est (identique à) l'actuel roi de France

(17) Il n'est pas le cas que ($\exists$x) x est (identique à) l'actuel roi de France.

Il y a ici deux possibilités : ou bien l'expression incomplète «est (identique à) l'actuel roi de France» dénote un concept, ou bien elle ne dénote rien. Dans le premier cas, les énoncés (16)-(17) auraient une valeur de vérité, et le problème soulevé par Russell ne se poserait pas à Frege. Dans le deuxième cas, les deux énoncés seraient dépourvus de valeur de vérité[4]. Comme Frege souscrit au principe selon lequel une expression complexe est dépourvue de dénotation lorsqu'un de ses constituants est dépourvu de dénotation, la cohérence exige apparemment qu'on retienne la deuxième possibilité, et qu'on conclut que la difficulté soulevée par Russell est bien réelle. Le fait que la théorie frégéenne ne permette pas de comprendre pourquoi on pourrait vouloir affirmer ou nier un énoncé d'existence singulier (puisque selon cette théorie, quand on utilise un terme singulier, on présuppose toujours que ce terme dénote quelque chose) ne fait d'autre part qu'ajouter à cette difficulté.

Des trois énigmes identifiées par Russell, il semble donc que Frege ne soit en mesure de résoudre que la première, et seulement en invoquant les notions de sens et de dénotation indirects.

3. LA CRITIQUE RUSSELLIENNE DE LA NOTION DE SENS

Mais Russell juge que l'idée même de distinguer entre le sens et la dénotation d'une expression est obscure et dépourvue de valeur explicative. Bien que les raisons qu'il invoque pour rejeter cette distinction soient elles-mêmes loin d'être parfaitement claires, je tenterai d'en présenter ici une version plausible. On peut distinguer trois critiques principales.

i) Selon Russell, pour que la distinction de Frege ait une valeur quelconque, il faudrait qu'il y ait une relation logique et non pas purement linguistique (ou conventionnelle) entre le sens d'une expression et sa dénotation. Mais il soutient qu'il ne peut en réalité y avoir qu'une relation linguistique entre les deux, parce que la seule manière dont on puisse parler du sens d'une expression E, c'est précisément au moyen d'une description telle que «le sens de l'expression E», c'est-à-dire au moyen d'une description qui *mentionne* l'expression E elle-même (ou une autre expression synonyme). Si cela est vrai, cela veut dire qu'on ne peut pas établir si le sens d'un terme singulier détermine tel ou tel objet[5] si on ne connaît pas au moins un terme qui exprime ce sens et qui dénote cet objet. Autrement dit, ce serait seulement une fois qu'on sait qu'un certain terme dénote un certain objet qu'on pourrait dire que le sens de ce terme détermine cet objet.

Il semble en effet que la seule manière dont on puisse caractériser la relation entre le sens et la dénotation consiste à dire quelque chose comme : le sens S détermine l'objet o si et seulement s'il y a un terme qui exprime S et qui dénote o. Mais dans ce cas, on ne peut pas *expliquer* le fait qu'une expression E dénote un objet o en disant qu'elle le dénote parce que son sens détermine l'objet o. On ne le peut pas, parce qu'une telle explication serait circulaire, étant donné qu'on ne peut expliquer à quelles conditions un sens détermine un objet qu'en disant qu'il le détermine quand il est exprimé par un terme qui dénote cet objet. Par conséquent, on ne peut pas prétendre expliquer le fait qu'un énoncé comme

(18) L'étoile du soir est Vénus

ait une valeur cognitive en disant que c'est parce que « Vénus » et « l'étoile du soir » ont des sens différents qui déterminent la même dénotation.

En d'autres termes, la critique de Russell semble être que le sens est postulé par Frege comme étant ce en vertu de quoi une expression dénote ce qu'elle dénote, sans montrer comment nous pouvons avoir accès au sens indépendamment du langage, de sorte que tout ce que nous savons du sens se réduit à cette définition nominale. Le problème ne se pose pas dans le cas de la dénotation parce qu'on peut spécifier la dénotation d'une expression autrement qu'en mentionnant cette expression elle-même (ou une expression qui dénote la même chose), par exemple en utilisant cette expression (ou toute autre expression qui dénote la même chose). En effet, quand on utilise une expression on parle de sa dénotation et non pas de son sens, ce qui veut dire qu'on peut, par exemple, identifier la dénotation de « l'étoile du soir » en disant qu'il s'agit de l'étoile du soir, ou de Vénus, ou de l'étoile du matin, etc., mais on ne voit pas comment on pourrait identifier le sens de cette expression, si la seule manière dont on peut en parler consiste à utiliser l'expression « le sens de « l'étoile du soir » ». D'autre part, on ne peut pas réellement définir le sens en disant que le sens d'une expression, c'est ce qui détermine sa dénotation, tout simplement parce que plusieurs sens différents peuvent déterminer la même dénotation ; cela revient à dire qu'on ne peut pas « remonter » de la dénotation d'une expression à son sens.

ii) Si on admet la distinction fregéenne, alors quand on veut parler du sens d'une expression, on doit utiliser une expression qui a elle-même un sens, et dont le sens doit être différent de celui de l'expression dont on parle. Ainsi, le sens du terme « le sens de « l'étoile du soir » » doit être différent de celui du terme « l'étoile du soir », car s'il était le même, il faudrait que leur dénotation soit la même, puisque deux expressions qui ont le même sens doivent avoir la même dénotation. Il faudrait en d'autres termes que le sens de «l'étoile du soir» soit identique à l'étoile du soir. De la même manière, le sens du terme «le sens de «le sens de «l'étoile du soir»»» doit être différent de celui du terme «le sens de «l'étoile du soir»», etc. Russell en conclut que la doctrine de Frege conduit à admettre une série infinie d'entités mystérieuses, qu'on ne peut identifier que de façon purement linguistique.

iii) Enfin Russell soutient que la distinction de Frege ne permet pas réellement d'expliquer de manière satisfaisante la différence cognitive entre (18) et

(19) Vénus est Vénus.

Il ne suffit pas, selon lui, de dire que «Vénus» n'a pas le même sens que «l'étoile du soir». Cela ne suffit pas parce que, en vertu même de la théorie de Frege, quand une expression est utilisée, c'est toujours de sa dénotation qu'on parle et non de son sens. On devrait donc conclure que ces deux énoncés affirment la même chose (c'est-à-dire, qu'il est identique à Vénus), du même objet (c'est-à-dire Vénus). Pour rendre compte de la différence entre ces deux énoncés, il faudrait pouvoir les interpréter comme s'ils affirmaient quelque chose concernant le *sens* de «Vénus» et le *sens* de «l'étoile du soir», c'est-à-dire, interpréter (18), par exemple, comme s'il affirmait que le sens de «Vénus» détermine le même objet que celui de «l'étoile du soir». Mais cela n'est pas possible, s'il est vrai que quand on utilise une expression c'est de sa dénotation qu'on parle. De plus il est difficile de voir quel avantage une telle interprétation pourrait avoir sur celle (évoquée au chapitre précédent et rejetée par Frege) en vertu de laquelle un énoncé comme (18) revient à affirmer que la dénotation de «l'étoile du soir» est identique à la dénotation de «Vénus».

Si les objections soulevées par Russell ne montrent pas de manière décisive que la distinction entre le sens et la dénotation est insoutenable, elles paraissent suffisamment sérieuses pour qu'une théorie capable d'en faire l'économie soit bien accueillie, surtout si elle permet de plus de résoudre des énigmes que la théorie fregéenne est incapable de résoudre. La théorie des descriptions a maintenant le champ libre.

4. LA THÉORIE DES DESCRIPTIONS

La solution de Russell aux énigmes de la dénotation repose sur l'idée qu'il faut établir une démarcation très nette entre deux types d'expressions que nous avons jusqu'ici rangées dans la même catégorie des termes singuliers, à savoir les noms propres *stricto sensu* (c'est-à-dire, les termes singuliers simples) et les descriptions définies (c'est-à-dire, les termes singuliers complexes). Il est amené à conclure que les descriptions définies ne sont qu'*en apparence* des termes singuliers, ou plus exactement, qu'elles ne sont des termes singuliers que du point de vue de la grammaire superficielle des langues naturelles, et non du point de vue de la grammaire logique. Du point de vue logique, elles sont ce qu'il appelle des «symboles incomplets» (à ne pas confondre avec les expressions incomplètes de Frege), c'est-à-dire des expressions qui ne renvoient à rien par elles-mêmes, mais n'ont de dénotation que dans le contexte d'un énoncé complet. Autrement dit, les descriptions définies n'ont pas de place dans une langue logique bien construite et doivent être éliminées au moyen de définitions contextuelles, c'est-à-dire au moyen de définitions qui permettent d'interpréter les énoncés contenant des descriptions définies sans qu'il soit nécessaire de supposer que celles-ci sont des constituants de ces énoncés et ont une dénotation.

Selon Russell, un énoncé comme

(1) Le maître de Platon est un Grec

ne se compose pas d'une terme singulier et d'une expression prédicative, mais est en réalité de la forme :

(20) $(\exists x)$ x est un maître de Platon et $(\forall y)$ (si y est un maître de Platon, alors y est identique à x), et x est un Grec (c'est-à-dire, «il y a un x tel que : x est maître de Platon, tout y qui est maître de Platon est identique à x, et x est un Grec»)

et donc équivalent à

(21) Il y a un et un seul x qui est un maître de Platon, et cet x est un Grec.

En vertu de cette analyse, l'énoncé (1) n'a pas la même forme logique que

(22) Socrate est un Grec,

puisque (1) se révèle être un énoncé général, alors que (22) est un énoncé singulier. Pourtant les deux énoncés ont la même structure du point de vue de la grammaire superficielle. Russell en conclut, comme Frege l'avait fait avant lui dans le cas des énoncés généraux, que le langage ordinaire nous induit en erreur et nous cache la vraie structure de la réalité.

On notera que selon l'analyse russellienne de (1), cet énoncé affirme en réalité trois choses : qu'il existe au moins un individu qui est un maître de Platon, qu'il existe au plus un individu qui est un maître de Platon, et que cet individu est un Grec. Cela suggère que pour Russell, utiliser une description définie revient à affirmer qu'exactement un objet possède une certaine caractéristique (ou satisfait une certaine expression prédicative). D'autre part, il faut remarquer que Russell ne fournit qu'une définition contextuelle des descriptions définies, ce qui veut dire qu'il propose une règle permettant de paraphraser les *énoncés* contenant des descriptions définies au moyen d'autres énoncés qui non seulement ne contiennent pas de descriptions, mais ne contiennent pas non plus de termes singuliers correspondant aux descriptions des énoncés originaux. Si, dans (20) ou (21), on élimine l'expression prédicative «est un Grec», on constate immédiatement que ce qui reste de ces énoncés n'est pas une expression complète, ni *a fortiori* un terme singulier qui dénoterait Socrate. Il arrive malgré tout, lorsque les deux conditions d'existence et d'unicité associées à une description sont satisfaites, qu'on dise de l'objet qui les satisfait qu'il est la dénotation de cette description ; mais il ne s'agit alors que d'une manière de parler, puisque l'essence même de la théorie des descriptions est de nier que les descriptions aient une dénotation. Il pourrait être éclairant de comparer cette situation avec les cas où on propose une définition directe. Si on suggérait par exemple, que la définition de «célibataire» est «adulte non marié», cela indiquerait qu'il est toujours possible de remplacer une occurrence du mot «célibataire» par une occurrence de l'expression «adulte non marié» dans n'importe quel énoncé, sans en affecter la signification. Une telle définition fournirait ainsi, elle aussi, une manière de paraphraser tous les énoncés contenant le mot «célibataire» à l'aide d'énoncés qui ne le contiennent plus. Cependant la paraphrase consiste simplement, dans ce cas, à remplacer une expression par une autre expression de la même catégorie, ce qui n'affecte pas fondamentalement la structure syntaxique de l'énoncé. Les paraphrases autorisées par une définition contextuelle se distinguent par le fait qu'elles ne reposent pas sur la simple substitution d'expressions posées comme équivalentes. J'expliquerai davantage les implications philosophiques que Russell et Wittgenstein ont cru pouvoir tirer de la théorie des descriptions dans la section suivante. Mais il faut auparavant vérifier si l'analyse russellienne permet bien de résoudre les difficultés soulevées dans la précédente.

Cela demande qu'on prenne d'abord note de ce que la théorie de Russell implique que certains énoncés complexes contenant des descriptions définies souffrent du même type d'ambiguïté que les énoncés contenant plusieurs expressions de généralité. On a vu au chapitre précédent que la position relative des expressions de généralité (dans le langage de la logique) pouvait affecter l'interprétation des énoncés, de sorte que les deux énoncés

(23) (∃y) (∀x) x est plus lourd que y

et

(24) (∀x) (∃y) x est plus lourd que y,

par exemple, n'ont pas la même signification, et correspondent aux deux interprétations possibles de

(25) Tout est plus lourd que quelque chose.

On décrit habituellement la différence entre (23) et (24) en disant que dans le premier, le quantificateur universel est dans la *portée* du quantificateur existentiel, tandis que dans le deuxième, c'est le contraire. De manière générale, la portée d'une occurrence d'un quantificateur n'est autre que l'énoncé (généralement un énoncé ouvert, c'est-à-dire contenant des variables libres) auquel il est appliqué. Ainsi, la portée de «(∃y)», dans (23), est «(∀x) x est plus lourd que y», et celle de «(∀x)» est «x est plus lourd que y». La notion de portée s'applique non seulement aux quantificateurs, mais aussi à d'autres types d'expressions telles que, par exemple, la négation. Les deux mots «ne» et «pas», qui expriment généralement la négation en français, constituent, du point de vue logique, une seule expression, de la catégorie p/p (c'est-à-dire une expression permettant de former des énoncés complexes à partir d'autres énoncés). Il est d'usage, dans les langues logiques, de représenter la négation par un symbole unique (généralement le symbole «¬» ou «~», qu'on peut lire «il n'est pas le cas que»), qui est placé avant l'énoncé auquel la négation est appliquée, et qui en constitue la portée[6]. Comme le montre le cas des quantificateurs, il arrive qu'un même énoncé du langage ordinaire puisse être paraphrasé de plusieurs manières non équivalentes, qui diffèrent entre elles par le fait que certains opérateurs n'y occupent pas les mêmes positions relatives. On dit alors que l'ambiguïté de l'énoncé est une «ambiguïté de portée». Le principal effet de la théorie des descriptions est précisément de montrer que certains énoncés contenant des descriptions souffrent de ce type d'ambiguïté. C'est le cas par exemple, de la négation de (1) :

(26) Le maître de Platon n'est pas un Grec.

Il y a en effet au moins deux manières d'appliquer la théorie des descriptions à un tel énoncé, c'est-à-dire d'éliminer la description qui y apparaît, avec les deux résultats suivants :

(27) Il y a un et un seul x qui est un maître de Platon et il n'est pas le cas que x est un Grec.

(28) Il n'est pas le cas qu'il y a un et un seul x qui est un maître de Platon et que x est un Grec.

Selon l'interprétation correspondant à (27), la description qui apparaît dans (26) est en dehors de la portée de la négation, qui n'est attachée qu'à une partie de ce que l'énoncé (1) affirme ; tandis que selon l'interprétation correspondant à (28) la négation porte sur l'ensemble du contenu de (1), y compris cette partie du contenu qui est imputable à la description «le maître de Platon». Autrement dit, on peut interpréter l'énoncé (26) comme si la négation était d'abord appliquée à (1), et que la description «le maître de Platon» était *ensuite* éliminée de l'énoncé ainsi obtenu (ce qui donne (27)), ou comme si la négation était appliquée à (21), c'est-à-dire à l'énoncé obtenu *après* l'élimination préalable de la description apparaissant dans (1) (ce qui donne (28). Lorsque la description est interprétée comme étant en dehors de la portée de la négation, Russell dit qu'elle a une occurrence primaire, et lorsqu'elle est interprétée comme étant dans la portée de la négation, qu'elle a une occurrence secondaire.

On voit ainsi immédiatement comment la théorie des descriptions permet de résoudre la deuxième énigme, celle qui concerne l'application du principe du tiers exclu aux énoncés contenant des descriptions qui font apparemment référence à des objets inexistants. En vertu de l'analyse russellienne, l'énoncé

(5) L'actuel roi de France est chauve

est faux, et non pas ni vrai ni faux, puisqu'équivalent à

(29) Il y a un et un seul x qui est actuellement roi de France et x est chauve.

Cela veut dire qu'en vertu du principe du tiers exclu, l'énoncé (6), qui en est la négation, doit être vrai. Mais on vient de constater que les énoncés négatifs qui contiennent des descriptions définies sont ambigus, et l'analyse révèle que (6) est bien vrai, selon au moins une des deux interprétations possibles. Il s'agit de l'interprétation selon laquelle «l'actuel roi de France» a une occurrence secondaire, et (6) est équivalent à

(30) Il n'est pas le cas que (il y a un et un seul x qui est actuellement roi de France et x est chauve).

Il est clair que (30) exprime la négation *complète* de (5); or le principe du tiers exclu concerne la relation entre un énoncé et sa négation complète. On voit du même coup que le fait que (6) soit faux, dans l'interprétation selon laquelle la description a une occurrence primaire, c'est-à-dire, selon laquelle (6) est équivalent à

(31) Il y a un et un seul x qui est actuellement roi de France et il n'est pas le cas que x est chauve,

ne contredit pas le principe du tiers exclu, puisque selon cette interprétation (5) et (6) ne sont pas des énoncés contradictoires (le second ne nie qu'une partie de ce qui est affirmé par le premier), mais des contraires[7]. Ainsi non seulement l'analyse russellienne permet-elle de résoudre l'énigme en montrant que (5) et sa négation complète sont respectivement vrai et faux, mais elle explique aussi l'intuition qu'il y a une interprétation selon laquelle (5) et (6) ont la même valeur de vérité.

On peut rendre compte de la première énigme (celle qui concerne la loi de Leibniz dans les contextes indirects) de manière analogue. L'analyse de Russell révèle en effet qu'un énoncé comme

(3) Marius croit que le maître de Platon est un Grec

est ambigu, et que si l'interprétation selon laquelle la description «le maître de Platon» aurait une occurrence primaire permet de conclure que Pierre croit que Socrate est un Grec, celle selon laquelle elle aurait une occurrence secondaire ne le permet pas. Ces deux interprétations correspondent, respectivement, à

(32) Il y a un et un seul x qui est un maître de Platon et Marius croit que x est un Grec

et

(33) Marius croit qu'il y a un et un seul x qui est un maître de Platon et que x est un Grec.

On voit que dans (32), la croyance attribuée à Marius porte uniquement sur le fait qu'une certaine personne soit un Grec, tandis que l'existence et l'unicité du maître de Platon sont affirmées *par le locuteur*, et ne font pas partie du contenu de la croyance attribuée. On parle dans ce cas d'une interprétation *de re* de (3), puisque la croyance attribuée porte alors sur un objet qui est identifié indépendamment des croyances du sujet. On peut ainsi paraphraser (32) en disant quelque chose comme «en ce qui concerne la personne qui est le seul maître de Platon, Marius croit qu'*elle* est un Grec». Dans (33), au contraire, la croyance attribuée à Marius porte à la fois sur l'existence et l'unicité d'un maître de Platon et sur le fait que la personne concernée soit un Grec. On parle dans ce cas d'une interprétation *de dicto*, puisque la manière dont Socrate est identifié fait alors partie de la croyance attribuée.

Si on suppose que (32) est vrai, et puisque Socrate est le seul maître de Platon, on peut conclure que

(34) Socrate est un maître de Platon, tout maître de Platon est Socrate et Marius croit que Socrate est un Grec,

et donc

(4) Marius croit que Socrate est un Grec

sont aussi vrais. Ce raisonnement est correct, bien qu'il ne soit pas une application de la loi de Leibniz, puisque (4) n'est pas obtenu à partir de (32) par la substitution d'un terme singulier à un autre qui dénote la même chose. Il n'y a pas de substitution, puisque (32) ne contient pas de terme singulier qui pourrait faire l'objet d'une substitution. Il est donc clair que cette interprétation de (3) ne menace en rien la loi de Leibniz.

La vérité de (33), par contre, ne permet pas de conclure à celle de (4), puisque (33) pourrait être vrai même si Platon n'avait jamais eu de maître (ou s'il en avait eu plusieurs). Mais cela n'entre pas non plus en conflit avec la loi de Leibniz, puisque (4) n'est pas le résultat de la substitution de «Socrate» à un terme singulier dans (33). Ainsi, la loi de Leibniz est sauve dans les deux cas, parce qu'elle ne s'applique qu'aux termes singuliers qui ont la même dénotation, or en vertu de l'analyse russellienne les descriptions définies ne sont pas des termes singuliers et n'ont pas de dénotation, de sorte que la loi de Leibniz ne peut s'appliquer à un énoncé tel que (3).

La solution de la troisième énigme ne fait pas intervenir la distinction entre occurrence primaire et occurrence secondaire, parce que Russell, comme Frege, ne considère pas l'existence comme une propriété d'objets. En effet, selon l'analyse de Russell, l'énoncé

(13) L'actuel roi de France existe

est équivalent à

(35) Il y a un et un seul x qui est actuellement roi de France

et non pas à

(36) Il y a un et un seul x qui est actuellement roi de France et x existe,

comme cela devrait être le cas si « existe » était un prédicat d'objets. C'est pour cette raison que

(12) L'actuel roi de France n'existe pas

n'est pas ambigu, et devient simplement

(37) Il n'est pas le cas qu'il y a un et un seul x qui est actuellement roi de France,

ce qui est vrai (de manière contingente) et non problématique, et montre comment un énoncé existentiel négatif peut avoir du sens sans être contradictoire. Si on traitait l'existence comme un prédicat d'objets, alors (12) admettrait les deux interprétations suivantes :

(38) Il y a un et un seul x qui est actuellement roi de France et x n'existe pas.

(39) Il n'est pas le cas que (il y a un et un seul x qui est actuellement roi de France et x existe).

La première interprétation, qui prête à « l'actuel roi de France » une occurrence primaire, ferait de (12) un énoncé contradictoire, tandis que la deuxième, qui lui prête une occurrence secondaire, serait équivalente à celle préconisée par Russell. Il faut donc noter que le cas des énoncés singuliers existentiels introduit une certaine asymétrie dans l'application de la théorie des descriptions.

5. L'ATOMISME LOGIQUE

Quelle que soit la valeur de la critique générale que fait Russell de la distinction entre le sens et la dénotation, il semble bien qu'il ait au moins réussi à montrer que cette distinction n'est pas toujours nécessaire pour rendre compte de la valeur cognitive des énoncés. La théorie des descriptions illustre clairement qu'on peut dans certains cas, mais pas dans tous, en rendre compte autrement et Russell, en la proposant, a en quelque sorte mis le feu aux poudres d'une longue polémique concernant l'analyse correcte des noms propres stricto sensu. Car en effet, pour rendre compte de manière russellienne de la valeur cognitive d'un énoncé d'identité comme

(40) Hespérus est Phosphorus,

qui contient apparemment deux noms propres, et aucune description, il faut supposer qu'au moins un de ces deux noms est « en réalité » une description déguisée. Puisque Russell admet que les noms propres authentiques ont une dénotation, mais pas qu'ils ont en plus un sens, il est apparemment contraint d'admettre que si «Hespérus» et «Phosphorus» sont bien des noms propres, alors (40) a la même valeur cognitive que

(41) Hespérus est Hespérus,

de sorte que le problème initial de Frege reste entier, dans le cas des énoncés qui contiennent des noms propres. De la même manière, à moins de traiter «Pégase» et «Paris» comme des descriptions déguisées, Russell est contraint de nier que

(42) Pégase existe

et

(43) Pégase n'existe pas

sont des énoncés signifiants, et que

(44) Paris existe

et

(45) Paris n'existe pas

sont respectivement vrai et faux *de manière contingente.*

En d'autres termes, dans la perspective de Russell, le fait qu'un énoncé d'existence singulier soit contingent, ou qu'un énoncé d'identité ait une valeur cognitive, apparaît comme l'indice que les «termes singuliers» qui y sont utilisés ne sont pas réellement des termes singuliers, mais plutôt des descriptions déguisées. La théorie des descriptions a ainsi ouvert la voie à une sorte de quête des noms propres authentiques et à la doctrine de l'atomisme logique qui a dominé la philosophie anglo-saxonne pendant l'entre-deux-guerres.

Si Russell a été le premier (en 1918) à exposer une forme de cette doctrine logico-métaphysique, il ne l'a pas fait sans reconnaître sa dette envers son étudiant Wittgenstein (1891-1951), qui devait peu de temps après en donner la version la plus complète et la plus cohérente dans le *Tractatus logico-philosophicus* (1921). Je me limiterai dans les remarques qui suivent à quelques-unes des grandes lignes directrices du *Tractatus*, en signalant, à l'occasion, quelques particularités de la version de Russell.

On se souvient que dans la théorie fregéenne *toutes* les expressions correctes ont un sens, et certaines (mais pas toutes) ont de plus une dénotation. Mais bien que certaines expressions puissent être dépourvues de dénotation, il n'y a aucune catégorie d'expressions dont il soit exclu que les membres aient une dénotation (c'est-à-dire, la notion de dénotation s'applique en principe à toutes les catégories d'expressions). Dans la perspective de l'atomisme logique, au contraire, aucune expression n'a simultanément un sens *et* une dénotation, et de plus la notion de dénotation ne s'applique qu'aux expressions simples, c'est-à-dire aux mots, et en particulier, elle *ne s'applique pas* aux énoncés (qu'ils soient simples ou complexes[8]). Toutes les expressions qui ont une dénotation, et seulement elles, sont à toutes fins pratiques assimilées à des noms propres, et les noms propres (authentiques) n'ont pas de sens (ce qui veut tout simplement dire que la thèse frégéenne est rejetée, et non pas que les noms propres ne peuvent pas être utilisés dans des énoncés signifiants). Russell et Wittgenstein refusent donc de suivre Frege lorsqu'il généralise la notion de dénotation, qui n'a initialement de sens que pour les noms, aux autres catégories d'expressions, au point de traiter les énoncés eux-mêmes comme des noms de leur valeur de vérité. Ils affirment avec vigueur que les noms et les énoncés sont des catégories d'expressions radicalement différentes. Wittgenstein n'hésite pas à marquer la différence en disant que si les noms ont une dénotation, les énoncés, eux (et seulement eux), ont un sens, encore que sa conception du sens ne soit pas exactement celle de Frege (ne serait-ce que parce que chez Frege, le sens est un mode de présentation de la *dénotation*, alors que Wittgenstein veut dire que les énoncés ont un sens *au lieu* d'une dénotation). Dire que les énoncés ont un sens revient, dans ce contexte, à dire qu'ils représentent des états de choses, et non pas qu'ils expriment une pensée (au sens de Frege). Or les états de choses ne sont pas des objets susceptibles d'être nommés ou dénotés, mais en quelque sorte des configurations d'objets ou des situations susceptibles d'être «dépeintes», et qui peuvent ou non être réalisées (c'est-à-dire, faire partie du monde tel qu'il est ; on dit alors qu'elles sont des «faits»). Les énoncés ont bien quand même une valeur de vérité, mais ils ne la *dénotent* pas. L'atomisme logique s'accompagne plutôt d'une conception strictement correspondantiste de la vérité, qui va de pair avec ce qu'on a appelé la théorie picturale (ou «dépictive», ou «iconique») de la signification.

Pour en comprendre les principaux éléments, il faut d'abord apprécier ce que Wittgenstein appelle sa «pensée fondamentale» (1921 : 4.0312[9]), à savoir que ce qu'on appelle les constantes logiques (c'est-à-dire, les expressions «et», «ou», «si... alors», «ne... pas», «tout» et «au moins un») ne représentent rien, et qu'il n'y a par conséquent pas de représentation de la logique des faits. Cela signifie qu'il y a une différence de statut entre les énoncés simples et les énoncés complexes, puisque ceux-ci se ramènent tous, selon l'atomisme logique, à des énoncés qui sont composés à l'aide des constantes logiques, à partir d'énoncés simples. Un énoncé simple est vrai lorsqu'il « correspond » à un fait, c'est-à-dire à un état de choses qui est réalisé, et faux lorsqu'il ne correspond pas à un fait, c'est-à-dire, lorsqu'il correspond à un état de choses qui n'est pas réalisé. Mais quand un énoncé complexe tel que

(46) Socrate est un Grec ou Socrate est un Italien

est vrai, on ne peut pas dire, sinon par abus de langage, qu'il l'est en vertu du fait qu'il correspond au fait que Socrate est un Grec ou Socrate est un Italien. Puisque les expressions simples sont assimilées à des noms, cela aurait la conséquence, passablement répugnante, qu'il y dans le monde un objet qui est dénoté par le mot « ou ». D'autre part, pour qu'on puisse dire qu'un énoncé complexe correspond à un fait, il faudrait que tous les énoncés simples dont il se compose correspondent eux-mêmes à des faits, ce qui voudrait dire que

(47) Socrate est un Italien

par exemple, devrait correspondre à un fait, ce qui n'est pas le cas puisque cet énoncé est faux. Si la notion de correspondance ne s'applique, à strictement parler, qu'aux énoncés simples ou atomiques, il demeure qu'une thèse fondamentale de l'atomisme logique veut que la valeur de vérité de tous les énoncés complexes soit déterminée par (ou « fonction de ») celle des énoncés simples dont ils se composent. On dira, par exemple, qu'un énoncé tel que (46) est vrai (ou correspond, *au sens large*, à un fait) lorsqu'un des deux énoncés atomiques dont il se compose correspond (*au sens strict*) à un fait.

Un énoncé simple est une représentation picturale d'un état de choses ; il renvoie à la réalité comme une image renvoie à ce qu'elle représente, et non pas comme un nom renvoie à ce qu'il dénote. Un énoncé simple se compose de noms arrangés d'une certaine manière, c'est une configuration de noms, et les noms ont des choses pour corrélats (ce sont en quelque sorte de simples étiquettes attachées aux choses). Les noms désignent des choses, mais ils ne peuvent dire, ou représenter, comment sont les choses. C'est la manière dont les noms sont arrangés dans l'énoncé qui est censée refléter la manière dont les choses sont arrangées dans le monde. Pour qu'un énoncé simple représente un état de choses, il faut donc qu'il y ait une sorte d'isomorphisme entre la structure de cet énoncé et celle de cet état de choses. Lorsque cet état de choses est réalisé, on peut ainsi dire que cet énoncé correspond à un fait. La signification de tous les énoncés est déterminée, une fois qu'on a déterminé i) la manière dont l'arrangement des noms reflète celui des choses, et

ii) la dénotation des noms, de même que la valeur de vérité de tous les énoncés est déterminée une fois qu'on a déterminé celle de tous les énoncés atomiques. On voit ainsi assez facilement que dans cette perspective, la structure du langage doit coïncider avec celle de la réalité elle-même.

Mais on se doute bien que cette conception générale, en raison même de sa belle simplicité, ne va pas sans soulever des difficultés considérables. L'une d'elles concerne précisément la question de savoir si les expressions prédicatives, ou les termes généraux, dénotent des constituants des états de choses (c'est-à-dire, des choses) et s'ils peuvent, par conséquent être assimilés à des noms. Russell pensait indéniablement que c'est le cas, et que les prédicats dénotent des attributs ou des propriétés existant réellement dans une sorte de ciel platonicien, mais il y a lieu de croire que Wittgenstein n'aurait pas admis cette position, bien qu'elle soit apparemment imposée par la forme des énoncés du langage ordinaire. On ne voit tout simplement pas comment traiter les expressions prédicatives dans le cadre strict de la doctrine du *Tractatus*. On peut tout au plus supposer que Wittgenstein aurait souhaité pouvoir les éliminer un peu de la même manière que l'analyse russellienne permet d'éliminer les descriptions. Quoi qu'il en soit, il n'est pas question de discuter ici de l'interprétation correcte du *Tractatus*. On s'en tiendra donc à l'idée de Russell selon laquelle un état de choses se compose d'une ou plusieurs choses particulières, et d'un attribut (qui peut être soit une propriété, soit une relation), ce qui permet de résumer le contraste entre l'analyse frégéenne et l'analyse «atomiste» d'un énoncé comme

(2) Socrate est un Grec

de la manière suivante :

FREGE

(i) «Socrate» exprime un sens, qui est normalement celui d'une description définie, par exemple «le maître de Platon» et dénote un objet, à savoir Socrate.

(ii) «est un Grec» exprime la propriété d'être un Grec et dénote la fonction qui à chaque objet associe le Vrai si et seulement si cet objet est un Grec.

(iii) «Socrate est un Grec» exprime la pensée que Socrate est un Grec et dénote le Vrai (qui est un objet).

RUSSELL

(i) «Socrate» dénote Socrate (à condition, bien sûr, que «Socrate» soit un nom propre authentique).

(ii) « est un Grec » dénote la propriété d'être un Grec.

(iii) « Socrate est un Grec » représente l'état de choses que Socrate est un Grec (qui en l'occurrence est un fait).

Si « Socrate » est considéré comme une description déguisée, par exemple : « le maître de Platon », alors il faut éliminer cette description, ce qui révèle que (2) n'est pas réellement un énoncé simple. Les états de choses sont tout aussi objectifs que les pensées fregéennes, mais contrairement à celles-ci, ils ne sont pas des objets ou des entités, ce qui veut dire qu'ils ne peuvent pas être nommés, ils ne peuvent qu'être dépeints à l'aide d'énoncés. Il faut bien admettre, cependant, que la notion d'attribut ou de propriété invoquée par Russell n'est guère plus claire que celle de sens d'une expression prédicative chez Frege. La situation se présente en fait comme si Russell supposait que les prédicats *dénotent* ce que Frege dit qu'ils *expriment*. Il semble d'autre part que la propriété dénotée par un prédicat ne puisse être spécifiée que de manière «purement linguistique», et qu'elle n'échappe donc pas totalement à la critique que Russell fait lui-même de la notion de sens. La grande différence entre les deux analyses réside apparemment dans le fait que la pensée exprimée par (2) contient le sens de « Socrate », tandis que l'état de choses représenté par cet énoncé contient Socrate lui-même. Les états de choses sont ainsi aussi complexes que les pensées fregéennes, mais à la différence de celles-ci, ils peuvent avoir des choses (ou des objets) pour constituants, tandis que les constituants d'une pensée sont les sens des expressions dont se compose l'énoncé qui l'exprime. Il reste que les deux conceptions assimilent, à leur manière, la signification d'un énoncé à ses conditions de vérité.

L'opposition radicale entre les noms et les énoncés, qui est en quelque sorte la pièce maîtresse de l'atomisme logique, se manifeste de diverses manières. Elle se manifeste d'abord dans le fait que donner la liste des choses existantes ne constitue pas une description du monde, car il faut encore dire comment ces choses sont reliées entre elles, ce qui fait dire à Wittgenstein que le monde est l'ensemble des faits, et non pas des choses. Elle se manifeste aussi dans le fait qu'un nom ne peut avoir qu'une seule relation avec le monde, qui consiste à dénoter une des choses qui s'y trouvent. Si cette condition n'est pas satisfaite, alors il ne s'agit pas vraiment d'un nom, mais d'un bruit dépourvu de signification. La situation se présente de manière un peu différente dans le cas des énoncés, car un énoncé peut être faux, et donc ne représenter aucun fait, sans pour autant être dépourvu de signification. Cela tient à ce qu'il y a deux relations qu'un énoncé (simple) peut avoir avec le monde : correspondre à un fait ou ne pas correspondre à un fait (ce qui se reflète dans le fait que les énoncés, mais pas les noms, sont susceptibles d'être niés). En d'autres termes, un énoncé correspond toujours à l'état de choses qu'il représente, et demeure signifiant même si cet état de choses n'est pas réalisé, c'est-à-dire même si cet état de choses «n'existe pas», en ce sens que ce n'est pas un fait.

Cette même opposition entre les noms et les énoncés semble être commandée par certains principes auxquels Wittgenstein attache la plus grande importance, selon lesquels un énoncé doit avoir une signification déterminée (1921 : 3.23), et son caractère signifiant ne doit dépendre de la valeur de vérité d'aucun énoncé (1921 : 2.0211). Dans la perspective du *Tractatus* il est nécessaire, pour que ces principes soient respectés, qu'il y ait des constituants ultimes du monde, qui soient des choses ou des objets absolument simples (c'est-à-dire qui n'aient pas eux-mêmes de parties ou de constituants). Supposons en effet qu'un énoncé simple contienne un terme singulier qui semble dénoter une chose complexe. Puisqu'il s'agit d'une chose complexe, elle se compose d'autres choses arrangées d'une certaine manière. Mais la manière dont les choses sont arrangées est généralement (selon Wittgenstein, toujours) contingente, ce qui veut dire que ces choses auraient pu être organisées autrement, et que la chose complexe dont elles font partie aurait pu ne pas exister. Si cette chose complexe n'existait pas, alors l'énoncé simple mentionné plus haut serait dépourvu de signification, puisque le terme singulier qu'il contient ne dénoterait aucune chose qui puisse faire partie d'un état de choses. Il s'ensuit que le caractère signifiant de l'énoncé en question dépend de la manière dont certaines choses sont reliées entre elles, c'est-à-dire, du fait qu'un certain état de choses soit réalisé, et donc de la vérité de l'énoncé qui représente cet état de choses. Pour éviter cette conséquence, il faut supposer que l'expression dont on a supposé qu'elle dénotait une chose complexe n'est pas réellement un terme singulier, et que l'énoncé qui la contient est en réalité équivalent à un énoncé (complexe) qui contient des termes singuliers dénotant les parties de la chose complexe en question et qui décrit la manière dont celles-ci sont arrangées. Il s'ensuit apparemment que les noms authentiques ne peuvent dénoter que des choses simples. Il est intuitivement clair, d'autre part, que s'il n'y avait pas de choses simples, alors aucun énoncé n'aurait de signification déterminée, puisque l'analyse logique des énoncés ne pourrait alors avoir de fin.

On pourrait ici protester qu'un énoncé simple qui contiendrait un nom propre authentique dépourvu de dénotation serait quant à lui dépourvu de signification, et que le caractère signifiant d'un énoncé contenant un nom propre dépend par conséquent de la valeur de vérité de l'énoncé qui spécifie quelle est la dénotation de ce nom. Mais selon la doctrine du

Tractatus il est tout simplement impossible de *dire* ce qu'un nom dénote. Pour dire ce qu'un nom authentique dénote, il faudrait utiliser soit ce nom lui-même, soit un autre nom de la même chose. Dans le premier cas, on ne pourrait comprendre l'énoncé à moins de savoir déjà ce que ce nom dénote. Dans le deuxième cas, il faudrait déjà savoir quelle est la dénotation du nouveau nom utilisé; mais alors on peut soulever la question de savoir quel est l'énoncé qui spécifie la dénotation de ce nouveau nom, et ainsi de suite. D'autre part, un nom authentique ne peut pas être dépourvu de dénotation, ce qui veut dire qu'un énoncé qui contient un tel nom ne peut pas être dépourvu de signification, et que son caractère signifiant ne dépend donc d'aucun énoncé contingent, c'est-à-dire d'aucun énoncé qui représente un état de choses.

Ces précisions permettent de souligner l'une des thèses les plus connues et les plus radicales du *Tractatus*, en vertu de laquelle il serait impossible, en principe, de tenir des propos sensés sur la manière dont le langage représente la réalité. Cette thèse découle en effet de l'idée qu'un énoncé pourvu de signification ne peut être qu'une image d'un état de choses; car dans ces conditions, pour parler de la relation entre le langage et la réalité il faudrait être capable de produire des énoncés qui représentent non seulement des états de choses, mais aussi la manière dont (ou le fait qu') ils représentent ces états de choses. Si la manière dont un énoncé X représente un état de choses était elle-même un état de choses, ce dernier devrait pouvoir être représenté par un énoncé; mais cet énoncé, appelons-le Y, devrait ou bien représenter uniquement cet état de choses, ou bien représenter cet état de choses plus la manière dont il le représente lui-même. Dans le premier cas, l'explication de la manière dont X représente la réalité serait incomplète, puisqu'elle dépendrait de la manière dont Y la représente. Et le deuxième cas semble exclu, car on ne voit pas comment un énoncé pourrait à la fois représenter quelque chose et représenter la manière dont (ou le fait qu') il le représente. On protestera avec raison que le *Tractatus* constitue précisément lui-même une tentative pour expliquer la relation entre le langage et la réalité, mais c'est bien pourquoi il se termine avec l'admission paradoxale que les énoncés dont ils se composent sont eux-mêmes insensés, puisqu'ils transgressent les limites du langage (ils ne décrivent pas des états de choses possibles)[10].

Les commentateurs du *Tractatus* ont abondamment discuté (d'ailleurs sans grand succès) la question de savoir quelles pouvaient être les choses simples auxquelles songeaient Wittgenstein, mais il est bon d'insister sur le fait que si l'existence de choses simples apparaît dans le *Tractatus* comme une condition nécessaire pour qu'il puisse y avoir des énoncés pourvus d'une signification déterminée (c'est-à-dire, comme une condition de possibilité du langage), il s'avère qu'en vertu même de la doctrine du *Tractatus*, il est aussi impossible de dire ce que sont ces choses simples (1921 : 3.221) que leur existence est nécessaire. Ce n'était pas cependant l'opinion de Russell, qui était disposé à admettre que les constituants ultimes du monde ne sont rien d'autre que les données sensibles (les sensations) et les attributs.

Russell est probablement amené à cette conclusion par un raisonnement analogue à celui par lequel Locke concluait que les significations des mots ne pouvaient être que des idées. Puisqu'un nom authentique n'a pas de sens, mais seulement une dénotation, comprendre un nom consiste à savoir quelle est sa dénotation. Et comme on doit connaître directement la signification de tous les mots qu'on utilise, il s'ensuit apparemment que les noms ne peuvent dénoter que des choses qu'on peut connaître directement. Or selon Russell, on n'a une connaissance directe que des attributs et de ses propres sensations (ou «sense data»). Russell aboutit ainsi à une forme très radicale de vérificationnisme selon laquelle tous les énoncés pourvus de signification renvoient à des états de choses, et tous les états de choses se composent soit de sensations et de propriétés ou de relations, soit uniquement de propriétés ou de relations. Comme il admet que nous avons une connaissance directe des propriétés et des relations, il s'ensuit que tous les énoncés, lorsqu'ils sont convenablement analysés, renvoient à des états de choses que nous pouvons connaître directement, c'est-à-dire des états de choses concernant nos propres sensations. Cela ne va évidemment pas sans difficultés, puisque les sensations sont éphémères, tandis que les choses simples du *Tractatus* étaient censées être éternelles et indestructibles. Elles sont de plus subjectives, en ce sens que chaque sensation n'appartient en propre qu'à une seule personne, ce qui compromet la possibilité que deux personnes différentes associent le même état de choses à un énoncé singulier. De ce point de vue, la conception russellienne retombe donc apparemment dans le piège idéationniste de l'épistémologie traditionnelle.

Mais qu'on se prononce ou non sur la nature des constituants ultimes du monde, il reste que du point de vue de l'atomisme logique (dans la version russellienne comme dans la version wittgensteinienne) la seule tâche du philosophe consiste à dégager la forme logique des énoncés (qui est en même temps la structure logique du monde), c'est-à-dire, à analyser les énoncés de manière à mettre en évidence la structure des états de choses qu'ils représentent. Dans le cas de Russell, ce projet équivalait à celui de montrer comment tous les énoncés peuvent être traduits sous la forme d'énoncés dont tous les termes ne dénotent que des sensations (possibles ou réelles) ou des attributs.

Lectures complémentaires

A Russell (1919 : chapitre 16), Linsky (1967 : chapitre 1).
B Russell (1903-1919), Granger (1990), Urmson (1956), Linsky (1967), Wittgenstein (1921).

NOTES

[1] La notion de type logique n'est de toute manière pas très éloignée de la notion de catégorie sémantique discutée au chapitre 6, section 3, et la répartition des expressions en différents types logiques est gouvernée par le même principe général que leur répartition en différentes catégories sémantiques, à savoir, que deux expressions sont du même type logique si et seulement si elles peuvent être substituées l'une à l'autre dans n'importe quelle phrase sans en affecter le caractère signifiant ou non-signifiant. Le mérite de Russell est essentiellement d'avoir montré que tous les termes singuliers qui dénotent des ensembles ne peuvent pas appartenir à la même catégorie sémantique, ce qui avait échappé à Frege.
[2] Il est à noter que selon Frege, une langue logique ne devrait pas contenir de termes dépourvus de dénotation, et devrait donc respecter le principe du tiers exclu. Cela revient à dire qu'il accepte le diagnostic de Russell selon lequel ce principe est menacé par l'existence de termes dépourvus de dénotation.
[3] Selon cet usage du terme «présupposition», qui correspond à ce qu'on appelle communément la «présupposition logique», on dit qu'un énoncé A présuppose un énoncé B lorsque la condition suivante est satisfaite : si A est vrai ou faux, alors B est vrai (ce qui revient à dire que lorsque B n'est pas vrai, alors A n'est ni vrai ni faux).
[4] Il est bon de rappeler qu'en termes fregéens, le concept dénoté par une expression prédicative *n'est pas* le sens qu'elle exprime, de sorte que les énoncés concernés auraient un sens dans les deux cas.
[5] On notera que la discussion qui suit est limitée aux termes singuliers, bien que la critique de Russell ait une visée plus générale.
[6] On objectera que la négation peut aussi être attachée à une expression prédicative, de manière à produire un prédicat négatif, tel que «n'est pas grec», par exemple. La syntaxe logique rend compte de cette possibilité soit en invoquant la notion d'énoncé ouvert, soit en faisant appel à l'opérateur d'abstraction introduit au chapitre précédent. Dans le premier cas, l'expression «n'est pas grec» sera assimilé à l'énoncé ouvert «x n'est pas grec», qui sera représenté par «il n'est pas le cas que x est grec», et dans le deuxième cas, elle sera assimilée à «(λx) x n'est pas grec», qui sera représenté par «(λx) il n'est pas le cas que x est grec».
[7] Deux énoncés sont des contraires lorsqu'ils peuvent être simultanément faux, sans pouvoir être simultanément vrais. Par exemple, «ceci est (complètement) rouge» et «ceci est (complètement) vert» sont des contraires, puisque la même chose ne peut pas être à la fois

(complètement) rouge et (complètement) verte, bien qu'elle puisse n'être ni rouge ni verte, mais bleue.

[8] Il est bon de noter ici qu'un énoncé simple ou «atomique» est un énoncé dont aucun des constituants n'est lui-même un *énoncé*, et qu'un *énoncé* simple est par conséquent une *expression* complexe (c'est-à-dire une expression qui se compose d'autres expressions).

[9] L'usage veut qu'on renvoie non aux pages, mais aux énoncés du *Tractatus*, qui sont organisés selon une numérotation décimale.

[10] On notera que cette conclusion ne s'applique d'ailleurs pas seulement aux énoncés sémantiques, mais aussi aux énoncés éthiques et aux énoncés métaphysiques. Les énoncés logiques sont aussi, du point de vue du *Tractatus*, dépourvus de signification, mais dans un sens assez différent, puisqu'ils indiquent les limites du langage, mais pour ainsi dire de l'intérieur, sans les transgresser. Ainsi, une vérité logique comme «Socrate est un Grec ou Socrate n'est pas un Grec» est compatible avec tous les états de choses possibles, et par conséquent ne véhicule aucune information et ne représente le monde d'aucune manière; elle ne fait que refléter la structure du langage, qui est aussi celle du monde.

Chapitre 10
Du vérificationnisme au holisme

1. INTRODUCTION

L'objectif avoué de Wittgenstein, dans le *Tractatus*, était de déterminer les limites du langage et de la pensée. Sa réflexion l'a mené à la conclusion que seuls les énoncés qui représentent des états de choses possibles sont véritablement pourvus de sens, c'est-à-dire signifiants. Il importe de noter que selon cette conception, les énoncés logiques ne représentent aucun état de choses, car ils sont compatibles avec toutes les manières dont le monde pourrait être, c'est-à-dire avec toutes les combinaisons d'objets possibles. S'ils ne contiennent aucune information concernant ce qu'il y a *dans* le monde, et sont donc à strictement parler dépourvus de sens, ces énoncés sont néanmoins conformes aux règles du langage, dont ils indiquent en quelque sorte les limites (qui sont aussi celles du monde). Ils s'opposent donc à d'autres types d'énoncés ou de pseudo-énoncés qui, comme les énoncés éthiques ou métaphysiques, ne sont ni des vérités ou des faussetés logiques, ni des représentations d'états de choses. Il s'agit d'énoncés qui prétendent dépasser/transcender les limites du langage et versent par conséquent dans l'absurdité. Si on ajoute la doctrine russellienne selon laquelle les états de choses se composent essentiellement de sensations et d'attributs à cette tripartition des énoncés, on a quelques-uns des principaux éléments d'une doctrine qui a exercé une énorme influence sur le développement de la philosophie contemporaine, celle de l'empirisme logique[1].

Comme je l'ai souligné à la fin du chapitre précédent, le *Tractatus* ne laisse plus aucune place au discours philosophique, si on entend par là un système d'énoncés a priori qui prétendraient décrire ou révéler la nature ultime de la réalité, et qui se situeraient quelque part entre les énoncés logiques et les énoncés scientifiques. Selon cette conception, la philosophie se résume à l'analyse logique du langage ; elle ne peut avoir pour tâche que d'élucider la signification des énoncés ou de montrer que certains énoncés sont en réalité dépourvus de signification.

Les empiristes logiques ont repris ce diagnostic à leur compte, mais en s'appuyant explicitement sur une conception vérificationniste de la signification, c'est-à-dire une conception selon laquelle la signification d'un énoncé est liée de manière essentielle aux expériences ou aux conditions qui le confirment ou qui le réfutent, ou qui en justifient l'assertion (ou celle de sa négation). La spécificité d'une telle approche vient de ce qu'elle cherche à expliquer la signification au moyen de concepts qui sont essentiellement épistémiques, c'est-à-dire, qui font référence à nos capacités cognitives. Dans cette perspective, connaître la signification d'un énoncé, c'est savoir à quelles conditions il est justifié, ou légitime, de l'affirmer, et *non pas* savoir à quelles conditions il est vrai ou faux. Pour apprécier la spécificité du vérificationnisme, il faut donc être en mesure d'apprécier la différence entre une condition de vérité et une condition d'assertabilité. Or ceci soulève une difficulté, dans la mesure où on pourrait être enclin à soutenir qu'il est justifié d'affirmer un énoncé si et seulement si cet énoncé est vrai, ou qu'on ne peut ni savoir à quelle condition un énoncé est vrai sans savoir à quelle condition il est justifié de l'affirmer, ni savoir à quelle condition il est justifié d'affirmer un énoncé sans savoir à quelle condition cet énoncé est vrai.

On notera d'abord, pour clarifier la situation, que même si on devait montrer que la classe des énoncés vrais coïncide avec celle des énoncés dont l'affirmation est justifiée, cela ne pourrait pas abolir la différence entre le concept de vérité et le concept de justification ; ou pour le dire en termes fregéens, même si on pouvait établir que les expressions «être vrai» et «être justifié» ont en fait la même dénotation, il n'en resterait pas moins qu'elles n'ont pas le même sens. D'autre part, il suffit d'un moment de réflexion pour réaliser que la notion de justification fait implicitement référence aux utilisateurs du langage, car ce sont eux qui peuvent être en position d'affirmer ou de nier un énoncé. Or il est possible, au moins à première vue, qu'un énoncé soit vrai sans que personne ne soit (ou même, ne puisse être) en mesure (c'est-à-dire, justifié) de l'affirmer, ce qui indique que les conditions de justification d'un énoncé ne peuvent pas être des conditions que les locuteurs seraient incapables de reconnaître, lorsqu'elles sont réalisées. Il est peut-être plus difficile d'admettre qu'inversement, un locuteur pourrait être justifié d'affirmer un énoncé bien que celui-ci ne soit pas vrai. C'est certainement là une situation qu'on cherche à éviter, mais qu'on ne peut exclure a priori. Pour chaque proposition selon laquelle l'affirmation d'un certain énoncé serait justifiée à telles ou telles conditions, on peut, en principe, soulever la question de savoir si ces conditions garantissent la vérité de cet énoncé. La différence entre une approche basée sur la notion de condition de vérité et une approche basée sur celle de condition d'assertabilité tient donc essentiellement au fait que la première fait abstraction des capacités et des limitations cognitives des utilisateurs du langage.

Il y a plusieurs manières de comprendre en quoi consistent les conditions d'assertabilité d'un énoncé, et donc plusieurs manières de comprendre le vérificationnisme, comme les nombreuses discussions qu'ont récemment suscitées les travaux de Michael Dummett l'ont amplement mis en évidence. Mais on insistera dans ce chapitre sur les formes les plus classiques, celles qu'ont discutées les empiristes logiques.

Il est bon de souligner d'entrée de jeu que les empiristes logiques (suivant en cela Frege et Russell) se sont principalement intéressés aux aspects de la signification qui ont une pertinence du point de vue de la connaissance, c'est-à-dire à la signification *cognitive*. Dans la terminologie de l'empirisme logique, la signification cognitive s'oppose à la signification émotive, qui caractériserait notamment les énoncés éthiques et/ou poétiques. Ainsi, quand je dis que le vérificationnisme des empiristes logiques prend tantôt la forme d'une théorie de la signification, tantôt celle d'une théorie de la «signifiance», il faut comprendre qu'il s'agit de la signification cognitive. Dans le premier cas, il s'agit de dire en quoi consiste la signification cognitive d'un énoncé et dans le deuxième cas, il s'agit seulement de dire à quelles conditions un énoncé a une signification cognitive. On verra qu'il s'agit là de deux entreprises assez différentes.

On admet traditionnellement une distinction entre deux grandes catégories d'énoncés (ou de jugements) signifiants : des énoncés analytiques et des énoncés synthétiques. L'histoire de cette distinction est longue et complexe[2], et il n'y a malheureusement aucune manière de la caractériser qui soit à l'abri de la controverse. De façon générale, dans la terminologie contemporaine, un énoncé analytique devrait être un énoncé dont la signification est telle qu'elle en garantit la vérité. La manière la moins compromettante de caractériser les énoncés synthétiques consiste sans doute à dire que tout énoncé signifiant qui n'est pas analytique (c'est-à-dire, dont la signification ne garantit pas la vérité) est un énoncé synthétique. Selon cette caractérisation générale, il faudrait conclure que la négation d'un énoncé analytique est un énoncé synthétique, puisque la négation d'un énoncé analytique devrait être un énoncé dont la signification garantit la fausseté, et donc un énoncé dont la signification ne garantit pas la vérité. Or si l'usage veut qu'on n'applique le terme « analytique » qu'à des énoncés vrais, il ne compte pas pour autant la négation d'un énoncé analytique comme un énoncé synthétique. C'est pourquoi il est plus approprié d'opposer la classe des énoncés dont la signification garantit *la valeur de vérité* (et non pas : *la vérité*), à celle des énoncés dont la signification ne garantit pas la valeur de vérité. Pour signifier qu'un énoncé appartient à la première catégorie, je dirai généralement qu'il est *analytiquement déterminé* (c'est-à-dire, analytiquement vrai ou analytiquement faux); mais il m'arrivera aussi d'utiliser le terme « analytique » dans le sens large de « analytiquement vrai ou analytiquement faux ». Les énoncés de la seconde catégorie sont les énoncés synthétiques.

Il est généralement admis que les énoncés analytiquement déterminés incluent les vérités/faussetés logiques et les vérités/faussetés « conceptuelles », que leur valeur de vérité peut être connue a priori, c'est-à-dire indépendamment de toute expérience empirique, et qu'ils sont soit nécessairement vrais, soit nécessairement faux. Les énoncés synthétiques incluent les vérités/faussetés « factuelles », qui sont *généralement* contingentes et ne peuvent *généralement* être connues ou réfutées a priori. Il est cependant important de remarquer que la question de savoir si un énoncé synthétique peut être nécessaire ou impossible, et celle de savoir si un énoncé synthétique peut être connu ou réfuté a priori, ont suscité de vives controverses qui ont profondément marqué l'histoire de la philosophie moderne et contemporaine et continuent d'être débattues. Mais il n'est pas question de faire ici l'histoire de ces controverses. Il suffit de remarquer que pour les empiristes logiques (et précisément en vertu de la forme de vérificationnisme qu'ils défendent), un énoncé dont la valeur de vérité peut être connue a priori, ou dont la vérité/fausseté est nécessaire, ne peut être qu'analytique. La distinction entre énoncés analytiques et énoncés synthétiques ne sera examinée que dans la section suivante; mais il importait d'en signaler tout de suite l'existence, de manière à pouvoir souligner que la discussion qui suit concerne exclusivement la signification des énoncés synthétiques.

L'idée directrice du vérificationnisme, comme je l'ai déjà souligné, est que caractériser la signification d'un énoncé consiste en premier lieu, sinon exclusivement, à caractériser les conditions dans lesquelles un locuteur est ou serait justifié d'affirmer cet énoncé. Bien qu'il n'y ait pas de raison, à première vue, pour que cette idée ne soit pas applicable aussi bien aux énoncés analytiques qu'aux énoncés synthétiques, il se trouve que les empiristes logiques ont généralement négligé la question de savoir comment elle devait ou pouvait s'appliquer aux énoncés analytiques[3], probablement parce qu'ils étaient plus préoccupés de délimiter la classe des énoncés signifiants que de préciser la nature de la signification. Du point de vue de l'empirisme logique, un énoncé analytique est simplement un énoncé dont la valeur de vérité est déterminée par les règles sémantiques, conventionnelles et arbitraires, du langage auquel il appartient. Le caractère signifiant des énoncés analytiques se trouve ainsi garanti d'emblée, en même temps que leur vacuité. En d'autres termes, les énoncés analytiques ne font que refléter la structure du langage, sans véhiculer aucune information concernant quoi que ce soit, ce qui s'accorde assez avec le point de vue du *Tractacus*, avec toutefois cette différence fondamentale que le *Tractacus* parlait du langage ou du symbolisme en général, tandis que les empiristes logiques songent à des systèmes linguistiques particuliers et conventionnels. Mais si le caractère signifiant des énoncés analytiques est ainsi garanti par les règles linguistiques, on voit mal comment poser la question de savoir en quoi consiste la signification d'un énoncé analytique particulier, ou en quoi elle se distingue de celle d'un autre énoncé analytique. En effet, selon la thèse vérificationniste, connaître la signification d'un énoncé analytiquement vrai, ne peut apparemment consister qu'à savoir que l'affirmation de cet énoncé est toujours justifiée, c'est-à-dire, à connaître les règles linguistiques qui le gouvernent. Cela explique peut-être pourquoi la thèse vérificationniste se présente d'abord, dans le contexte de l'empirisme logique, comme une thèse concernant la signification des énoncés synthétiques. C'est en tout cas uniquement sous cet angle qu'elle sera maintenant abordée[4].

Dire en quoi consiste la signification d'un énoncé synthétique fournit indirectement un critère permettant de distinguer entre les énoncés (synthétiques) signifiants et les autres. Suggérer, par exemple, que la signification d'un énoncé est sa condition de vérité permet de dire que les énoncés qui ne peuvent être ni vrais ni faux sont dépourvus de sens. Il est cependant possible de soutenir qu'un énoncé est signifiant si et seulement si il peut être vrai ou faux sans pour autant soutenir que la signification d'un énoncé est sa condition de vérité. En d'autres termes, une analyse de la nature de la signification cognitive entraîne avec elle un critère de signifiance, mais un critère de signifiance n'implique pas nécessairement une conception particulière de la nature de la signification, c'est pourquoi il convient de distinguer entre le vérificationnisme considéré comme une théorie de la signification et le vérificationnisme considéré comme une théorie de la signifiance.

2. LE VÉRIFICATIONNISME

Le vérificationnisme comme théorie de la signification est une doctrine assez vague, qui peut prendre plusieurs formes. Une des formulations les plus générales identifie directement la signification d'un énoncé synthétique à l'ensemble des expériences ou des données empiriques qui pourraient le vérifier ou le réfuter (ce qui garantit du même coup que tous les énoncés synthétiques signifiants seront contingents et a posteriori). Cette conception s'est d'abord accompagnée de l'idée qu'il y a une catégorie d'énoncés de base, ou énoncés observationnels, qui décrivent directement les expériences ou les données empiriques possibles et dont le caractère signifiant ne fait par conséquent aucun doute. La thèse vérificationniste revient alors à dire que la signification de tout énoncé peut être exprimée en utilisant uniquement des énoncés de base, c'est-à-dire que tout énoncé signifiant est synonyme d'un (ou réductible à un) énoncé de base (possiblement complexe). On notera que cette forme de vérificationnisme réductionniste n'est pas nécessairement incompatible avec la thèse frégéenne (c'est-à-dire, vériconditionnaliste), car il est possible de soutenir que la signification d'un énoncé de base est sa condition de vérité, c'est-à-dire, qu'il n'y a pas de différence, dans le cas des énoncés observationnels, entre une condition de vérité et une condition de vérification.

La difficulté pour ce genre de programme, qui est à peu près celui que les empiristes logiques ont d'abord eu en tête, est évidemment de caractériser de façon satisfaisante la catégorie des énoncés de base et leur signification, et de montrer comment les autres énoncés signifiants peuvent être traduits sous la forme d'énoncés de base. La forme la plus radicale de vérificationnisme réductionniste résout la première difficulté en adoptant une conception phénoménaliste du langage observationnel, qui veut que les énoncés de base fassent exclusivement référence aux expériences subjectives/immédiates des agents, en particulier à leurs sensations (réelles ou possibles). Cette solution présente manifestement certains des inconvénients des théories idéationnistes, dans la mesure où le caractère subjectif et privé des expériences sensibles ne permet apparemment pas de rendre compte de l'objectivité et du caractère public des connaissances. De plus, le phénoménalisme doit affronter le fait que le vocabulaire ordinaire de la sensation est en fait assez pauvre, et dérive en général du vocabulaire physique macroscopique. En effet, un locuteur qui veut décrire ses sensations auditives, olfactives ou visuelles ne peut généralement le faire, en langage ordinaire, qu'en faisant référence aux objets ou aux circonstances physiques qui en sont normalement la cause. Comment décrire l'odeur que je sens en ce moment, sinon en disant qu'elle ressemble à l'odeur de l'essence, du vin, ou du mimosa? Et comment décrire le son que j'entends, sinon en le comparant à celui que me fait normalement entendre un claquement de doigt, le grincement d'une porte ou le bris d'une vitre? Essayer de décrire ses propres sensations dans un vocabulaire neutre, qui ne présuppose pas le vocabulaire des objets matériels de la vie quotidienne, est un exercice littéraire extrêmement périlleux, voire irréalisable. Il n'est pas difficile de se persuader que si le vocabulaire pour le faire existe, il ne peut être que le fruit de recherches empiriques laborieuses qui ne peuvent elles-mêmes avoir été menées que dans un autre vocabulaire. C'est pourquoi après avoir brièvement flirté avec le phénoménalisme, les empiristes logiques ont généralement opté pour le physicalisme, c'est-à-dire pour le point de vue selon lequel les énoncés de base sont des énoncés qui renvoient aux objets matériels de la vie quotidienne et à leurs propriétés (intersubjectivement) observables.

Ces énoncés de base physicalistes doivent être des énoncés qu'il est toujours possible, *en principe*, de vérifier ou de réfuter «directement» (sans s'appuyer sur la vérité d'autres énoncés), bien qu'ils ne renvoient pas à des expériences subjectives. Si les énoncés de base ne renvoient pas à des expériences subjectives, alors les énoncés signifiants qui ne sont pas des énoncés de base, puisqu'ils doivent être traduisibles sous la forme d'énoncés de base, ne renvoient pas non plus à des expériences subjectives, ce qui veut dire que le physicalisme s'accompagne d'un changement dans la conception vérificationniste de la signification. La signification d'un énoncé n'est plus un ensemble d'expériences ou de données sensibles, mais plutôt l'ensemble des conditions, «objectivement définies», dans lesquelles on peut dire qu'il est vérifié ou réfuté, ou encore la méthode ou la procédure à suivre pour le vérifier ou le réfuter. Selon cette version du vérificationnisme, connaître la signification d'un énoncé c'est connaître sa méthode de vérification, c'est savoir comment procéder pour le vérifier/réfuter ou c'est être capable, *en principe*, de reconnaître une situation ou un argument comme une preuve/réfutation de cet énoncé, c'est-à-dire comme une raison concluante d'affirmer/nier cet énoncé. Si on reste dans une perspective réductionniste, cela veut dire qu'il doit y avoir certains énoncés de base qui peuvent être vérifiés directement, c'est-à-dire indépendamment d'autres énoncés, tandis que les autres énoncés ne pourraient être vérifiés qu'en vérifiant les énoncés de base auxquels ils sont censés se réduire. Ce sont généralement des énoncés comme « l'aiguille du voltmètre indique 110 », ou « ce morceau de papier tournesol est devenu bleu quand il a été plongé dans cette solution », ou « le chat est sur le paillasson », etc., qui sont cités comme exemples d'énoncés de base physicalistes.

Le réductionnisme soulève toutefois une difficulté de principe qui n'est pas inhérente au vérificationnisme, du moins lorsqu'il prend la forme (comme c'est le cas chez les empiristes logiques) d'une thèse selon laquelle les énoncés d'une certaine catégorie sont *synonymes* d'énoncés d'une autre catégorie. Car d'un point de vue intuitif, si deux énoncés sont synonymes, ils devraient à tout le moins faire référence aux mêmes choses. Or il est à première vue assez problématique de soutenir que *tous* les énoncés ne font référence qu'à des données sensibles subjectives et à leurs propriétés (dans le cas du phénoménalisme) ou à des objets matériels macroscopiques et à leurs propriétés observables (dans le cas de la forme de physicalisme qui nous concerne ici). C'est d'autant plus problématique lorsqu'on se propose, comme les empiristes logiques, d'analyser la signification des théories scientifiques, puisque cela implique que celles-ci ne peuvent faire référence qu'à des observables et contredit apparemment la pratique scientifique. Il est cependant tout à fait possible de maintenir que la signification d'un énoncé synthétique est sa méthode de vérification/réfutation sans ajouter que chaque énoncé signifiant doit être soit un énoncé de base, soit *synonyme* d'un énoncé de base. Dans ce cas, décrire ou expliquer comment procéder pour vérifier/réfuter un énoncé n'équivaut pas à le paraphraser ou à en proposer un synonyme. En d'autres termes, l'exigence qu'il y ait des énoncés de base qui seraient suffisants pour *définir* tous les énoncés du langage, n'est pas essentielle au vérificationnisme. Il est possible de maintenir qu'il y a une distinction significative entre les énoncés de base et les autres, bien que ceux-ci ne soient pas complètement réductibles aux premiers (et c'est d'ailleurs ce qu'ont fait les empiristes logiques lorsqu'ils ont renoncé au réductionnisme strict). Dans ce cas les énoncés de base pourraient se caractériser par le fait qu'ils seraient « directement » vérifiables, tandis que les autres ne pourraient être vérifiés qu'en vérifiant les énoncés de base qu'ils impliquent (mais auxquels ils ne seraient pas réductibles). Les empiristes logiques ne semblent cependant pas avoir réalisé que même l'existence d'une catégorie d'énoncés de base n'est pas essentielle à la thèse vérificationniste.

Considérons un énoncé comme
(1) Ceci est un citron.

Selon la thèse vérificationniste, connaître la signification de cet énoncé c'est savoir comment procéder pour déterminer s'il est vrai ou faux ; en l'occurrence, c'est savoir comment procéder pour déterminer si l'objet auquel il est fait référence est bien un citron. Mais comment procède-t-on pour déterminer si quelque chose est un citron ? Certains pourraient être enclins à répondre que c'est tout simplement en l'observant, ce qui n'est certainement pas faux, mais manifestement trop général pour permettre de faire la différence entre la signification de (1) et celle de

(2) Ceci est une banane,

puisque c'est sans doute aussi en l'observant qu'on détermine si une chose est une banane. La question posée concerne les méthodes et critères qui sont spécifiquement utilisés pour déterminer qu'on est bien en présence d'un citron et non pas d'autre chose. Or ces critères sont multiples : la forme, la couleur, le goût, etc., sont tous des facteurs qui aident à reconnaître les citrons et que nous sommes généralement capables d'identifier. Mais peut-on en conclure que savoir ce que (1) signifie, c'est savoir que (1) peut être affirmé si et seulement si l'objet mentionné a un certaine forme, une certaine couleur et une certaine saveur, et être capable de reconnaître cette forme, cette couleur et cette saveur ? Des vérificationnistes naïfs accepteraient peut-être cette conclusion, mais d'autres pourraient avoir conscience du fait 1) que tous les locuteurs ne connaissent pas nécessairement la même méthode de vérification, 2) que cette méthode de vérification n'est pas concluante, en ce sens qu'elle ne permet pas de déterminer de manière définitive si quelque chose est ou n'est pas un citron, et 3) qu'elle n'est sans doute pas complète, en ce sens qu'elle ne permet pas de rendre un verdict déterminé dans tous les cas.

En effet, une chose pourrait ne pas avoir la forme, la couleur ou la saveur d'un citron et cependant être un citron, de sorte qu'un locuteur apparemment compétent, qui utiliserait ces critères, serait amené à déclarer qu'il ne s'agit pas d'un citron, alors que c'est un citron. Inversement, une chose pourrait avoir la forme, la couleur et la saveur d'un citron sans être un citron, de sorte qu'un locuteur qui utiliserait ces critères serait amené à déclarer qu'il s'agit d'un citron, alors que ce n'est pas un citron. Face à ce genre de difficulté, le vérificationniste a apparemment le choix entre deux options. Il peut maintenir que la méthode de vérification d'un énoncé doit être concluante, et conclure que les critères mentionnés plus haut ne caractérisent donc pas la signification de (1), à charge pour lui d'expliquer comment les locuteurs compétents procèdent en fait pour vérifier/réfuter cet énoncé. Ou il peut affaiblir sa position et admettre qu'une méthode de vérification peut ne pas être concluante, ce qui lui permettrait de maintenir que connaître la signification de (1), c'est savoir qu'il peut être affirmé si et seulement si l'objet mentionné a un certaine forme, une certaine couleur et une certaine saveur. Dans ce dernier cas, la distinction entre une condition de vérité et une condition d'assertabilité prend tout son sens, puisqu'il devient alors possible qu'un locuteur soit en position d'affirmer (1), bien qu'il soit faux, ou de le nier bien qu'il soit vrai.

L'écart entre la vérité et la vérification peut aussi provenir du fait que la méthode de vérification utilisée est incomplète. On peut en effet imaginer que certaines combinaisons de formes, de saveurs et de couleurs sont telles qu'il soit impossible de décider si l'objet qui les possède est un citron ou non. Dans ce cas, on pourrait être enclin à dire qu'il est néanmoins vrai ou faux que l'objet en question est un citron, bien que nous soyons incapables de le décider. Mais le vérificationniste pourrait soutenir que nous ne savons pas ce que cela pourrait être, pour un objet de ce genre, que d'être un citron, c'est-à-dire que nous ne savons pas ce que signifie l'énoncé selon lequel un objet de ce genre serait un citron. On voit que dans ce cas, la conception selon laquelle la signification d'un énoncé est sa condition de vérité s'oppose encore à celle selon laquelle la signification d'un énoncé est sa condition d'assertabilité ou sa méthode de vérification.

Mais il reste à commenter la première difficulté que j'ai mentionnée, à savoir que tous les locuteurs ne connaissent pas nécessairement la même méthode de vérification. Il est par exemple tout à fait possible que certains locuteurs soient incapables de reconnaître soit la forme, soit la couleur ou la saveur caractéristiques du citron, ou que d'autres soient capables de reconnaître un citron par d'autres méthodes, par exemple en s'appuyant sur une analyse génétique ou biochimique. Quelqu'un qui aurait perdu le sens du goût pourrait être incapable, dans certaines circonstances, de savoir s'il a affaire à un citron, tandis qu'un biologiste pourrait reconnaître un citron là où la plupart des autres locuteurs en seraient incapables. Il devient difficile, dans ces conditions, de soutenir que toutes ces personnes constituent néanmoins une communauté linguistique, c'est-à-dire de soutenir que l'énoncé (1) a la même signification pour chacune d'elles.

De telles difficultés expliquent sans doute en partie pourquoi le vérificationnisme demeure largement programmatique et n'est pas encore vraiment parvenu à prendre la forme d'une théorie sémantique systématique, capable d'associer sa méthode de vérification ou sa condition d'assertabilité à chaque phrase d'une langue donnée. La discussion du vérificationnisme porte en général sur la plausibilité a priori de ce programme et en particulier sur la plausibilité du critère de signifiance auquel il semble conduire. Soutenir que la signification d'un énoncé est sa méthode de vérification suggère en effet que les énoncés pour lesquels nous n'avons pas de méthode de vérification (qu'on appelle parfois des énoncés «indécidables») sont dépourvus de signification, c'est-à-dire qu'un énoncé a une signification si et seulement si il est vérifiable *en principe*.

Mais la notion même de vérifiabilité/réfutabilité en principe n'est pas parfaitement bien définie. Un énoncé peut être vérifiable pour certaines personnes et ne pas l'être pour d'autres, il peut cesser d'être vérifiable ou devenir vérifiable, peut-être peut-il même être vérifiable en principe sans jamais être vérifiable en pratique pour qui que ce soit, etc. Doit-on dire qu'un énoncé est présentement vérifiable en principe pour Marius, si Marius est présentement incapable de le vérifier/réfuter, mais qu'il pourrait apprendre à le faire? Doit-on dire qu'un énoncé est présentement vérifiable *tout court*, s'il y a au moins une personne qui est ou serait présentement capable de le vérifier/réfuter ou d'apprendre à le vérifier/réfuter? On peut difficilement distinguer entre ce qui est vérifiable en pratique et ce qui n'est vérifiable qu'en principe sans s'appuyer sur une théorie de la connaissance bien définie, qui permette de distinguer entre ce que les locuteurs sont nécessairement incapables de connaître et ce qu'ils sont accidentellement incapables de connaître.

3. LE VÉRIFICATIONNISME COMME THÉORIE DE LA SIGNIFIANCE

On comprend aisément, à la lumière de ce qui vient d'être dit, que la formulation précise d'un critère de signifiance cognitive soit toujours restée un problème pour les empiristes logiques. L'idée de base du critère empiriste était qu'un énoncé synthétique n'a de signification cognitive que s'il peut être testé empiriquement. Mais on n'est pas parvenu à caractériser la classe des énoncés «testables empiriquement» de manière satisfaisante, même en supposant résolue la question de savoir quels sont les énoncés de base directement observables. La difficulté vient de ce que tout critère de signifiance doit apparemment respecter le principe selon lequel :

(3) Si p est un énoncé dépourvu de signification cognitive alors tout énoncé complexe contenant cet énoncé p doit lui aussi être dépourvu de signification cognitive.

Ce principe exige, en particulier, que la négation d'un énoncé non signifiant soit elle-même non signifiante, et que la conjonction (disjonction) d'un énoncé non signifiant et de n'importe quel autre énoncé soit elle aussi non signifiante.

En supposant qu'il y a des énoncés de base qui rapportent des observations empiriques possibles, et que ces énoncés (quelle qu'en soit la nature exacte) ne peuvent être que des énoncés singuliers, il est facile de voir que les premiers critères de signifiance proposés par les empiristes logiques ne respectent pas ce principe. Il s'agit d'abord du critère de vérifiabilité complète, selon lequel

(4) Un énoncé synthétique a une signification cognitive si et seulement si il est une conséquence logique d'un ensemble fini et consistant d'énoncés observationnels.

Ce critère s'appuie sur l'intuition qu'un énoncé signifiant doit être soit un énoncé qui décrit un phénomène observable, soit un énoncé qu'on peut déduire à partir d'un nombre fini d'observations possibles. Mais il est facile de voir qu'aucun énoncé universel, même s'il se compose uniquement de termes qui renvoient à ce que nous serions disposés à considérer comme des choses ou des propriétés observables, ne satisfait ce critère. En d'autres termes, en admettant que « être une cigogne » et « avoir les pattes rouges » désignent des propriétés observables, un énoncé comme

(5) Toutes les cigognes ont les pattes rouges

devrait, selon ce critère, être considéré comme dépourvu de signification cognitive, puisque l'observation d'un nombre fini de cigognes aux pattes rouges ne permet pas de *déduire* que toutes les cigognes ont les pattes rouges. D'autre part, ce critère viole la condition (3), puisque la négation d'un énoncé universel, qui est un énoncé existentiel, peut être la conséquence logique d'un nombre fini d'énoncés observationnels, ce qui veut dire qu'en vertu du critère proposé, la négation d'un énoncé non signifiant peut compter comme un énoncé signifiant. Ainsi la négation de (5) est équivalente à

(6) Il y a au moins une cigogne qui n'a pas les pattes rouges

qui est une conséquence logique de

(7) Ceci est une cigogne et n'a pas les pattes rouges,

et qui est donc un énoncé signifiant au sens du critère de vérifiabilité complète. Ce critère viole encore la condition (3) d'une autre manière, en raison du principe selon lequel la disjonction de deux énoncés est une conséquence logique de chacun de ces deux énoncés. En effet, cela signifie que si X est un énoncé non signifiant et si P est déductible d'un ensemble fini et consistant d'énoncés observationnels, alors la disjonction «P ou X» est aussi une conséquence logique du même ensemble d'énoncés et par conséquent que «P ou X» est lui-même un énoncé signifiant. Mais ceci contredit la condition (3), qui voudrait que «P ou X» soit dépourvu de signification puisqu'un de ses constituants est par hypothèse dépourvu de signification.

Des objections tout à fait parallèles s'appliquent au critère de réfutabilité complète, selon lequel

(8) un énoncé synthétique a une signification cognitive si et seulement si sa négation est une conséquence logique d'un ensemble fini et consistant d'énoncés observationnels.

Alors que le critère de vérifiabilité complète incluait certains énoncés existentiels dans la catégorie des énoncés signifiants, mais excluait les énoncés universels, celui-ci inclut certains énoncés universels, mais exclut les énoncés existentiels, ce qui contredit évidemment la condition (3). La négation de (5), à savoir (6), peut en effet être déduite d'un ensemble fini et consistant d'énoncés observationnels, ce qui veut dire que (5) est réfutable et donc signifiant, tandis que la négation de (6), à savoir (5), ne peut pas être déduite d'un tel ensemble d'énoncés observationnels, ce qui veut dire que (6) n'est pas réfutable, ni donc signifiant. Le critère de réfutabilité complète a donc pour conséquence que la négation d'un énoncé non signifiant (par exemple un énoncé existentiel) peut être un énoncé signifiant, en violation de la condition (3). Ce critère viole encore la condition (3) d'une autre manière, en raison du principe selon lequel la négation de la conjonction de deux énoncés est conséquence logique de la négation de l'un ou l'autre de ces deux énoncés. Car si X est un énoncé non signifiant, et si «non P» est déductible d'un ensemble fini d'énoncés observationnels, cela veut dire que «non (P et X)» est déductible du même ensemble d'énoncés observationnels, et donc que «P et X» est un énoncé signifiant. Cela contredit la condition (3) puisque X est par hypothèse dépourvu de signification.

On peut éviter quelques unes de ces difficultés en supposant qu'il suffit, pour qu'un énoncé ait une signification cognitive, qu'il soit *partiellement* vérifiable (c'est-à-dire, confirmable) par l'expérience. Ayer (1936) a suggéré, par exemple, la formulation suivante, qui correspond bien à cette intuition :

(9) Un énoncé synthétique S a une signification cognitive si et seulement si la conjonction de S et de certaines hypothèses auxiliaires H implique

logiquement des énoncés observationnels qui ne sont pas impliqués par H seul.

Mais ce critère n'est pas assez restrictif; il implique que tous les énoncés ont une signification cognitive. En effet, soit X un énoncé quelconque, il est clair que la conjonction de X et de «si X alors ceci est rouge» implique logiquement l'énoncé observationnel «ceci est rouge». Il s'ensuit que X doit être signifiant.

On n'évite malheureusement pas tout à fait cette conséquence absurde en imposant la restriction supplémentaire que les hypothèses auxiliaires utilisées soient ou bien des énoncés analytiques, ou bien des énoncés dont le caractère signifiant peut être établi indépendamment, parce qu'en vertu de ce critère, si S est un énoncé confirmable alors la conjonction de S et de n'importe quel énoncé sera aussi confirmable, et donc signifiant. En effet, toutes les conséquences observables de S + hypothèses auxiliaires sont aussi des conséquences de S et N + hypothèses auxiliaires, quel que soit l'énoncé N. Ce qui veut dire que ou bien N est un énoncé signifiant, ou bien la condition (3) n'est pas respectée.

Les trois critères de signification cognitive qu'on vient d'examiner ont tous en commun de chercher à caractériser quels sont les énoncés qui ont une signification cognitive en fonction des relations d'implication logique qu'ils doivent avoir avec les énoncés observationnels. Mais peut-être pourrait-on essayer de procéder autrement, en imposant des conditions sur les termes qui peuvent être légitimement utilisés dans un énoncé (synthétique) pourvu de signification. Ceci aurait l'avantage de garantir le respect du principe (3) puisqu'un énoncé complexe contient les mêmes termes que les énoncés plus simples dont il se compose.

On pourrait par exemple revenir au réductionnisme strict et suggérer que

(10) un énoncé synthétique a une signification cognitive si et seulement si il se compose uniquement de termes logiques et/ou de termes définissables au moyen de termes observationnels (et/ou logiques).

Mais cela voudrait dire que tous les termes légitimes sont en réalité des termes observationnels, et que les termes et les théories scientifiques qui prétendent faire référence à des «inobservables» n'ont pas vraiment de valeur explicative. Une solution plus libérale consisterait à exiger que chaque terme légitime soit au moins relié «par définition» à certains termes observationnels, au moyen de ce que Carnap (1891-1970) a appelé des «énoncés de réduction». Il s'agit en quelque sorte de définitions partielles du genre de

(11) Si x subit un choc violent alors (x est fragile si et seulement si x se casse),

qui caractérisent (partiellement) un terme non observationnel («être fragile») en le reliant à des termes observationnels («subir un choc violent» et «se casser»). De tels énoncés sont posés comme analytiquement vrais dans la mesure où ils sont censés caractériser, ne serait-ce que partiellement, la signification des termes qu'ils introduisent; c'est pourquoi on les appelle aussi des «postulats de signification». L'énoncé (11) n'est qu'une définition *partielle* parce qu'il ne permet pas de dire si le terme «être fragile» est applicable à un objet qui ne subit pas de choc violent; la signification du terme «être fragile» n'est tout simplement pas spécifiée pour ce cas. Ceci permet de formuler le critère suivant

(12) un énoncé synthétique a une signification cognitive si et seulement si il se compose uniquement de termes logiques et/ou de termes analytiquement reliés à des termes observationnels (et/ou logiques) au moyen de postulats de signification.

On notera que ce critère est beaucoup plus libéral que les précédents, puisqu'il admet qu'un énoncé qui n'a aucune conséquence empirique peut être signifiant.

Il y a cependant des cas où on est disposé à dire qu'un objet est fragile, même s'il n'a subi aucun choc violent et n'en subira peut-être jamais. On voudrait certainement être en mesure de dire, par exemple, qu'un certain vase de cristal est fragile, présumément en raison de la structure moléculaire du cristal; or celle-ci n'est pas directement observable et ne peut être caractérisée sans faire appel à certaines connaissances théoriques. Pour que ce critère soit adéquat, il faudrait donc que ces connaissances théoriques puissent aussi être exprimées à l'aide d'énoncés qui ne contiennent eux-mêmes que des termes analytiquement reliés à des termes observationnels. Or il ne semble pas que la plupart des termes qui jouent un rôle explicatif dans nos théories scientifiques (des termes comme «masse», «force», «énergie», «spin», «proton», «champ gravitationnel», «vélocité», «pression», «température», etc.) remplissent cette condition. Il est peu probable, en d'autres termes, qu'il y ait des énoncés de réduction pour chaque terme théorique (c'est-à-dire, chaque terme non observationnel) admis dans une théorie scientifique.

Mais surtout, il semble problématique d'admettre comme signifiant un énoncé qui utiliserait un terme dans des conditions pour lesquelles il n'est pas défini. Le concept de température, par exemple, pourrait être partiellement défini au moyen de l'énoncé de réduction suivant :

(13) Si x est en contact avec un thermomètre au mercure alors la température de x est de y si et seulement si la colonne de mercure indique y.

Le problème est que notre théorie physique nous autorise à formuler des énoncés concernant, par exemple, la température du centre du soleil. Cela ne pose en principe aucune difficulté pour le critère (12), même en supposant que (13) est le seul postulat de signification qui gouverne l'interprétation du terme « température ». En effet, tout énoncé contenant le terme « la température du soleil » (plus d'autres termes déjà établis comme signifiants) sera reconnu comme signifiant pour la simple raison que « soleil » est un terme observationnel et que « température » est gouverné par un énoncé de réduction. Cela reste vrai même si cet énoncé de réduction ne permet pas de dire quel sens il pourrait y avoir à parler de la température du centre du soleil (puisqu'un thermomètre au mercure ne peut pas être mis en contact avec le centre du soleil). Mais cette situation est intuitivement assez inconfortable, et indique apparemment que si une expression comme « la température du soleil » peut apparaître dans un énoncé signifiant, c'est sans doute parce que le ou les énoncés de réduction qui gouvernent le terme « température » ne sont pas les seuls facteurs qui contribuent à en fixer la signification. En l'occurrence, les lois et les principes théoriques qui relient le concept de température aux autres concepts de la théorie physique (en particulier le concept de radiation thermique), et qui permettent de calculer la température du centre du soleil, contribuent sans doute au moins autant à déterminer la signification du terme « température » que les énoncés de réduction.

On en a généralement conclu qu'on ne peut pas parler de la signification « cognitive » d'un terme ou d'un énoncé isolé. Un terme ou un énoncé n'a de signification cognitive que dans le contexte d'une théorie (et du langage de cette théorie), c'est-à-dire dans la mesure où il contribue, en conjonction avec d'autres termes et d'autres énoncés, à la dérivation de conséquences observationnelles. Si le projet de formuler un critère de signifiance cognitive a encore un sens, il doit donc viser à préciser ce qui distingue les systèmes théoriques (ou les systèmes de croyances) qui ont une signification cognitive de ceux qui n'en ont pas ; il doit en d'autres termes viser à dire quelles sont les conditions que doit satisfaire un système théorique pour qu'on puisse dire que les énoncés qui en font partie sont signifiants *relativement* à ce système. Quelques tentatives infructueuses ont été faites en ce sens, mais on a généralement reconnu la futilité d'un tel projet. On ne peut pas faire une dichotomie radicale entre les systèmes théoriques qui ont une signification cognitive et ceux qui n'en ont pas ; on peut seulement dire qu'un système théorique a plus de contenu empirique qu'un autre, ou comparer des systèmes qui ont les mêmes conséquences observationnelles du point de vue de leur parcimonie ontologique, de leur simplicité, de leur valeur explicative, etc. Nous allons maintenant voir que cette conclusion remet en question non seulement la possibilité de distinguer entre les énoncés synthétiques signifiants et les autres, mais aussi la légitimité même de la distinction entre des énoncés analytiques et des énoncés synthétiques.

4. HOLISME ÉPISTÉMOLOGIQUE ET ANALYTICITÉ

Les tentatives visant à formuler un critère de signifiance cognitive que nous avons examinées dans la section précédente sont toutes fondées sur l'idée que les énoncés synthétiques signifiants le sont en vertu du fait qu'ils sont analytiquement reliés (de manière plus ou moins forte selon les critères) à des énoncés (synthétiques) observationnels. Les énoncés analytiques qui expriment ces relations sont vrais par convention ou stipulation et ne devraient donc en aucun cas entrer en conflit avec l'expérience, c'est-à-dire qu'ils devraient être compatibles avec tous les énoncés (synthétiques) observationnels. L'opposition analytique/synthétique conduit ainsi naturellement à faire une distinction tranchée entre le cadre linguistique à l'intérieur duquel une théorie est formulée (qui est défini par l'ensemble des énoncés qui sont posés comme analytiques) et le contenu empirique des théories qui sont formulées dans ce cadre.

Du point de vue de l'empirisme logique, les questions significatives concernant le monde ne peuvent être formulées qu'à l'intérieur d'un cadre linguistique bien défini ; ce sont des questions internes, concernant la valeur de vérité de certains énoncés synthétiques, qui sont résolues en confrontant ces énoncés à l'expérience. Mais il y a aussi des questions concernant le choix d'un cadre linguistique qui permette de formuler ces énoncés synthétiques. Ce sont des questions externes, dont la résolution ne dépend aucunement d'une confrontation avec l'expérience, mais fait plutôt intervenir des considérations pragmatiques telles que la simplicité et la commodité. Les énoncés analytiques, puisqu'ils ne font que refléter le choix d'un cadre linguistique, ne peuvent pas entrer en conflit avec l'expérience, mais ils peuvent être abandonnés, pour des raisons de commodité, au profit d'autres énoncés analytiques, ce qui n'est qu'une autre manière de dire qu'on peut vouloir changer de cadre linguistique, dans certaines circonstances. Lorsqu'un agent abandonne un système théorique pour un autre, le changement peut donc affecter soit les énoncés synthétiques, soit le cadre linguistique lui-même ; dans ce dernier cas le changement ne concerne que les conventions linguistiques et devrait donc être indépendant des faits empiriques.

Cette distinction est claire et nette aussi longtemps qu'on suppose qu'à chaque énoncé synthétique correspond un ensemble bien défini d'expériences susceptibles de le vérifier ou de le réfuter, parce que dans ce cas, chaque fois qu'on fait une expérience négative, on sait exactement quel énoncé doit être considéré comme réfuté, et on sait que certains énoncés ne peuvent pas être réfutés. Mais, comme on l'a vu, il est très rare qu'une hypothèse théorique, à elle seule, ait des conséquences observationnelles. Considérons, pour en donner une illustration triviale, l'énoncé selon lequel

(14) La solution contenue dans ce bocal est un acide.

Cet énoncé n'a pas par lui-même de conséquences observationnelles, si on considère le terme « acide » comme un terme théorique. Pour évaluer cet énoncé, il faut procéder à un test empirique, qui peut se résumer, en l'occurrence, à plonger un morceau de papier tournesol dans la solution en question. Il faut donc raisonner à peu près de la manière suivante :

(14) La solution contenue dans ce bocal est un acide.

(15) Un morceau de papier tournesol plongé dans un acide devient rouge.

(16) Ceci est un morceau de papier tournesol en bon état.

(17) Ce morceau de papier tournesol est plongé dans cette solution,

donc

(18) Ce morceau de papier tournesol devient rouge.

Supposons que le test est réalisé, et que le résultat est négatif : le morceau de papier utilisé ne devient pas rouge. Il est évident qu'il faut alors abandonner une des prémisses (14)-(17) de manière à obtenir un ensemble cohérent d'énoncés. Mais il y a autant de manières de le faire que de prémisses dans ce raisonnement. Dans le cas présent, on serait peut-être enclin à conclure que le morceau de papier utilisé n'était pas vraiment un morceau de papier tournesol, ou qu'il n'était pas en bon état, ou que la solution en question n'est tout simplement pas un acide, mais rien ne s'opposerait, en principe, à ce qu'on conclue qu'un morceau de papier tournesol plongé dans un acide ne devient pas toujours rouge. Or cela reste apparemment vrai même si (15) était jusque-là considéré comme un énoncé analytique qui contribue à déterminer la signification du terme « acide ». La prémisse rejetée sera vraisemblablement celle dont l'abandon entraînera le moins de bouleversement dans l'ensemble des énoncés qui constituent notre système théorique, et cela dépend des conditions dans lesquelles le test est effectué. Il paraîtra plus économique de rejeter (16) plutôt que (15) si on peut trouver des raisons plausibles de penser que les tests utilisés pour déterminer si on avait bien affaire à un morceau de papier tournesol en bon état n'ont pas été menés de manière satisfaisante, ou reposent eux-mêmes sur des principes erronés. Mais il n'est certainement pas inconcevable qu'on décide d'abandonner (15), si on juge qu'abandonner (16) nous obligerait à abandonner des connaissances mieux établies ou si on a des raisons indépendantes de croire que la solution en question est un acide. Cet exemple est évidemment extrêmement simplificateur, dans la mesure ou il ne fait directement intervenir qu'un seul principe général (à savoir (15)), qui n'est pas d'un niveau d'abstraction très élevé. Mais on n'aura pas de mal à imaginer que certains énoncés hautement théoriques ne conduisent à des conséquences observationnelles qu'en conjonction avec une multitudes de principes théoriques et de données empiriques auxiliaires, dont aucun n'est définitivement à l'abri d'une réfutation empirique (en ce sens qu'aucun n'a la garantie qu'il ne sera pas rejeté à la suite d'un conflit avec l'expérience). Le holisme épistémologique, c'est-à-dire la thèse selon laquelle les énoncés affrontent *collectivement* le tribunal de l'expérience, entraîne ainsi, selon Quine (né en 1908), qu'il ne peut pas y avoir de distinction entre énoncés analytiques et énoncés synthétiques, ni par conséquent de distinction entre changer de langage et changer de théorie.

Plus exactement, cela suggère que la notion d'énoncé analytique, telle que l'ont utilisée les empiristes logiques, ne s'applique à rien d'autre qu'à des énoncés qu'on a décidé de ne jamais abandonner, quels que soient les faits empiriques observés. Or n'importe quel énoncé peut en principe recevoir ce statut; ce qui veut dire que les énoncés «analytiques» ne se distinguent pas des autres par leurs propriétés intrinsèques. En disant qu'un certain énoncé est analytique, on ne décrit pas une de ses propriétés, on adopte simplement la résolution de toujours le considérer comme vrai. Ce que le holisme épistémologique révèle, c'est en quelque sorte qu'il est futile de prendre de telles résolutions, puisque les faits empiriques peuvent nous forcer à les remettre en question.

On peut faire apparaître cette futilité en imaginant deux locuteurs (ou deux communautés linguistiques) qui admettent comme vrais exactement les mêmes énoncés et ne se distinguent que par le fait que l'un considère l'énoncé (15) comme analytiquement vrai, alors que l'autre le considère comme synthétiquement vrai. Pour le premier, l'énoncé (15) contribue à déterminer (partiellement) la signification du terme «acide», tandis que pour le second, il exprime une hypothèse concernant les propriétés des acides. Imaginons maintenant qu'après avoir effectué le test décrit plus haut, les deux locuteurs décident, indépendamment, que le meilleur moyen de rétablir la cohérence dans leurs croyances (c'est-à-dire, de faire en sorte que les énoncés qu'ils admettent comme vrais soient compatibles avec ce qu'ils ont observé) consiste à nier (15). Il n'y a plus alors aucune différence entre leurs croyances respectives ; les deux locuteurs finissent, en d'autres termes, par admettre exactement le même système d'énoncés. Mais s'ils arrivent au même résultat, le processus par lequel ils y sont conduits n'est apparemment pas le même. Pour le second locuteur, le changement consiste seulement à attribuer une autre valeur de vérité à (15), qui passe du statut d'énoncé synthétique vrai à celui d'énoncé synthétique faux ; tandis que pour le second, le changement semble plus considérable, puisqu'il consiste dans le fait que (15) passe du statut d'énoncé analytiquement vrai à celui d'énoncé synthétiquement faux (on ne pourrait pas prétendre qu'il passe simplement du statut d'énoncé analytiquement vrai à celui d'énoncé analytiquement faux, car cela voudrait dire qu'il recélait une contradiction interne). C'est comme si dans ce cas il y avait à la fois un changement de langage et un changement de théorie. Mais ce qui importe c'est que dans les deux cas, le changement est motivé par des faits empiriques et vise à produire un ensemble d'énoncés compatibles avec eux. Dans ces conditions, le fait de décrire le changement comme un changement de cadre linguistique n'ajoute rien et ne correspond à aucune différence réelle dans le comportement des deux locuteurs. À quoi sert-il de supposer que le premier locuteur considère (15) comme analytiquement vrai, si cela ne correspond à aucune différence décelable dans sa manière de réagir aux faits empiriques ? Quine en conclut qu'il n'y a pas deux mécanismes distincts susceptibles d'expliquer le passage d'un système théorique à un autre, mais un seul. Tous les énoncés sont sur le même plan en ce sens qu'aucun n'est définitivement à l'abri d'une réfutation empirique possible et que n'importe lequel peut être maintenu en dépit d'évidence contraire.

On remarquera que la discussion qui précède ne remet nullement en cause le principe de base du vérificationnisme, selon lequel un énoncé (synthétique) n'a pas de signification en dehors de ses relations avec les faits empiriques (ou avec l'« expérience »). C'est au contraire parce que Quine continue de souscrire à ce principe que l'observation selon laquelle les énoncés ne peuvent pas être vérifiés ou réfutés individuellement l'amène à conclure que ce ne sont pas les énoncés isolés qui sont porteurs de signification cognitive, mais des ensembles plus larges, qui constituent des théories. En d'autres termes, le vérificationnisme et le holisme épistémologique conduisent, conjointement, à la répudiation de la distinction entre énoncés analytiques et énoncés synthétiques. Mais si la distinction analytique/synthétique n'a pas de fondement objectif, alors celles de synonymie, de signification, de règle sémantique, et même de nécessité n'en ont probablement pas non plus, comme Quine (1951) l'a clairement mis en évidence.

En effet, un énoncé analytique (c'est-à-dire, analytiquement déterminé) est un énoncé qui est vrai ou faux uniquement en vertu de sa signification. Or la signification d'un énoncé peut être définie comme ce que l'ensemble des énoncés qui lui sont synonymes (qui forment une classe d'équivalence) ont en commun. Autrement dit la notion de signification peut être caractérisée au moyen de celle de synonymie. Or la notion d'analyticité peut elle-même être définie en termes de synonymie, de la manière suivante :

(19) un énoncé est analytiquement déterminé si et seulement si ou bien 1) il est logiquement vrai ou logiquement faux, ou bien 2) il peut être transformé en une vérité ou une fausseté logique en remplaçant certains de ses constituants par des expressions synonymes.

Il faut noter que cette définition utilise à la fois la notion de synonymie et celle de vérité logique, et qu'elle reconnaît, en somme, deux sortes d'énoncés analytiques. Il y a d'une part les vérités/faussetés logiques telles que

(20) Aucun adulte non marié n'est marié.

(21) Si Socrate est un homme alors Socrate est un homme.

(22) Aucun adulte marié n'est marié,

qu'on peut définir comme des énoncés qui restent vrais/faux quels que soient les termes par lesquels on remplace toutes les occurrences des termes *descriptifs* (c'est-à-dire, les termes qui n'appartiennent pas au vocabulaire logique, tels que les quantificateurs et les connecteurs propositionnels) qui y figurent. Ainsi, (20) compte comme une vérité logique parce qu'il est vrai et que tout énoncé obtenu en remplaçant le terme « adulte » ou le terme « marié » (dans toutes ses occurrences) par n'importe quel autre terme (de la catégorie appropriée) est aussi un énoncé vrai, comme en témoignent les exemples suivants :

(23) Aucun navire non marié n'est marié.

(24) Aucun adulte non chauve n'est chauve.

(25) Aucun navire non chauve n'est chauve,

etc.

Il y a d'autre part les énoncés comme

(26) Aucun célibataire n'est marié.

(27) Tout ophtalmologiste est un médecin.

(28) Aucun fonctionnaire n'est un employé de l'État,

qui ne sont pas des vérités/faussetés logiques au sens strict, puisqu'il est possible d'obtenir des énoncés qui n'ont pas la même valeur de vérité en remplaçant les termes extralogiques qui y apparaissent par d'autres termes. Ainsi, l'énoncé obtenu en remplaçant le terme «célibataire» par le terme «Canadien» dans (26) est un énoncé faux, alors que (26) est vrai. Ce sont toutefois des énoncés analytiques parce qu'il est possible, en remplaçant certains des termes extralogiques qui y apparaissent (dans certaines de leurs occurrences) par des termes synonymes, d'obtenir des vérités/faussetés logiques. On peut ainsi obtenir (20) à partir de (26) en remplaçant «célibataire» par l'expression synonyme «adulte non marié», et

(29) Tout médecin spécialisé en ophtalmologie est un médecin,

à partir de (27) en remplaçant «ophtalmologiste» par l'expression synonyme «médecin spécialisé en ophtalmologie». Ce deuxième type d'énoncés analytiques correspond approximativement à la notion traditionnelle de vérité/fausseté conceptuelle.

Il est manifestement possible de nier qu'il y ait des énoncés analytiques de ce deuxième type sans nier qu'il ait des énoncés analytiques du premier type, c'est-à-dire, sans renoncer à l'idée que certains énoncés sont logiquement vrais ou logiquement faux (bien que l'inverse ne soit pas possible). Mais ce n'est apparemment pas le cas de Quine. Si certains des arguments invoqués par Quine (1951) pour discréditer la notion d'analyticité (notamment ceux qui visent spécifiquement la notion de synonymie) laissent apparemment intacte la notion de vérité/fausseté logique, il ne faudrait cependant pas en conclure que Quine concède que les énoncés logiques sont analytiquement déterminés. On a vu au contraire que selon lui, *aucun* énoncé, quel qu'il soit, n'est totalement et définitivement à l'abri d'une réfutation empirique possible[5].

On peut donc définir l'analyticité en termes de synonymie; mais inversement, on peut aussi définir la synonymie en termes d'analyticité :

(30) deux expressions sont synonymes si et seulement si elles sont analytiquement équivalentes, c'est-à-dire, si et seulement si l'énoncé qui affirme leur équivalence est analytiquement vrai.

Selon cette définition, « adulte non marié » est synonyme de « célibataire » en vertu du fait que

(31) Quelqu'un est célibataire si et seulement si il est un adulte non marié,

est analytiquement vrai. Les notions de synonymie, d'analyticité et de signification étant interdéfinissables, si une de ces notions est incohérente ou dépourvue de fondement, alors il y a lieu de croire que les autres le sont aussi. Mais inversement, si les concepts de signification ou de synonymie sont fondés, alors il y a dans toute langue une classe d'énoncés analytiquement vrais, qui ne font que refléter les règles linguistiques, et qui par conséquent sont à l'abri de toute réfutation empirique. Pour légitimer la notion d'analyticité (et en supposant donnée une notion de vérité/fausseté logique adéquate), il suffirait donc de proposer une caractérisation acceptable de la relation de synonymie (qui ne présuppose pas elle-même la notion d'analyticité).

On pourrait envisager de caractériser la synonymie de la manière suivante :

(32) deux expressions sont synonymes si et seulement si elles sont intersubstituables *salva veritate* dans tous les énoncés.

En effet, si deux expressions, par exemple « célibataire » et « adulte non marié » sont intersubstituables *salva veritate* dans n'importe quel énoncé, elles le sont, notamment, dans un énoncé tel que

(33) Il est nécessaire que quelqu'un soit un célibataire si et seulement si il est un célibataire,

comme on le vérifie en constatant que

(34) Il est nécessaire que quelqu'un soit un célibataire si et seulement si il est un adulte non marié,

est aussi vrai que (33) lui-même. Il est possible d'en déduire que « célibataire » est synonyme de « adulte non marié », mais seulement si on suppose que « il est nécessaire que » est synonyme de « il est analytiquement vrai que »; car dans ce cas (34) revient à affirmer que (31) est analytiquement vrai, et donc que « célibataire » et « adulte non marié » sont synonymes. Or on ne peut évidemment pas faire cette supposition sans circularité, et en l'absence d'une telle supposition, on n'a apparemment aucune raison de croire que (32) fournit une caractérisation satisfaisante de la notion de synonymie, c'est-à-dire une caractérisation qui serait valide quel que soit le langage considéré. Au contraire, il est facile de voir que dans un langage extensionnel, c'est-à-dire un langage qui ne contient aucun contexte indirect (du genre de ceux qui fournissent des contre-exemples au principe fregéen de l'intersubstituabilité de la dénotation), deux expressions peuvent être intersubstituables *salva veritate* à condition seulement d'avoir la même dénotation, et on sait que deux expressions peuvent dénoter la même chose sans avoir le même sens.

5. L'INDÉTERMINATION DE LA TRADUCTION RADICALE

Les remarques de la section précédente ont permis de comprendre qu'à travers la remise en cause de la notion d'analyticité, ce sont les notions mêmes de signification et de synonymie qui sont visées, et avec elles certaines des convictions les plus profondément enracinées concernant le langage. En effet, on conçoit traditionnellement qu'au moins une partie de la description linguistique consiste à expliciter les relations de signification entre les différentes expressions de la langue. Mais si les notions de signification et de synonymie ne sont pas légitimes, alors toute cette entreprise repose sur une illusion. Quine ne conteste sans doute pas qu'il soit possible de créer, par stipulation, une classe d'énoncés analytiques (et donc des relations de synonymie), ce qu'il remet en question, c'est qu'il y ait, « objectivement », dans toute langue, des énoncés analytiques et des relations de synonymie constitutives de cette langue, et qui n'attendraient que d'être décrites. Il n'est pas étonnant, vu les conséquences énormes d'une répudiation de la notion d'analyticité, que les conceptions de Quine aient généralement suscité beaucoup de résistances et soient souvent perçues comme signifiant la ruine de la philosophie du langage (ou du moins de la théorie de la signification). Telle n'est pourtant pas le point de vue de Quine lui-même, qui serait plutôt enclin à soutenir qu'il a tout simplement précisé les limites empiriques de la description linguistique.

Dans un article de 1955, Carnap a tenté de dissiper le scepticisme de Quine concernant la notion de signification en décrivant une procédure empirique permettant de déterminer quels sont le sens et la dénotation des termes utilisés par un locuteur donné. Carnap s'inscrit (à cette époque) dans la tradition fregéenne, en soutenant que la description sémantique d'une langue comporte deux aspects, le premier visant à spécifier la dénotation des expressions (que Carnap appelle l'extension), et le second, à en spécifier le sens (que Carnap appelle l'intension). Il soutient que lorsqu'il s'agit de décrire une langue existante (plutôt que de construire une langue artificielle), on commence normalement par déterminer ce que les mots utilisés dans cette langue dénotent, pour ensuite déterminer ce qu'ils signifient, et qu'il y a dans les deux cas des méthodes empiriques fiables pour y parvenir.

Carnap tient pour acquis que la première étape ne soulève aucune difficulté, et qu'elle n'est pas remise en cause par Quine lui-même. Il est possible de déterminer quelle est la dénotation des mots utilisés par un locuteur donné, avec une marge d'erreur qui est la même que celle de n'importe quel autre type d'hypothèse scientifique. Il suffit pour cela d'observer à quels objets il applique ou refuse d'appliquer les différents mots qu'il utilise, et de formuler, sur cette base, une hypothèse concernant l'ensemble des choses auxquelles il serait disposé à appliquer tel ou tel mot (qui constitue l'extension de ce mot), l'ensemble des choses auxquelles il refuserait d'appliquer ce mot (qui constitue ce qu'on pourrait appeler l'anti-extension de ce mot), et l'ensemble des choses auxquelles il ne saurait pas dire si le mot s'applique ou non. On ne peut évidemment jamais savoir avec certitude si une telle hypothèse est vraie ou fausse, dans la mesure où elle fait référence à des choses que le locuteur n'a jamais observées et n'observera peut-être jamais, mais ce qui importe c'est qu'il s'agit bien d'une hypothèse empirique, qui peut être confrontée aux comportements du locuteur.

Mais deux linguistes qui s'accordent sur l'extension d'un mot peuvent encore lui attribuer des sens différents, ce qui soulève la question de savoir comment tester empiriquement l'hypothèse qu'un mot exprime telle propriété plutôt qu'une autre, lorsque les deux propriétés considérées s'applique en fait aux mêmes choses (c'est-à-dire, déterminent la même extension). Alors que Quine pense que l'analyse de l'intension soulève des difficultés de principe, qui ne sont pas dues simplement au fait que les mots des langues naturelles sont vagues ou ambigus, ou à l'incertitude inductive qui affecte toute hypothèse empirique, Carnap soutient que même une hypothèse concernant le sens peut être testée par l'observation du comportement linguistique, et constitue une hypothèse empirique légitime.

Cela implique qu'on soit en mesure de déterminer, par une procédure empirique, si Karl, par exemple, utilise le mot «pferd» dans le sens de «cheval» ou dans le sens de «cheval ou licorne», en dépit du fait qu'aucune réponse de Karl concernant une chose réelle ne peut faire de différence entre les deux hypothèses, c'est-à-dire, en dépit du fait qu'il n'y a pas, dans le monde réel, d'objet auquel on pourrait être disposé à appliquer le terme «cheval ou licorne» sans être disposé à lui appliquer aussi le terme «cheval». Pour être en mesure de choisir entre les deux hypothèses, il faut considérer non seulement les cas réels, mais aussi les cas logiquement possibles. On ne peut le faire qu'en *décrivant* (ou dans certains cas, en dessinant) des choses ou des situations possibles et en demandant à Karl s'il appliquerait le mot «pferd» à ces choses, ou dans ces situations. Si Karl manifeste, par exemple, qu'il n'appliquerait pas le mot «pferd» à un équidé à longue corne unique, implantée au milieu du chanfrein, alors on sera en mesure d'éliminer l'hypothèse selon laquelle ce mot a le sens de «cheval ou licorne». Une telle procédure devrait permettre, selon Carnap, de déterminer le sens des expressions de n'importe quelle langue, et s'accorde parfaitement avec la pratique des sciences empiriques, ce qui montre que l'étude du sens est une entreprise scientifiquement aussi légitime que celle de la dénotation, ou du comportement en général.

Cette procédure s'appuie donc sur une certaine interprétation de la notion de sens fregéen, qui la lie à la notion de nécessité, et selon laquelle deux expressions ont la même intension (le même sens) si et seulement si elles ont *nécessairement* la même extension (la même dénotation), c'est-à-dire si et seulement si elles sont nécessairement équivalentes. Or cette conception de la synonymie est essentiellement celle de la définition (30) considérée dans la section précédente (puisque Carnap ne donne aucune indication permettant de croire qu'il fait une différence entre «être nécessairement équivalent» et «être analytiquement équivalent») et ne saurait par conséquent répondre aux objections de Quine. Il vaut cependant la peine de mentionner que cette interprétation soulève des difficultés, même indépendamment du scepticisme général exprimé par Quine. S'il semble en effet que deux expressions qui ont le même sens ont nécessairement la même dénotation, il y a des contre-exemples à l'idée que si deux expressions ont nécessairement la même dénotation, alors elles ont le même sens. Il est nécessaire, par exemple, que tout ce qui est plus petit que 9 soit plus petit que 5+4, et inversement, ce qui veut dire que «être plus petit que 9» et «être plus petit que 5+4» ont nécessairement la même extension; on peut cependant douter que les deux expressions soient synonymes (notamment parce que l'une utilise le concept d'addition, qui semble absent de l'autre). De la même manière, deux expressions comme «le carré rond» et «le triangle rectangulaire», dont l'extension est nécessairement vide, ont donc nécessairement la même extension sans pourtant être synonymes le moins du monde. Cette conception conduit enfin, par le même raisonnement, à la conclusion assez extravagante que tous les énoncés qui sont nécessairement vrais (faux) sont synonymes entre eux. Même quelqu'un qui accepterait la légitimité de la notion de synonymie pourrait donc avoir de bonnes raisons de rejeter la conception proposée par Carnap, dont il faut cependant dire qu'elle a exercé une énorme influence sous la forme de ce qu'on a appelé la «sémantique des mondes possibles»[6].

Mais la procédure suggérée par Carnap soulève bien d'autres questions, et dépend de présuppositions autrement plus contestables, du point de vue de Quine. On notera en particulier que Carnap prend pour acquis que la détermination des extensions ne devrait pas être tenue pour problématique, et devrait précéder celle des intensions, et que la méthode proposée pour déterminer les intensions présuppose que le linguiste soit en mesure de communiquer verbalement avec le locuteur dont il se propose pourtant de déterminer quel sens il prête à ses paroles, ce qui introduit une circularité inacceptable. S'il s'agit d'expliquer comment découvrir le sens d'un mot, ne faut-il pas que l'explication fasse reposer cette découverte sur des données qui n'en présupposent pas la connaissance? Enfin, la méthode de Carnap prend pour acquis qu'on doit d'abord déterminer le sens des *mots isolés*, pour pouvoir ensuite être en mesure de comprendre les énoncés construits à l'aide de ces mots. Or Quine n'accepte aucune de ces prémisses.

Il s'accorde cependant sur le fait que c'est sous l'angle de la traduction qu'il est préférable d'aborder le problème de la signification. Lorsqu'un linguiste ou un ethnologue se propose de construire un manuel de traduction d'une langue A dans une langue B son problème est celui de formuler : 1) un ensemble d'hypothèses selon lesquelles tels mots de la langue A sont traduisibles par (synonymes de) tels mots de la langue B, et 2) un ensemble de règles permettant de faire correspondre à chaque phrase de A, sa ou une traduction dans B. On peut donc dire qu'un manuel de traduction fournit une caractérisation de la relation de synonymie entre les expressions de deux langues différentes. Par conséquent, si on arrive à décrire une procédure empirique permettant de construire un manuel de traduction adéquat entre deux langues données, alors on sera parvenu à fonder la notion de synonymie, c'est-à-dire à expliquer à quelles conditions empiriques générales deux expressions sont synonymes. La difficulté consiste à s'assurer du caractère empirique, et de la non circularité, de la méthode proposée; c'est sur ce point que Quine juge la solution de Carnap inacceptable et c'est pour cette raison qu'il insiste sur la nécessité de considérer d'abord le cas de la traduction *radicale*.

Un linguiste est en situation de traduction radicale lorsqu'il se propose de construire un manuel de traduction pour une langue dont *il ne sait absolument rien* au point de départ. Il est clair que la construction d'un manuel de traduction de la langue A vers la langue B peut être un problème difficile même pour un linguiste bilingue qui connaîtrait à la fois la langue A et la langue B mais un tel linguiste a un sérieux avantage sur le traducteur radical, dans la mesure où son problème se réduit à celui de formuler des règles de traduction correctes, en s'appuyant sur sa connaissance des langues A et B pour vérifier si ces règles sont correctes. Autrement dit, son problème est seulement d'expliciter le manuel de traduction qu'il a déjà intériorisé. Le traducteur radical, lui, doit découvrir un manuel de traduction et pour cela il ne peut s'appuyer que sur des faits observables concernant le comportement linguistique des locuteurs de A. Le fait de s'intéresser à la question de la traduction radicale n'est qu'une manière de s'assurer que le manuel de traduction qui sera construit sera basé uniquement sur des données empiriques accessibles indépendamment de toute connaissance préalable de la langue à traduire. Cela est essentiel, puisque ce qu'on cherche à savoir c'est sur quels faits repose un manuel de traduction, et si ces faits sont suffisants pour garantir qu'il y a une manière déterminée de traduire d'une langue A dans une langue B, c'est-à-dire, pour permettre de dire qu'il y a bien, en fait, une relation de synonymie entre telles expressions de la langue A et telles expressions de la langue B.

Si les énoncés ont une signification déterminée, alors toutes les traductions correctes d'un énoncé (non ambigu) de la langue A dans la langue B devraient être équivalentes entre elles. C'est d'une certaine manière ce que soutiennent Carnap et le sens commun, et ce que Quine conteste. En d'autres termes, Quine soutient que la traduction radicale est indéterminée, c'est-à-dire, qu'étant donné deux langues A et B, il y a plusieurs manuels de traduction de A vers B qui sont à la fois 1) incompatibles entre eux et 2) compatibles avec l'ensemble des faits observables possibles concernant le comportement des locuteurs de A. Aucun de ces manuels de traduction n'est objectivement préférable aux autres, en ce sens qu'il révélerait la «vraie» signification des expressions de la langue d'origine, ce qui revient à dire que la question de savoir quelle est la signification d'une expression n'est pas pour Quine une question de fait.

Il importe de noter que la thèse n'est pas qu'il n'y a pas de traduction exacte ou qu'il n'y a pas de bonne traduction, elle est plutôt qu'il y a toujours plusieurs traductions qui sont toutes empiriquement correctes (mais non équivalentes). Elle n'est pas non plus qu'il n'y a pas de manuel de traduction qui soit préférable aux autres, mais seulement que si un manuel de traduction empiriquement adéquat est préféré à un autre, cette préférence doit s'appuyer sur des considérations pragmatiques d'élégance, de simplicité ou de commodité et non sur une différence objective. En effet, la question de Quine est simplement celle de savoir dans quelle mesure on décrit une partie de la réalité objective lorsqu'on décrit la relation entre deux langues.

Quelles sont donc les données empiriques disponibles au traducteur radical, pour que Quine puisse aboutir à la thèse de l'indétermination? Elles sont très minces, puisqu'elles se résument essentiellement aux dispositions des locuteurs indigènes (c'est-à-dire, les locuteurs de la langue-source) à accepter ou à rejeter une phrase dans telles ou telles conditions stimulatoires. On admet donc au point de départ que le traducteur radical est capable de reconnaître (ou de formuler une hypothèse raisonnable concernant) ce qui compte comme une acceptation ou un rejet d'une phrase donnée, de la part des locuteurs indigènes, de même que les stimulations qui causent ce verdict. Cela veut dire, il est bon d'y insister, que les stimulations en question doivent être publiquement observables, et ne doivent donc pas être confondues avec les expériences subjectives ou les sensations des locuteurs. En fait, les stimulations sont caractérisées de telle manière que deux personnes reçoivent la même stimulation lorsque leurs récepteurs sensoriels respectifs sont dans les mêmes états (physiques) d'excitation. D'autre part, puisque le linguiste doit s'appuyer sur des données concernant les stimulations qui provoquent l'assentiment ou le dissentiment des indigènes, cela veut dire que ces données doivent porter sur des *phrases complètes*, et non pas sur des mots isolés (bien qu'il ne soit pas exclu qu'une phrase se compose d'un mot unique, on verra un peu plus loin que cela fait une énorme différence), car un mot isolé n'est pas porteur de valeur de vérité, et ne peut donc pas susciter l'assentiment ou le dissentiment. La stratégie de Quine est ainsi basée sur l'idée que la notion de signification concerne d'abord les énoncés, et ne s'applique aux mots que de manière dérivée.

Ceci est suffisant pour introduire la notion de signification-stimulus d'une phrase, pour un locuteur donné (à un moment donné) :

(35) la signification-stimulus d'une phrase p, pour un locuteur L, est la paire ordonnée de sa signification-stimulus positive et de sa signification-stimulus négative,

(36) la signification-stimulus positive (négative) de p pour L est l'ensemble des stimulations qui causeraient le rejet (l'acceptation) de p par L (si la phrase p était alors soumise à son appréciation).

On constatera que cette définition est conforme à la doctrine vérificationniste, dans la mesure où les stimulations des récepteurs sensoriels sont la version physicaliste des «expériences» sur lesquelles toute connaissance empirique est censée reposer. Il est tout à fait possible, dans la perspective de Quine, de déterminer empiriquement quelle est la signification-stimulus de n'importe quelle phrase pour un locuteur donné, et la construction d'un manuel de traduction doit ultimement reposer sur les faits concernant la signification-stimulus des phrases. Mais Quine ne prétend nullement que la notion intuitive de signification se ramène à celle de signification-stimulus ; au contraire, il n'introduit cette notion que pour mettre en évidence l'écart qui existe entre ce qu'il est possible de déterminer empiriquement et ce que la signification est censée être.

Quine distingue entre des phrases occasionnelles et des phrases stables, ou perdurables (*standing sentences*). Les phrases occasionnelles sont celles dont l'acceptation ou le rejet est toujours causé par une stimulation qui est présente au moment de l'acceptation ou du rejet. Les autres phrases sont dites perdurables. Cette distinction (qui, il faut le souligner, n'est qu'une distinction de degré) correspond, intuitivement, à la différence entre

(36) Il pleut

ou

(37) Voici un lapin

et

(38) Il y a des maisons de briques rouges à Montréal

ou

(39) Tous les corbeaux sont noirs.

Chaque fois qu'un locuteur accepte ou rejette une phrase comme (36) ou (37), c'est en s'appuyant, au moins en partie, sur la stimulation présente à ce moment (c'est-à-dire, intuitivement, sur ce qu'il perçoit à ce moment), et son verdict peut varier d'une occasion à l'autre. Il y a aussi des stimulations susceptibles d'amener un locuteur à accepter ou à refuser une phrase comme (38) ou (39), par exemple une promenade dans les rues de Montréal, ou l'observation d'un 350e corbeau noir. Mais ces phrases se distinguent des autres par le fait qu'une fois qu'elles ont été acceptées ou refusées sur la base d'une stimulation pertinente, le locuteur qui les a acceptées ou refusées reste disposé (au moins pendant un certain temps) à répéter son assentiment ou son dissentiment sans que celui-ci soit causé par la stimulation présente au moment du verdict (par exemple, après avoir quitté Montréal, ou en l'absence de corbeau) ; dans ce cas, cette stimulation n'appartient pas à la signification-stimulus.

Une phrase occasionnelle est dite « observationnelle » lorsqu'elle a la même signification-stimulus pour tous les locuteurs de la communauté linguistique considérée. Ceci permet de distinguer

(40) Voici un célibataire,

qui est une phrase occasionnelle non observationnelle, de

(41) Voici un objet rouge,

par exemple, qui est une phrase observationnelle, puisque deux locuteurs exposés à la même stimulation ne sont pas toujours du même avis sur la question de savoir s'ils sont en présence d'un célibataire et peuvent donc rendre des verdicts différents concernant (40), alors qu'ils sont normalement du même avis quand il s'agit de savoir s'ils sont en présence d'un objet rouge. La raison pour laquelle ils ne sont pas toujours du même avis concernant (40), c'est évidemment qu'ils ne partagent pas nécessairement la même information sur toutes les personnes; l'un peut savoir que Marius est célibataire, et l'autre l'ignorer, de sorte que la vision de Marius amènera l'un à accepter (40), et l'autre à la refuser ou à s'abstenir. Ceci permet de souligner que la stimulation présente n'est en général qu'un des facteurs qui contribuent à déterminer le verdict rendu par le locuteur. Le verdict dépend en partie de la stimulation présente, et en partie des informations annexes dont dispose le locuteur, qui peuvent varier d'un locuteur à l'autre. La catégorie des phrases observationnelles correspond donc, intuitivement, à celles des phrases pour lesquelles les informations annexes jouent un rôle négligeable. Ce sont celles pour lesquelles tous les locuteurs sont disposés à rendre les mêmes verdicts en présence des mêmes stimulations, et qui peuvent donc servir de base pour la construction de connaissances intersubjectives et pour l'apprentissage linguistique. Ce sont aussi des phrases que le traducteur radical est en principe capable de traduire dans sa propre langue, simplement en leur faisant correspondre des phrases (observationnelles) de sa propre langue qui ont la même signification-stimulus pour lui. Mais cette méthode n'est pas applicable aux autres phrases de la langue indigène, notamment en raison du fait que la signification-stimulus d'une phrase peut varier d'un locuteur à l'autre, même à l'intérieur d'une même communauté linguistique, et même appliquée aux seules phrases observationnelles, cette méthode de traduction ne garantit pas l'identité de signification.

Une phrase observationnelle, idéalement, est une phrase dont l'acceptation ou le refus dépend uniquement de la stimulation présente et n'est pas affecté par les croyances ou les informations que le locuteur pourrait avoir acquises d'autres sources (c'est-à-dire sur la base de stimulations passées). Mais cela ne signifie pas pour autant que la notion de signification-stimulus rend adéquatement compte de la notion intuitive de signification, même pour les phrases observationnelles. Cela est dû essentiellement au fait qu'il n'y a pas de critère empirique permettant de distinguer entre les phrases dont l'acceptation ou le refus est causé uniquement par la stimulation présente et celles dont l'acceptation ou le refus est causé conjointement par la stimulation présente et par des informations annexes *lorsque celles-ci sont partagées par l'ensemble des locuteurs indigènes*. Deux phrases observationnelles qui n'ont intuitivement pas la même signification pourront ainsi avoir la même signification-stimulus, en raison du fait que les locuteurs de la langue concernée disposent d'informations qui leur permettent d'accepter ou de rejeter ces deux phrases dans les mêmes conditions stimulatoires.

Quine (1960 : 71-73) donne un exemple relativement simple (mais artificiel) de ce phénomène. Supposons que la communauté dont le traducteur radical veut déchiffrer la langue vive dans une région où il y a beaucoup de lapins et que le lapin soit pour les membres de cette communauté une nourriture de base, ce qui implique qu'ils aient une bonne connaissance des mœurs des lapins, pour pouvoir les chasser efficacement. Supposons d'autre part qu'il y a dans cette région une espèce de mouche inconnue ailleurs, mais que tous les membres de cette communauté connaissent bien, et qui survole toujours un endroit où se trouve un lapin. Appelons cette mouche la « mouche-à-lapin ». Tous les locuteurs indigènes savent que partout où il y a une mouche-à-lapin, il y a un lapin, mais le traducteur radical l'ignore.

Supposons maintenant que l'expression « Gavagaï » soit une phrase de la langue indigène, que les locuteurs indigènes acceptent chaque fois qu'ils perçoivent un lapin, mais aussi chaque fois qu'ils perçoivent une mouche-à-lapin (sans nécessairement voir le lapin). En admettant que le traducteur radical dispose d'un terme pour désigner la mouche-à-lapin, il traduira donc « Gavagaï » par quelque chose comme

(42) Tiens, un lapin ou une mouche-à-lapin,

sur la base du fait que cette phrase a la même signification-stimulus que « Gavagaï ». Mais en proposant cette traduction, le traducteur radical suppose implicitement que le verdict des indigènes dépend de la stimulation présente et de la signification de « Gavagaï », mais d'aucune autre information. Il pourrait pourtant supposer que la phrase « Gavagaï » se traduit par

(43) Tiens, un lapin,

qui n'a pas du tout la même signification-stimulus que «Gavagaï», à condition de faire aussi l'hypothèse que l'ensemble des locuteurs-indigènes croient (ou savent) que la présence d'une mouche-à-lapin indique la présence d'un lapin. Étant donné la manière dont j'ai décrit la situation, cette hypothèse semblerait plus appropriée, mais la question est de savoir si elle est accessible au traducteur radical, c'est-à-dire s'il peut avoir accès à des données empiriques qui lui permettrait de rejeter l'hypothèse précédente en faveur de celle-ci, et donc de supposer que les indigènes croient effectivement que là où il y a une mouche-à-lapin, il y a du lapin. Or on peut soupçonner qu'il n'est pas possible de déterminer ce que croient les indigènes avant d'être en mesure de traduire leurs paroles, c'est-à-dire sans présupposer un manuel de traduction. Mais c'est là un thème sur lequel Davidson, dont il sera question dans le prochain chapitre, insiste davantage que Quine, qui se contente ici de souligner l'écart entre la signification-stimulus et la signification et semble prendre pour acquis que les phrases observationnelles peuvent toujours être correctement traduites par des phrases qui ont la même signification-stimulus.

On arrive donc à la même conclusion que dans la section précédente, à savoir que rien dans le comportement linguistique ne permet d'établir une démarcation nette entre la langue de quelqu'un et sa «théorie» ou son système de croyances. En d'autres termes, on ne peut pas savoir dans quelle mesure le verdict des indigènes est commandé uniquement par la signification de la phrase présentée ou par leurs croyances générales concernant les situations décrites par cette phrase. Le choix d'une traduction peut être rendu compatible avec le comportement linguistique par l'attribution compensatoire de certaines croyances, et vice-versa. Autrement dit, on ne peut pas distinguer «empiriquement», parmi les croyances qui sont partagées par l'ensemble des locuteurs indigènes, entre celles qui sont «analytiques» et celles qui sont «synthétiques».

Plus une phrase est observationnelle, plus il est «intuitivement» correct de la traduire par une phrase qui a la même signification-stimulus, mais il est empiriquement correct de traduire n'importe quelle phrase occasionnelle dont la signification-stimulus est la même pour tous les locuteurs-indigènes par n'importe quelle phrase de la langue-cible qui a la même signification-stimulus, d'où la première contrainte imposée par Quine sur la traduction, c'est-à-dire que les phrases observationnelles soient autant que possible traduites par des phrases qui ont la même signification-stimulus ou qui ont approximativement la même signification-stimulus.

Si toutes les phrases indigènes ne peuvent pas être traduites de cette manière, il est cependant possible de définir, sur la base de la notion de signification-stimulus, une relation de stimulus-synonymie applicable à toutes les phrases de la langue indigène. Cela doit cependant se faire en deux temps, puisque la signification-stimulus est relative à un locuteur donné. Ainsi, on peut dire que

(44) deux phrases sont *intrasubjectivement* stimulus-synonymes pour un locuteur donné si et seulement si elles ont la même signification-stimulus pour ce locuteur,

et que

(45) deux phrases sont stimulus-synonymes si et seulement si elles sont intrasubjectivement stimulus-synonymes pour chaque locuteur. Il est nécessaire de procéder de cette manière parce qu'il peut arriver qu'un locuteur associe la même signification-stimulus à deux phrases, sans que les autres locuteurs en fassent autant, mais surtout parce que la signification-stimulus unique qu'un locuteur associe à deux phrases données, peut être différente de la signification-stimulus unique qu'un autre locuteur associe à ces deux mêmes phrases, ce qui ne devrait pas nous empêcher de dire que ces deux phrases sont stimulus-synonymes pour chacun d'eux. On a vu par exemple que la phrase (40) n'avait pas la même signification-stimulus pour tous les locuteurs. Mais il est raisonnable de penser qu'elle est stimulus-synonyme de

(46) Voici un adulte non marié,

ce qu'on ne pourrait pas dire si deux phrases ne devaient être stimulus-synonymes qu'à condition qu'il y ait une certaine signification-stimulus que tous locuteurs leur associent. Il suffit en fait que pour chaque locuteur, la signification-stimulus qu'il associe à (40) soit la même que celle qu'il associe à (46); or cette condition peut être satisfaite même si la signification de (40) (et donc de (46)) varie d'un locuteur à l'autre.

Puisque la notion de stimulus-synonymie est basée sur celle de signification-stimulus, le traducteur radical est en mesure de déterminer quelles phrases de la langue indigène sont stimulus-synonymes entre elles, dans la communauté indigène, mais sans pour autant être en mesure de les traduire dans sa propre langue, puisque la notion de stimulus-synonymie ne permet pas d'établir de relation entre les phrases de la langue indigène et celles de sa propre langue. De plus, deux phrases peuvent être stimulus-synonymes sans être synonymes au sens intuitif du terme ; par exemple, si tous les locuteurs indigènes croient que tous et seulement les mammifères sont poilus, alors les phrases

(47) Tous les mammifères ont des dents

et

(48) Tous les animaux poilus ont des dents

seront stimulus-synonymes dans la langue indigène.

Les mêmes remarques valent pour la notion de stimulus-analyticité, qu'on peut définir de la manière suivante :

(49) une phrase est stimulus-analytique si et seulement si (presque) tous les locuteurs sont disposés à l'accepter, quelle que soit la stimulation présente.

Quine remarque qu'un énoncé comme

(50) Les chiens ont déjà existé

compte sans doute comme stimulus-analytique en vertu de cette définition, et qu'on ne saurait donc penser que la stimulus-analyticité correspond à la notion intuitive d'analyticité. Le fait est que la stimulus-analyticité ne permet pas de discriminer entre les raisons que les locuteurs peuvent avoir d'accepter tel ou tel énoncé.

En observant le comportement linguistique des locuteurs indigènes, le traducteur radical est donc en principe capable de déterminer :

1) quelles sont les phrases occasionnelles de la langue indigène, et parmi elles, quelles sont les phrases observationnelles,

2) quelle est la signification-stimulus de toutes les phrases, pour chaque locuteur indigène,

3) quelles sont les phrases de la langue indigène qui sont stimulus-analytiques et les paires de phrases qui sont stimulus-synonymes.

A partir de ces seules données, il doit construire un manuel de traduction qui satisfait les contraintes suivantes le mieux possible :

1) les phrases observationnelles de la langue indigène doivent être traduites par des phrases qui ont la même signification-stimulus dans sa langue,

2) les phrases stimulus-analytiques de la langue indigène doivent être traduites par des phrases stimulus-analytiques de sa propre langue,

3) les paires de phrases stimulus-synonymes de la langue indigène doivent être traduites par des paires de phrases stimulus-synonymes de sa propre langue[7].

Mais Quine soutient que ce problème n'a pas de solution unique. Plus exactement la thèse de l'indétermination de la traduction radicale revient à dire qu'il y a en principe plusieurs manuels de traduction qui satisfont toutes ces contraintes et qui ne sont pas équivalents entre eux. Cette thèse a suscitée deux types de réactions négatives. D'une part, il y a ceux qui sont disposés à accepter que le problème, tel que posé par Quine, n'a pas de solution unique, mais qui contestent que les contraintes et les données empiriques reconnues par Quine épuisent l'ensemble des contraintes et des données empiriques légitimes. D'autre part, il y a ceux qui soutiennent que même en concédant qu'il n'y a pas d'autres données possibles que celles autorisées par Quine, rien ne permet de conclure que tous les manuels de traduction compatibles avec les données ne sont pas équivalents entre eux. Quine lui-même concède qu'il est pratiquement impossible de produire des exemples de manuels de traduction empiriquement équivalents mais incompatibles, en partie en raison du fait que la situation de traduction radicale est extrêmement idéalisée. Il a cependant donné des raisons générales de penser que les contraintes empiriques qui gouvernent la construction d'un manuel de traduction ne suffisent pas pour garantir l'équivalence de tous les manuels possibles.

La thèse ne peut paraître acceptable que si on réalise pleinement qu'un manuel de traduction doit fournir des instructions générales permettant de traduire la totalité des phrases de la langue indigène, c'est-à-dire, non seulement les phrases observationnelles, mais aussi les phrases occasionnelles et les phrases stables (parmi lesquelles se trouvent des phrases théoriques). La seule contrainte sur la traduction des phrases occasionnelles ou stables est que si deux phrases A et B de la langue indigène sont stimulus-synonymes pour les indigènes, alors elles doivent être traduites par deux phrases A' et B' de la langue-cible qui sont stimulus-synonymes pour le traducteur radical. Cela suffit pour établir qu'il y a au moins deux manuels de traduction possibles : l'un qui traduit A par A' et B par B', et l'autre qui traduit A par B' et B par A'. Or on sait que deux phrases stables ou occasionnelles peuvent être stimulus-synonymes sans être synonymes, ce qui veut dire qu'il est tout à fait possible que A' et B' ne soient pas synonymes, et par conséquent que les deux manuels de traduction autorisés par les données empiriques ne soient pas équivalents.

La thèse de l'indétermination de la traduction radicale est étroitement liée à (et souvent confondue avec) celle de l'indétermination (aussi appelée «inscrutabilité») de la référence, qui repose aussi sur l'expérience de la traduction radicale. À la différence de l'indétermination de la traduction, l'indétermination de la référence concerne les termes de la langue indigène, et non pas les phrases complètes. La notion de signification-stimulus n'est en effet définie que pour les phrases, par opposition aux termes, ce qui veut dire que toutes les données empiriques admises par Quine concernent exclusivement les phrases complètes. Or la construction d'un manuel de traduction exige de faire des hypothèses concernant la manière dont les mots de la langue indigène doivent être traduits par d'autres mots, car sinon on ne pourrait pas formuler de règles de traduction pour l'ensemble (infini) des phrases de la langue indigène; c'est ce que Quine (1960) appelle des «hypothèses analytiques». La thèse de l'indétermination de la référence affirme qu'un terme n'a pas de dénotation ou d'extension déterminée, et revient à dire qu'il y a plusieurs ensembles d'hypothèses analytiques non équivalents, mais compatibles avec les données empiriques concernant le comportement linguistique des indigènes. Elle n'implique pas l'indétermination de la traduction, dans la mesure où il est possible que deux ensembles d'hypothèses analytiques non équivalents conduisent à deux manuels de traduction équivalents, c'est-à-dire, à deux manuels de traduction tels que si le premier traduit une phrase X par A et l'autre traduit X par B, alors A et B sont synonymes. Cela est rendu possible par le fait que deux phrases peuvent être globalement (ou comme dirait Quine, «holophrastiquement») synonymes sans pour autant être synonymes *termes à termes*, c'est-à-dire sans que chaque expression utilisée dans l'une de ces phrases corresponde à une expression synonyme dans l'autre phrase. En particulier, deux phrases observationnelles peuvent avoir la même signification-stimulus, et cependant ne pas se composer d'expressions qui ont la même extension, ni *a fortiori* la même signification (au sens intuitif), comme on va maintenant l'illustrer.

On peut distinguer, dans le langage ordinaire, entre différentes catégories de noms. Il y a par exemple des noms communs «comptables», ou de «référence divisée», tels que «lapin», «table», «pomme», «proton», etc. Ces noms contiennent des principes d'individuation qui permettent de distinguer entre les différents objets particuliers auxquels ils s'appliquent et éventuellement de les compter. Mais il y a aussi des noms communs de «masse», tels que «neige», «bétail», «eau», «savon», etc., qui ne renvoient pas à des objets individualisés. On peut demander «Quel nombre de lapins y a-t-il dans le jardin?» mais non «Quel nombre de neiges y a-t-il dans le jardin?», il faut dire «Quelle quantité de neige y a-t-il?». A côté de ces deux catégories de noms, il y a aussi des termes qui sont utilisés pour caractériser l'environnement en général, mais qui ne sont appliqués à aucune chose particulière, et qu'on n'utilise que dans les constructions impersonnelles, comme «il pleut», «il fait froid», «il fait noir», etc.

Prenons maintenant une phrase indigène comme «Gavagaï». Il est possible, comme on l'a vu, d'établir empiriquement que cette phrase (qu'on suppose observationnelle) a la même signification-stimulus que

(51) Tiens, un lapin.

Mais cela ne permet pas de déterminer si «Gavagaï» contient un terme qui est utilisé pour parler d'objets, ni, le cas échéant, de quels objets il s'agit. Le traducteur qui est arrivé à la conclusion que «Gavagaï» a la même signification-stimulus que (51) doit encore se demander si «Gavagaï» contient bel et bien un terme de référence divisée tel que «lapin», ou s'il ne faudrait pas plutôt traduire cette phrase par quelque chose comme

(52) Il y a du lapin

(où «lapin» est utilisé comme un terme de «masse») ou

(53) Il lapine.

Et à supposer qu'il décide que «Gavagaï» contient un terme de référence divisée, il doit encore se demander si ce terme est bien un terme qui dénote des lapins, plutôt que des phases de lapins, des parties non détachées de lapin, etc., c'est-à-dire, si «Gavagaï» doit se traduire par (51) plutôt que par

(54) Tiens, une partie non détachée de lapin

ou par

(55) Tiens, une phase de lapin.

Or toutes ces phrases ont la même signification-stimulus, ce qui veut dire que ce sont toutes des traductions correctes de «Gavagaï». En d'autres termes, Quine soutient qu'aucun fait concernant la signification-stimulus des phrases de la langue indigène ne permet de choisir entre ces différentes hypothèses, ce qui veut dire, en quelque sorte, qu'il n'y a aucun fait objectif concernant la structure conceptuelle de la langue indigène.

On objectera que nous pouvons reconnaître que les phrases (51)-(55) ne sont pas intuitivement synonymes, puisque que des phrases comme

(56) Il y a 3 lapins

et

(57) Il y a 3 parties non détachées de lapin

ou comme

(58) Ce lapin est le même que celui que j'ai vu hier

et

(59) Cette phase de lapin est la même que celle que j'ai vue hier

ne sont pas stimulus-synonymes. Dans ces conditions, s'il y a une phrase indigène contenant l'expression «gavagaï» qui a la même signification-stimulus que (56), cela devrait permettre d'éliminer l'hypothèse que «Gavagaï» contient un terme qui dénote des parties non détachées de lapin, plutôt que des lapins. Supposons que ce soit le cas de la phrase indigène «Pagavagaï». Puisque par hypothèse, la signification-stimulus de cette phrase est identique à celle de (56), et différente de celle de (57), le traducteur radical ne pourrait-il pas utiliser ce fait pour conclure que «Gavagaï» se traduit par (51) plutôt que par (54)? Pas du tout, car cela présupposerait qu'il a déjà établi que la locution «Pa» de la langue indigène doit se traduire par «il y a trois...» plutôt que par «il y a 3 animaux qui se composent de», par exemple. Or la phrase «Pagavagaï», qui se traduirait par (56) dans la première hypothèse, devrait dans cette deuxième hypothèse se traduire par

(60) Il y a 3 animaux qui se composent de parties non détachées de lapin,

qui est stimulus-synonyme de (56), de sorte qu'il faudrait en conclure que «Gavagaï» contient un terme qui dénote des parties non détachées de lapin, et non un terme qui dénote des lapins. De la même manière, la locution indigène qu'on traduit par «est le même que», de façon à obtenir (58) pourrait aussi être traduite par «est une phase du même animal que» de façon à obtenir (59). Autrement dit, quelle que soit la traduction retenue pour «Gavagaï», que celle-ci parle de lapins, de phases de lapin, ou de lapinité, il est toujours possible de rendre cette traduction compatible avec l'ensemble des dispositions linguistiques des locuteurs indigènes en ajustant en conséquence la traduction d'autres mots de la langue-indigène. Un jeu d'hypothèses analytiques doit décomposer les phrases indigènes en constituants, et leur faire correspondre des expressions de la langue-cible. La manière dont on choisit de traduire un constituant donné dépend en partie de la manière dont on a choisi de traduire les autres constituants, mais il y a en principe plusieurs manières correctes de traduire l'ensemble des constituants de façon à produire un manuel de traduction qui satisfasse les contraintes imposées par Quine. Il faut apparemment en conclure que les conditions dans lesquelles les indigènes acceptent ou rejettent les phrases de leur langue ne nous disent rien sur la manière dont ils structurent leur environnement; ce n'est pas que leurs catégories pourraient être différentes des nôtres, mais bien plutôt que la question de savoir quelles sont leurs catégories, s'ils font référence à des objets, et si oui, à quelles sortes d'objets, n'est tout simplement pas une question empirique.

Les thèses de Quine concernant l'analyticité, la signification et la référence ont des conséquences philosophiques considérables, dont sans doute une des plus importantes est que nos concepts habituels de croyance et de désir n'ont aucun fondement objectif, et par conséquent aucune place dans le discours scientifique. Cette conséquence vient de ce qu'il y a un lien très intime entre les croyances et les significations. On peut déterminer quelles sont les croyances de quelqu'un si on sait interpréter ses paroles, c'est-à-dire si on comprend la signification de ses énoncés. Mais s'il est impossible de déterminer la signification des énoncés, alors il est aussi impossible de déterminer quelles sont les croyances de quelqu'un. La position de Quine semble encore plus « scandaleuse » quand on réalise que l'indétermination de la signification et l'inscrutabilité de la référence ne sont pas limitées à la traduction radicale, car Quine dit clairement que ce qui vaut pour la relation entre le traducteur radical et les locuteurs indigènes vaut aussi a) pour la relation entre deux locuteurs de la même langue, et même b) pour la relation entre chaque locuteur et lui-même. En d'autres termes, s'il n'y a pas de réponse objective déterminée à la question de savoir ce que signifient les phrases d'une langue indigène, ou ce que croit un locuteur indigène, il ne peut pas non plus y avoir de réponse objective déterminée à la question de savoir ce que signifient les phrases de sa propre langue, ou ce que croit un locuteur de sa propre langue (y compris soi-même). Il n'est sans doute pas étonnant, dans ces conditions, que les travaux de Quine aient suscité tant d'intérêt et de discussions.

Lectures complémentaires

A Carnap (1955), Hempel (1950), Quine (1951, 1958).
B Ayer (1936), Gochet (1978), Jacob (1980), Quine (1960).

NOTES

[1] L'empirisme logique s'est développé à partir de la fin des années 20, principalement à Vienne et à Berlin, pour ensuite gagner l'Angleterre et les États-Unis et dominer la philosophie anglo-saxonne jusque vers la fin des années 50. Ayer, Carnap, Neurath, Schlick, Waismann et Reichenbach comptent parmi les principaux représentants. Pour en savoir plus sur l'histoire et les caractéristiques de ce mouvement, je renvoie le lecteur à Jacob (1980b).

[2] On pourra s'en faire une bonne idée en consultant, par exemple, Proust (1986).

[3] A ma connaissance, Isaacson (1993) est le seul à relever explicitement ce fait assez étonnant.

[4] Et cela en dépit du fait que les néo-vérificationnistes, dont M. Dummett est le chef de file, ne limitent pas ainsi la portée de la thèse vérificationniste. La conception intuitionniste des mathématiques dont s'inspire Dummett, par exemple, peut à juste titre être considérée comme une forme de vérificationnisme concernant la signification des énoncés mathématiques, une conception selon laquelle connaître la signification d'un énoncé mathématique c'est savoir ce qui en constituerait une preuve. Mais je ne crois pas que Dummett défende l'idée que les énoncés mathématiques sont analytiquement déterminés, ni qu'il ait précisé de quelle manière la thèse vérificationniste devrait être appliquée aux énoncés analytiques.

[5] À ma connaissance, Quine a toujours maintenu cette position, sauf dans quelques paragraphes de *Le mot et la chose* (1960), et la maintient toujours.

[6] Considérons une situation réelle quelconque, par exemple le fait que Galilée a découvert la loi de la chute des corps. Il aurait pu se faire que ce ne soit pas Galilée qui découvre la loi de la chute des corps, mais quelqu'un d'autre, par exemple Descartes. Dans ce cas, le monde aurait été différent de ce qu'il a été en réalité. Autrement dit, nous vivrions dans un autre monde possible, dans lequel certaines choses seraient les mêmes que dans le monde réel, et d'autres seraient différentes. De la même manière que la totalité des situations ou des états de choses qui sont réalisés caractérise le monde dans lequel nous vivons, chaque totalité de situations qui pourraient être simultanément réalisées caractérise un «monde» possible (différent du nôtre ou non). Autrement dit, affirmer qu'il est possible que Descartes ait découvert la «loi de la chute des corps» peut être compris comme une manière de dire qu'il y a un monde possible dans lequel Descartes a découvert la loi de la chute des corps. Il y a autant de «mondes possibles» que de manières différentes dont le monde réel aurait pu ou pourrait être.

Dans ces conditions, dire que deux expressions ont le même sens revient, selon la conception de Carnap, à dire qu'elles ont la même dénotation dans tous les mondes possibles, c'est-à-dire qu'il n'y a pas de monde possible dans lequel elles ont des dénotations différentes. Ceci rend compte de l'intuition selon laquelle le sens d'une expression détermine non seulement ce à quoi elle s'applique en réalité, mais aussi tout ce à quoi elle pourrait s'appliquer, et permet d'identifier le sens d'une expression à la fonction qui à chaque monde possible, associe la dénotation de cette expression *relativement à ce monde*. En d'autres termes, la notion de monde possible permet, dans une certaine mesure, de conférer un certain contenu formel à la notion frégéenne de sens.

[7] Dans *Le mot et la chose* (1960), Quine soutient que les expressions de la langue indigène qui correspondent à la négation, la disjonction et la conjonction peuvent aussi être identifiées et traduites dans la langue-cible, ce qui impose une condition supplémentaire sur les manuels de traduction admissibles.

Chapitre 11
Interprétation et vérité

1. LA CRITIQUE DE RUSSELL ET FREGE

La philosophie de Donald Davidson (né en 1917) s'inscrit naturellement et délibérément dans le prolongement de celle de Quine. Si Davidson se réclame volontiers des positions de Quine sur certains points, ce n'est cependant pas sans les réinterpréter et les replacer dans la perspective d'une entreprise philosophique originale, qui est beaucoup moins marquée par les préoccupations des empiristes logiques, et qui gravite essentiellement autour de la problématique de l'action, de la rationalité et du langage.

Malgré les affinités évidentes entre les deux auteurs, qui se confirmeront dans la suite de cet exposé, la philosophie du langage de Davidson s'oppose directement à celle de Quine sous certains aspects fondamentaux, notamment en redonnant à la notion de vérité la place centrale que lui accordait Frege et en répudiant la notion de phrase observationnelle. La position de Davidson n'est toutefois ni frégéenne ni russellienne, dans la mesure où il rejette à la fois la distinction entre le sens et la dénotation et l'idée que les énoncés correspondent ou renvoient à des états de choses (ou des entités extralinguistiques quelconques), et c'est plutôt du logicien Alfred Tarski (1902-1983) qu'il s'inspire pour définir la forme. et les objectifs d'une théorie de la signification pour les langues naturelles.

Davidson pense être en mesure de prouver, en s'inspirant de Frege (*via* Church et Quine) que deux énoncés qui ont la même valeur de vérité doivent dénoter la même chose, s'ils dénotent quoi que ce soit, et s'appuie sur cette conclusion pour rejeter le point de vue selon lequel la valeur sémantique d'un énoncé pourrait être, comme le soutient l'atomisme logique, le fait ou l'état de choses auquel il correspond. Son raisonnement repose sur un cas particulier du principe frégéen d'intersubstituabilité de la dénotation introduit au chapitre 8, qui affirme que

(1) si, dans une expression complexe, on remplace un terme singulier par un autre qui a la même dénotation alors la dénotation de la nouvelle expression complexe ainsi obtenue est la même que celle de la première,

et sur le principe selon lequel

(2) deux expressions logiquement équivalentes ont la même dénotation.

Ce dernier principe n'est pas sans rappeler celui qui dit que si deux expressions ont le même sens, alors elles ont la même dénotation; mais il est plus fort, dans la mesure où, s'il est légitime de s'attendre à ce que deux expressions qui ont le même sens soient logiquement équivalentes, il n'est pas le cas que deux expressions logiquement équivalentes soient toujours synonymes, comme on l'a vu au chapitre précédent.

Le raisonnement de Davidson est le suivant. Prenons un énoncé quelconque, par exemple

(3) L'herbe est verte.

Bien que cela ne soit sans doute pas immédiatement évident, cet énoncé est logiquement équivalent à l'énoncé suivant

(4) L'ensemble des objets x tels que (x est identique à x et l'herbe est verte) est identique à l'ensemble des objets x tels que (x est identique à x).

On peut le vérifier en notant que si (4) est vrai, alors c'est que le terme singulier «l'ensemble des objets x tels que (x est identique à x et l'herbe est verte)» dénote l'ensemble des objets qui sont identiques à eux-mêmes (qu'on doit toutefois présupposer différent de l'ensemble vide), ce qui n'est possible que si (3) est vrai; car si (3) était faux, cette expression devrait dénoter l'ensemble vide, et (4) serait faux (sauf si l'ensemble des objets identiques à eux-mêmes est l'ensemble vide, ce qu'on a exclu). Mais si (3) et (4) sont logiquement équivalents alors ils ont la même dénotation, à supposer bien sûr qu'ils en aient une. Considérons maintenant l'énoncé

(5) L'ensemble des objets x tels que (x est identique à x et la neige est blanche) est identique à l'ensemble des objets x tels que (x est identique à x).

Cet énoncé est obtenu en remplaçant «l'ensemble des objets x tels que (x est identique à x et l'herbe est verte)» par «l'ensemble des objets x tels que (x est identique à x et la neige est blanche)» dans (4). Or ces deux descriptions ont la même dénotation puisque (3) a la même valeur de vérité que

(6) La neige est blanche.

Par conséquent, (4) et (5) doivent avoir la même dénotation, s'ils dénotent quelque chose, en vertu du principe d'intersubstituabilité. Mais dans ce cas, on doit conclure que (3) et (6) ont aussi la même dénotation, puisque (6) est logiquement équivalent à (5) et doit donc aussi avoir la même dénotation. On est ainsi conduit à la conclusion que si les énoncés ont une dénotation, alors tous les énoncés qui ont la même valeur de vérité dénotent la même chose. Comme il n'y a que deux valeurs de vérité, il s'ensuit qu'il n'y a que deux choses qu'un énoncé puisse dénoter. Frege avait choisi d'identifier la dénotation d'un énoncé à sa valeur de vérité, mais on pourrait aussi bien supposer que les énoncés dénotent des états de choses. Dans ce cas, le raisonnement de Davidson montrerait que tous les énoncés vrais dénotent le même état de choses, et que tous les énoncés faux dénotent le même état de choses, c'est-à-dire qu'il n'y a que deux états de choses.

Davidson (1984 : 19) utilise ce raisonnement pour montrer que la signification d'un énoncé ne peut être identifiée à sa dénotation, en supposant que les énoncés ont une dénotation. Or on peut se demander s'il contribue de quelque manière à discréditer l'atomisme logique, dans la mesure où l'atomisme logique soutient que les énoncés représentent ou correspondent à des états de choses, et non pas qu'ils les dénotent. Mais il peut être adapté pour montrer que deux énoncés qui ont la même valeur de vérité doivent correspondre à la même chose, même sans présupposer que les énoncés sont assimilés à des termes singuliers. Notons d'abord que

(7) l'énoncé (3) correspond au fait que l'herbe est verte.

Si on admet alors le principe selon lequel

(8) si, dans un terme singulier complexe, on remplace un constituant par une expression logiquement équivalente, alors le terme singulier ainsi obtenu a la même dénotation que le premier,

on peut poser que

(9) le fait que l'herbe est verte est identique au fait que (4).

Or en vertu du principe d'intersubstituabilité de la dénotation :

(10) le fait que (4) est identique au fait que (5),

et puisque (5) est logiquement équivalent à (6) :

(11) le fait que (5) est identique au fait que (6).

D'où on peut conclure que

(12) le fait que l'herbe est verte est identique au fait que la neige est blanche,

et par conséquent que l'énoncé (3) correspond au fait que la neige est blanche. Le raisonnement ainsi présenté ne présuppose pas que les énoncés ont une dénotation, puisque les expressions de la forme « le fait que... » ne sont pas des énoncés mais des termes singuliers. Il semblerait donc qu'on ne puisse pas caractériser les faits ou les états de choses auxquels les énoncés seraient censés correspondre de manière suffisamment fine pour éviter que tous les énoncés qui ont la même valeur de vérité correspondent au même état de choses. Si le raisonnement est correct, il constitue donc une réfutation décisive de la conception correspondantiste de la vérité sur laquelle se fonde l'atomisme logique.

Mais l'argument est-il correct ? Si on l'examine de plus près, on remarque qu'il invoque implicitement un principe qui n'a pas été mentionné jusqu'ici, selon lequel

(13) si, dans un terme singulier complexe, on remplace un énoncé par un autre qui a la même valeur de vérité, alors le terme singulier ainsi obtenu a la même dénotation que le premier.

C'est ce principe qui permet de soutenir que « l'ensemble des x tels que (x est identique à x et l'herbe est verte) » a la même dénotation que « l'ensemble des x tels que (x est identique à x et la neige est blanche) », et par conséquent d'utiliser le principe d'intersubstituabilité de la dénotation pour affirmer que (4) et (5) doivent avoir la même dénotation (dans la première forme du raisonnement) et que « le fait que (4) » doit dénoter la même chose que « le fait que (5) » (dans la deuxième forme). On voit immédiatement que le principe (8) n'est lui-même qu'une conséquence de (13), puisque deux énoncés logiquement équivalents ont forcément la même valeur de vérité, et que le principe (13) implique à lui seul que « le fait que l'herbe est verte » dénote la même chose que « le fait que la neige est blanche ». Tout le raisonnement ne serait donc qu'une pétition de principe, comme l'ont d'ailleurs remarqué Barwise et Perry (1981). On pourrait essayer d'échapper à l'objection en faisant remarquer qu'il n'est pas nécessaire d'invoquer le principe (13) pour pouvoir affirmer que «l'ensemble des x tels que (x est identique à x et l'herbe est verte)» a la même dénotation que «l'ensemble des x tels que (x est identique à x et la neige est blanche)», et qu'on peut vérifier directement que ces deux descriptions ont la même dénotation. Dans ce cas, on arriverait bien à la conclusion que (3) et (6) (ou «le fait que (3)» et «le fait que (6)») ont la même dénotation, mais on ne pourrait apparemment plus en tirer la conclusion *générale* que si deux énoncés quelconques ont la même valeur de vérité alors ils dénotent la même chose, ou correspondent au même état de choses.

Le raisonnement qu'on vient d'examiner n'est donc pas aussi décisif qu'il semble à première vue, et Davidson lui-même concède (1984 : 42-43) qu'on pourrait contester les principes sur lesquels il repose et entreprendre de caractériser la notion d'état de choses de manière plus conforme à nos intuitions. Il a cependant une raison plus générale de rejeter à la fois cette solution et la solution fregéenne qui consiste à introduire la notion de sens, à savoir qu'il n'est apparemment pas possible de caractériser les états de choses indépendamment des énoncés qui leur correspondent, ou les sens indépendamment des énoncés qui les expriment. Davidson semble ainsi reprendre à son compte la critique russellienne de la notion de sens (tout en la retournant contre Russell lui-même) : pour que la notion de sens soit explicative, il faut être en mesure de référer au sens d'un énoncé autrement qu'en l'appelant «le sens de cet énoncé», et de la même manière, pour que la notion d'état de choses soit explicative, il faut être en mesure de référer à l'état de choses représenté par un énoncé autrement qu'en l'appelant «l'état de choses correspondant à cet énoncé». En d'autres termes, une théorie sémantique adéquate devrait apparemment avoir pour conséquence tous les énoncés vrais de la forme «la phrase p signifie s», où «s» est un terme singulier qui dénote le sens de p, ou l'état de choses représenté par p; mais il est clair qu'une théorie qui affirmerait simplement que la phrase p signifie le sens de la phrase p (ou que la phrase p signifie l'état de choses représenté par p) n'aurait aucune utilité. Davidson en conclut qu'il n'y a rien à gagner à réifier ainsi les significations, c'est-à-dire à les traiter comme des entités susceptibles d'être dénotées par des termes singuliers.

En pratique, lorsqu'on cherche à préciser ou spécifier la signification d'un énoncé, il suffit de la paraphraser, c'est-à-dire d'utiliser un énoncé qui a (intuitivement) la même signification. Autrement dit, chercher une théorie capable de spécifier la signification de tous les énoncés d'une langue donnée, équivaut à chercher une théorie dont on puisse déduire tous les énoncés de la forme : «X... p» où «X» est un terme singulier qui dénote une phrase de la langue donnée et «p» est une paraphrase/traduction de X dans la langue de cette théorie (c'est-à-dire, dans la métalangue). La question qui se pose est celle de savoir ce qu'il faut mettre à la place de «...» dans «X... q» pour que le résultat puisse être interprété comme un énoncé qui donne la signification de X. La proposition de Davidson est qu'il faut trouver un prédicat «T», qui ait la propriété que, pour toute phrase X de la langue donnée, «X est T si et seulement si p» est vrai, quand p est une paraphrase/traduction de X. Mais on n'a pas besoin de chercher très loin un tel prédicat, puisque la condition qu'on vient d'énoncer est exactement celle que Tarski impose pour que le prédicat «T» puisse être identifié au prédicat «être vrai», tel qu'appliqué aux énoncés de la langue donnée. La proposition de Davidson revient donc à ceci : une théorie tarskienne de la vérité pour une langue L peut jouer le rôle d'une théorie de la signification pour L. Sans réifier la notion de condition de vérité, il est ainsi reconduit à l'idée frégéenne que la signification d'un énoncé est sa condition de vérité. Pour comprendre le sens et la portée de cette proposition, il faut donc se demander en quoi consiste une théorie tarskienne de la vérité.

2. LA CONCEPTION SÉMANTIQUE DE LA VÉRITÉ

Bien que Tarski se soit explicitement inspiré d'une des définitions traditionnelles de la vérité comme adéquation entre le discours et la réalité[1], il est important de souligner d'entrée de jeu que la conception sémantique de la vérité qui lui est associée n'est généralement pas considérée comme une théorie substantielle de la vérité, en ce sens qu'elle ne prétend ni caractériser la signification de l'expression «être vrai», ni expliquer en quoi consiste le fait d'être vrai ou faux, ni fournir un critère permettant de déterminer la valeur de vérité des énoncés. Elle vise seulement à rendre compte des propriétés formelles du concept de vérité, en tant qu'il s'applique à des expressions linguistiques telles que les phrases ou les énoncés, et en particulier à définir une méthode permettant de caractériser, pour une langue donnée (satisfaisant certaines contraintes), l'ensemble des phrases vraies de cette langue, c'est-à-dire l'extension du concept «être vrai dans cette langue». Il s'agit en d'autres termes d'une méthode pour construire, pour chaque langue L (satisfaisant les conditions requises), une théorie de la vérité dans L, c'est-à-dire, une théorie de la vérité particulière pour la langue L. Il faut donc distinguer entre la conception tarskienne de la vérité, qui est une méthode générale, et les théories de la vérité particulières qu'elle permet de construire.

Supposons que je veuille, non pas dire ce que c'est qu'être un monument parisien, ou expliquer la signification de l'expression «être un monument parisien», mais caractériser (c'est-à-dire, identifier) l'ensemble des monuments parisiens. Dans ce cas je n'aurais évidemment qu'à en faire l'énumération, et à dire par exemple que x est un monument parisien si et seulement si (x est la Tour Eiffel, ou x est l'Arc de Triomphe, ou x est la Colonne Vendôme, etc.). Le problème ne se pose pas de manière fondamentalement différente lorsqu'il s'agit de caractériser l'ensemble des phrases vraies d'une langue donnée. Si la langue qui m'intéresse ne contient que les deux phrases

(3) L'herbe est verte

et

(6) La neige est blanche,

alors il me suffira dire qu'une phrase x est vraie dans cette langue si et seulement si (x est identique à (3) ou x est identique à (6)), ou encore plus simplement, de dire que (3) et (6) sont vraies dans cette langue. Pour être en mesure d'affirmer cela je dois évidemment savoir si (3) et (6) sont vraies; mais j'ai aussi dû utiliser ma connaissance du fait que la Tour Eiffel, l'Arc de Triomphe, etc., sont des monuments parisiens pour caractériser l'ensemble des monuments parisiens de la manière dont je l'ai fait plus haut. Il n'y a pas, de ce point de vue, de différence significative entre les deux cas.

On pourrait croire que le fait que la langue considérée puisse contenir des phrases dont j'ignore la valeur de vérité introduit une différence significative, car si X est une phrase vraie, et que je l'ignore, alors je ne serai pas en mesure de compléter ma caractérisation en ajoutant que x est vraie (dans la langue donnée) si x est identique à X. Mais de la même manière, si j'ignore que les chevaux ont des reins, je ne pourrai pas affirmer que x est un animal qui a des reins si et seulement si (x est un chien, ou x est un chat, ou x est un cheval, etc.). Je ne serai pas pour autant dans l'incapacité de caractériser l'ensemble des animaux qui ont des reins, puisque je pourrais être en mesure d'affirmer que x est un animal qui a des reins si et seulement si x est un animal qui a un cœur, sans savoir si les chevaux ont un cœur. On devrait donc être capable de spécifier l'ensemble des phrases vraies d'une langue donnée même sans connaître la valeur de vérité de chaque phrase de cette langue, à condition seulement de pouvoir identifier, pour chaque phrase de cette langue, une condition qui sera satisfaite si et seulement si cette phrase est vraie. Or il est intuitivement clair que, de manière apparemment triviale, si (3) est vraie, alors l'herbe est verte, et inversement si l'herbe est verte alors (3) est vraie. En d'autres termes, chaque phrase peut en principe être utilisée pour énoncer sa propre condition de vérité ou celle de n'importe quelle phrase synonyme, ce qui amène Tarski à formuler ce qu'on a appelé la «convention T», selon laquelle

(14) une théorie de la vérité pour une langue L est matériellement adéquate si et seulement si elle implique logiquement toutes les instanciations du schéma «X est vraie dans L si et seulement si p» obtenues en remplaçant «X» par le nom d'une phrase de la langue L et «p» par cette phrase elle-même (ou par une traduction de cette phrase dans la métalangue).

On notera que la convention T n'est pas en elle-même une définition ou une théorie de la vérité; elle fournit simplement un critère pour déterminer si une théorie donnée constitue une théorie adéquate de la vérité, c'est-à-dire, pour déterminer si elle caractérise correctement l'ensemble des phrases vraies de la langue considérée, et qui est applicable même dans les cas où on ne connaît pas la valeur de vérité de toutes les phrases de cette langue.

Si la langue L se compose exclusivement des phrases (3), (6) et

(15) Marius est célibataire,

on pourra par exemple caractériser l'ensemble des phrases vraies dans L en disant que

(16) une phrase x est vraie dans L si et seulement si (x est identique à (3) et l'herbe est verte, ou x est identique à (6) et la neige est blanche, ou x est identique à (15) et Marius est célibataire),

ou encore plus simplement, en prenant les trois phrases suivantes comme axiomes :

(17) (3) est vraie dans L si et seulement si l'herbe est verte,

(18) (6) est vraie dans L si et seulement si la neige est blanche,

(19) (15) est vraie dans L si et seulement si Marius est célibataire.

Ces trois phrases sont elles-mêmes des instanciations du schéma T (qu'on appelle communément des «phrases-T»); elles forment donc, ensemble, une théorie qui satisfait (trivialement) la convention T, c'est-à-dire une théorie adéquate de la vérité dans L, et il serait facile de montrer que c'est aussi le cas de (16)[2].

On observera que pour qu'une théorie permette de déduire des phrases-T, elle doit être formulée dans une langue qui contienne, pour chacune des phrases de la langue L, un terme singulier qui la dénote et une phrase qui lui est synonyme. Il y a donc deux langues, ou niveaux de langage, à considérer : la langue dont on cherche à caractériser l'ensemble des phrases vraies, qu'on appelle la langue-objet, et celle dans laquelle la théorie de la vérité est formulée, qu'on appelle la métalangue. Il est possible que la langue-objet soit incluse dans la métalangue, et dans ce cas la phrase p dans le schéma

(T) X est vraie dans L si et seulement si p

pourra être identique à la phrase désignée par «X»; en d'autres termes, chaque phrase de la langue-objet tient alors lieu de sa propre traduction dans la métalangue, et on parle d'une théorie «homophonique» de la vérité. Tarski exclut cependant que la métalangue soit identique à la langue-objet (ou plus précisément, que toutes les phrases de la métalangue puissent être traduites dans la langue-objet). Il soutient en effet que si une langue L contient à la fois les expressions logiques habituelles, les ressources suffisantes pour désigner chacune des expressions de L et l'expression «être vrai» (ou «être vrai dans L»), c'est-à-dire, si L est «sémantiquement close», alors (si L obéit à la logique classique) il n'est pas possible de formuler, dans L, une théorie de la vérité dans L qui soit à la fois non contradictoire et conforme à la convention T. La difficulté vient de ce qu'une langue sémantiquement close L contiendrait en principe les ressources suffisantes pour formuler le fameux paradoxe du menteur (ou une de ses variantes), c'est-à-dire, pour formuler une phrase telle que

(20) (20) n'est pas vraie dans L,

qui affirme d'elle-même qu'elle n'est pas vraie dans L.
Or en vertu de la convention T, une théorie adéquate de la vérité pour la langue dans laquelle (20) est formulée devrait impliquer que

(21) (20) est vraie dans L si et seulement si (20) n'est pas vraie dans L,

ce qui est contradictoire. Puisque les langues naturelles sont apparemment sémantiquement closes (elles permettent en tout cas de formuler le paradoxe du menteur) plusieurs en ont conclu qu'elles étaient inconsistantes, ou du moins, qu'il était impossible de construire une théorie de la vérité pour une langue naturelle. Tarski lui-même est plus prudent, et fait remarquer (1944 : 279) que la structure des langues naturelles n'est pas suffisamment bien définie pour qu'on puisse déterminer si elles sont ou non sémantiquement closes[3]. Quoi qu'il en soit, on peut s'assurer qu'il sera possible de formuler une théorie cohérente et adéquate de la vérité pour L en exigeant que l'expression «être vrai dans L» utilisée dans la métalangue ne soit pas elle-même traduisible dans L. Il reste cependant à expliquer comment on peut s'y prendre, dans le cas où la langue-objet contient un nombre illimité de phrases ou d'énoncés.

Considérons d'abord le cas d'une langue L qui contiendrait, par exemple, non seulement les phrases (3), (6) et (15), mais aussi toutes les phrases complexes qu'on peut construire à partir de celles-ci à l'aide de la négation et de la conjonction. En d'autres termes, l'ensemble des phrases grammaticales de L pourrait être défini de la manière suivante : (3), (6) et (15) sont des phrases de L, si X est une phrase de L alors «il n'est pas le cas que X» est une phrase de L, et si X et Y sont des phrases de L alors «X et Y» est une phrase de L. Puisque la langue ainsi définie contient un nombre infini de phrases, il n'est pas possible d'en caractériser l'ensemble des phrases vraies en énumérant les phrases-T (de la métalangue). La formulation d'une théorie adéquate de la vérité dans L ne soulève cependant aucune difficulté, puisqu'on peut caractériser la condition de vérité de chaque phrase complexe en fonction de celle des phrases plus simples dont elle se compose. On obtient une telle théorie en ajoutant à (17), (18) et (19), les deux axiomes suivants :

(22) La négation de X est vraie dans L si et seulement si il n'est pas le cas que X est vraie dans L.

(23) La conjonction de X et de Y est vraie dans L si et seulement si X est vraie dans L et Y est vraie dans L.

Vérifions, à titre d'illustration, que la théorie ainsi obtenue implique bien, par exemple, que

(24) Marius est célibataire et il n'est pas le cas que l'herbe est verte

est vraie dans L si et seulement si Marius est célibataire et il n'est pas le cas que l'herbe est verte. Notons d'abord que (24) est la conjonction de (15) et de la négation de (3), de sorte qu'en vertu de (23) :

(25) (24) est vraie dans L si et seulement si (15) est vraie dans L et la négation de (3) est vraie dans L.

D'autre part, l'axiome (22) permet de conclure que

(26) La négation de (3) est vraie dans L si et seulement si il n'est pas le cas que (3) est vraie dans L.

Mais en vertu de l'axiome (17), (3) est vraie dans L si et seulement si l'herbe est verte, ce qui veut dire que

(27) La négation de (3) est vraie dans L si et seulement si il n'est pas le cas que l'herbe est verte,

et par conséquent, que

(28) (24) est vraie dans L si et seulement si (15) est vraie dans L et il n'est pas le cas que l'herbe est verte.

Comme l'axiome (19) affirme que (15) est vraie dans L si et seulement si Marius est célibataire, il s'ensuit que (24) est vraie dans L si et seulement si Marius est célibataire et il n'est pas le cas que l'herbe est verte.

Il n'est cependant pas possible de procéder de manière aussi simple et directe lorsque la langue-objet contient des expressions de généralité qui peuvent être appliquées à un nombre infini d'expressions prédicatives de manière à former des phrases générales. Le problème, qui a déjà été évoqué au chapitre 8 (section 6), vient de ce qu'on peut alors former un nombre infini de phrases générales, comme

(29) Il y a au moins un x tel que x est célibataire et x est riche,

dont aucun constituant n'est lui-même une phrase complète. Comme il y a un nombre infini de phrases de ce genre, il y a aussi un nombre infini de phrases-T correspondantes, qui ne peuvent être toutes prises comme axiomes d'une théorie de la vérité (car une telle théorie doit comporter un nombre fini d'axiomes). Mais comme les constituants de telles phrases générales ne sont pas elles-mêmes des expressions pourvues de valeur de vérité, il n'est pas possible d'en spécifier les conditions de vérité en les ramenant à celles de leurs constituants, comme (22) et (23) permettent de la faire pour les phrases complexes. C'est précisément dans la solution de ce problème que réside toute l'originalité de la méthode de Tarski, qui consiste à définir la vérité sur la base d'une notion plus générale, celle de satisfaction, qui elle est applicable aux expressions prédicatives (qui sont les constituants des phrases générales). La notion de satisfaction correspond intuitivement à la relation qu'il y a entre une expression prédicative et les objets auxquels elle est véridiquement applicable (c'est-à-dire, les objets qui appartiennent à son extension), bien qu'elle soit techniquement définie comme une relation entre des objets et des phrases, comme on va maintenant le voir.

Pour illustrer convenablement la méthode de Tarski, il faut que la langue-objet contienne des opérateurs qui permettent de construire des phrases complexes à partir d'autres phrases, mais aussi un nombre *illimité* de variables de la catégorie des termes singuliers, et un nombre fini d'expressions prédicatives primitives. Supposons, par exemple, que le vocabulaire de la langue L se compose des expressions primitives suivantes :

i) termes singuliers : x_1, x_2, x_3, etc.,

ii) prédicats primitifs : «est célibataire», «est chauve», «est plus riche que», «envie»,

iii) la négation et la conjonction : «Il n'est pas le cas que», «et»,

iv) les quantificateurs universel et existentiel : «Pour tout», «Il y a au moins un... tel que».

On peut alors caractériser l'ensemble des phrases grammaticales de L au moyen des règles suivantes :

(30) Toute expression obtenue en insérant une variable de L dans chacune des places d'argument d'un prédicat de L est une phrase de L.

(31) Toute expression composée de l'expression «Il n'est pas le cas que», suivie d'une phrase de L, est une phrase de L.

(32) Toute expression composée d'une phrase de L, suivie de «et», suivie d'une phrase de L, est une phrase de L.

(33) Toute expression composée de l'expression «Pour tout», suivie d'une variable de L, suivie d'une phrase de L, est une phrase de L.

(34) Toute expression composée d'une expression obtenue en insérant une variable de L dans «Il y a au moins un... tel que», suivie d'une phrase de L, est une phrase de L.

(35) Il n'y a pas d'autres phrases de L que celles formées en vertu des règles précédentes.

La règle (30) permet de former des phrases élémentaires telles que «x_1 est célibataire», «x_2 est célibataire», «x_1 est plus riche que x_2», «x_3 envie x_5», etc. Ces phrases peuvent ensuite utilisées pour former des phrases complexes à l'aide des autres règles. Les règles (33) et (34), en particulier, permettent de construire des phrases générales telles que «Pour tout x_1, x_1 est célibataire», «Il y a au moins un x_2 tel que x_1 est plus riche que x_2», «Pour tout x_3, il y a au moins un x_5 tel que x_3 envie x_5», mais aussi telles que «Il y a au moins un x_2 tel que x_2 est célibataire et x_1 est plus riche que x_2», «Pour tout x_2, il y a au moins un x_3 tel que x_3 est célibataire et x_2 est plus riche que x_3 et il n'est pas le cas que x_3 envie x_2», etc.

On notera que toutes les expressions complexes de la langue L sont des phrases, et que celle-ci ne contient donc pas de prédicats complexes. Le fait que L contienne des variables permet en quelque sorte de remplacer la distinction entre les phrases et les prédicats par une distinction entre deux types de phrases, les phrases ouvertes et les phrases fermées, qui repose elle-même sur la distinction entre une variable libre et une variable liée. Intuitivement, une variable liée est une variable qui est contrôlée par un quantificateur; une variable est donc libre ou liée selon la position qu'elle occupe, dans une phrase, relativement aux expressions de généralité qui la contiennent. Comme une phrase peut contenir plusieurs occurrences de la même variable, une variable donnée peut être simultanément libre et liée dans la même phrase, comme c'est le cas, par exemple, de x_1 dans «x_1 est célibataire et il y a au moins un x_1 tel que x_1 est chauve». On ne peut donc expliquer cette distinction qu'en faisant référence aux occurrences des variables, par exemple de la manière suivante :

i) toute occurrence d'une variable dans une phrase élémentaire (c'est-à-dire, une phrase construite exclusivement à l'aide de la règle (30)) est libre,

ii) si une phrase se compose de «Pour tout», suivi de la variable v, suivi de la phrase X, alors toutes les occurrences de v qui sont *libres* dans X sont liées dans cette phrase (de même que l'occurrence de v qui suit «Pour tout»),

iii) si une phrase se compose de l'expression obtenue en insérant la variable v dans «Il y a au moins un... tel que», suivie de la phrase X, alors toutes les occurrences de v qui sont *libres* dans X sont liées dans cette phrase (de même que l'occurrence de v qui est insérée dans («Il y a au moins un... tel que»),

iv) si une occurrence de la variable v est libre/liée dans une phrase, alors elle reste libre/liée dans la négation de cette phrase ou dans la conjonction de cette phrase avec toute autre phrase.

On peut alors dire qu'une variable est libre/liée, dans une phrase donnée, lorsqu'elle y a au moins une occurrence libre/liée. Une phrase est fermée quand elle ne contient aucune variable libre, et ouverte dans le cas contraire.

Il est facile de voir que L contient un nombre infini de phrases ouvertes. Or si les phrases ouvertes sont bien, syntaxiquement, des phrases, elles se comportent, du point de vue sémantique, comme des prédicats, en ce sens qu'elles n'ont pas de valeur de vérité déterminée, et qu'elles entretiennent avec les objets que les variables peuvent prendre comme valeur une relation analogue à celle qu'ont les prédicats avec les objets auxquels ils sont appliqués. C'est cette relation qu'on appelle la relation de satisfaction. Ainsi, dire que le prédicat «est chauve», par exemple, s'applique à Marius et ne s'applique pas à Socrate, est équivalent à dire que la phrase ouverte « x_2 est chauve » est satisfaite par Marius et n'est pas satisfaite par Socrate. Les deux sont vrais si et seulement si Marius est chauve et Socrate ne l'est pas. Dans le cas d'une phrase ouverte contenant une seule variable libre, dire qu'elle est satisfaite par un objet donné revient à dire qu'elle devient vraie lorsque la variable libre qu'elle contient prend cet objet pour valeur. Mais quand on a affaire à des phrases ouvertes contenant plus d'une variable libre, les objets qui les satisfont doivent être pris dans un certain ordre. En effet, on ne peut pas dire que Marius et Socrate satisfont « x_1 envie x_2 », sans préciser si Marius doit être pris comme valeur de x_1 et Socrate comme valeur de x_2, ou l'inverse. Une façon systématique de le faire consiste à supposer que ce qui satisfait un énoncé ouvert ce ne sont pas des objets, mais des suites d'objets pris dans un certain ordre, qui est associé à l'ordre dans lequel les variables de la langue sont rangées. De cette façon, on peut dire que : « x_1 envie x_2 » est satisfaite par <Marius, Socrate>, si et seulement si cette phrase ouverte devient vraie quand on suppose que le premier élément de <Marius, Socrate> est la valeur de x_1 et que son deuxième élément est la valeur de x_2 ; c'est-à-dire, si et seulement si Marius envie Socrate, et non pas si et seulement si Socrate envie Marius.

Il faut bien remarquer que les variables de la langue-objet doivent être prises dans un ordre fixe et déterminé qui est indépendant de l'ordre dans lequel elles apparaissent dans les phrases. En d'autres termes, dire que <Marius, Socrate> satisfait « x_1 envie x_2 » ne veut *pas* dire que cette phrase ouverte devient vraie quand on suppose que Marius est la valeur de la première variable dans « x_1 envie x_2 » et que Socrate est la valeur de la deuxième variable dans cette même expression. Si on retenait cette interprétation, il faudrait dire que la même suite <Marius, Socrate>, satisfait aussi « x_2 envie x_1 ». Mais dans ce cas, on ne pourrait plus dire que si une suite d'objets satisfait deux phrases ouvertes, alors elle satisfait aussi leur conjonction. Il serait en effet possible, dans ce cas, que <Marius, Socrate> satisfasse « x_1 envie x_2 », et donc « x_2 envie x_1 », sans pour autant satisfaire « x_1 envie x_2 et x_2 envie x_1 ».

On voudrait aussi pouvoir dire, étant donné n'importe quelle suite d'objets et n'importe quelle phrase, si cette suite satisfait ou non cette phrase ; mais il semble que cela ne soit pas possible quand la longueur de la suite en question est moindre que le nombre de variables libres contenues dans la phrase considérée. Par exemple, on ne peut pas dire si <Marius> satisfait « x_1 envie x_2 », parce que le fait de supposer que Marius est la valeur de x_1 ne permet pas de rendre cette phrase vraie ou fausse. Pour éviter cette difficulté, on peut convenir que toutes les suites dont on parle sont en réalité de longueur infinie, c'est-à-dire qu'elles contiennent autant de places qu'il y a de variables dans la langue-objet, et qu'elles permettent ainsi d'assigner une valeur à chacune des variables de L. On notera aussi qu'une suite donnée peut assigner la même valeur à plus d'une variable, c'est-à-dire, que le même objet peut apparaître plusieurs fois dans une même suite, ce qui permet de tenir compte du fait que deux variables distinctes peuvent éventuellement avoir la même valeur. Il ne faut donc pas confondre le nombre d'objets apparaissant dans une suite (qui peut varier selon la suite considérée) et la longueur d'une suite (qui est toujours la même). En ajoutant ces remarques à celle du paragraphe précédent, on peut comprendre que lorsqu'on affirme qu'une suite s satisfait une phrase X dans L, on affirme que X devient vraie quand on suppose que le premier élément de s est la valeur de la première variable de L, ... que le n^e élément de s est la valeur de la n^e variable de L, etc.

Il est évident que dans ce cas, une suite contiendra souvent plus d'éléments qu'il n'est nécessaire pour déterminer la valeur de vérité d'une phrase ouverte. Cela peut se produire de plusieurs façons ; en supposant qu'il est le cas que Marius envie Socrate, on peut voir par exemple que toute suite dont le premier segment est <Pierre, Marius, Socrate> satisfait «x_2 envie x_3», et que toute suite dont le premier segment est <Pierre, César, Socrate, Cicéron, Marius> satisfait «x_5 envie x_3», etc. Ainsi les éléments d'une suite qui ne correspondent à aucune des variables libres apparaissant dans une phrase donnée sont tout simplement non pertinents pour déterminer si cette suite satisfait ou non cette phrase. En particulier, il peut arriver qu'aucun des éléments d'une suite ne soit pertinent pour déterminer si cette suite satisfait cette phrase ; c'est ce qui se produit lorsque la phrase en question n'est pas une phrase ouverte, mais une phrase fermée.

Bien que la valeur de vérité d'une phrase fermée soit indépendante des valeurs spécifiques qui sont assignées aux variables, la notion de satisfaction est en effet applicable à toutes les phrases, ouvertes ou fermées. Une phrase fermée n'est que le cas limite d'une phrase qui est vraie ou fausse quelle que soit la suite considérée. De même que «x_2 est chauve» est satisfaite par toutes les suites dont le deuxième élément est chauve, quels qu'en soient les autres éléments, de même «il y a un x_3 tel que x_3 est chauve» est satisfaite par toutes les suites quelles qu'elles soient, simplement parce qu'il y a au moins une suite dont le troisième élément est chauve et que cette phrase est donc vraie quelle que soit la valeur spécifique que la suite considérée assigne à x_3. Une phrase fermée se distingue donc d'une phrase ouverte par le fait que : si elle est satisfaite par une suite d'objets alors elle est satisfaite par toutes, et s'il y a une suite qui ne la satisfait pas alors elle n'est satisfaite par aucune suite. On peut donc dire, avec Tarski, que

(36) une phrase est vraie dans L si et seulement si elle est satisfaite dans L par toutes les suites d'objets (et fausse si et seulement si elle n'est satisfaite par aucune suite),

ce qui complète la première étape dans la construction d'une théorie de la vérité pour L. Cette étape consiste à montrer que la vérité est un cas particulier de la satisfaction, mais il reste à spécifier quelles sont exactement, pour chaque phrase de L, les suites d'objets qui la satisfont. C'est ici qu'une connaissance de la syntaxe de L s'avère indispensable, car puisqu'elle contient un nombre infini de phrases, on ne peut pas dire « individuellement » pour chacune d'elles, quelles sont les suites qui la satisfont.

On procède essentiellement de la même manière que celle utilisée pour caractériser la vérité dans L, quand L ne contenait pas encore d'expressions de généralité. Cela nous avait alors conduit à la théorie composée des axiomes (17), (18), (19), (22) et (23), et nous conduit maintenant aux axiomes suivants :

(37) Pour tout nombre n et toute suite d'objets s, la suite s satisfait dans L la phrase composée de la n^e variable, suivie de « est célibataire », si et seulement si le n^e élément de s est célibataire.

(38) Pour tout nombre n et toute suite d'objets s, la suite s satisfait dans L la phrase composée de la n^e variable, suivie de « est chauve », si et seulement si le n^e élément de s est chauve.

(39) Pour tout nombre n, tout nombre m et toute suite d'objets s, la suite s satisfait dans L la phrase composée de la n^e variable, suivie de « est plus riche que », suivie de la m^e variable, si et seulement si le n^e élément de s est plus riche que le m^e élément de s.

(40) Pour tout nombre n, tout nombre m et toute suite d'objets s, la suite s satisfait dans L la phrase composée de la n^e variable, suivie de « envie », suivie de la m^e variable, si et seulement si le n^e élément de s envie le m^e élément de s.

(41) Pour toute suite d'objets s et toute phrase X, la suite s satisfait la négation de X dans L si et seulement si il n'est pas le cas que s satisfait X dans L.

(42) Pour toute suite d'objets s, toute phrase X et toute phrase Y, la suite s satisfait la conjonction de X et de Y dans L si et seulement si s satisfait X dans L et s satisfait Y dans L.

(43) Pour tout nombre n, toute phrase X, et toute suite d'objets s, la suite s satisfait dans L la phrase composée de «Pour tout», suivie de la n^e variable, suivie de X, si et seulement si pour toute suite s', si s' est identique à s ou n'en diffère que pour la n^e place, alors s' satisfait X dans L.

(44) Pour tout nombre n, toute phrase X, et toute suite d'objets s, la suite s satisfait dans L la phrase composée de l'expression obtenue en insérant la n^e variable dans «Il y a au moins un... tel que», suivie de X, si et seulement si il y a au moins une suite s' telle que s' est identique à s ou n'en diffère que pour la n^e place, et s' satisfait X dans L.

On notera qu'à chaque prédicat primitif de L, correspond un axiome unique, qui caractérise, pour chacune des phrases ouvertes élémentaires qui peuvent être formées à l'aide de ce prédicat, l'ensemble des suites qui la satisfait. Il y a, de la même manière, un axiome correspondant à chacune des règles qui peuvent être utilisées pour construire les phrases complexes de L, qui caractérise l'ensemble des suites qui satisfont une phrase complexe en fonction de celles qui satisfont les phrases plus simples dont elle se compose. Ces huit axiomes constituent, avec l'axiome (36) qui relie la vérité à la satisfaction, une théorie adéquate, au sens de la convention T, de la vérité dans L, c'est-à-dire une théorie tarskienne de la vérité dans L.

Vérifions maintenant le fonctionnement de ces axiomes à l'aide de quelques exemples. En vertu de l'axiome (41), on peut affirmer qu'une suite commençant par <Marius, Socrate> satisfait «Il n'est pas le cas que x_1 envie x_2» dans L si et seulement si il n'est pas le cas que cette suite satisfait «x_1 envie x_2». Or l'axiome (40) permet de déduire qu'une suite commençant par <Marius, Socrate> satisfait «x_1 envie x_2» dans L si et seulement si Marius envie Socrate. On peut donc conclure qu'une suite commençant par <Marius, Socrate> satisfait «Il n'est pas le cas que x_1 envie x_2» dans L si et seulement si il n'est pas le cas que Marius envie Socrate. Considérons maintenant une phrase ouverte telle que

(45) Il y a au moins un x_1 tel que x_1 envie x_2.

En vertu de l'axiome (44), on peut affirmer que pour toute suite s, s satisfait (45) dans L si et seulement si il y a une suite s' identique à s ou qui n'en diffère que par le premier élément qui satisfait «x_1 envie x_2» dans L. Il est important que cette autre suite soit identique à la première pour toutes les places qui correspondent à des variables libres dans la phrase considérée (en l'occurrence, pour la deuxième place) parce que dans le cas contraire, on serait obligé d'admettre que le fait qu'une suite commençant par exemple par <César, Alexandre> satisfasse «x_1 envie x_2» suffit pour conclure qu'une suite commençant par <César, Socrate>

satisfait (45); cela serait absurde parce qu'intuitivement, dire qu'une suite dont la deuxième place est occupée par Socrate satisfait (45), c'est dire qu'il y a au moins une personne qui envie *Socrate*, et non pas qu'il y a au moins une personne qui en envie une autre. En d'autres termes l'axiome (44) signifie qu'une suite d'objets commençant par <César, Socrate> satisfait (45) dans L si et seulement si il y a une suite s' dont le premier élément peut ne pas être César, mais dont le deuxième élément doit être Socrate, qui satisfait « x_1 envie x_2 » dans L. L'axiome (40) permet alors de déduire qu'une suite dont le deuxième élément est Socrate satisfait « x_1 envie x_2 » dans L si et seulement si le premier élément de cette suite envie Socrate, et donc qu'une suite commençant par <César, Socrate> satisfait (45) dans L si et seulement si il y a une suite dont le premier élément envie Socrate.

Soit maintenant une phrase fermée telle que

(46) Il y a au moins un x_3 tel que x_3 est chauve.

En vertu de l'axiome (44), on sait que pour toute suite s, s satisfait (46) dans L si et seulement si il y a au moins une suite s' identique à s ou qui n'en diffère que par le troisième élément, qui satisfait « x_3 est chauve » dans L. Mais puisque (46) est une phrase fermée, la restriction qui veut que s' soit identique à s ou n'en diffère que par le troisième élément est superflue. On peut en effet montrer que, quelle que soit s, s'il y a une suite quelconque qui satisfait « x_3 est chauve » dans L, alors il y a une suite identique à s ou qui n'en diffère que par le troisième élément qui satisfait « x_3 est chauve » dans L. Supposons que la suite s* satisfasse « x_3 est chauve », c'est-à-dire, que le troisième élément de s* soit chauve. Soit maintenant n'importe quelle suite s; il est clair que la suite obtenue en remplaçant le troisième élément de s par le troisième élément de s* satisfait « x_3 est chauve », et donc qu'il y a une suite identique à s ou qui n'en diffère que par le troisième élément qui satisfait « x_3 est chauve ». On peut par conséquent affirmer que

(47) Pour toute suite s, s satisfait (46) dans L si et seulement si il y a une suite s' qui satisfait « x_3 est chauve » dans L.

Mais en vertu de l'axiome (38), on peut déduire qu'une suite s' satisfait « x_3 est chauve » dans L si et seulement si le troisième élément de s' est chauve. Ce qui veut dire que pour toute suite s, s satisfait (46) dans L si et seulement si il y a au moins une suite s' dont le troisième élément est chauve. Or puisque pour tout nombre n et tout objet x il y a au moins une suite dans laquelle x occupe la n^e place, on sait qu'il y a au moins une suite s' dont le troisième élément est chauve si et seulement si il y a au moins un x tel que x est chauve. On est ainsi autorisé à conclure que

(48) Pour toute suite s, s satisfait (46) dans L si et seulement si il y a au moins un x_3 tel que x_3 est chauve.

L'axiome (36) conduit alors directement à la phrase-T recherchée :

(49) (46) est vraie dans L si et seulement si il y a au moins un x_3 tel que x_3 est chauve.

Un raisonnement comparable permettrait de montrer, par exemple, que

(50) Pour tout x_1 il y a au moins un x_2 tel que x_1 envie x_2

est vraie dans L si et seulement si pour tout x_1 il y a au moins un x_2 tel que x_1 envie x_2. L'axiome (43) implique en effet que pour toute suite s, s satisfait (50) dans L si et seulement si pour toute suite s' identique à s ou qui n'en diffère que par la première place, s' satisfait « il y a au moins un x_2 tel que x_1 envie x_2» dans L. Mais (50) étant une phrase fermée, on peut montrer que, quelle que soit s, si toutes les suites identiques à s ou qui n'en diffèrent que par la première place satisfont « il y a au moins un x_2 tel que x_1 envie x_2» dans L, alors toutes les suites satisfont cette expression dans L. En effet si une suite donnée satisfait « il y a au moins un x_2 tel que x_1 envie x_2», alors toutes les suites dont le premier élément est le même la satisfont aussi, quels qu'en soient les autres éléments ; de sorte que si toutes les suites identiques à une suite donnée s sauf peut-être pour le premier élément satisfont « il y a au moins un x_2 tel que x_1 envie x_2», alors toutes les suites quelles qu'elles soient satisfont cette expression. Ceci permet d'affirmer que

(51) Pour toute suite s, s satisfait (50) dans L si et seulement si pour toute suite s', s' satisfait « il y a au moins un x_2 tel que x_1 envie x_2» dans L.

Or on sait par l'axiome (44) que pour toute suite s', s' satisfait « il y a au moins un x_2 tel que x_1 envie x_2» dans L si et seulement si il y a au moins une suite s" telle que s" est identique à s' ou n'en diffère que par le deuxième élément et s" satisfait « x_1 envie x_2» dans L, ce qui nous amène à

(52) Pour toute suite s, s satisfait (50) dans L si et seulement si pour toute suite s' il y a au moins une suite s" qui est identique à s' ou n'en diffère que par le deuxième élément et qui satisfait « x_1 envie x_2» dans L.

Mais puisque x_1 est la seule variable libre dans « il y a au moins un x_2 tel que x_1 envie x_2», on voit que s'il y a une suite s* dont le premier élément est le même que celui d'une suite s' qui satisfait « il y a au moins un x_2 tel que x_1 envie x_2», telle que s* satisfait «x_1 envie x_2», alors il y a au moins une suite s" qui est identique à s' ou n'en diffère que par le deuxième élément et qui satisfait «x_1 envie x_2». On peut donc affirmer que

(53) Pour toute suite s, s satisfait (50) dans L si et seulement si pour toute suite s' il y a au moins une suite s" dont le premier élément est le même que celui de s' et qui satisfait «x_1 envie x_2» dans L.

Par l'axiome (40), ceci équivaut à

(54) Pour toute suite s, s satisfait (50) dans L si et seulement si pour toute suite s' il y a au moins une suite s" dont le premier élément est le même que celui de s' et envie le deuxième élément.

Mais il est facile de voir que cette condition sera remplie si et seulement si pour chaque objet il y a au moins un objet qu'il envie, puisque chaque objet est le premier élément d'au moins une suite et le deuxième élément d'au moins une suite commençant par un objet donné, ce qui veut dire que

(55) Pour toute suite s, s satisfait (50) dans L si et seulement si pour tout x_1 il y a au moins un x_2 tel que x_1 envie x_2,

et par l'axiome (36), que

(56) (50) est vraie dans L si et seulement si pour tout x_1 il y a au moins un x_2 tel que x_1 envie x_2.

Les axiomes (36)-(44) constituent donc apparemment une théorie de la vérité conforme à la convention T.

Il est bon de signaler que Tarski ne visait pas à produire une simple théorie de la vérité comme celle qu'on vient de formuler, mais à fournir une définition explicite de la vérité qui ne présuppose aucune notion sémantique primitive. Dans une théorie de la vérité, la notion de satisfaction reste une notion sémantique primitive, en ce sens que si les axiomes en caractérisent bien l'extension, et permettent par exemple de dire si une suite donnée satisfait une phrase donnée, ils ne permettent pas de traduire toute phrase contenant cette notion au moyen d'une phrase qui ne la contiendrait pas ou qui ne contiendrait aucune notion sémantique. Pour cela, il faudrait produire une définition explicite de la relation de satisfaction, qu'on ne peut formuler que si la métalangue contient des variables d'un ordre supérieur à toutes celles de la langue-objet. Mais pour notre propos, il n'est pas important de comprendre exactement comment transformer un théorie de la vérité en une définition explicite, puisque Davidson n'a jamais suggéré qu'il était désirable, ou même possible, de produire une définition explicite de la vérité pour une langue naturelle, mais seulement qu'une théorie tarskienne de la vérité pouvait jouer le rôle d'une théorie de la signification pour une langue naturelle. Il s'agit maintenant de préciser en quel sens et à quelles conditions.

3. LA THÉORIE DE L'INTERPRÉTATION.

J'ai présenté la théorie de Davidson comme une théorie qui se propose, en premier lieu, de rendre compte de la compositionnalité sémantique du langage, c'est-à-dire, comme une théorie qui permet de spécifier ce que signifie chaque phrase de la langue-objet en fonction de la signification de ses constituants. L'avantage de la conception de Davidson est qu'elle se propose de le faire sans hypostasier (réifier) le sens à la manière de Frege, et sans non plus supposer que la structure des phrases correspond à celle des états de choses qu'elles représentent à la manière de Russell/Wittgenstein. Quand j'ai introduit la notion de sémantique compositionnelle, j'ai insisté sur le fait que si une sémantique compositionnelle permet de dire comment le sens ou la dénotation d'une expression complexe dépend systématiquement du sens ou de la dénotation de ses constituants, elle ne permet pas de dire ce que c'est en général pour une expression que d'avoir un sens ou une dénotation ni d'expliquer en vertu de quoi une expression donnée a tel ou tel sens ou telle ou telle dénotation. Vue sous cet angle, la conception davidsonienne ne se distingue pas de la conception frégéenne ou de la conception russellienne. Son seul avantage consiste dans le fait que le seul concept sémantique primitif qui est utilisé par une théorie tarskienne de la vérité est le concept de satisfaction, et qu'elle est donc plus économique que celles de Frege ou de Russell, en ce sens qu'une théorie tarskienne de la vérité ne nous oblige pas à dire, par exemple, que les prédicats d'une langue dénotent des propriétés ou des ensembles d'objets, ou que les phrases d'une langue dénotent ou représentent quoi que ce soit. Elle est aussi plus contraignante, dans la mesure où la technique de Tarski n'est applicable qu'à condition que la langue-objet ait un certain type de structure. En supposant qu'une théorie de la signification pour une langue naturelle peut prendre la forme d'une théorie tarskienne de la vérité, Davidson fait donc le pari que les structures des langues naturelles ne se distinguent pas fondamentalement de celles des langues artificielles auxquelles il est possible d'appliquer la méthode de Tarski.

L'ambition de Davidson n'est cependant pas seulement de rendre compte de la compositionnalité sémantique du langage, c'est aussi de proposer une explication de ce que c'est, pour une phrase, que de signifier telle ou telle chose, ou de ce que c'est que de spécifier la signification d'une phrase. Plus exactement, il importe, pour Davidson, qu'une théorie de la signification pour une langue donnée soit (i) *interprétative*, c'est-à-dire telle que quiconque connaîtrait cette théorie serait de ce fait en mesure d'interpréter toutes les phrases de cette langue, et (ii) *radicale*, c'est-à-dire qu'elle puisse, en principe, être empiriquement confirmée sur la base de données qui ne présupposent pas la connaissance de cette langue. Or il est loin d'être évident, à première vue, qu'une théorie de la vérité construite sur le modèle de la méthode de Tarski puisse remplir ces deux conditions.

Concentrons-nous pour le moment sur la première contrainte, à savoir qu'une théorie de la signification doit être interprétative. Il est bon de souligner d'abord qu'en cherchant à formuler une théorie interprétative de la signification, Davidson ne cherche nullement à caractériser les connaissances que les locuteurs d'une langue ont, et en vertu desquelles ils sont capables d'en interpréter les phrases. Il ne prend même pas pour acquis, contrairement à Chomsky par exemple, que les locuteurs d'une langue doivent posséder de telles connaissances. Dire qu'une théorie de la signification est interprétative, c'est dire simplement qu'il suffirait de la connaître pour être effectivement en mesure de comprendre les phrases de la langue considérée.

On pourrait être tenté de suivre Quine et de suggérer que pour pouvoir interpréter les phrases d'une langue donnée, il suffit de savoir comment traduire les phrases de cette langue dans une autre qu'on connaît déjà. Mais Davidson fait remarquer qu'une théorie de la signification ne peut pas prendre la forme d'un tel manuel de traduction, car la connaissance d'un manuel de traduction n'est pas suffisante, en elle-même, pour permettre de comprendre une langue. Un manuel de traduction est une théorie concernant la relation entre deux langues, mais elle est elle-même formulée dans une autre langue. Un manuel de traduction implique donc trois langues : la métalangue (dans laquelle il est formulé), la langue-source et la langue-cible. Ce que permet de savoir un manuel de traduction, c'est-à-dire, ce que sait quelqu'un qui connaît une telle théorie, ce sont uniquement des faits du genre : la phrase X de L_1 se traduit par la phrase Y de L_2. Or il est parfaitement possible de savoir cela sans savoir ce que X ou Y signifient. Autrement dit, il est possible de connaître un manuel de traduction de L_1 dans L_2 sans pour autant savoir ce que signifient les phrases de L_1, c'est-à-dire sans être capable de les interpréter. Bien sûr, il est aussi possible à la fois de connaître un manuel de traduction de L_1 dans L_2 et d'être en mesure de comprendre les phrases de L_1.

Mais dans ce cas, ce ne sera pas uniquement en vertu du fait qu'on connaît ce manuel de traduction qu'on sera en mesure de comprendre L_1, mais en vertu du fait qu'on connaît ce manuel de traduction *et* qu'on sait interpréter les phrases de L_2. Et si on demande ce qu'il faut savoir pour être en mesure de comprendre L_2, on ne peut pas répondre qu'il faut connaître un manuel de traduction de L_2 dans une autre langue, car cela conduirait à une régression à l'infini. Il doit donc être possible de dire ce que les phrases de L_2 signifient sans que cela consiste à dire qu'elles signifient la même chose que telles ou telles phrases d'une autre langue. Mais s'il est possible de la faire pour L_2, il doit être possible de le faire pour toute autre langue, et la construction d'un manuel de traduction ne peut qu'être théoriquement superflue. En d'autres termes, il ne peut être nécessaire de connaître un manuel de traduction de L_1 dans L_2 pour être en mesure d'interpréter les phrases de L_1, et cela n'est pas suffisant non plus.

De ce point de vue, une théorie tarskienne de la vérité est manifestement plus satisfaisante qu'un manuel de traduction car elle n'implique que deux langues, la métalangue et la langue-objet. Une phrase-T n'affirme pas (et n'implique pas non plus) que telle phrase de la langue-objet se traduit par telle phrase de la métalangue; elle affirme simplement qu'une certaine phrase de la langue-objet est vraie à une certaine condition, en *utilisant* une phrase de la métalangue pour énoncer cette condition, et ne fait donc référence qu'à une seule phrase (celle dont la condition de vérité est spécifiée). Mais cet avantage est aussi, en l'occurrence, un inconvénient, car il révèle que les phrases-T n'affirment rien, en elles-mêmes, concernant la signification, c'est-à-dire, qu'il est possible de savoir qu'une phrase X est vraie si et seulement si p, sans pour autant être en mesure d'interpréter X (c'est-à-dire, sans savoir ce que X signifie). En d'autres termes, la difficulté vient de ce qu'une phrase-T ne dit pas qu'elle est une phrase-T, et qu'on peut donc savoir si une certaine phrase, qui est en fait une phrase-T, est vraie, sans savoir si cette phrase est une phrase-T. Supposons qu'on connaisse une théorie de la vérité pour la langue L, et que cette théorie permette de déduire, par exemple, que :

(57) La phrase X est vraie dans L si et seulement si l'herbe est verte.

Le simple fait que cette phrase soit vraie ne permet pas de l'utiliser pour interpréter X ou de conclure que X signifie que l'herbe est verte, car elle resterait vraie si X signifiait, par exemple, que la neige est blanche ou que la Terre tourne. Pour pouvoir utiliser (57) de cette manière il faut non seulement savoir qu'elle est vraie, mais aussi qu'elle est une phrase-T, c'est-à-dire que «l'herbe est verte» est une *traduction* de X dans la métalangue; ce qui revient à dire qu'il faut savoir que la théorie dont elle est déduite est une théorie qui satisfait la convention T, c'est-à-dire, une théorie *tarskienne* de la vérité. Davidson (1984 : 139) en conclut qu'il ne suffit pas de connaître une théorie tarskienne de la vérité pour L pour être en mesure d'interpréter les phrases de L, il faut aussi savoir que cette théorie est bien une théorie *tarskienne* de la vérité. Cela signifie que, de l'aveu même de Davidson, une théorie de la signification ne se réduit pas à une théorie tarskienne de la vérité ; une telle théorie peut jouer le rôle d'une théorie de la signification, en ce sens qu'elle peut être utilisée pour interpréter les phrases de la langue-objet, mais seulement à la condition de savoir aussi qu'elle satisfait la convention T.

L'exigence selon laquelle une théorie de la signification doit être radicale signifie donc qu'il doit être possible de déterminer, non seulement si une théorie de la vérité pour une langue L est vraie, mais aussi si elle est conforme à la convention T, en s'appuyant exclusivement sur des faits empiriques qu'il est possible de connaître sans être en mesure d'interpréter les phrases de L. Cela veut dire que les données empiriques en question ne doivent pas être constituées « d'échantillons d'interprétations correctes », c'est-à-dire, ne doivent pas consister dans le fait que telles ou telles phrases signifient telle ou telle chose, ni par conséquent dépendre de l'intuition linguistique des locuteurs de la langue-objet.

Autrement dit, une théorie de la signification qui impliquerait, par exemple, que la phrase X est vraie dans L si et seulement si l'herbe est verte, ne serait pas radicale s'il fallait, pour savoir si elle est correcte, s'appuyer sur une connaissance du fait que X signifie que l'herbe est verte ; car pour être en mesure de connaître un fait de ce genre, il faut déjà avoir une compréhension de la langue-objet, or il s'agit précisément d'expliquer comment il est possible (en principe) d'acquérir une telle compréhension. Il faut par conséquent que les faits empiriques sur lesquels repose une théorie de la signification puissent être décrits sans utiliser ou présupposer de concepts comme ceux de signification, de synonymie ou de traduction. Cette contrainte est essentiellement celle imposée par Quine sur la construction d'un manuel de traduction ; le problème de la traduction radicale est donc simplement remplacé, chez Davidson, par celui de l'interprétation radicale. Au lieu de se demander en vertu de quels faits empiriques et à quelles conditions on peut affirmer qu'un manuel de traduction d'une langue dans une autre est empiriquement correct, Davidson se demande en vertu de quels faits empiriques et à quelles conditions on peut affirmer qu'une théorie donnée est une théorie tarskienne de la vérité pour une certaine langue et peut donc être utilisée pour interpréter les phrases de cette langue.

Il suffit pour tester une théorie d'en tirer des conséquences observables et de les comparer avec ce qu'on observe réellement. Dans le cas d'une théorie tarskienne de la vérité, les conséquences qui sont importantes pour tester la théorie sont les phrases-T, car ce sont elles qui spécifient les conditions de vérité des *phrases* (fermées) de la langue-objet; or seules les phrases fermées, par opposition à leurs constituants, peuvent être utilisées de façon autonome par les locuteurs. Autrement dit, si la confirmation d'une théorie linguistique doit reposer sur des faits empiriques, ceux-ci ne peuvent concerner directement que l'utilisation des *phrases*, et non pas celle des mots; les axiomes d'une théorie de la vérité, qui concernent les propriétés sémantiques des prédicats primitifs (par le biais des phrases ouvertes qu'elles permettent de construire) et des modes de construction des expressions complexes ne peuvent donc pas être directement confrontés à des faits empiriques. La position de Davidson s'accorde donc parfaitement avec celle de Quine, sur le fait que la phrase (fermée) est l'unité linguistique de base.

Cependant la méthode utilisée par Tarski pour déterminer si une théorie de la vérité est adéquate est incompatible avec l'objectif poursuivi par Davidson, dans la mesure où elle présuppose la connaissance d'un manuel de traduction de la langue-objet dans la métalangue, même si elle n'affirme pas, comme telle, que telle ou telle phrase se traduit de telle ou telle façon. On ne peut dire en effet que (57), par exemple, est une phrase vraie, qu'en s'appuyant sur le fait que la phrase X en question se traduit bien par «l'herbe est verte». Cette procédure est tout à fait légitime aussi longtemps que l'objectif est simplement celui de fournir une caractérisation adéquate de la vérité dans L. Mais l'objectif de Davidson est différent. Il pose en quelque sorte le problème inverse de celui de Tarski, en proposant de s'appuyer sur le concept de vérité pour expliquer la notion de traduction ou d'interprétation, plutôt que de s'appuyer sur une connaissance de la signification pour déterminer si une théorie de la vérité donnée est adéquate. Cela veut dire que Davidson ne peut pas utiliser la convention T telle que formulée par Tarski; il doit proposer une procédure qui permette de vérifier empiriquement si une théorie donnée satisfait ou non la convention T, sans présupposer la compréhension des phrases de la langue-objet.

Davidson est ainsi amené à reformuler la convention T de Tarski de la manière suivante :

(58) une théorie de la vérité pour une langue L est matériellement adéquate si et seulement si, pour chaque phrase de L, elle implique logiquement une instanciation *vraie* du schéma «X est vraie dans L si et seule-

ment si p», obtenue en remplaçant «X» par un nom de cette phrase et «p» par une phrase de la métalangue.

Dans la formulation originale, la convention T dit que

(14) une théorie de la vérité pour une langue L est matériellement adéquate si et seulement si elle implique logiquement toutes les instanciations du schéma «X est vraie dans L si et seulement si p» obtenues en remplaçant «X» par le nom d'une phrase de la langue L et «p» par cette phrase elle-même (ou par une traduction de cette phrase dans la métalangue).

Il importe de noter que dans cette formulation, il n'est pas nécessaire de dire explicitement que les phrases-T doivent être vraies, car cela découle directement du fait qu'elles sont caractérisées comme étant obtenues en remplaçant «p», dans le schéma T, par une *traduction* de X. Mais Davidson ne peut caractériser les phrases-T de cette manière, car il se place dans la situation d'un interprète radical, qui chercherait à déterminer la signification des phrases de L.

Il peut sembler que la condition (58) n'est pas suffisante pour qu'on puisse considérer une théorie qui la satisfait comme une théorie *tarskienne* de la vérité, puisqu'une phrase comme :

(59) La phrase «Snow is white» est vraie en anglais si et seulement si l'herbe est verte

est une instanciation vraie du schéma «X est vraie en anglais si et seulement si p», bien que «l'herbe est verte» ne soit pas une traduction de «Snow is white». Par conséquent, une théorie qui impliquerait (59) ne pourrait pas être utilisée pour interpréter l'anglais, bien que (59) soit vraie. Une théorie de la vérité pourrait donc apparemment être adéquate au sens de Davidson sans être tarskienne, c'est-à-dire sans pouvoir jouer le rôle d'une théorie de la signification.

Mais selon Davidson, ce n'est là qu'une apparence. Une théorie de la vérité dont (59) serait un théorème ne pourrait pas être une théorie adéquate pour l'anglais, car elle aurait nécessairement des conséquences fausses, comme par exemple

(60) La phrase «The sky is white» est vraie en anglais si et seulement si le ciel est vert

ou

(61) La phrase «Snow is cold» est vraie en anglais si et seulement si l'herbe est froide.

Cela vient de ce qu'une théorie de la vérité ne spécifie la condition de vérité d'une phrase qu'en s'appuyant sur sa structure. Un théorie de la vérité ne permettra donc de déduire (59) que si elle comporte un axiome tel que

(62) Pour tout nombre n et toute suite d'objets s, s satisfait en anglais la phrase composée de la n^e variable, suivie de «is white», si et seulement si le n^e élément de s est vert.

Mais une telle théorie ne peut éviter d'avoir des conséquences fausses. L'intuition de Davidson est donc que si *toutes* les phrases de la forme «X est vraie dans L si et seulement si p» (où «X» est remplacée par un nom d'une phrase de L et «p» par une phrase de la métalangue) impliquées par une certaine théorie sont vraies, et si cette théorie implique une phrase de cette forme pour chacune des phrases de L, alors cette théorie ne peut que satisfaire la convention T de Tarski et être utilisable pour interpréter les phrases de L. En d'autres termes, Davidson conjecture que si toutes les phrases-T impliquées par une certaine théorie sont vraies, alors chacune d'elle sera une phrase-T *au sens de Tarski*, c'est-à-dire une instanciation du schéma T dans laquelle la condition de vérité de X est spécifiée au moyen de sa traduction dans la métalangue.

L'interprète radical doit donc recueillir des données empiriques tendant à confirmer que toutes les phrases-T d'une certaine théorie de la vérité pour L sont vraies (c'est-à-dire, adéquate au sens de (58)), et donc, si Davidson a raison, que cette théorie satisfait la convention T au sens de Tarski. Mais sur quelles données peut-il s'appuyer, s'il ne comprend pas les phrases de la langue-objet et s'il ne peut pas (par conséquent) demander aux locuteurs de la langue-objet ce que leurs phrases signifient?

Étant donné que lorsqu'un locuteur accepte ou affirme une phrase, celle-ci est alors l'expression d'une de ses croyances, il est tentant de conclure que s'il était possible d'accumuler des données concernant les croyances des locuteurs de la langue-objet avant même d'être en mesure de comprendre ce qu'ils disent, il serait alors possible de déterminer la signification des phrases de cette langue simplement en déterminant quelles sont les phrases qu'ils tiennent pour vraies et celles qu'ils ne tiennent pas pour vraies. Mais cette stratégie ne peut être retenue parce qu'en général, c'est en s'appuyant sur la compréhension des phrases qu'il accepte qu'on parvient à déterminer quelles sont les croyances de quelqu'un. Autrement dit, la croyance et la signification sont des notions interdépendantes, en ce sens qu'on ne peut ni savoir ce que croit quelqu'un à moins de savoir ce que signifient ses paroles, ni savoir ce que signifient les paroles de quelqu'un à moins de savoir ce qu'il croit.

Quand un locuteur tient une phrase pour vraie, c'est *à la fois* à cause de ce que cette phrase signifie et à cause de ce qu'il croit être le cas. Si on sait qu'un locuteur tient une certaine phrase pour vraie, et ce que cette phrase signifie, on peut éventuellement en inférer qu'il croit telle ou telle chose, et inversement, si on sait qu'un locuteur tient une certaine phrase pour vraie, et qu'il croit telle ou telle chose, alors on peut éventuellement en inférer ce que cette phrase signifie. Mais il est impossible, en principe, de s'appuyer sur des données concernant les croyances (ou plus généralement, les pensées) des locuteurs de la langue-objet pour déterminer si une théorie de la vérité pour cette langue est adéquate, car de telles données ne sont accessibles qu'à condition de disposer déjà d'une théorie de la signification pour cette langue. Ceci permet de souligner l'un des aspects les plus remarquables de la position de Davidson, à savoir qu'une théorie de l'interprétation doit s'appuyer sur des données empiriques qui permettent, *simultanément*, d'attribuer des croyances aux locuteurs de la langue-objet et d'interpréter leurs paroles.

Alors que selon Quine, les données accessibles au traducteur radical concernent les conditions stimulatoires qui causent (ou causeraient) l'assentiment ou le dissentiment des locuteurs indigènes, l'interprète radical doit, selon Davidson, se fonder sur des données concernant les circonstances extérieures qui sont (ou seraient) causalement responsables du fait que les locuteurs indigènes (c'est-à-dire, les locuteurs de la langue-objet) tiennent telles ou telles phrases pour vraies. Les données de base admises par Davidson se distinguent donc de celles admises par Quine d'au moins deux manières. D'une part, par le fait que «tenir une phrase pour vraie» est une attitude mentale, alors que l'assentiment et le dissentiment sont des comportements, et d'autre part par le fait que Davidson fait référence aux circonstances extérieures qui amènent les locuteurs à tenir certaines phrases pour vraies plutôt qu'aux stimulations que ces circonstances provoquent chez eux. Il s'ensuit que les notions de signification-stimulus et de phrase observationnelle ne jouent aucun rôle dans la conception de Davidson, qui n'est pas vérificationniste le moins du monde. On notera que le fait que «tenir une phrase pour vraie» soit une attitude mentale (et même, un genre de croyance) n'est pas, selon Davidson, de nature à faire obstacle à son entreprise dans la mesure où il est possible, en principe, de savoir quelles phrases un locuteur tient pour vraies sans savoir ce que signifient ces phrases (et donc sans connaître le contenu exact de la croyance qu'il exprimerait au moyen de cette phrase).

Comme on l'a déjà remarqué à quelques reprises, la valeur de vérité d'un grand nombre de phrases du langage ordinaire, celles que Quine appelle des phrases «occasionnelles», varie selon les circonstances. La méthode de Tarski ne peut être appliquée à une langue comportant de telles phrases occasionnelles qu'à condition de libéraliser quelque peu la forme des phrases-T qu'une théorie de la vérité est censée impliquer. Une phrase-T qui affirmerait, par exemple, que

(63) La phrase «It is snowing» est vraie en anglais si et seulement si il neige

n'aurait guère de sens, puisque la valeur de vérité de «It is snowing» dépend du temps qu'il fait à l'endroit et au moment où elle est énoncée. Il faut donc, au moins dans le cas des phrases occasionnelles, s'attendre à ce que le prédicat de vérité soit relativisé aux circonstances de l'énonciation et que les phrases-T soient plutôt de la forme :

(64) La phrase «It is snowing» est vraie en anglais lorsqu'énoncée par x au temps t si et seulement si il neige à l'endroit où x se trouve au temps t.

Supposons qu'on ait construit une théorie de la vérité pour l'anglais qui implique (64). Comme la phrase «It is snowing» est une phrase occasionnelle, on doit s'attendre à ce qu'un locuteur de l'anglais la tienne tantôt pour vraie, tantôt pour fausse, selon les circonstances. Pour vérifier cette conséquence de la théorie, un interprète radical pourrait observer les locuteurs de l'anglais, et il constaterait vraisemblablement que Peter tient «It is snowing» pour vraie quand il neige là où il se trouve à ce moment, et ne la tient pas pour vraie dans le cas contraire, et que Mary, Sam, Sally, etc. en font autant. Cela lui permettrait de supposer que, probablement, la plupart des locuteurs de l'anglais tiennent «It is snowing» pour vraie si et seulement si il neige à l'endroit où ils se trouvent à ce moment. En d'autres termes, cela confirmerait l'hypothèse que

(65) Si x est un locuteur de l'anglais, alors x tient la phrase «It is snowing» pour vraie au temps t, si et seulement si il neige à l'endroit où x se trouve au temps t.

C'est sur des hypothèses de ce type que l'interprète radical doit s'appuyer pour confirmer des phrases-T telles que (64). Mais on remarquera que (65) ne donne une raison de penser que (64) est effectivement vraie, qu'à condition de supposer que les locuteurs de l'anglais *ont généralement raison* quand ils tiennent «It is snowing» pour vraie, c'est-à-dire, à condition de supposer que la croyance qu'ils expriment au moyen de cette phrase est généralement vraie. Car s'ils se trompaient systématiquement, alors on n'observerait pas qu'ils tiennent «It is snowing» pour vraie quand et seulement quand il neige à l'endroit où ils se trouvent, bien que cette phrase signifie, intuitivement, qu'il neige. Moyennant la supposition qu'en général, les locuteurs de l'anglais tiennent une phrase anglaise pour vraie, si et seulement si cette phrase est effectivement vraie, il est donc possible de conclure que (64) est vraie en s'appuyant sur le fait que (65).

Davidson soutient qu'il n'est possible de confirmer empiriquement une théorie de la vérité pour une langue L, en s'appuyant sur une connaissance des circonstances dans lesquelles les locuteurs de L tiennent les phrases de L pour vraies, qu'à condition d'admettre le principe de charité, selon lequel l'interprète radical doit faire en sorte que le plus grand nombre possible de phrases qui sont tenues pour vraies par les locuteurs de la langue-objet soient effectivement vraies (c'est-à-dire soient interprétées de façon à être vraies). La possibilité de l'interprétation radicale repose donc, selon Davidson, sur la présomption que la plupart des croyances des locuteurs indigènes sont des croyances vraies (selon nous).

Le principe de charité vise à résoudre le problème de l'interdépendance de la croyance et de la signification, en posant que lorsqu'il s'agit d'interpréter les propos d'autrui, on n'a pas d'autre choix que de supposer qu'il croit la même chose que nous, c'est-à-dire que les phrases qu'il tient pour vraies doivent (autant que possible) être traduites par des phrases que nous tenons pour vraies (dans les mêmes circonstances). Il est important d'insister sur le fait que le principe de charité n'est pas, selon Davidson, l'expression d'une hypothèse empirique qui pourrait se révéler fausse. Il soutient plutôt que si l'interprétation radicale est possible, cela ne peut être que parce qu'il est exclu a priori que les croyances de quelqu'un soient généralement fausses. Le principe de charité va de pair avec l'idée que la communication n'est possible entre deux personnes qu'à condition qu'ils partagent déjà la plupart de leurs croyances, et conduit ainsi au rejet de toute forme de relativisme : il n'est pas possible d'interpréter autrui à moins de lui imposer (en quelque sorte) nos propres croyances.

Comme personne n'est infaillible (ce que Davidson n'a nullement l'intention de contester), on doit s'attendre à ce que les locuteurs de la langue-objet ne tiennent pas tous les mêmes phrases pour vraies dans les mêmes circonstances, et même à ce qu'un locuteur donné tiennent parfois une phrase pour vraie dans certaines circonstances dans lesquelles il a déjà tenu cette même phrase pour fausse. Dans ces conditions, il est pratiquement exclu qu'un interprète radical puisse confirmer une théorie de la vérité en vertu de laquelle *toutes* les phrases de la langue indigène seraient vraies si et seulement si elles sont tenues pour vraies. Il ne pourrait apparemment faire mieux que de choisir la théorie de la vérité qui s'accorde le mieux avec les données empiriques concernant les jugements de vérité des locuteurs, à défaut de pouvoir en construire une qui s'accorde parfaitement avec elles. Il devrait en d'autres termes choisir la théorie de la vérité pour L qui a pour effet que le plus grand nombre possible de phrases tenues pour vraies par les locuteurs de L soient effectivement vraies. Cela signifie, notamment, que les phrases-T impliquées par une théorie de la vérité pour L ne peuvent pas être confirmées individuellement, sur la base d'une connaissance des circonstances dans lesquelles elles sont tenues pour vraies. Car le critère pour déterminer si une phrase-T donnée est vraie, c'est qu'elle soit impliquée par une théorie de la vérité conforme au principe de charité. Or le principe de charité s'applique à la théorie de la vérité dans son ensemble, c'est-à-dire de manière holiste, et non pas individuellement à ses conséquences. Cela a pour effet qu'il n'est pas possible de déterminer comment interpréter une phrase de L sans déterminer simultanément comment interpréter l'ensemble des phrases de L. Davidson défend donc, comme Quine, une conception holiste de la signification, ce qui montre bien que le holisme n'est pas lié de manière essentielle au vérificationnisme.

Mais on remarquera qu'il n'y a en réalité aucune raison de s'attendre à ce qu'il y ait une seule théorie de la vérité capable de faire en sorte que la plupart des phrases tenues pour vraies soient effectivement vraies. Autrement dit, le principe de charité ne garantit pas qu'il y aura une seule théorie de la vérité adéquate pour une langue donnée. Il est tout à fait possible, plus exactement, que deux théories de la vérité *non équivalentes* permettent de traduire un aussi grand nombre de phrases tenues pour vraies de la langue-objet par des phrases vraies de la métalangue. Dans ce cas, ces deux théories seraient aussi acceptables l'une que l'autre et pourraient toutes les deux être utilisées pour interpréter les énoncés de la langue en question. Davidson concède ainsi que l'interprétation radicale est tout aussi indéterminée que la traduction radicale, c'est-à-dire, qu'il n'y a pas de réponse objectivement déterminée à la question de savoir ce que signifie réellement une phrase. Cette conclusion peut aussi s'énoncer de manière positive, en disant qu'il n'y a pas d'autres faits objectifs, concernant la signification ou la croyance, que ceux qui sont déterminés par le principe de charité et les données empiriques concernant les phrases tenues pour vraies.

Lectures complémentaires

A   Quine (1970 : chap. 3), Tarski (1944), Engel (1981), Davidson (1979).
B   Platts (1979), Ramberg (1989), Davidson (1984), Engel (1989 : chap. 5-6).

NOTES

[1] Tarski (1944 : 270) cite avec approbation la définition donnée par Aristote dans la *Métaphysique*, livre Γ : «Dire de l'être qu'il n'est pas ou du non être qu'il est, c'est le faux; dire de l'être qu'il est ou du non être qu'il n'est pas, c'est le vrai».

[2] Pour vérifier que (16) est adéquate, il suffit de montrer qu'elle implique logiquement (17), (18) et (19). Cela ne pose, en l'occurrence, aucune difficulté, comme le confirme le raisonnement suivant. L'énoncé (16) implique immédiatement que
(15) est vraie dans L si et seulement si ((15) est identique à (3) et l'herbe est verte, ou (15) est identique à (6) et la neige est blanche, ou (15) est identique à (15) et Marius est célibataire).
Or on voit que (15) n'est identique ni à (3) ni à (6), de sorte que
((15) est identique à (3) et l'herbe est verte, ou (15) est identique à (6) et la neige est blanche, ou (15) est identique à (15) et Marius est célibataire)
est vraie si et seulement si
((15) est identique à (15) et Marius est célibataire).
Il s'ensuit que
(15) est vraie dans L si et seulement si ((15) est identique à (15) et Marius est célibataire).
Mais puisque (15) est identique à (15),
((15) est identique à (15) et Marius est célibataire) si et seulement si Marius est célibataire, de sorte que
(15) est vraie dans L si et seulement si Marius est célibataire (= (19)).
Puisqu'on pourrait montrer, par un raisonnement semblable, que (16) implique aussi (17) et (18), on peut conclure que (16) satisfait la convention T et constitue une théorie adéquate de la vérité pour L.

[3] Il est bon de souligner, cependant, qu'il existe aujourd'hui différentes manières de contourner cette difficulté et de construire des théories de la vérité pour des langues sémantiquement closes, y compris des théories de la vérité qui satisfont la convention T. Cette question extrêmement technique est bien documentée dans Martin (1984).

Bibliographie

1. Introduction

ALSTON, W.P. (1964), *Philosophy of language*, Englewood Cliffs, Prentice-Hall.
BLACKBURN, S. (1984), *Spreading the Word*, Oxford, Oxford University Press.
COOPER, D.E. (1973), *Philosophy and the Nature of Language*, London, Longmans.
DAVIS, S. (1976), *Philosophy and Language*, Indianapolis, Bobbs-Merrill.
DEVITT, M. et K. STERELNY (1987), *Language and Reality*, Cambridge (Mass.), MIT Press.
DUCROT, O. et T. TODOROV (1972), *Dictionnaire encyclopédique des sciences du langage*, Paris, Seuil.
GAMUT, L.T.F. (1991), *Logic, Language and Meaning*, Chicago, University of Chicago Press.
GRAYLING, A.C. (1982), *An Introduction to Philosophical Logic*, Brighton, Harvester Press.
HACKING, I. (1975), *Why Does Language Matter to Philosophy?*, Cambridge, Cambridge University Press.
HARRISON, B. (1979), *An Introduction to the Philosophy of Language*, London, Macmillan.
KATZ, J.J. (1966), *La philosophie du langage*, Paris, Payot, 1971.
LYONS, J. (1978 a), *Eléments de sémantique*, Paris, Larousse, 1978.
LYONS, J. (1978 b), *Sémantique Linguistique*, Paris, Larousse, 1980.
MARTIN, R.M. (1987), *The Meaning of Language*, Cambridge (Mass.), MIT Press.
MOUNIN, G. (1975), *Linguistique et philosophie*, Paris, PUF.
NEF, F. (1991), *Logique, langage et réalité*, Paris, Éditions Universitaires.
PLATTS, M. (1979), *Ways of Meaning*, London, Routledge and Kegan Paul.
RAMBERG, B.T. (1989), *Donald Davidson's Philosophy of Language*, Oxford, Blackwell.
RÉCANATI, F. (1979), *La transparence et l'énonciation*, Paris, Seuil.
SCHAFF, A. (1960), *Introduction à la sémantique*, Paris, Anthropos.
SCHAFF, A. (1967), *Langage et connaissance*, Paris, Anthropos.

2. Collections d'articles (par plusieurs auteurs)

AYER, A.J. dir. (1959), *Logical Positivism*, New York, Free Press.
BAR-HILLEL, Y. dir. (1971), *Pragmatics of Natural Language*, Dordrecht, Reidel.
BARRETT, R. et R. GIBSON dir. (1990), *Perspectives on Quine*, Oxford, Blackwell.
BARWISE, J. et alii dir. (1991), *Situation Theory and Its Applications 2*, Stanford, CSLI.
BELL, D. dir. (1993), *Science and Subjectivity : The Vienna Circle*, Berlin, Akademie Verlag.
BLACKBURN, S. dir. (1975), *Meaning, Reference and Necessity*, Cambridge, Cambridge University Press.
BLOCK, N. dir. (1981), *Readings in Philosophy of Psychology*, volume 2, Cambridge (Mass.), Harvard University Press.
BOOLOS, G. dir. (1990), *Meaning and Method*, Cambridge, Cambridge University Press.
BUTTERFIELD, J. dir. (1986), *Language, Mind and Logic*, Cambridge, Cambridge University Press.
CANFIELD, J.V. dir. (1986), *The Philosophy of Wittgenstein*, 15 volumes, New York, Garland.
CATON, C.E. dir. (1963), *Philosophy and Ordinary Language*, Urbana, University of Illinois Press.
CHAPPEL, V.C. dir. (1964), *Ordinary Language*, Englewood Cliffs, Prentice-Hall.
COOPER, R. et alii dir. (1990), *Situation Theory and Its Applications 1*, Stanford, CSLI.
COPI, I.M. et R.W. BEARD dir. (1966), *Essays on Wittgenstein's Tractatus*, London, Routledge and Kegan Paul.
CORAZZA, E. et J. DOVIC dir. (1993), *Penser l'indexicalité*, Combas, éd. de l'éclat.
DANON-BOILEAU L. et A. de LIBÉRA dir. (1987), *La référence*, Paris, Orphys.
DAVIDSON, D. et G. HARMAN dir. (1972), *Semantics of Natural Language*, Dordrecht, Reidel.
DAVIDSON, D. et G. HARMAN dir. (1975), *The Logic of Grammar*, Encino, Belmont.
DAVIDSON, D. et J. HINTIKKA dir. (1969), *Words and Objections*, Dordrecht, Reidel.
DAVIS, S. dir. (1991), *Pragmatics*, Oxford, Oxford University Press.
ECO, U. et alii dir. (1988), *Meaning and Mental Representations*, Bloomington, Indiana University Press.
EVANS, G. et J. McDOWELL dir. (1976) *Truth and Meaning*, Oxford, Clarendon Press.
FANN, K.T. dir. (1969), *Symposium on J.L. Austin*, London, Routledge and Kegan Paul.
FEIGL, H. et W. SELLARS dir. (1949), *Readings in Philosophical Analysis*, New York, Appleton-Century-Crofts.
FLEW, A. dir. (1951, 1953), *Logic and Language*, 1st and 2nd Series, New York, Anchor, 1965.
FLOISTAD, G. dir. (1981), *Contemporary Philosophy*, volume 1, Dordrecht, Nijhoff.
FRENCH, P.A. et al dir. (1979), *Contemporary Perspectives in the Philosophy of Language*, Minneapolis, University of Minnesota Press.
FRENCH, P.A. et al. dir. (1981), *Midwest Studies in Philosophy 6 : The Foundations of Analytic Philosophy*, Minneapolis, University of Minnesota Press.
FRENCH, P.A. et al. dir. (1989), *Contemporary Perspectives in the Philosophy of Language II*, Notre Dame, University of Notre Dame Press.
GABBAY, D. et F. GUENTHNER dir. (1983-89), *Handbook of Philosophical Logic*, 4 volumes. Dordrecht, Reidel.
GARDENFORS, P. dir. (1987), *Generalized Quantifiers*, Dordrecht, Reidel.
GARFIELD, J. et M. KITELEY dir. (1991), *Meaning and Truth*, New York, Paragon.
GEORGE, A. dir. (1990), *Reflections on Chomsky*, Oxford, Blackwell.
GRANDY, R.E. et R. WARNER dir. (1986), *Philosophical Grounds of Rationality*, Oxford, Oxford University Press.
GRANGER, G. dir. (1984), *Appliquer les mathématiques ?*, Paris, éd. du CNRS.
GUÉNARD, F. et G. LELIÈVRE dir. (1982), *Penser les mathématiques*, Paris, Seuil.
GUENTHNER, F. et GUENTHNER, M. dir. (1978), *Meaning and Translation*, London, Duckworth.

GUENTHNER, F. et S.J. SCHMIDT dir. (1979), *Formal Semantics and Pragmatics for Natural Languages*, Dordrecht, Reidel.
GUNDERSON, K. dir. (1975), *Language, Mind and Knowledge*, Minneapolis, University of Minnesota Press.
GUTTENPLAN, S. dir. (1975), *Mind and Language*, Oxford, Oxford University Press.
HARMAN, G. dir. (1974), *On N. Chomsky : Critical Essays*, New York, Anchor.
HAHN, L.E. et P.A. SCHILPP dir. (1986), *The Philosophy of W. V. Quine*, La Salle (Ill.), Open Court.
HOLTZMAN, S.H. et C.M. LEICH dir. (1981), *Wittgenstein : To Follow a Rule*, London, Routledge and Kegan Paul.
HOOK, S. dir. (1969), *Language and Philosophy*, New York, New York University Press.
HUISMAN, B. et F. RIBES dir. (1986), *Les philosophes et le langage : les grands textes philosophiques sur le langage*, Paris, Sedes.
ISAACSON, D. (1993), «Carnap, Quine and Logical Truth», Bell dir. (1993).
JACOB, P. dir. (1980), *De Vienne à Cambridge*, Paris, Gallimard.
KASHER, A. dir. (1976), *Language in Focus*, Dordrecht, Reidel.
KEENAN, E.L. dir. (1975), *Formal Semantics of Natural Language*, Cambridge, Cambridge University Press.
KEMPSON, R.M. dir. (1988), *Mental Representations*, Cambridge, Cambridge University Press.
LAURIER, D. dir. (1991), *Essais sur le sens et la réalité*, Montréal/Paris, Bellarmin/Vrin.
LAURIER, D. et F. LEPAGE dir. (1992), *Essais sur le langage et l'intentionalité*, Montréal/Paris, Bellarmin/Vrin.
LEPORE, E. dir. (1987), *New Directions in Semantics*, New York, Academic Press.
LEPORE, E. dir. (1986), *Truth and Interpretation*, Oxford, Blackwell.
LEPORE, E. et R. van GULICK dir. (1991), *John Searle and his Critics*, Oxford, Blackwell.
LINSKY, L. dir. (1952), *Semantics and the Philosophy of Language*, Urbana, University of Illinois Press.
LINSKY, L. dir. (1971), *Reference and Modality*, Oxford, Oxford University Press.
LOUX, M.J. dir. (1979), *The Possible and the Actual*, Ithaca, Cornell University Press.
LYAS, C. dir. (1971), *Philosophy and Linguistics*, London, Macmillan.
MALHERBE, J.F. dir. (1981), *Langage ordinaire et philosophie chez le second Wittgenstein*, Louvain-la-neuve, Cabay.
MARGALIT, A. dir. (1979), *Meaning and Use*, Dordrecht, Reidel.
MARTIN, R.M. dir. (1984), *Recent Essays on Truth and the Liar Paradox*, Oxford, Clarendon Press.
MARTINICH, A.P. dir. (1985), *The Philosophy of Language*, Oxford, Oxford University Press.
MOULOUD, N. et J.M. VIENNE dir. (1982), *Langages, connaissance et pratique*, Lille, Presses de l'Université de Lille 3.
NEF, F. dir. (1984), *L'analyse logique des langues naturelles*, Paris, éd. du CNRS.
OEHRLE, R.T. *et alii* dir. (1988), *Categorial Grammars and Natural Language Structures*, Dordrecht, Reidel.
PARRET, H. et J. BOUVERESSE dir. (1981), *Meaning and Understanding*, Berlin, W. de Gruyter.
PARKINSON, G.H.R. dir. (1968), *The Theory of Meaning*, Oxford, Oxford University Press.
PARTEE, B.H. dir. (1976), *Montague Grammar*, New York, Academic Press.
PELLETIER, F.J. dir. (1979), *Mass Terms : Some Philosophical Problems*, Dordrecht, Reidel.
PIATTELLI-PALMARINI, M. dir. (1979), *Théories du langage/ Théories de l'apprentissage*, Paris, Seuil.
PITCHER, G. dir. (1966), *Wittgenstein : The Philosophical Investigations*, New York, Anchor.
PLATTS, M. dir. (1980), *Reference Truth and Reality*, London, Routledge and Kegan Paul.
REY, A. dir. (1973), *Théories du signe et du sens*, 2 vols, Paris, Klincksiek.
ROSENBERG, Jay F. et TRAVIS, Charles dir. (1971), *Readings in the Philosophy of Language*, Englewood Cliffs, Prentice-Hall.
SAARINEN, E. dir. (1979), *Game-Theoretical Semantics*, Dordrecht, Reidel.

SALMON, N.U. et S. SOAMES dir. (1988), *Propositions and Attitudes*, Oxford, Oxford University Press.
SCHILPP, P.A. dir. (1944), *The Philosophy of Bertrand Russell*, La Salle (Ill.), Open Court.
SCHILPP, P.A. dir. (1963), *The Philosophy of Rudolf Carnap*, la Salle (Ill.), Open Court.
SCHILPP, P.A. et L.E. HAHN dir. (1986), *The Philosophy of W. V. Quine*, La Salle (Ill.), Open Court.
SCHWARTZ, S.P. dir. (1977), *Naming, Necessity and Natural Kinds*, Ithaca, Cornell University Press.
SEARLE, J.R. dir. (1971), *The Philosophy of Language*, Oxford, Oxford University Press.
SEARLE, J.R. et al dir. (1980), *Speech Act Theory and Pragmatics*, Dordrecht, Reidel.
SEBESTIK, J. et A. SOULEZ dir. (1986), *Le cercle de Vienne. Doctrines et controverses*, Paris, Klincksieck.
SEBESTIK, J. et A. SOULEZ dir. (1992), *Wittgenstein et la philosophie aujourd'hui*, Paris, Klincksieck.
SHANKER, S. dir. (1986), *Ludwig Wittgenstein : Critical Assesments*, 4 volumes, London, Croom Helm.
SMITH, N. dir. (1982), *Mutual Knowledge*, New York, Academic Press.
TRAVIS, C. dir. (1986), *Meaning and Interpretation*, Oxford, Blackwell.
WOODFIELD, A. dir. (1982), *Thought and Object*, Oxford, Oxford University Press.
YOURGRAU, P. dir. (1990), *Demonstratives*, Oxford, Oxford University Press.
ZABEEH, F. et al. dir. (1974), *Readings in Semantics*, Urbana, University of Illinois Press.

3. Monographies (et collections d'articles par un seul auteur).

ANGELELLI, I. (1967), *Gottlob Frege and Traditional Philosophy*, Dordrecht, Reidel.
ANSCOMBE, G.E.M. (1959), *An Introduction to Wittgenstein's Tractatus*, London, Hutchinson.
APPIAH, A. (1986), *For Truth in Semantics*, Oxford, Blackwell.
AUSTIN, D.F. (1990), *What's the Meaning of This?*, Ithaca, Cornell University Press.
AUSTIN, J.L. (1962),*Quand dire, c'est faire*, Paris, Seuil, 1970.
ALMOG, J., J. PERRY et H. WETTSTEIN dir. (1989), *Themes from Kaplan*, Oxford, Oxford University Press.
AVRAMIDES A. (1989), *Meaning and Mind*, Cambridge (Mass.), MIT Press.
AYER, A.J. (1936), *Langage, vérité et logique*, Paris, Flammarion.
AYER, A.J. (1985), *Wittgenstein, ou le génie face à la métaphysique*, Paris, Segners, 1986.
BACH, E. (1989), *Informal Lectures on Formal Semantics*, New York, State University of New York Press.
BACH, K. (1987), *Thought and Reference*, Oxford, Clarendon Press.
BACH, K. et R.M. HARNISH (1979), *Linguistic Communication and Speech Acts*, Cambridge (Mass.), MIT Press.
BARWISE, J. et J. PERRY (1983), *Situations and Attitudes*, Cambridge (Mass.), MIT Press.
BEALER, G. (1982), *Quality and Concept*, Oxford, Oxford University Press.
BENNETT, J. (1964), *Rationality*, London, Routledge and Kegan Paul.
BENNETT, J. (1971), *Locke, Berkeley, Hume*, Oxford, Oxford University Press.
BENNETT, J. (1976), *Linguistic Behaviour*, Cambridge, Cambridge University Press.
BERGMANN, G. (1954), *The Metaphysics of Logical Positivism*, Madison, University of Wisconsin Press.
BERGMANN, G. (1959), *Meaning and Existence*, Madison, University of Wisconsin Press.
BLACK, M. (1949), *Language and Philosophy*, Ithaca, Cornell University Press.
BLACK, M. (1962), *Models and Metaphors*, Ithaca, Cornell University Press.
BLACK, M. (1964), *A Companion to Wittgenstein's Tractatus*, Ithaca, Cornell University Press.
BLACK, M. (1970), *Margins of Precision*, Ithaca, Cornell University Press.
BLACK, M. (1975), *Caveats and Critiques*, Ithaca, Cornell University Press.
BOUVERESSE, J. (1971), *La parole malheureuse*, Paris, Minuit.

BOUVERESSE, J. (1976), *Le mythe de l'intériorité*, Paris, Minuit.
BOUVERESSE, J. (1987), *La force de la règle*, Paris, Minuit.
BOUVERESSE, J. (1988), *Le pays des possibles*, Paris, Minuit.
CARNAP, R. (1956), *Meaning and Necessity*, 2e ed., Chicago, University of Chicago Press.
CARNAP, R. (1942), *Introduction to Semantics*, Cambridge (Mass.), Harvard University Press.
CARTWRIGHT, R. (1987), *Philosophical Essays*, Cambridge (Mass.), MIT Press.
CASSIRER, E. (1923), *La philosophie des formes symboliques I : le langage*, Paris, Minuit, 1972.
CHIERCHIA, G. et S. MCCONNELL-GINET (1990), *Meaning and Grammar*, Cambridge (Mass.), MIT Press.
CHOMSKY, N. (1957), *Structures syntaxiques*, Paris, Seuil.
CHOMSKY, N. (1968), *Le langage et la pensée*, Paris, Payot, 1972.
CHOMSKY, N. (1975a), *Réflexions sur le langage*, Paris, Maspéro, 1977.
CHOMSKY, N. (1975b), *The Logical Structure of Linguistic Theory*, Chicago, University of Chicago Press.
CHOMSKY, N. (1977), *Dialogues avec Mitsou Ronat*, Paris, Flammarion.
CHOMSKY, N. (1980), *Règles et représentation*, Paris, Flammarion, 1985.
CHOMSKY, N. (1986), *Knowledge of Language*, New York, Praeger.
CHOMSKY, N. (1988), *Language and Problems of Knowledge*, Cambridge (Mass.), MIT Press.
CHOMSKY, N. et G.A. MILLER (1963), *Introduction à l'analyse formelle des langues naturelles*, Paris, Gauthier-Villars.
COHEN, J.L. (1962), *The Diversity of Meaning*, London, Methuen.
CORNULIER, B. de (1985), *Effets de sens*, Paris, Minuit.
CRESSWELL M.J. (1973), *Logics and Languages*, London, Methuen.
CRESSWELL M.J. (1984), *Structured Meanings*, Cambridge (Mass.), MIT Press.
CURRIE, G. (1982), *Frege : An Introduction to his Philosophy*, Brighton, Harvester Press.
D'AGOSTINO, F. (1986), *Chomsky's System of Ideas*, Oxford, Clarendon Press.
DAVIDSON, D. (1984), *Inquiries into Truth and Interpretation*, Oxford, Oxford University Press.
DAVIES, M. (1981), *Meaning, Quantification, Necessity*, London, Routledge and Kegan Paul.
DEVITT, M. (1981), *Designation*, New York, Columbia University Press.
DOWTY, D.R., R.E. WALL et S. PETERS (1981), *Introduction to Montague Semantics*, Dordrecht, Reidel.
DUBOIS, P. (1972), *Langage et métaphysique dans la philosophie anglaise contemporaine*, Paris, Klincksiek.
DUCROT, O. (1972), *Dire et ne pas dire*, Paris, Hermann.
DUCROT, O. (1980), *Les mots du discours*, Paris, Minuit.
DUCROT, O. (1985), *Le dire et le dit*, Paris, Minuit.
DUMMETT, M. (1973), *Frege : Philosophy of Language*, Cambridge (Mass.), Harvard University Press.
DUMMETT, M. (1978), *Truth and Other Enigmas*, Cambridge (Mass.), Harvard University Press.
DUMMETT, M. (1982), *The Interpretation of Frege's Philosophy*, London, Duckworth.
DUMMETT, M. (1991a), *The Logical Basis of Metaphysics*, Cambridge (Mass.), Harvard U. Press.
DUMMETT, M. (1991b), *Philosophie de la logique*, Paris, Minuit.
DUMMETT, M. (1991c), *Les origines de la philosophie analytique*, Paris, Gallimard.
ELGIN, C.Z. (1983), *With Reference to Reference*, Indianapolis, Hackett.
ENGEL, P. (1985), *Identité et Référence*, Paris, Presses de l'ENS.
ENGEL, P. (1989), *La norme du vrai*, Paris, Gallimard.
EVANS, G. (1982), *The Varieties of Reference*, Oxford, OUP.
EVNINE, S. (1991), *Donald Davidson*, Stanford, Stanford University Press.
FAUCONNIER, G. (1984), *Espaces mentaux*, Paris, Minuit.
FITZGERALD, J.J. (1966), *Peirce's theory of Signs as Foundation for Pragmatism*, The Hague, Mouton.

FLAHAULT, F. (1978), *La parole intermédiaire*, Paris, Seuil.
FODOR, J.A. (1975), *The Language of Thought*, New York, Crowell.
FODOR, J.A. (1981), *Representations*, Cambridge (Mass.), MIT Press.
FOGELIN, R.J. (1976), *Wittgenstein*, London, Routledge and Kegan Paul.
FREGE, G. (1879-1925), *Ecrits logiques et philosophiques*, Paris, Seuil, 1971.
GARDIES, J.-L. (1975), *Esquisse d'une grammaire pure*, Paris, Vrin.
GARDINER, A. (1932), *Langage et acte de langage*, Lille, Presses universitaires de Lille, 1990.
GAZDAR, G. (1979), *Pragmatics : Implicature, Presupposition and Logical Form*, New York, Academic Press.
GEACH, P.T. (1962), *Reference and Generality*, Ithaca, Cornell University Press.
GEACH, P.T. (1972), *Logic Matters*, Oxford, Blackwell.
GIBSON, R.F. (1982), *The Philosophy of W. V. Quine*, Tampa, University of South Florida Press.
GILBERT, M. (1989), *On Social Facts*, Princeton, Princeton University Press.
GOCHET, P. (1972), *Esquisse d'une théorie nominaliste de la proposition*, Paris, Colin.
GOCHET, P. (1978), *Quine en Perspective*, Paris, Flammarion.
GOODMAN, N. (1954), *Faits, fictions et prédictions*, Paris, Minuit, 1983.
GOODMAN, N. (1968), *Langages de l'art*, Nîmes, Jacqueline Chambon, 1990.
GOODMAN, N. (1972), *Problems and Projects*, Indianapolis, Hackett.
GOODMAN, N. (1978), *Manières de faire des mondes*, Nîmes, Jacqueline Chambon, 1992.
GRANGER, G. (1968), *Essai d'une philosophie du style*, Paris, Colin.
GRANGER, G. (1979), *Langages et épistémologie*, Paris, Klincksieck.
GRANGER, G. (1990), *Invitation à la lecture de Wittgenstein*, Aix-en-Provence, Alinéa.
GRICE, P. (1989), *Studies in the Way of Words*, Cambridge (Mass), Harvard University Press.
GROVER, D. (1992), *A Prosentential Theory of Truth*, Princeton, Princeton University Press.
HAACK, S. (1978), *Philosophy of Logics*, Cambridge, Cambridge University Press.
HALLETT, G. (1967), *Wittgenstein's Definition of Meaning as Use*, New York, Fordham University Press.
HALLETT, G. (1977), *A Companion to Wittgenstein's «Philosophical Investigations»*, Ithaca, Cornell University Press.
HARE, R.M. (1952), *The Language of Morals*, Oxford, Oxford University Press.
HEAL, J. (1989), *Fact and Meaning : Quine and Wittgenstein on Philosophy of Language*, Oxford, Blackwell.
HINTIKKA, J. (1969), *Models for Modalities*, Dordrecht, Reidel.
HINTIKKA, J. (1973), *Logic, Language Games and Information*, Oxford, Oxford University Press.
HINTIKKA, J. et M.B. HINTIKKA (1986), *Investigating Wittgenstein*, Oxford, Blackwell.
HOLDCROFT, D. (1978), *Words and Deeds*, Oxford, Oxford University Press.
HOOKWAY, C. (1990), *Quine*, Bruxelles, De Boëck, 1992.
HORNSTEIN, N. (1984), *Logic as Grammar*, Cambridge (Mass.), MIT Press.
ITKONEN, E. (1978), *Grammatical Theory and Metascience*, Amsterdam, Benjamins.
ITKONEN, E. (1983), *Causality in Linguistic Theory*, London, Croom Helm.
JACKENDOFF, R.S. (1983), *Semantics and Cognition*, Cambridge (Mass.), MIT Press.
JACKENDOFF, R.S. (1990), *Semantic Structures*, Cambridge (Mass.), MIT Press.
JACOB, P. (1980b), *L'empirisme logique*, Paris, Minuit.
JOHNSON, L.E. (1992), *Focusing on Truth*, London, Routledge.
KALINOWSKI, G. (1985), *Sémiotique et philosophie*, Paris-Amsterdam, Hadis-Benjamins.
KEMPSON, R. (1975), *Presupposition and the Delimitation of Semantics*, Cambridge, Cambridge University Press.
KENNY, A. (1973), *Wittgenstein*, Hardmondsworth, Penguin.
KIRK, R. (1986), *Translation Determined*, Oxford, Oxford University Press.
KIRKHAM, R.L. (1992), *Theories of Truth*, Cambridge (Mass.), MIT Press.
KRIPKE, S. (1972), *La logique des noms propres*, Paris, Minuit, 1982.
KRIPKE, S. (1982), *Wittgenstein on Rules and Private Language*, Oxford, Blackwell.
KURODA, S.Y. (1979), *Aux quatre coins de la linguistique*, Paris, Seuil.
KUTSCHERA, F. von (1975), *Philosophy of Language*, Dordrecht, Reidel.

LAKOFF, G. (1972), *Linguistique et logique naturelle*, Paris, Klincksiek, 1976.
LAKOFF, G. et M. JOHNSON (1980), *Les Métaphores de la vie quotidienne*, Paris, Minuit.
LARGEAULT, J. (1970), *Logique et philosophie chez Frege*, Paris/Louvain, Nauwelaerts.
LARGEAULT, J. (1980a), *Enigmes et controverses*, Paris, Aubier.
LARGEAULT, J. (1980b), *Questions de mots, questions de faits*, Toulouse, Privat.
LARREYA, P. (1979), *Énoncés performatifs et présuppositions*, Paris, Nathan.
LERAT, P. (1983), *Sémantique descriptive*, Paris, Hachette.
LEWIS, D.K. (1969), *Convention*, Cambridge (Mass.), Harvard University Press.
LEWIS, D.K. (1983), *Philosophical Papers 1*, Oxford, Oxford University Press.
LINSKY, L. (1967), *Le problème de la référence*, Paris, Seuil, 1974.
LINSKY, L. (1977), *Names and Descriptions*, Chicago, University of Chicago Press.
LINSKY, L. (1983), *Oblique Contexts*, Chicago, University of Chicago Press.
LYCAN, W. (1984), *Logical Form in Natural Language*, Cambridge (Mass.), MIT Press.
MEILAND, J.W. (1970), *Talking about Particulars*, New York, Humanities Press.
MCCAWLEY, J.D. (1981), *Everything that Linguists have Always Wanted to Know about Logic*, Chicago, University of Chicago Press.
MCCULLOCH, G. (1989), *The Game of the Name*, Oxford, Oxford University Press.
MCGINN, C. (1984), *Wittgeinstein on Meaning*, Oxford, Blackwell.
MILLIKAN, R.G. (1984), *Language, Thought and Other Biological Categories*, Cambridge (Mass.), MIT Press.
MONTAGUE, R. (1974), *Formal Philosophy*, New Haven, Yale University Press.
MORAVCSIK, J.M. (1975), *Understanding Language*, The Hague, Mouton.
MORAVCSIK, J.M. (1990), *Thought and Language*, London, Routledge.
MORRIS, C. (1938), *Foundations of the Theory of Signs*, Chicago, University of Chicago Press.
MORRIS, C. (1946), *Signs, Language and Behavior*, New York, Prentice Hall.
MOUNCE, H.O. (1981), *Wittgenstein's Tractatus : An Introduction*, Chicago, University of Chicago Press.
NEALE, S. (1990), *Descriptions*, Cambridge (Mass.), MIT Press.
NEF, F. (1988), *Logique et langage : essais de sémantique intensionnelle*, Paris, Hermès.
NEF, F. (1990), *La logique de la langue naturelle*, Paris, Hermès.
NEWMEYER, F.J. (1980), *Linguistic Theory in America*, New York, Academic Press.
NEWMEYER, F.J. (1983), *Grammatical Theory : Its Limits and Possibilities*, Chicago, University of Chicago Press.
OGDEN, C.K. et I.A. RICHARDS (1923), *The Meaning of Meaning*, New York, Harcourt Brace and World Inc.
PANACCIO, C. (1992), *Les mots, les concepts et les choses*, Montréal/Paris, Bellarmin/Vrin.
PAP, A. (1958), *Semantics and Necessary Truth*, New Haven, Yale University Press.
PAPINEAU, D. (1979), *Theory and Meaning*, Oxford, Clarendon Press.
PARIENTE, J.C. (1973), *Le langage et l'individuel*, Paris, Colin.
PARTEE, B.H., A. ter MEULEN et R.E. WALL (1990), *Mathematical Methods in Linguistics*, Dordrecht, Kluwer.
PEARS, D. (1970), *Wittgenstein*, Paris, Seghers.
PEIRCE, C.S. (1885-1910), *Ecrits sur le signe*, Paris, Seuil, 1978.
POLLOCK, J. (1982), *Language and Thought*, Princeton, Princeton University Press.
PRICE, H.H. (1953), *Thinking and Experience*, London, Hutchinson.
PRIOR, A.N. (1955), *Formal Logic*, Oxford, Oxford University Press.
PRIOR, A.N. (1957), *Time and Modality*, Oxford, Oxford University Press.
PROUST, Joëlle (1986), *Questions de forme : logique et proposition analytique de Kant à Carnap*, Paris, Fayard.
PUTNAM, H. (1975), *Philosophical Papers 2*, Cambridge, Cambridge University Press.
PUTNAM, H. (1982), *Raison, vérité et histoire*, Paris, Minuit.
PUTNAM, H. (1978), *Meaning and the Moral Sciences*, London, Routledge and Kegan Paul.
PUTNAM, H. (1988), *Représentation et réalité*, Paris, Gallimard, 1990.
PUTNAM, H. (1990), *Realism with a Human Face*, Cambridge (Mass.), Harvard University Press.
QUINE, W.V.O. (1953), *From a Logical Point of View*, Cambridge (Mass.), Harvard University Press, 3e édition, 1980.

QUINE, W.V.O. (1960), *Le mot et la chose*, Paris, Flammarion, 1977.
QUINE, W.V.O. (1969), *La relativité de l'ontologie et autres essais*, Paris, Aubier, 1977.
QUINE, W.V.O. (1970), *Philosophie de la logique*, Paris, Aubier, 1975.
QUINE, W.V.O. (1974), *The Roots of Reference*, La Salle (Ill.), Open Court.
QUINE, W.V.O. (1976), *The Ways of Paradox and Other Essays*, Cambridge (Mass.), Harvard University Press, 2e édition.
QUINE, W.V.O. (1981), *Theories and Things*, Cambridge (Mass.), Harvard University Press.
QUINE, W.V.O. (1990), *La poursuite de la vérité*, Paris, Seuil, 1993.
RÉCANATI, F. (1981), *Les énoncés performatifs*, Paris, Minuit.
RICŒUR, P. (1975), *La métaphore vive*, Paris, Seuil.
ROUGIER, L. (1960), *La métaphysique et le langage*, Paris, Flammarion.
ROUILHAN, P. de (1988), *Frege : Les paradoxes de la représentation*, Paris, Minuit.
RUWET, N. (1967), *Introduction à la grammaire générative*, Paris, Plon.
RUNDLE, B. (1979), *Grammar in Philosophy*, Oxford, Clarendon Press.
RUSSELL, B. (1903-1919), *Ecrits de logique philosophique*, Paris, P.U.F..
RUSSELL, B. (1919), *Introduction à la philosophie mathématique*, Paris, Payot, 1991.
RUSSELL, B. (1940), *Signification et vérité*, Paris, Flammarion, 1959.
RUSSELL, B. (1956), *Logic and Knowledge*, London George Allen and Unwin.
SALMON, N.U. (1982), *Reference and Essence*, Oxford, Blackwell.
SAINSBURY, M. (1979), *Russell*, London, Routledge and Kegan Paul.
SAINSBURY, M. (1991), *Logical Forms*, Oxford, Blackwell.
SAINT-FLEUR, J.P. (1988), *Logiques de la représentation*, Louvain-la-Neuve, Academia.
SALMON, N.U. (1986), *Frege's Puzzle*, Cambridge (Mass.), MIT Press.
SAUSSURE, F. de (1916), *Cours de linguistique générale*, Paris, Payot, 1972.
SCHÄCHTER, J. (1935), *Prolegomena to a Critical Grammar*, Dordrecht, Reidel, 1973.
SCHEFFLER, I. (1963), *Anatomie de la science*, Paris, Seuil, 1966.
SCHEFFLER, I. (1979), *Beyond the Letter*, London, Routledge and Kegan Paul.
SCHEFFLER, I. (1986), *Inquiries*, Indianapolis, Hackett.
SCHIFFER, S. (1972), *Meaning*, Oxford, Oxford University Press.
SCHIFFER, S. (1987), *Remnants of Meaning*, Cambridge (Mass.), MIT Press.
SEARLE, J.R. (1969), *Les actes de langage*, Paris, Hermann, 1972.
SEARLE, J.R. et VANDERVEKEN D.(1985), *Foundations of Illocutionary Logic*, Cambridge, Cambridge University Press.
SEARLE, J.R. (1979), *Sens et expression*, Paris, Minuit, 1982.
SELLARS, W. (1963), *Science, Perception and Reality*, London, Routledge and Kegan Paul.
SELLARS, W. (1968), *Science and Metaphysics*, London, Routledge and Kegan Paul.
SELLARS, W. (1979), *Naturalism and Ontology*, Reseda (Cal.), Ridgeview.
SELLS, P. (1985), *Lectures on Contemporary Syntactic Theories*, Stanford, CSLI.
SERRUS, C. (1933), *Le parallélisme logico-grammatical*, Paris, Alcan.
SERRUS, C. (1941), *La langue, le sens, la pensée*, Paris, PUF.
SLUGA, H. (1980), *Gottlob Frege*, London, Routledge and Kegan Paul.
SOMMERS, F. (1982), *The Logic of Natural Language*, Oxford, Clarendon Press.
SPERBER, D. et D. WILSON (1988), *La pertinence*, Paris, Minuit.
STENLUND, S. (1990), *Language and Philosophical Problems*, London, Routledge.
STRAWSON, P.F. (1959), *Les individus*, Paris, Seuil.
STRAWSON, P.F. (1971), *Etudes de logique et de linguistique*, Paris, Seuil, 1977.
STRAWSON, P.F. (1974), *Freedom and Resentment and Other Essays*, London, Methuen.
STRAWSON, P.F. (1985), *Analyse et métaphysique*, Paris, Vrin.
TARSKI, A. (1956), *Logique, Sémantique et métamathématique*, 2 vols., Paris, Colin, 1972.
TUGENDHADT, E. (1983), *Traditional and Analytical Philosophy*, Cambridge, Cambridge University Press.
URMSON, J.O. (1956), *Philosophical Analysis. Its Development between the Two World Wars*, Oxford, Oxford University Press.
VANDERVEKEN, D. (1988), *Les actes de discours*, Bruxelles, Mardaga.
VUILLEMIN, J. (1968), *Leçons sur la première philosophie de Russell*, Paris, Armand Colin.
WAISMANN, F. (1965), *The Principles of Linguistic Philosophy*, London, MacMillan.
WATSON, John (1924), *Le behaviorisme*, Paris, CEPL, 1972.

WETTSTEIN, H.K. (1991), *Has Semantics Rested on a Mistake? and Other Essays*, Stanford, Stanford University Press.
WHORF, B.L. (1956), *Linguistique et Anthropologie*, Paris, Denoël, 1969.
WILLIAMS, C.J.F. (1976), *What is Truth?*, Cambidge, Cambridge University Press.
WILLIAMS, C.J.F. (1981), *What is Existence?*, Oxford, Oxford University Press.
WILSON, D. (1975), *Presupposition and Non-Truth-Conditional Semantics*, New York, Academic Press.
WISDOM, J. (1931-33), *Logical Constructions*, New York, Random House, 1969.
WITTGENSTEIN, L. (1921-1953), *Tractatus logico-philosophicus*, suivi des *Investigations philosophiques*, Paris, Gallimard, 1961.
WITTGENSTEIN, L. (1958), *Le cahier bleu et le cahier brun*, Paris, Gallimard, 1965.
WITTGENSTEIN, L. (1961), *Les carnets (1914-1916)*,, Paris, Gallimard, 1971.
WITTGENSTEIN, L. (1964), *Remarques philosophiques*, Paris, Gallimard, 1975.
WITTGENSTEIN, L. (1974), *Grammaire philosophique*, Paris, Gallimard, 1980..
WRIGHT, C. (1987), *Realism, Meaning and Truth*, Oxford, Blackwell.
WRIGHT, C. (1992), *Truth and Objectivity*, Cambridge (Mass.), Harvard University Press.
WUNDERLICH, D. (1976), *Foundations of Linguistics*, Cambridge, Cambridge University Press.
ZIFF, P. (1960), *Semantic Analysis*, Ithaca, Cornell University Press.
ZIFF, P. (1972), *Understanding Understanding*, Ithaca, Cornell University Press

4. Articles.

AUROUX, S. (1989), «Le rationalisme et l'analyse linguistique», *Dialogue* 28, 203-233.
AUSTIN, J.L. (1956-57), «Les excuses», *Revue de Métaphysique et de morale* 72 (1967).
AUSTIN, J.L. (1952-53), «Comment parler : quelques moyens très simples», *Langages* 2 (1966).
AUSTIN, J.L. (1958), «Performatif-constatif», dans *La philosophie analytique*, Paris, Minuit, 271-304.
BARWISE, J. et J. PERRY (1981), «Semantic Innocence and Uncompromising Situations», French P. A. *et al.* dir. (1981), 387-404.
BOUVERESSE, Jacques (1980), «Frege, Wittgenstein et la nouvelle querelle du réalisme», *Critique* 399-400.
BURGE, T. (1992), «Philosophy of Language and Mind : 1950-1990», *Philosophical Review* 101, 3-52.
CARNAP, R. (1955), «Signification et synonymie dans les langues naturelles», *Langages* 2 (1966), 108-123.
CHOMSKY, N. (1959), «Compte-rendu de B.F. Skinner : *Verbal Behavior*», *Langages* 16 (1969).
DAVIDSON, D. (1979), «La méthode de la vérité en métaphysique», *Revue de métaphysique et de morale* 84, 209-224.
ENGEL, P. (1981), «Davidson en perspective», *Critique*, 409-410, 578-584.
ENGEL, P. (1983), «La logique intensionnelle et l'héritage de Frege en sémantique», *Histoire, épistémologie, langage* 5, 95-116.
ENGEL, P. (1984a), «Identité, désignation et matérialisme», *Recherches sur la philosophie et le langage* 4, 185-217.
ENGEL, P. (1984b), «Le sens d'un nom propre», *Archives de philosophie* 47, 431-448.
ENGEL, P. (1985a), «Y a-t-il une logique naturelle?», *Critique* 415, 1310-1316.
ENGEL, P. (1985b), «Comprendre un langage et suivre une règle», *Philosophie* 8, 45-64.
ENGEL, P. (1989), «La sémantique formelle a-t-elle un intérêt philosophique?», *Recherches sur la philosophie et le langage* 10, 4-14.
ENGEL, P. et F. NEF (1982), «Quelques remarques sur la logique des phrases d'action», *Logique et analyse* 99, 291-319.
ENGEL-TIERCELIN, Claudine (1987), «Peirce lecteur de Berkeley : l'esprit et les signes», *Recherches sur la philosophie et le langage* 8, 23-48.

FAUCONNIER, G. (1984), «Y a-t-il un niveau linguistique de représentation logique?», *Communications* 40, 211-228.
FODOR, Jerry A. (1965), «La signification peut-elle être une R-M» *Langages* 16 (1969), 50-60.
GILBERT, M. (1983), «Agreements, Conventions and Language», *Synthese* 54.
GOCHET, P. (1979), «L'histoire d'un problème de l'école analytique», *Rev. de métaph. et de morale* 84, .
GOCHET, P. (1981), «La formalisation des inférences de la langue naturelle», *Semantikos* 5.
GOCHET, P. (1982), «L'originalité de la sémantique de Montague», *Etudes philosophiques* 2, 149-175.
GOCHET, P. (1983), «La sémantique des situations», *Histoire, épistémologie, langage* 5, 195-212.
GRICE, H.P. (1975), «Logique et conversation», *Communications* 30, (1979), 57-72.
HEMPEL, C.G. (1950), «Les critères empiristes de la signification cognitive : problèmes et changements», Jacob dir. (1980), 61-86.
HIGGINBOTHAM, J. (1983), «La logique des compte-rendus de perception», *Communications* 40 (1984), 149-180.
JACOB, P. (1983), «Réalisme et vérité», *Fundamenta Scientiae* 4, 267-300.
JACOB, P. (1984), «La syntaxe peut-elle être logique?», *Communications* 40, 25-96.
LAURIER, D. (1983a), «Les déictiques en théorie des modèles et en théorie de la vérité», *Histoire, épistémologie, langage* 5, 163-193.
LAURIER, D. (1983b), «Tarski, Davidson et la signification», *Dialogue* 22, 595-619.
LAURIER, D. (1984), «Remarques sur la sémiotique», *Philosophiques* 11, 91-109.
LAURIER, D. (1985), «Le programme de Davidson et les langues naturelles», *Dialogue* 24, 195-211.
LAURIER, D. (1986a), «Nouvelles catégories pour l'analyse du sens du locuteur», *Dialectica* 40, 1-20.
LAURIER, D. (1986b), «La langue d'une population : le lien entre la sémantique et la pragmatique», *Dialectica* 40, 251-272.
LAURIER, D. (1988), «Note sur le puzzle de Kripke», *Philosophiques* 15, 31-39.
LINSKY, L. (1957), «Wittgenstein, le langage et quelques problèmes de philosophie», *Langages* 2 (1966), 85-95.
MONTMINY, M. (1992), «Indétermination de la traduction et sous-détermination des théories scientifiques», *Dialogue* 31, 623-641.
NEF, F. (1983), «Conspectus de sémantique intensionnelle», *Histoire, épistémologie, langage* 5, 7-18.
PAP, A. (1960), «Types and Meaninglessness», *Mind* 69, 41-54.
PELC, J. (1981), «The place of the Philosophy of Language», Floistad (1981), 11-34.
PUTNAM, H. (1973), «Explication et référence», Jacob dir. (1980).
PUTNAM, H. (1975), «Signification, référence et stéréotypes», *Philosophie* 5, 21-44.
PUTNAM, H. (1978), «Il existe au moins une vérité a priori», *Revue de métaphysique et de morale* 84, 195-208.
PUTNAM, H. (1980), «Si Dieu est mort, alors tout est permis», *Critique* 399-400.
QUINE, W.V.O. (1951), «Les deux dogmes de l'empirisme», Jacob dir. (1980), 87-113.
QUINE, W.V.O. (1958), «Le mythe de la signification», dans *La philosophie analytique*, Paris, Minuit, 139-187.
QUINE, W.V.O. (1960), «La logique et l'éclaircissement de problèmes syntaxiques», *Langages* 2, 58-64.
RÉCANATI, F. (1979), «Insinuation et sous-entendu», *Communications* 30.
RÉCANATI, F. (1980), «Qu'est-ce qu'un acte locutionnaire», *Communications* 32, 190-215.
ROUILHAN, P. de (1983), «Sur la sémantique frégéenne des énoncés», *Histoire, épistémologie, langage* 5, 19-36.
RYLE, G. (1938), «Categories», Flew (1953), 281-298.
RYLE, G. (1953), «La philosophie et l'analyse du langage ordinaire», *Revue de métaphysique et de morale* 71 (1966), 257-276.
SEARLE, J. R. (1987), «L'indétermination, l'empirisme et la première personne», *Revue de théologie et de philosophie* 119, 67-92.

SEYMOUR, M. (1985), «La force illocutionnaire est-elle une composante essentielle de la signification conventionnelle?», *Dialogue* 24, 455-471.
SEYMOUR, M. (1987), «Référence et identité», *Logique et analyse* 120, 353-363.
SEYMOUR, M. (1988a), «Les énoncés de croyance et l'énigme de Kripke», *Philosophiques* 15, 5-29.
SEYMOUR, M. (1988b), «Quantification et existence», *Philosophie* 19, 29-52.
STRAWSON, P.F. (1980), «La logique philosophiques», *Critique* 399-400.
TARSKI, A. (1944), «La conception sémantique de la vérité», Tarski (1956), vol. 2, 267-305.
THIBAUD, P. (1986), «La notion peircéenne d'objet d'un signe», *Dialectica* 40, 19-43.
THIBAUD, P. (1983), «La notion peircéenne d'interprétant», *Dialectica* 37, 4-33.
TRAVIS, C. (1984), «Les objets de croyance», *Communications* 40, 229-257.
VANDERVEKEN, D. (1981), «Pragmatique, sémantique et force illocutoire», *Philosophia* 27, 107-126.
VUILLEMIN, J. (1976), «Le concept de signification empirique chez Quine», *Revue Internationale de Philosophie*, 30, 350-75.
VUILLEMIN, J. (1980), «Qu'est-ce qu'un nom propre?», *Fundamenta Scientiae* 1, 261-273.
VUILLEMIN, J. (1985), «Les formes fondamentales de la prédication», *Recherches sur la philosophie et le langage* 4, 9-30.
WILSON, D. et SPERBER D. (1979), «Remarques sur l'interprétation des énoncés selon Paul Grice», *Communications* 30.

Index

assertabilité, *voir* condition d'assertabilité.
abstractionnisme, 51, 162.
acte illocutoire, 82-83, 93, 98, 100-109, 111-113.
acte locutoire, 98-100, 102, 113.
acte perlocutoire, 82, 98, 100-101, 113.
acte phatique, 98-99, 103.
acte phonétique, 98.
acte rhétique, 98-99, 102-103, 105, 107, 111.
actes de communication, 70.
actes de langage, 93-109, 111-113, 198.
analytique/synthétique, 233-235, 247-254, 263.
Aristophane, 7.
Aristote, 17, 304.
Arnauld A., 17.
atomisme logique, 219-227, 274-275.
attitudes propositionnelles, *voir* contextes indirect.
Austin J.L., 93-107, 113.
Avramides A., 92.
Ayer A.J., 243-270.

Barwise J., 277.
behaviorisme, *voir* théories behavioristes.
Bennett J., 34, 90, 92.
Bergson H., 9.
Berkeley G., 52.
Black M., 34.
Blackburn P., 92, 138.

Block N., 161.
Bouveresse J., 63.
Burge T., 16.

cadre linguistique, 247, 250.
Carnap R., 201, 244, 254-258, 270.
catégories sémantiques, 124, 128-133, 228.
catégories syntaxiques, 116-118, 124, 126, 128-133, 139, 180-184, 186-195, 201.
Chomsky N., 26, 34-35, 40, 46, 115, 139-162, 294.
Church A., 274.
clôture sémantique, 281-282, 304.
compétence/performance, 145-147, 150.
comportements réglés/réguliers, 36, 41-47.
compositionnalité, 121-124, 181, 200-201, 293.
concept, 178-180, 184, 187-188, 191, 201, 210.
condition d'assertabilité, 232-233, 235-236, 240.
condition de vérité, 176, 224, 232-233, 235-236, 240, 278, 280-283, 295, 299.
conditionnement, 26-31.
connaissances innées, 147-151, 154, 157-161.
constatif, voir performatif/constatif.
contextes indirects, 199-201, 206-207, 210, 217.
convention, 12, 34, 80, 82-84, 89-93, 95, 101-102, 104-109, 112-113, 143, 167.

convention T, 280-281, 289, 292, 296-299, 304.
coordination, 84-90.
Cresswell M.J., 201.
Currie G., 201.

D'Agostino F., 161.
Davidson D., 263, 273-278, 292-304.
de re/de dicto, 217.
définition, 40.
définition contextuelle, 214.
dénotation, 165-201, 206-213, 218-219, 220-228, 232, 254-256, 267, 270, 273-278, 293.
Descartes R., 19.
descriptions définies, 213-218, 223.
discours indirect, *voir* contextes indirect.
disposition, 25, 29-34, 59-60, 70, 142, 259.
Dummett M., 201, 233, 270.

empirisme, 13, 19, 34, 50-53, 140, 148, 205.
empirisme logique, 231-249, 270, 273.
Engel P., 63, 303.
énoncé de base, 236-238, 241-244, 247.
énoncé observationnel, 236-238, 241-244, 247.
énoncés catégoriques généraux, 184.
énoncés de réduction, 244-246.
états de choses, 221-228, 273, 275-277, 293.
expression complète, 177-180, 190, 201.
expression fonctionnelle, 178, 201.
expression incomplète, 177-182, 184, 190, 193-194, 201, 210.
expression prédicative, 179-180, 184, 186-187, 190-193, 201, 209, 213, 223-224, 228, 283-285.
extension, 180, 254-257, 267, 283, 292.

Fodor J., 17, 157-158, 161.
foncteurs, 125.
fonction, 178-190, 192-195, 201.
force illocutoire, 100, 102, 104, 108-109, 111-112.
Frege G., 9, 92, 163-182, 186-191, 197-201, 205-213, 218-221, 228, 232, 233, 236, 254, 270, 274-277, 293.

Gabbay D., 16.
Gamut L.T.F., 137.
Gardies J.-L., 137.
Geach P., 63.
Gochet P., 270.
grammaire bidirectionnelle, 127.
grammaire catégorielle, 124-133, 180-181, 191, 201.

grammaire générative, 115, 117, 144.
grammaire universelle, 147, 149, 151-161.
Granger G., 228.
graphe arborescent, 125, 127.
Grice P., 34, 65-83, 92-93, 107.
Guenthner F., 16.

Hacking I., 16.
Harrison B., 34, 63.
Hempel C.G., 270.
Hobbes T., 17.
Holdcroft D., 113.
holisme épistémologique, 249, 250.
holisme sémantique, 303.
hypothèses analytiques, 267, 269.

idée, 18-25, 34, 55, 63, 227.
idée générale, 50-53.
idée singulière, 52.
illocutoire, *voir* acte illocutoire, force illocutoire.
indétermination de la référence, 266-270.
indétermination de la traduction, 258, 266, 270, 303.
indicateur syntagmatique, 119, 126, 130.
informations annexes, 261-262.
inscrutabilité de la référence, *voir* indétermination de la référence.
intension, 180, 254-257.
intention, 71-83, 90-91, 93, 95, 101-108, 112-113.
interdépendance de la croyance et de la signification, 299, 302.
interprétation radicale, 296-303.
intersubstituabilité de la dénotation, 174, 176, 198-200, 206, 254, 274-276.
intersubstituabilité du sens, 175, 200.
intuitionnisme, 270.
Isaacson D., 270.

Jacob P., 270.

Kripke S., 56-63.

langage de la pensée, 19, 161.
langage idéal, 163-164, 169, 191, 197, 200, 205.
langage privé, 61-62.
langue-objet, 194, 281-283, 286-287, 292-293, 295-297, 299-300, 302-303.
Lao Tseu, 9.
Leibniz G.W., 9.
Lewis D., 84-90, 92-93, 137, 143.
Linsky L., 228.
Locke J., 17-25, 34, 47, 50-53, 55, 83, 227.
loi de Leibniz, 176, 206-207, 217-218.
loi du tiers exclu, 207-208, 216, 228.

loi naturelle, 42-44.
Lyons J., 137.

Martin R., 7, 304.
matérialisme, 140.
mentalisme, 140, 142, 147, 150.
mention, *voir* usage et mention.
métalangue, 137, 278, 280-282, 292, 294-295, 297-299, 303.
méthode de vérification, 237, 239, 240-241.
modalité, 198.
mondes possibles, 257, 270.
Morris C., 29-31, 34.

naturalisme, 164, 201.
Nef F., 201.
Neurath O., 270.
Nicole P., 17.
nominalisme, *voir* réalisme/nominalisme.
noms propres *stricto sensu*, 213, 219, 220, 223-225, 227.

Occam G., 17.
occurrence primaire/secondaire, 216-219.

paradoxe sceptique, 55-62.
Pavlov I.P., 26.
Peirce C.S., 14.
Pelc J., 16.
pensée, 173-174, 176-177, 191, 198-199, 201, 208, 221, 223-224.
performatif explicite, 96, 101-103.
performatif/constatif, 94-98, 111.
Perry J., 277.
phénoménalisme, 236-238.
phrase observationnelle, 261, 263, 265-268, 273, 300.
phrase occasionnelle, 260-261, 263, 265-266, 301.
phrase ouverte/fermée, 285-291, 297.
phrase perdurable, 260, 266.
phrases-T, 280-283, 291, 295, 297-299, 301, 303.
physicalisme, 237-238, 259.
Piaget J., 159.
Piattelli-Palmarini M., 161.
Platon, 48, 147.
Platts M., 303.
Plotin, 9.
postulats de signification, 245-246.
Price H.H., 34.
principe de charité, 302-303.
proposition, 109, 111-112, 201.
Proust, 270.
psychologisme, 164-165.
Putnam H., 7, 159.

quantificateurs, 197, 215, 284.

questions internes/externes, 247.
Quine W.V.O., 137, 201, 249-270, 273, 294, 296-297, 300, 303.

Ramberg B.T., 303.
réalisme/nominalisme, 47-51, 53.
Récanati F., 113.
réductionnisme, 236, 238, 244.
réfutabilité, 241, 243.
règle sémantique, 115, 122, 124, 183, 235, 251.
règle syntaxique, 115, 117, 130.
règles constitutives/normatives, 38-40, 43.
règles implicites, 40-41, 45, 46.
Reichenbach H., 270.
représentation, 20-25, 51-52, 55-56, 59, 142, 164, 171-173.
ressemblances de famille, 54.
Russell B., 17, 163, 166, 201, 205-228, 231, 233, 273, 277, 293.
Ryle G., 138.

Saint Augustin, 17.
sanction, 44.
satisfaction, 283, 285-293, 299.
Schiffer S., 78.
Schlick M., 270.
science cognitive, 140, 161, 201.
Searle J.R., 35, 37-40, 43, 46, 63, 79-80, 92-93, 102-109, 111-113, 143.
sens, 167-201, 206-212, 219, 220-221, 223-224, 227-228, 232, 254-257, 270, 273-274, 277, 293.
signifiance, 128-133, 231, 233, 235-238, 241-247.
signification cognitive, 173, 233, 235, 241-246, 250.
signification intentionnelle/conventionnelle, 68-69, 80, 82-83, 93, 104-108, 112.
signification naturelle/non naturelle, 36, 66-68.
signification-stimulus, 259-265, 267-269, 300.
Socrate, 7, 147.
Stevenson C., 29, 31, 34.
stimulation, 259-262.
stimulus-analyticité, 265.
stimulus-synonymie, 264-266, 269.
Strawson P.F., 76-78, 92, 137.
structure sémantique, 123-124, 180-181, 201.
structure syntaxique, 114, 119, 125, 130, 141, 153, 155, 214.
suite ordonnée, 286-292.
symboles terminaux/non terminaux, 117-121, 124, 126.
syncatégorématique, 194-196.
syntagme, 118.

Tarski A., 201, 273, 278-294, 297-301, 303.
tenir pour vrai, 300-301, 303.
termes généraux, 47, 49, 53, 55, 184, 185.
termes singuliers, 49, 124, 166-169, 172-180, 185-187, 190, 198-199, 201, 207-214, 218, 220, 225, 228, 274-277, 283.
théorie de la signification, 278, 293-300.
théorie de la vérité, 278-304.
théorie dénotationnelle, 165-168.
théorie des descriptions, 205, 212-220.
théorie des types, 205.
théories behavioristes, 25-34, 59, 139-140, 142, 148, 150.
théories idéationnistes, 17-25, 27, 33-35, 50-53, 59, 83, 197, 227, 236.
tiers exclu, *voir* loi du tiers exclu.
traduction radicale, 257-270, 303.

triangle sémiotique, 14, 21.

universaux, 47, 49-50, 54, 60, 160, 165.
Urmson J.O., 228.
usage et mention, 134-138.
variable libre/liée, 285-287.
vérifiabilité, 241-242.
vérification, *voir* méthode de vérification, vérificationnisme.
vérificationnisme, 227, 232-244, 250, 259, 270, 300, 303.

Waismann F., 41, 63, 270.
Watson J., 26-27.
Wittgenstein L., 9, 23-24, 54, 56-63, 94, 163, 205, 214, 220-228, 231, 293.

Table des matières

Avant-propos 5

Chapitre 1
Introduction générale 7

Chapitre 2
Théories idéationnistes et théories behavioristes 17

Chapitre 3
Règles, universaux et usage 35

Chapitre 4
Intention, signification et convention 65

Chapitre 5
Les actes de langage 93

Chapitre 6
Grammaire, structure et catégories 113

Chapitre 7
Mentalisme et rationalisme 139

Chapitre 8
Frege et la tradition logique 163

Chapitre 9
Russell et l'atomisme logique 205

Chapitre 10
Du vérificationnisme au holisme 231

Chapitre 11
Interprétation et vérité 273

Bibliographie 305

Index 317

PHILOSOPHIE ET LANGAGE
Collection publiée sous la direction de Sylvain AUROUX, Claudine NORMAND, Irène ROSIER

Ouvrages déjà parus dans la même collection :

ADAM : Eléments de linguistique textuelle.
ANDLER et al. : Philosophie et cognition - Colloque de Cerisy.
ANSCOMBRE / DUCROT : L'argumentation dans la langue.
AUROUX : Histoire des idées linguistiques - Tome 1.
AUROUX : Histoire des idées linguistiques - Tome 2.
AUROUX : La révolution technologique de la grammatisation.
BESSIERE : Dire le littéraire.
BORILLO : Information pour les sciences de l'homme.
CASEBEER : Hermann Hesse.
CHIROLLET : Esthétique et technoscience.
COMETTI : Musil.
COUTURE : Ethique et rationalité.
DECROSSE : L'esprit de société.
DOMINICY : La naissance de la grammaire moderne.
DUFAYS : Stéréotype et lecture - Essai sur la réception littéraire.
EVERAERT-DESMEDT : Le Processus interprétatif - Introduction à la sémiotique de Ch. S. Peirce.
FORMIGARI : La sémiotique empirique face au kantisme.
GELVEN : Etre et temps de Heidegger.
GUILHAUMOU-MALDIDIER-ROBIN : Discours et archive. Expérimentation en analyse du discours.
HAARSCHER : La raison du plus fort.
HEYNDELS : La pensée fragmentée.
HINTIKKA : Investigations sur Wittgenstein.
ISER : L'acte de lecture.
JACOB : Anthropologie du langage.
KIBEDI-VARGA : Discours, récit, image.
KREMER-MARIETTI : Les racines philosophiques de la science moderne.
LAMIZET : Les lieux de la communication.
LARUELLE : Philosophie et non-philosophie.
LATRAVERSE : La pragmatique.
LAUDAN : Dynamique de la science.
LAURIER : Introduction à la philosophie du langage.
LEMPEREUR : L'argumentation - Colloque de Cerisy
MAINGUENEAU : Genèse du discours.
MARTIN : Langage et croyance.
MEYER : De la problématologie.
MOUREY : Borges, vérité et univers fictionnels.
NEUBERG : Théorie de l'action.
PARRET : Les passions.
PARRET : La communauté en paroles.
SCHLIEBEN-LANGE : Idéologie, révolution & uniformité de la langue.
SHERIDAN : Discours, sexualité et pouvoir (Michel Foucault).
STUART MILL : Système de logique.
TRABANT : Humboldt ou le sens du langage.
VANDERVEKEN : Les actes de discours.
VECK : Francis Ponge ou le refus de l'absolu littéraire.
VERNANT : Introduction à la philosophie de la logique.